吕思勉 著

汉朝

大历史

北京联合出版公司
Beijing United Publishing Co.,Ltd.

图书在版编目（CIP）数据

汉朝大历史 / 吕思勉著 . —北京：北京联合出版公司，2012.5
（2025.4 重印）
ISBN 978-7-5502-0805-6

Ⅰ. ①汉… Ⅱ. ①吕… Ⅲ. ①中国历史—汉代—研究
Ⅳ. ① K234.07

中国版本图书馆 CIP 数据核字 (2012) 第 128790 号

汉朝大历史

作　　者：吕思勉
出 品 人：赵红仕
责任编辑：王　巍
封面设计：王　鑫

北京联合出版公司出版
（北京市西城区德外大街83号楼9层 100088）
北京新华先锋出版科技有限公司发行
三河市宏达印刷有限公司印刷　新华书店经销
字数339千字　787毫米×1092毫米　1/16　25印张
2012年9月第1版　2025年4月第5次印刷
ISBN 978-7-5502-0805-6
定价：69.00元

代序一

历史，究竟是怎样一种学问？研究了它，究竟有什么用处呢？

这个问题，在略知学问的人，都会毫不迟疑地作答道：历史是前车之鉴。什么叫做前车之鉴呢？他们又会毫不迟疑地回答道：昔人所为而得，我可以奉为模范；如其失策，便当设法避免；这就是所谓"法戒"。这话骤听似是，细想就知道不然。世界上哪有真正相同的事情？所谓相同，都是察之不精，误以不同之事为同罢了。远者且勿论。欧人东来以后，我们应付他们的方法，何尝不本于历史上的经验？其结果却是如何呢？然则历史是无用了么？而不知往事，一意孤行的人，又未尝不败。然则究竟如何是好呢？

历史虽是记事之书，我们之所探求，则为理而非事。理是概括众事的，事则只是一事。天下事既没有两件真正相同的，执应付此事的方法，以应付彼事，自然要失败。根据于包含众事之理，以应付事实，就不至于此了。然而理是因事而见的，舍事而求理，无有是处。所以我们求学，不能不顾事实，又不该死记事实。

要应付一件事情，必须明白它的性质。明白之后，应付之术，就不求而自得了。而要明白一件事情的性质，又非先知其既往不可。一个人，为什么会成为这样子的一个人？譬如久于官场的人，就有些官僚气；世代经

1

商的人，就有些市侩气；向来读书的人，就有些迂腐气。难道他是生来如此的么？无疑，是数十年的做官、经商、读书养成的。然则一个国家，一个社会，亦是如此了。中国的社会，为什么不同于欧洲？欧洲的社会，为什么不同于日本？习焉不察，则不以为意，细加推考，自然知其原因极为深远复杂了。然则往事如何好不研究呢？然而已往的事情多着呢，安能尽记？社会上每天所发生的事情，报纸所记载的，奚啻亿兆京垓分之一。一天的报纸，业已不可遍览，何况积而至于十年、百年、千年、万年呢？然则如何是好？

须知我们要知道一个人，并不要把他已往的事情，通统都知道了、记牢了。我，为什么成为这样一个我？反躬自省，总是容易明白的，又何尝能把自己已往的事，通统记牢呢？然则要明白社会的所以然，也正不必把已往的事，全数记得，只要知道"使现社会成为现社会的事"就够了。然而这又难了。

任何一事一物，要询问它的起源，我们现在不知所对的很多。其所能对答的，又十有八九靠不住。然则我们安能本于既往以说明现在呢？

这正是我们所以愚昧的原因，而史学之所求，亦即在此。史学之所求，不外乎（一）搜求既往的事实，（二）加以解释，（三）用以说明现社会，（四）因以推测未来，而指示我们以进行的途径。

往昔的历史，是否能肩起这种任务呢？观于借鉴于历史以应付事实导致失败者之多，无疑是不能的。其失败的原因安在呢？列举起来，也可以有多端，其中最重要的，自然是偏重于政治。翻开《二十五史》①来一看，所记的，全是些战争攻伐，在庙堂上的人所发的政令，以及这些人的传记世系。昔人称《左氏》为相斫书；近代的人称《二十四史》为帝王

---

① 从前都说《二十四史》，这是清朝时候，功令上所定为正史的。民国时代，柯劭忞所著的《新元史》业经奉徐世昌总统令，加入正史之中，所以现在该称《二十五史》了。

的家谱；虽说过当，也不能谓其全无理由了。单看了这些事，能明白社会的所以然么？从前的历史，为什么会有这种毛病呢？这是由于历史是文明时代之物，而在文明时代，国家业已出现，并成为活动的中心，常人只从表面上看，就认为政治可以概括一切，至少是社会现象中最重要的一项了。其实政治只是表面上的事情。政治的活动，全靠社会做根底。社会，实在政治的背后，做了无数更广大、更根本的事情。不明白社会，是断不能明白政治的。所以现在讲历史的人，都不但着重于政治，而要着重于文化。

何谓文化？向来狭义的解释，只指学术技艺而言，其为不当，自无待论。说得广的，又把一切人为的事都包括于文化之中，然则动物何以没有文化呢？须知文化正是人之所以异于动物的。其异点安在呢？凡动物，多能对外界的刺激而起反应，亦多能与外界相调适。然其与外界相调适，大抵出于本能，其力量极有限，而且永远不过如此。人则不然。所以人所处的世界，与动物所处的世界，大不相同。人之所以能如此，（一）由其有特异的脑筋，能想出种种法子。（二）其手和足的作用分开，能制造种种工具，以遂行其计划。（三）又有语言以互相交通，而其扩大的即为文字。此人之所知、所能，可以传之于彼；前人之所知、所能，并可以传之于后。因而人的工作，不是个个从头做起的，乃是互相接续着做的。不像赛跑的人，从同一地点出发，却像驿站上的驿夫，一个个连接着，向目的地进行。其所走的路线自然长，而后人所达到的，自非前人所能知了。然则文化，是因人有特异的禀赋，良好的交通工具而成就的控制环境的共业。动物也有进化，但它的进化，除非改变其机体，以求与外界相适应，这是要靠遗传上变异淘汰等作用，才能达到目的的，自然非常迟慢。人则只需改变其所用的工具，和其对付事物的方法。我们身体的构造，绝无以异于野蛮人，而其控制环境的成绩，却大不相同，即由其一为生物进化，一为文化进化之故。人类学上，证明自冰期以后，人的

3

体质，无大变化。埃及的尸体解剖，亦证明其身体构造，与现今的人相同。可见人类的进化，全是文化进化。恒人（常人）每以文化状况，与民族能力，并为一谈，实在是一个重大的错误。遗传学家，论社会的进化，过于重视个体的先天能力，也不免为此等俗见所累。至于有意夸张种族能力的，那更不啻自承其所谓进化，将返于生物进化了。从理论上说，人的行为，也有许多来自机体，和动物无以异的，然亦无不被上文化的色彩。如饮食男女之事，即其最显明之例。所以在理论上，虽不能将人类一切行为，都称为文化行为，在事实上，则人类一切行为，几无不与文化有关系，可见文化范围的广大。能了解文化，自然就能了解社会了。人类的行为，原于机体的，只是能力。其如何发挥此能力，则全因文化而定其形式。

全世界的文化，到底是一元的，还是多元的？这个问题，还非今日所能解决。研究历史的人，即暂把这问题置诸不论不议之列亦得。因为目前分明放着多种不同的文化，有待于我们的各别研究。话虽如此，研究一种文化的人，专埋头于这一种文化，而于其余的文化，概无所见，也是不对的。因为（一）各别的文化，其中仍有共同的原理存在。（二）而世界上各种文化，交流互织，彼此互有关系，也确是事实。文化本是人类控制环境的工具，环境不同，文化自因之而异。及其兴起以后，因其能改造环境之故，愈使环境不同。人类遂在更不相同的环境中进化。其文化，自然也更不相同了。文化有传播的性质，这是毫无疑义的。此其原理，实因人类生而有求善之性（智），与相爱之情（仁）。所以文化优的，常思推行其文化于文化相异之群，以冀改良其生活，共谋人类的幸福。其中固有自以为善而实不然的，强力推行，反致引起纠纷，甚或酿成大祸，宗教之传布，即其一例。但此自误于愚昧，不害其本意之善。而其劣的，亦恒欣然接受。其深闭固拒的，皆别有原因，当视为例外。这是世界上的文化所以交流互织的原因。而人类的本性，原是相同的。所以在相类的环境中，能有相类的文化。即使环境不同，亦只能改变其形式，而不能改变其原理。正因原理之同，形式不能不异，即因形式之异，可见原理之同，昔人夏葛冬裘之喻最妙。此又不同的文化，所以有共同原理的原因。以理言之如此。以事实言，则自塞趋通，殆为进化无疑的轨辙。试观我国，自古代林立的部族，进而为较大的国家，再进而为更大的国家，再进而臻于统一，更进而与域外交通，开疆拓土，同化异民族，无非受这原理的支配。转观外国的历史，亦系如此。今者世界大通，前此各别的文化，当合流而生一新文化，更是毫无疑义的了。然则一提起文化，就该是世界的文化，而世界各国的历史，亦将可融合为一。为什么又有所谓国别史，以研究各别的文化呢？这是因为研究的方法，要合之而见其大，必先分之而致其精。况且研究的人，各有其立场。居中国而言中国，欲策将来的进步，自必先了解既往的情形。即以迎受外来的文化而论，亦必有其预备条件。不先明白自己的情形，是无从定其迎距的方针的。所以我们在今日，欲了解中国史，固非兼通外国史不行，而中国史亦自有其特殊研究的必要。

人类已往的社会，似乎是一动一静的。我们试看，任何一个社会，在已往，大都有个突飞猛进的时期。隔着一个时期，就停滞不进了。再阅若干时，又可以突飞猛进起来。已而复归于停滞。如此更互不已。这是什么理由？解释的人，说节奏是人生的定律。个人如此，社会亦然。只能在遇见困难时，奋起而图功，到认为满足时，就要停滞下来了。社会在这时期，就会本身无所发明；对于外来的，亦非消极的不肯接受，即积极的加以抗拒。世界是无一息不变的。不论自然的和人为的，都系如此。人，因其感觉迟钝，或虽有感觉，而行为濡滞之故，非到外界变动，积微成著，使其感觉困难时，不肯加以理会，设法应付。正和我们住的屋子，非到除夕，不肯加以扫除，以致尘埃堆积，扫除时不得不大费其力一样。这是世界所以一治一乱的真原因。倘使当其渐变之时，随时加以审察，加以

5

修正，自然不至于此了。人之所以不能如此，昔时的人，都以为这是限于一动一静的定律，无可如何的。我则以为不然。这种说法，是由于把机体所生的现象和超机现象并为一谈，致有此误。须知就一个人而论，劳动之后，需要休息若干时；少年好动，老年好静；都是无可如何之事。社会则不然。个体有老少之殊，而社会无之。个体活动之后，必继之以休息，社会则可以这一部分动，那一部分静。然则人因限于机体之故，对于外界，不能自强不息地为不断的应付，正可借社会的协力，以弥补其缺憾。然则从前感觉的迟钝，行为的濡滞，只是社会的病态。如因教育制度不良，致社会中人，不知远虑，不能豫烛祸患；又如因阶级对立尖锐，致寄生阶级不顾大局的利害，不愿改革等，都只可说是社会的病态。我们能矫正其病态，一治一乱的现象，自然可以不复存，而世界遂臻于郅治了。这是我们研究历史的人最大的希望。

马端临的《文献通考·序》，把历史上的事实分为两大类：一为理乱兴亡，一为典章经制。这种说法，颇可代表从前史学家的见解。一部《二十五史》，拆开来，所谓纪传，大部分是记载理乱兴亡一类的事实的，志则以记载典章经制为主（表二者都有）。理乱兴亡一类的事实，是随时发生的，今天不能逆料明天。典章经制，则为人豫设之以待将来的，其性质较为永久。所以前者可称为动的史实，后者可称为静的史实。史实确乎不外这两类，但限其范围于政治以内，则未免太狭了。须知文化的范围，广大无边。两间的现象，除属于自然的；或虽出于生物，而纯导原于机体的；一切都当包括在内。他综合有形无形的事物，不但限制人的行为，而且陶铸人的思想。在一种文化中的人，其所作所为，断不能出于这个文化模式以外，所以要讲文化史，非把昔时的史料，大加扩充不可。

吕思勉

代序二

　　苏常一带读书人家，本有一教子弟读书之法，系于其初能读书时，使其阅《四库全书书目提要》一过，使其知天下（当时之所谓天下）共有学问若干种？每种的源流派别如何？重要的书，共有几部？实不啻于读书之前，使其泛览一部学术史，于治学颇有裨益。此项功夫，我在十六七岁时亦做过，经史子三部都读完，惟集部仅读一半。我的学问，所以不至十分固陋，于此亦颇有关系。

　　至于学问宗旨，则反以受漠不相识的康南海先生的影响为最深，而梁任公先生次之。这大约是性情相近之故罢！我的感情是强烈的，而我的见解亦尚通达，所以于两先生的议论，最为投契。我的希望是世界大同，而我亦确信世界大同之可致，这种见解，实植根于髫年读康先生的著作时，至今未变。至于论事，则极服膺梁先生，而康先生的上书记，我亦受其影响甚深。当时的风气，是没有现在分门别类的科学的，一切政治上社会上的问题，读书的人都该晓得一个大概，这即是当时的所谓"经济之学"。我的性质亦是喜欢走这一路的，时时翻阅《经世文编》一类的书，苦于掌故源流不甚明白。十八岁，我的姨丈管凌云（讳元善）先生，即达如君之父，和汤蛰仙（寿潜）先生同事，得其书《三通考辑要》，劝我阅读。我读过一两卷，大喜，因又求得《通考》原本，和《辑要》对读，以

《辑要》为未足，乃舍《辑要》而读原本。后来又把《通典》和《通考》对读，并读过《通志》的二十略。此于我的史学，亦极有关系。人家都说我治史喜欢讲考据，其实我是喜欢讲政治和社会各问题的，不过现在各种社会科学，都极精深，我都是外行，不敢乱谈，所以只好讲讲考据罢了。

年二十一岁，同邑屠敬山（寄）先生在读书阅报社讲元史，我亦曾往听，先生为元史专家，考据极精细，我后来好谈民族问题，导源于此。

我读正史，始于十五岁时，初取《史记》，照归、方评点，用五色笔照录一次，后又向丁桂征先生借得前后《汉书》评本，照录一过。《三国志》则未得评本，仅自己点读一过，都是当作文章读的，于史学无甚裨益。我此时并读《古文辞类纂》和王先谦的《续古文辞类纂》，对于其圈点，相契甚深。我于古文，虽未致力，然亦略知门径，其根基实植于十五岁、十六岁两年读此数书时。所以我觉得要治古典主义文学的人，对于前人良好的圈点，是相需颇殷的。古文评本颇多，然十之八九，大率俗陋，都是从前做八股文字的眼光，天分平常的人，一入其中，即终身不能自拔。如得良好的圈点，用心研究，自可把此等俗见，祛除净尽，这是枝节，现且不谈。四史读过之后，我又读《晋书》《南史》《北史》《新唐书》《新五代史》，亦如其读正续《通鉴》及《明纪》然，仅过目一次而已。听屠先生讲后，始读辽、金、元史，并将其余诸史补读。第一次读遍，系在二十三岁时，正史是最零碎的，匆匆读过，并不能有所得，后来用到时，又不能不重读。人家说我正史读过遍数很多，其实不然，我于四史，《史记》《汉书》《三国志》读得最多，都曾读过四遍，《后汉书》《新唐书》《辽史》《金史》《元史》三遍，其余都只两遍而已。

我治史的好讲考据，受《日知录》《廿二史札记》两部书，和梁任公先生在杂志中发表的论文，影响最深。章太炎先生的文字，于我亦有相当影响；亲炙而受其益的，则为丁桂征、屠敬山两先生。考据并不甚难，当你相当地看过前人之作，而自己读史又要去推求某一事件的真相时，只要你肯下功夫去搜集材料，材料搜集齐全时，排比起来，自然可得一结论。但是对于群书的源流和体例，须有常识。又什么事件，其中是有问题的，值得考据，需要考据，则是由于你的眼光而决定的。眼光一半由于天资，一半亦由于学力。涉猎的书多了，自然读一种书时，容易觉得有问题，所以讲学问，根基总要相当的广阔，而考据成绩的好坏，并不在于考据的本身。最要不得的，是现在学校中普通做论文的方法，随意找一个题目，甚而至于是人家所出的题目。自己对于这个题目，本无兴趣，自亦不知其意义，材料究在何处，亦茫然不知，于是乎请教先生，而先生亦或是一知半解的，好的还会举出几部书名来，差的则不过以类书或近人的著作塞责而已。不该不备，既无特见，亦无体例，聚集抄撮，不过做一次高等的抄胥工作。做出来的论文，既不成其为一物，而做过一次，于研究方法，亦毫无所得，小之则浪费笔墨，大之则误以为所谓学问，所谓著述，就是如此而已，则其贻害之巨，有不忍言者已。

我学习历史的经过，大略如此，现在的人，自无从再走这一条路。

大凡一个读书的人，对于现社会，总是觉得不满足的，尤其是社会科学家，他必先对于现状，觉得不满，然后要求改革；要求改革，然后要想法子；要想法子，然后要研究学问。若其对于现状，本不知其为好为坏，因而没有改革的思想，又或明知其不好，而只想在现状之下，求个苟安，或者捞摸些好处，因而没有改革的志愿；那还讲做学问干什么？所以对于现状的不满，乃是治学问者，尤其是治社会科学者真正的动机。此等愿望，诚然是社会进步的根源；然欲遂行改革，非徒有热情，便可济事，必须有适当的手段；而这个适当的手段，就是从社会科学里来的。

吕思勉

目　录

第九章　后汉乱亡

第一章
秦亡汉兴

命而德合
忠為著乃
正筭壽德
氣輒中為
精
曲亨
肅品昌

第一节　刘邦项羽灭秦

项籍者，下相人也，今江苏宿迁县。字羽。其季父梁，梁父即燕。项氏世世为楚将，封于项，今河南项城县。故姓项氏。项籍少时，学书不成，去学剑，又不成。项梁怒之。籍曰："书足以记名姓而已。剑一人敌，不足学。学万人敌。"于是项梁乃教籍兵法。籍大喜，略知其意，又不肯竟学。项梁杀人，与籍避仇于吴中，吴中贤士大夫皆出项梁下。每吴中有大徭役及丧，项梁尝为主办，阴以兵法部勒宾客及子弟，以是知其能。籍长八尺余，力能扛鼎，才气过人，虽吴中子弟，皆已惮籍矣。秦二世元年九月，会稽守通秦会稽郡治吴。谓梁曰："江西皆反，此亦天亡秦之时也。吾闻先即制人，后即为人所制。吾欲发兵，使公及桓楚将。"是时桓楚亡，在泽中。梁请召籍，使受命召桓楚。守曰："诺。"梁召籍入，籍遂拔剑斩守头。项梁持守头，佩其印绶。门下大惊，扰乱。籍所击杀数十百人。一府中皆慑伏，莫敢起。梁乃召故所知豪吏，谕以所为，起大事。遂举吴中兵。使人收下县，得精兵八千人。梁为会稽守，籍为裨将，徇下县。籍时年二十四。

汉高祖，沛丰邑中阳里人。沛，今江苏沛县。丰，后为县，今江苏丰县。姓刘氏，字季。《索隐》："《汉书》名邦，字季，此单云字，亦又可疑。按《汉书》高祖长兄名伯，次名仲，不见别名，则季亦是名也。故项岱云：高祖小字季，即位易名。"案伯仲季乃次第，并不得云字。人不得皆无名字，盖《史记》文略耳。仁而爱人，喜施，意豁如也。常有大度，不事家人生产作业。及壮，试为吏。为泗水亭长。《正义》：《括地志》云：泗水亭，在沛县东。廷中吏无所不狎侮。好酒及色。以亭长为县送郦山徒，多道亡。自度比至皆亡之，到丰西泽中，止饮，夜，乃解纵所送徒，曰："公等皆去，吾亦从此逝矣。"高祖亡匿芒、砀山泽岩石之间。芒、砀皆县名，今江苏砀山县地。秦二世元年秋，诸郡县皆多杀其长吏，以应陈涉。沛令恐，欲以沛应涉，掾主吏萧何、曹参请召诸亡在外者以劫众。乃令樊哙召刘季。樊哙，沛人。以屠狗为事。以吕后弟吕媭为妇。与高祖俱隐。刘季之众，已数十百人矣。于是樊哙从刘季来。沛令后悔，恐其有变，乃闭城城守，欲诛萧、曹。萧、曹恐，逾城保刘季。刘季书帛射城上。父老乃率子弟共杀沛令，开城门迎刘季。立季为沛公。时二世元年九月，于是少年豪吏，如萧、曹、樊哙等，皆为收沛子弟，二三千人，攻胡陵、县名，今山东鱼台县。方与，还守丰。

广陵人召平，广陵，今江苏江都县。为陈王徇广陵，未能下。闻陈王败走，秦兵又且至，乃渡江，矫陈王命，拜梁为楚王上柱国，曰："江东已定，急引兵西击秦。"梁乃以八千人渡江而西。陈婴者，故东阳令史。东阳，今安徽天长县。东阳少年杀其令，强立为长，以兵属项梁。项梁渡淮，黥布、蒲将军亦以兵属焉。凡六七万人。军下邳。今江苏邳县。当是时，秦嘉已立景驹为楚王，军彭城东，彭城，今江苏铜山县。欲距项梁。梁击嘉，嘉死，军降，景驹走死梁地。项梁已并秦嘉军，军胡陵，引兵入薛。今山东滕县东南。闻陈王定死，召诸别将会薛计事。时秦二世二年四月，居鄛人范增，居鄛，今安徽巢县。年七十。素居家，好奇计。往说项梁曰："陈胜败固当。夫秦灭六国，楚最无罪。自怀王入秦不反，楚人怜之至今。故楚南公曰：楚虽三户，亡秦必楚也。今陈胜首事，不立楚后而自立，其势不长。今君起江东，楚蜂起之将皆争附君者，以君世世楚将，为能复立楚之后也。"项梁然其言。乃求楚怀王孙心民间，为人牧羊。立以为楚怀王，从民所望也。都盱台。今安徽盱眙县。项梁自号武信君。时二世二年六月。

先是，秦泗川监平《集解》：泗川，高祖更名沛。将兵围丰。高祖出与战，破之。令雍齿守丰。引兵之薛。泗川守壮败于薛，走之戚。今濮阳县北。得，杀之。还军亢父。今山东济宁县。雍齿反为魏。沛公攻丰，不能取，闻东阳宁君、秦嘉立景驹为假王，在留，在沛县东南。往从之。欲请兵以攻丰。时章邯从陈，别将司马尼将兵北定楚地，屠相，至砀。东阳宁君、沛公西与战。还军丰。闻项梁在薛，从骑百余往见之。项梁益沛公卒五千人还攻丰，拔之，雍齿奔魏。

章邯已破陈王，进兵击魏王于临济。《续汉书·郡国志》：陈留郡平丘县有临济亭，魏咎都。平丘，今河北长垣县。魏王使周市出，请救于齐、楚。齐、楚遣项它、田巴将兵随市救魏。章邯击破，杀周市等。围临济。咎为其民约降，自烧杀。章邯杀齐王田儋于临菑。今山东临淄县。案此语见《汉书·项籍传》。《史记·田儋列传》曰：儋将兵救魏，章邯夜衔枚击，大破魏军，杀田儋于临济下。《汉书》作大破齐、楚军，《高帝纪》亦云：章邯破杀魏王咎，齐王田儋于临济，疑误。儋弟荣，收儋余兵走东阿。今山东阳谷县东北阿城镇。齐人闻儋死，立故王建弟假为王。田角为相，田间为将，以距诸侯。田荣之走东阿，章邯追围之。项梁闻田荣急，引兵击破邯军东阿下。邯走而西，项梁因追之。田荣引兵归，击逐齐王假。假亡走楚，角走赵。角弟间前求救赵，因留不敢归。荣立儋子市为齐王，相之。横为将。章邯兵益盛。项梁使告赵、齐共击邯，田荣曰："楚杀田假，赵杀田角、田间，乃发兵。"梁曰：此据《项羽本纪》，《田儋传》作楚怀王曰。"田假与国之王，穷来归我，不忍杀。"赵亦不杀田角、田间，以市于齐。齐遂不肯发兵。梁使沛公及项羽别攻城阳，今山东濮县。屠之。西破秦军濮阳东。今河北濮阳县。秦兵收，入濮阳。沛公、项羽攻定陶，定陶未下。去，西略地，至雍丘。今河南杞县。大破秦军，斩李由。还攻外黄，外黄未下。项梁起东阿，西北至定陶，再破秦军；项羽等又斩李由；

益轻秦，有骄色。宋义谏，弗听。乃使宋义使于齐。道遇齐使者高陵君显，曰："公将见武信君乎？"曰："然。"曰："臣论武信君军必败。公徐行，即免死，疾行，则及祸。"秦果悉起兵益章邯。击楚军，大破之定陶。项梁死。时二世二年九月。沛公、项羽去外黄，攻陈留。今河南陈留县。陈留未下。沛公、项羽相与谋曰："今项梁军破，士卒恐。"乃与吕臣俱引而东。吕臣军彭城东，项羽军彭城西，沛公军砀。章邯已破项梁军，则以为楚地兵不足忧，乃渡河击赵，大破之。张耳与赵王歇走入巨鹿城。今河北平乡县。章邯令王离、涉间围巨鹿。章邯军其南，筑甬道而输之粟。陈余北收常山兵，得数万人，军巨鹿北。楚兵已破于定陶，怀王恐，从盱台之彭城，并项羽、吕臣军，自将之。以吕臣为司徒，其父吕青为令尹。以沛公为砀郡长，封武安侯，将砀郡兵。高陵君显见楚王曰："宋义论武信君之军必败，居数日，军果败。兵未战而先见败征，此可谓知兵矣。"王召宋义与计事而大说之。因置以为上将军，项羽为鲁公，为次将，范增为末将，救赵。诸别将皆属宋义，号为卿子冠军。怀王是时，盖收项氏之权。项梁与齐不合，而举宋义者适出齐使，蛛丝马迹，不无可寻。然则谓项梁以骄至败，亦诬辞也。时又令沛公西略地入关。《高祖本纪》曰：与诸将约，先入定关中者王之。当是时，秦兵强，常乘胜逐北，诸将莫利先入关。独项羽怨秦破项梁军，奋，愿与沛公西入关。怀王诸老将皆曰："项羽为人，僄悍猾贼。尝攻襄城，今河南襄城县。襄城无遗类。诸所过无不残灭。且楚数进取，前陈王、项梁皆败。不如更遣长者，扶义而西，告谕秦父兄。秦父兄苦其主久矣，今诚得长者往，毋侵暴，宜可下，今项羽僄悍，不可遣。独沛公宽大长者，可遣。"卒不许项羽，而遣沛公西。此亦事后附会之辞。陈平曰："项王为人，恭敬爱人。"《陈丞相世家》。韩信曰："项王见人，恭敬慈爱，言语呕呕。人有疾病，涕泣分食饮。"《淮阴侯列传》。此岂恣意残杀者？项王之暴，在阬秦降卒新安，此自兵权不得不然。其入关、破齐后之残虐，则是时之为兵者，类多慓悍无赖之徒，非主将所能约束，恐不独项羽之兵为然。[1] 史于项羽未免故甚其辞，于汉则又讳而不言耳。周市以百万之众入关而败，安得云告谕可下？是时所急者河北，入关尚为缓图，刘、项安得俱入关？故知史之不可信久矣。

宋义至安阳，今山东曹县东。留四十六日不进。项羽曰："吾闻秦军围赵王巨鹿，疾引兵渡河，楚击其外，赵应其内，破秦军必矣。"宋义曰："不然，夫搏牛之虻，不可以破虮虱。今秦攻赵，战胜则兵罢，我承其敝；不胜，则我引兵鼓行而西，必举秦矣；故不如先斗秦、赵。夫披坚执锐，义不如公，坐而运策，公不如义。"因下令军中曰："猛如虎，狠如羊，贪如狼，强不可使者，皆斩之。"乃遣其子宋襄相齐，身送之至无盐。今山东东平县。饮酒高会。天寒大雨，士卒冻饥。项羽曰："将戮力而攻秦，久留不行。今岁饥民贫，士卒食芋菽，军无见粮，乃饮酒高会；不引兵渡河，因赵食，与赵并力攻秦，乃日承其敝。夫以秦之强，攻新造之赵，其势必举赵，赵举而秦强，何敝之承？且国兵新破，王坐不安席，扫竟内而专属于将军，国家安危，在此一举。今不恤士卒而徇其私，非社稷之臣。"项羽晨朝上将军宋义，即其帐中斩宋义头。出令军中曰："宋义与齐谋反楚，楚王阴令羽诛之。"当是时，诸将皆慑伏，莫敢枝梧。皆曰："首立楚者，将军家也。今将军诛乱。"乃相与共立羽为假上将军。使人追宋义子，及之齐，杀之。使桓楚报命于怀王。怀王因使项羽为上将军。当阳君、蒲将军皆属项羽。宋义之久留，盖实与项氏相持。义之进既由齐使，是时又使子相齐，云与齐谋反楚，诬，云楚结齐共谋项氏，则颇有似矣。《史记》此节记事，盖项氏之辞，亦非情实也。

项羽已杀卿子冠军，威震楚国，名闻诸侯。乃遣当阳君、蒲将军将卒二万渡河救巨鹿，战少利。陈余复请兵，项羽乃悉引兵渡河，皆沉

---

[1] 史事：项王非特别残虐。

船，破釜甑，烧庐舍，持三日粮，以示士卒必死，无一还心。于是至则围王离，与秦军遇，九战，绝其甬道，大破之。杀苏角，虏王离，涉间不降楚，自烧杀。当是时，楚兵冠诸侯。诸侯军救巨鹿下者十余壁，《张耳陈余列传》：燕齐楚闻赵急，皆来救。张敖亦北收代，得万余人来，皆壁余旁。莫敢纵兵。及楚击秦，诸将皆从壁上观。楚战士无不一以当十，楚兵呼声动天，诸侯军无不人人惴恐。于是已破秦军，项羽召见诸侯将，诸侯将入辕门，无不膝行而前，莫敢仰视。项羽由是始为诸侯上将军，诸侯皆属焉。时秦二世三年十二月。古荆楚众本僄悍，江、淮尤甚，特其文化程度大低，无用之者，则莫能自振。项氏世世楚将，起江东，渡江西，行收兵而北，其形势，正与吴阖庐、越勾践同，而章邯之兵，久战罢敝；此盖项羽之所以制胜。先是秦军强，常乘胜逐北，至是大败；秦又内乱，后援绝；关以东遂无能与楚抗者矣。

《秦始皇本纪》曰：赵高说二世曰："先帝临制天下久，故群臣不敢为非，进邪说。今陛下富于春秋，初即位，奈何与公卿廷决事？事即有误，示群臣短也。天子称朕，固不闻声。"于是二世常居禁中，与高决诸事。其后公卿希得朝见。盗贼益多，而关中卒发东击盗者无已。右丞相去疾、左丞相斯、将军冯劫进谏，请且止阿房宫作者，减省四边戍转。二世曰："吾闻之韩子曰：尧、舜采椽不刮，茅茨不翦；饭土塯，啜土形；虽监门之养，不觳于此。禹凿龙门，通大夏，决河亭水，放之海，身自持筑臿，胫无毛，臣虏之劳，不烈于此矣。凡所为贵有天下者，得肆意极欲，主重明法，下不敢为非，以制御海内矣。夫虞、夏之主，贵为天子，亲处穷苦之实，以徇百姓，尚何于法？朕尊万乘，毋其实。吾欲造千乘之驾，万乘之属，充吾号名。且先帝起诸侯，兼天下，天下已定，外攘四夷，以安边境；作宫室以章得意。而君观先帝功业有绪；今朕即位，二年之间，群盗并起，君不能禁；又欲罢先帝之所为；是上无以报先帝，次不为朕尽忠力何以在位？"①下去疾、斯、劫吏，案责他罪。去疾、劫自杀。斯卒囚。三年，冬，赵高为丞相，竟案李斯杀之。《李斯传》：二世责问斯，亦引韩子语。又云斯欲求容，以书对，云行督责之术，则能荦然行恣睢之心，而独擅天下之利。意皆与《秦本纪》略同。又云：赵高为郎中令，所杀及报私怨众多，恐大臣入朝奏事毁恶之，乃说二世居禁中。高乃见丞相曰："君何不见？"斯曰："今时上不坐朝廷，欲见无间。"高曰："君诚能谏，请为君候上间。"于是赵高待二世方燕乐，使人告丞相："上方间，可奏事。"丞相至宫门上谒，如此者三。二世怒曰："吾尝多间日，丞相不来，吾方燕私，丞相辄来请事，丞相岂少我哉？且固我哉？"赵高因曰："如此，殆矣。夫沙丘之谋，丞相与焉。今陛下已立为帝，而丞相位不益，此其意，亦望裂地而王矣。且陛下不问臣，臣不敢言。丞相长男李由为三川守，楚盗陈胜等，皆丞相旁县之子，斯，上蔡人。以故楚盗公行过三川，城守不肯击。高闻其文书相往来，未得其审，故未敢以闻。且丞相居外，权重于陛下。"二世以为然，使人案验三川守与盗通状。李斯不得见，因上书言赵高之短。二世私告赵高。高曰："丞相所患者独高。高已死，丞相即欲为田常所为。"于是二世使高案丞相狱，治罪，责斯与子由谋反状，皆收捕宗族、宾客。赵高治斯，榜掠千余。不胜痛，自诬服。斯从狱中上书，高使吏弃去不奏。高使其客十余辈，诈为御史、谒者、侍中，更覆讯斯。斯更以其实对，辄使人复榜之。后二世使人验斯，斯以为如前，终不敢更言。辞服，奏当上，二世喜曰："微赵君，几为丞相所卖。"及二世所使案三川之守至，则项梁已击杀之。使者来，会丞相下吏，赵高皆妄为反辞。二世二年，七月，具斯五刑论，要斩咸阳市。《秦本纪》与《李斯传》言斯罪状及死时皆不同，足见

---

① 史籍：二世责去疾、斯、劫。斯对书，皆伪，盖疾恶法学者所为。公文可伪如唐书云谏武后淫矣。娄敬劝都关中真，其言乃如治儒学者伪也。凡辞令皆可由执笔者为之。

其不可信。二世之辞，李斯之奏，盖皆儒家毁法学者之所为，余语则尤类平话矣。李斯之见杀，真相已不可知，然必出于猜忌之心，与其杀蒙恬兄弟同，则无足疑也。斯之死，实为秦事一大变。朝廷无复重臣。于是内乱起，而沛公安行入关矣。

章邯军棘原，晋灼曰：地名，在巨鹿南。项羽军漳南，相持未战。秦军数却。二世使人让章邯。章邯恐，使长史欣请事，至咸阳，留司马门三日，赵高不见，有不信之心。长史欣恐，还走其军，不敢出故道。赵高果使人追之，不及。欣至军，报曰："赵高用事于中，下无可为者。今战能胜，高必疾妒吾功；不能胜，不免于死。愿将军孰计之。"陈余亦遗章邯书。邯狐疑，阴使侯始成使项羽，欲约。约未成，羽使蒲将军日夜引兵渡三户。津名，孟康云：在邺西。邺，今河南临漳县。军漳南。与秦战，再破之。项羽悉引兵击秦军汙水上，《集解》：徐广曰：在邺西。大破之。章邯使人见项羽，欲约。项羽召军吏谋曰："粮少，欲听其约。"军吏皆曰："善。"项羽乃与期洹水南殷虚上。在今河南安阳县北。已盟，章邯见项羽，而流涕为言赵高。项羽乃立章邯为雍王，置楚军中。使长史欣为上将军，将秦军为前行。时秦二世三年七月。据《项羽本纪》，邯之叛，实由赵高迫之使然，而贾生过秦，言邯以三军之众要市于外。案邯为秦将二岁，失亡多，又大败于巨鹿，秦法严，迄不易将，安知其无要市之事？然非李斯死，赵高立，意仅保关中，见下。接济不绝，似亦不至遽叛。然则秦之亡，二世、赵高专意于去逼，而遂无意于天下事，实其大原因也。

沛公之西入秦也，道砀。秦三年，二月，北攻昌邑。今山东金乡县。未下，西过高阳。文颖曰：聚邑名，属陈留。臣瓒曰：《陈留传》曰：在雍丘西南。郦食其说沛公袭陈留，沛公以为广野君，以其弟商为将，将陈留兵。三月，攻开封，今河南开封县。未拔，西与秦将杨熊会战白马。县名，在今河南滑县东。又战曲遇东，地名，在今河南中牟县东。大破之。杨熊走之荥阳，二世使使斩之以徇。四月，南攻颍川。郡名，治阳翟，今河南禹县。屠之，因张良遂略韩地。张良者，其先韩人。大父开地，父平，五世相韩。韩破，良悉以家财求客刺秦王，为韩报仇。得力士，为铁椎，重百二十斤。秦皇帝东游，良与客狙击秦皇帝博浪沙中，误中副车。陈涉等起兵，良亦聚少年百余人。遇沛公，属焉。及沛公之薛见项梁，项梁立楚怀王，良乃说项梁，立韩诸公子横阳君成为韩王，以良为韩申徒。《集解》：徐广曰：即司徒。与韩王将千余人西略韩地，得数城。往来为游兵颍川。时赵别将司马卬方欲渡河入关，沛公乃北攻平阴，县名，今河南孟津县东。绝河津，南战洛阳东，军不利。从轘辕至阳城，收军中马骑。轘辕，险道名，在今河南偃师县东南，接巩县登封界。令韩王成留守阳翟，与良俱南。六月，与南阳守齮战犨东，犨县名，今河南鲁山县东南。大破之，略南阳郡。南阳守走保城，守宛。沛公引兵过宛西，张良谏，沛公乃夜引军从他道还，围宛。南阳守欲自刭，其舍人陈恢逾城见沛公，曰："为足下计，莫若约降，封其守，因使止守，引其甲卒与之西。"沛公曰："善。"七月，南阳守齮降，引而西，无不下者。八月，沛公攻武关，入秦。赵高阴与其婿咸阳令阎乐、弟赵成谋，使郎中令为内应，《集解》：徐广曰：一云郎中令赵成。诈为有大贼，令乐召吏发卒，追劫乐母置高舍，遣乐将吏卒千余人至望夷宫斩卫令。郎中令与乐俱入，射上幄。二世自杀。赵高乃悉召诸大臣、公子，告以诛二世之状，曰："秦故王国，始皇君天下，故称帝。今六国复自立，秦地益小，乃以空名为帝，不可。宜为王如故便。"立二世兄子公子婴为王，令子婴齐，当庙见，受玉玺。齐五日，子婴与其子二人谋曰："我闻赵高乃与楚约，灭秦宗室而王关中，今使我齐见庙，此欲因庙中杀我。我称病不行，丞相必自来，来则杀之。"高使人请子婴数辈，子婴不行。高果自往。子婴遂刺高于齐宫，三族高家，以徇咸阳。以上据《秦始皇本纪》。《李斯列传》云：子婴即位，称疾不听事，与宦者韩谈及其子谋杀高。高上谒请病，因召入，令韩谈刺杀之，夷其三族。《高祖本纪》云：赵高已杀二世，使人来，欲约分王关中，沛公以为诈。案赵高虽用事，位素卑，安有取秦而代之之望？且高之杀蒙恬，害李斯，戮诸公子，虽竟危秦，究不可谓不忠于二世；而二世亦素任高；此时忽生篡弑之谋，亦殊可怪。贾生《过秦》之论曰："秦小邑并大城，守险塞而军。高垒毋战，闭关据扼，荷戟而守之。诸侯起于匹夫，以利合，非有素王之行也，其交未亲；其下未附；名为亡秦，其实利之也。彼见秦阻之难犯也，必退师，安土息民，以待其敝；收弱扶罢，以令大国之君；不患不得意于海内。藉使子婴有庸主之材，仅得中佐，山东虽乱，秦之地可全而有；宗庙之祀，未当绝也。"可见保守关中，实为此时之至计。然惟大勇者乃能豫有所割弃，此岂二世所及？抑卑逾尊、疏逾戚之不易久矣。李斯且死，何有于赵高？二世所患，特诸公子，宗室疏属，势非相逼，危急时安知不相仗？而秦立国数百年，当危急时，宗室中亦应有奋起自效者。疑章邯军败后，赵高或以去帝号保关中进说，二世不说，且举前事悉以责之，宗室遂有乘间图之者，衅由是生，遂至弑二世而并欲尽灭秦之宗室，藉敌人之力以分王关中，亦所谓骑虎之势不得下也，然其不能为沛公所信，则势固然矣。武关既失，秦遣将将兵距峣关。在今陕西蓝田县东南。沛公欲击之。张良曰："秦兵尚强，未可轻，此亦见秦不内溃，关中未尝不可保。愿先遣人益张旗帜于山上为疑兵，使郦食其、陆贾往说秦将，啗以利。"秦将果欲连和，俱西袭咸阳。沛公欲许之。张良曰："此独其将欲叛，恐其士卒不从，不如因其怠懈击之。"沛公引兵绕峣关，逾蒉山，击秦军，大破之蓝田南，遂至蓝田，今陕西蓝田县。又战其北，秦兵大败。明年，汉元年，冬十月，沛公至霸上。在今陕西长安县东，接蓝田县界。秦王子婴降。沛公以属吏，遂西入咸阳。秦亡。

第二节 诸侯相王

沛公入咸阳，欲止宫休舍，樊哙、张良谏。乃封秦重宝财物府库，还之霸上。十一月，召诸县豪杰曰："父老苦秦苛法久矣，诽谤者族，耦语者弃市。吾与诸侯约：先入关者王之，吾当王关中。与父老约：法三章耳；杀人者死，伤人及盗抵罪，余悉除去秦法，吏民皆按堵如故。凡吾所以来，为父兄除害，非有所侵暴，毋恐。且吾所以军霸上，待诸侯至而定要束耳。"乃使人与秦吏行至县、乡、邑，告谕之，秦民大喜。争持牛羊酒食，献享军士。沛公让不受，曰："仓粟多，不欲费民"，民又益喜，惟恐沛公不为秦王。或说沛公曰："秦富十倍天下，地形强。今闻章邯降项羽，羽号曰雍王，王关中，即来，沛公恐不得有此。可急使守函谷关，毋内诸侯军，稍征关中兵以自益，距之。"沛公然其计，从之。是时为沛公计，择地而王，关中自是上选。既求王关中，自不肯残暴其民，约法三章，不受献享，虽有溢美之辞，当不至全非实录也。

项羽将诸侯兵三十余万，行略地，至河南，遂西到新安。今河南渑池县东。诸侯吏卒，异时繇使、屯戍过秦中，秦中吏卒遇之多无状。及秦军降诸侯，诸侯吏卒乘胜，多奴虏使之，轻折辱秦吏卒。秦吏卒多窃言曰："章将军等诈吾属降诸侯。今能入关破秦，大善。即不能，诸侯虏吾属而东，秦必尽诛吾父母妻子。"诸将微闻其计，以告项羽。项羽乃召黥布、蒲将军计曰："秦吏卒尚众，其心不服，至关中，不听，事必危，不如击杀之，而独与章邯、长史欣、都尉翳入秦。"于是楚军夜击阬秦卒二十余万人新安城南。行，略定秦地。至函谷关，不得入。使当阳君等击关。项羽遂入，至于戏西。沛公左司马曹无伤使人言于项羽曰："沛公欲王关中，使子婴为相，珍宝尽有之。"项羽大怒，曰："旦日飨士卒，为击破沛公军。"当是时，项羽兵四十万，在新丰鸿门，孟康曰：在新丰东十七里。案汉新丰，在今陕西临潼县东。沛公兵十万，在霸上，力不敌。楚左尹项伯者，项羽季父也。素善张良，夜驰至沛公军，具告以事，欲与俱去。良入，具告沛公。沛公要项伯入，约为昏姻，曰："吾入关，秋豪不敢有所近，籍吏民、封府库而待将军。所以遣将守关者，备他盗之出入与非常也。日夜望将军至，岂敢反乎？愿伯具言臣之不敢背德也。"项伯许诺。谓沛公曰："旦日，不可不蚤自来谢项王。"沛公曰："诺。"于是项伯复夜去。至军中，具以沛公言报项王。因言曰："沛公不先破关中，公岂敢入乎？今人有大功而击之，不义也，不如因善遇之。"项王许诺。沛公旦日，从百余骑见项王。项王因留与饮。范增数目项王，举所佩玉玦以示之者三。项王默然不应。范增起出，召项庄入，前为寿，寿毕，请以剑舞，因击沛公于坐，杀之。项庄拔剑起舞，项伯亦拔剑起舞，常以身翼蔽沛公，庄不得击。于是张良至军门见樊哙。樊哙入，谯让羽。有顷，沛公起如厕，招樊哙出，令张良留谢羽，置车骑，脱身独骑，樊哙等四人持剑盾步走，间至军。以上事详见《项羽本纪》，诙诡几类平话。①秦亡后五年，天下复定于一，此乃事势推移使然。当时方以秦灭六国为暴无道，诋秦曰强虎狼，安有一人，敢继秦而欲帝天下？而史载范增说项羽曰："沛公居山东时，贪于财货，好美姬。今入关，财物无所取，妇女无所幸，此其志不在小，吾令人望其气，皆为龙虎，成五采，此天子气也，急击勿失。"又称张良入谢，献玉斗亚父，亚父受，置之地，拔剑撞而破之，曰："唉！竖子不足与谋，夺项王天下者，必沛公也，吾属今为之虏矣。"七十老翁，有如是其鲁莽者乎？其非实录，不待言矣。

居数日，项羽引兵西屠咸阳，杀秦降王子婴。烧秦官室，火三月不

---

① 史事：鸿门会如平话，指鹿为马。

灭。收其宝货妇女而东。人或说项王曰："关中阻山河，四塞；地肥饶；可都以霸。"项王见秦宫室皆以烧残破；又心怀思欲东归；曰："富贵不归故乡，如衣绣夜行，谁知之者？"说者曰："人言楚人沐猴而冠耳，果然。"项王闻之，烹说者。此亦事后附会之辞。汉高兵力弱，不足以控制中原，则思王关中。项羽世楚将，起江东，安有不用楚人之理？且汉高就封后，以士怀思欲东归，因用其锋以争天下。项羽是时，不复欲有所争，都关中，何以处楚士之思归者乎？抑尽弃楚士，独与秦人孤居邪？烧秦宫室，收其宝货妇女，则当时之士卒固如是，约束非易。汉高欲王关中，乃约束其众，不敢为残暴，抑亦分封未定，士犹有所冀望耳。使入汉中以后，士讴歌思东归，而不用其锋，东乡以争天下，安知其不怨叛？怨叛之众，又安保其不所过残灭乎？入彭城后，何为收货宝美人，日置酒高会哉？岂不知项羽之众尚在齐，将兼程还救乎？故知史所称汉之仁，项羽之暴，讳饰诬诋之辞多矣。

既以秦灭六国为无道而亡之，自无一人可专有天下者，当分王者谁乎？一六国之后，一亡秦有功之人；其如何分剖，则决之以公议；此不易之理也。《项羽本纪》曰：项羽使人致命怀王，怀王曰："如约。"乃尊怀王为义帝。项王欲自王，先王诸将相，谓曰："天下初发难时，假立诸侯后以伐秦，然身被坚执锐，首事，暴露于野三年，灭秦定天下者，皆将相诸君与籍之力也。义帝虽无功，此语，苞诸侯后言，乃古人言语以偏概全之例，非专指义帝一人。故当分其地而王之。"诸将皆曰："善。"乃分天下，立诸将为侯王。项王、范增疑沛公之有天下，业已讲解；又恶负约，恐诸侯叛之；乃阴谋曰："巴、蜀道险，秦之迁人多居蜀。"乃曰："巴、蜀亦关中地也。"故立沛公为汉王，王巴、蜀、汉中，都南郑。今陕西南郑县。而三分关中，王秦降将，以距塞汉王。项王乃立章邯为雍王，王咸阳以西，都废丘。今陕西兴平县。长史欣者，故为栎阳狱掾，尝有德于项梁，上文云：项梁尝为栎阳逮捕，乃请蕲狱掾曹咎书抵栎阳狱掾司马欣，以故事得已。都尉董翳者，本劝章邯降楚。故立司马欣为塞王，王咸阳以东，至河，都栎阳，今陕西临潼县。立董翳为翟王，王上郡，都高奴。今陕西肤施县。徙魏王豹为西魏王，魏王咎弟。《豹传》云：咎自杀，豹亡走楚。楚怀王与豹数千人，复徇魏地。项羽已破秦，降章邯，豹下魏二十余城，立豹为魏王。豹引精兵从项羽入关。羽封诸侯，欲有梁地，乃徙豹于河东。王河东，都平阳。今山西临汾县。瑕丘申阳者，张耳嬖臣也，先下河南，迎楚河上。故立申阳为河南王，都洛阳。今河南洛阳县。韩王成因故都，都阳翟。赵将司马卬，定河内，数有功，故立卬为殷王，王河内，都朝歌。今河南淇县。徙赵王歇为代王。赵相张耳，素贤，又从入关，故立为常山王，王赵地，都襄国。当阳君黥布，为楚将，常冠军，故立布为九江王，都六。见第一节。鄱君吴芮，率百越佐诸侯，又从入关，故立芮为衡山王，都邾。今湖北黄冈县。义帝柱国共敖将兵击南郡，功多，因立敖为临江王，都江陵。今湖北江陵县。徙燕王韩广为辽东王。《集解》：徐广曰：都无终，今河北蓟县。燕将臧荼从楚救赵，因从入关，故立荼为燕王，都蓟。今河北北平市。徙齐王田市为胶东王。《集解》：徐广曰：都即墨。今山东即墨县。齐将田都，从共救赵，因从入关，故立都为齐王，都临菑。故秦所灭齐王建孙田安，项羽方渡河救赵，田安下济北数城，引其兵降项羽，故立安为济北王，都博阳。今山东泰安县。田荣者，数负项梁，又不肯将兵从楚击秦，以故不封。成安君陈余，弃将印去，不从入关，《张耳陈余列传》：王离急攻巨鹿。巨鹿城中食尽，兵少，张耳数使人召陈余。余自度兵少，不敌秦，不敢前。数月，张耳大怒，怨陈余，使张黡、陈泽往让余，要以俱死。余使五千人令张黡、陈泽先尝秦军，至，皆没。张耳出巨鹿，与余相见，问张黡、陈泽所在。陈余曰："臣使将五千人先尝秦军，皆殁不出。"耳不信，以为杀之，数问余。余怒曰："不意君之望臣深也？岂以臣为重去将哉？"乃脱解印绶，推与张耳。耳亦愕，不受。陈余起如厕，客有说张耳曰："天与不取，反受其咎。"耳乃佩其印，收其麾下。余还，亦望耳不让，遂趋出。张耳遂收其兵。余独与麾下所善数百人之河上渔猎。然素闻其贤，有功于赵，闻其在南皮，今河北南皮县。故因环封三县。《集解》：《汉书音义》曰：绕南皮三县以封之。番君将梅鋗，功多，故封十万户侯。项王自立为西楚霸王，王九郡，都彭城。汉之元年，四月，诸侯罢戏下，各就国。当时分封，就《史记》所言功状，所以迁徙或不封之故观之，实颇公平。封定而后各罢兵，则其事实非出项羽一人，《自序》所以称为"诸侯之相王"也。[①]《高祖本纪》曰：项羽使人还报怀王。怀王曰："如约。"项羽怨怀王不肯令与沛公俱西入关而北救赵，后天下约，乃曰："怀王者，吾家项梁所立耳，非有功伐，何以得主约？本定天下，诸将及籍也。"此实极公平之言。且怀王特楚王，即谓项王、沛公当听其命，诸侯何缘听之？此理所不可，亦势所不行，其不得不出于相王者势也。汉高之为义帝发丧也，告诸侯曰："天下共立义帝，北面事之。"此乃诬罔之辞。南面而政诸侯，当有实力，义帝岂足以堪之？三代之王，固尝号令天下矣，及其后，政由五霸。然则义帝拥帝名，而政由羽出，亦可云前有所承。既不袭秦郡县之制，不得谓称帝者实权皆当如秦之皇帝也。立章邯在羽入关前，当时形势，安知沛公能先入关？且秦吏卒尚众，非此无以镇之，此亦事势使然也。败军之将，不可以言勇，亡国之大夫，不足与图存，韩信之说汉王曰："三秦王为秦将，将秦子弟数岁矣，所杀亡不可胜计。又欺其众降诸侯，至新安，项王诈阬秦降卒二十余万，唯独邯、欣、翳得脱。秦父兄怨此三人，痛入骨髓。今楚强以威王此三人，秦民莫服也。"此岂项羽所不知，而谓王此三人，可距塞汉路乎？此时汉王之可畏，岂能甚于田荣而距之也？长史欣首告章邯："赵高用事于中，事无可为者"，岂不与董翳同功，而曰：以其有德于项梁而立之乎？

---

① 史事：诸侯之相王，当时无一人有之之理。

第三节 楚汉兴亡

《项羽本纪》曰："项王出之国，使人徙义帝，曰：古之帝者，地方千里，必居上游。乃使使徙义帝长沙郴县，今湖南郴县。趣义帝行。其群臣稍稍背叛之。乃阴令衡山、临江王击杀之江中。"《高祖本纪》云：杀义帝江南。《黥布列传》曰："项氏立怀王为义帝，徙都长沙，今湖南长沙县。乃阴令九江王布等行击之。其八月，布使将击义帝，追杀之郴县。"《汉书·高帝纪》则云："二年，冬，十月，项羽使九江王布杀义帝于郴。"郴在楚极南，项羽即欲放逐义帝，亦不得至此，然则《黥布传》云都长沙者是也。《项羽本纪》之郴县二字，盖后人侧注，误入本文。义帝殆见追逐，自长沙南走至郴而死也。义帝在当时，既无足忌，项羽杀之何为？衡山、临江、九江，主名尚无一定，则义帝死事，实已不传，史之所书，皆传闻诬妄之说耳。[①]

《项羽本纪》又曰：韩王成无军功，项王不使之国，与俱至彭城，废以为侯，已又杀之。案既封之，不得无故复废杀之，此亦必有其由，特今不可知耳。又云：臧荼之国，因逐韩广之辽东。广弗听，荼击杀广无终，并王其地，此则行诸侯之约，非坏诸侯之约也。其坏诸侯之约者，则为田荣与汉王。

田荣闻项羽徙齐王市胶东而立田都，大怒。不肯遣齐王之胶东，因以齐反，迎击田都。田都走楚。市畏项王，乃亡之胶东就国。案项王远，田荣近，项王虽强，其可畏必不如田荣，此可见荣与市实不合，其叛非为市也。田荣怒，追击，杀之即墨。[②]荣因自立为齐王，而西击杀济北王田安，并王

三齐。彭越者，昌邑人。尝渔巨野泽中为群盗。巨野，今山东巨野县。陈胜、项梁起岁余，泽间少年相聚百余人，以为长。收诸侯散卒，居巨野泽中，众万余人，毋所属。荣与越将军印，令反梁地。陈余使张同、夏说说齐王。齐王许之。遣兵之赵。余悉发三县兵，与齐并力击常山，大破之。张耳走归汉，余迎故赵王歇于代，反之赵。赵王因立余为代王，余留傅赵王，而使夏说烈相国守代。

诸侯之相王也，汉王欲攻项羽，灌婴、樊哙皆劝之，萧何谏，乃止。以何为丞相。项羽使卒三万人从汉王，楚子诸侯人之慕从者数万人。张良辞归韩，汉王送至褒中，因说汉王烧绝栈道，^①以备诸侯盗兵，亦视项羽无东意。汉王果欲东兵；未必肯自绝栈道，可见是时尚无叛意也。既至南郑，诸将及士卒皆歌讴思东归，多道亡还者。韩信为治粟都尉，亦亡去。萧何追还之，因荐于汉王。汉王拜信为大将军，问以计策。信对曰："吏卒皆山东之人，日夜企而望归，及其锋而用之，可以有大功。天下已定，民皆自宁，不可复用，不如决策东乡。"因陈羽可图，三秦易并之计。汉王大说，遂听信策，部署诸将，留萧何收巴、蜀租，给军粮食。五月，汉王出袭雍，定雍地。八月，塞王欣、翟王翳皆降。项羽以故吴令郑昌为韩王，距汉。令萧公角击彭越，越败角兵。时张良徇韩地，遗羽书曰："汉欲得关中，如约，即止。"又以齐反书遗羽，曰："齐与赵欲并灭楚。"史云羽以故无西意而北击齐。然汉入关，未能遽摇动大局，齐捣梁、赵以叛则不然，释汉而击齐，亦用兵形势当尔，未必由听张良也。汉二年，十月，汉王如陕。今河南陕县。河南王申阳降。使韩大尉韩信故韩襄王孽孙。击韩。韩王郑昌降。十一月，立信为韩王。汉王还归，都栎阳。春，正月，项羽击田荣城阳，荣败，走平原。今山东平原县。平原民杀之，齐皆降楚。楚遂北烧夷齐城郭室屋，皆阬降卒，系虏其

---

① 史事：汉烧栈道时无叛意，盖以防士卒之亡。汉王都栎阳，三月乃再出。

老弱妇女，徇齐至北海，多所残灭。齐人相聚而叛之。三月，汉王自临晋渡河。临晋，今陕西大荔县。魏王豹降，将兵从下河内，虏殷王印，至洛阳，新城三老董公新城，汉县，在今河南洛阳县南。遮说汉王，于是汉王为义帝发丧，发使告诸侯曰："天下共立义帝，北面而事之。今项羽放杀义帝江南，大逆无道，寡人悉发关中兵，收三河士，南浮江、汉以下，愿从诸侯王击楚之杀义帝者。"义帝之死，既系疑案，此云浮江、汉而下，盖以告南方诸侯，云天下共立义帝，北面而事之，乃后人附会之语，必非当时情实也。四月，田荣弟横收得数万人，反城阳，立荣子广为齐王。羽虽闻汉东，既击齐，欲遂破之，而后击汉。汉王以故得劫五诸侯兵，徐广曰：塞、翟、魏、殷、河南。应劭曰：雍、塞、翟、殷、韩。韦昭曰：塞、翟、殷、韩、魏。颜师古曰：常山、河南、韩、魏、殷。案《淮阴侯列传》：汉二年，出关，收魏、河南，韩、殷王皆降，合齐、赵共击楚。时张耳已走归汉，齐兵则自距项羽，但与汉合势耳，颜说是也。凡五十六万人，东伐楚。到外黄，彭越将三万人归汉。汉王拜越为魏相国，令定梁地。汉王遂入彭城。收羽美人、货赂，置酒高会。羽闻之，令其将击齐，自以精兵三万人南。从鲁出胡陵，而从萧今江苏萧县。晨击汉军，而东至彭城。日中，大破汉军。汉军皆走，相随入谷、泗水。杀汉卒十余万人。汉卒皆南走山，楚又追击，至灵壁东睢水上，灵壁，在今安徽宿县西北。汉军却，为楚所挤，多杀汉卒十余万人，皆入睢水，睢水为之不流。汉王与数十骑遁去。诸侯见汉败，皆亡去。塞王欣、翟王翳降楚，殷王印死。吕后兄周吕侯泽，将兵居下邑，县名，在今江苏砀山县东。汉王往从之。稍收士卒，军砀。汉王之至下邑，问曰："吾欲捐关以东弃之，谁可与共功者？"张良曰："九江王布，楚枭将，与项王有隙，彭越与田荣反梁地，此两人可急使；而汉王之将，独韩信可属大事，当一面；即欲捐之，捐之此三人，则楚可破也。"汉王乃追随何说九江王布，而使人连彭越。初，项王击齐，征兵九江。九江王布称病不往，遣将将数千人行。汉之败楚彭城，布又称病不佐楚。项王由此怨布，数使使者诮让，召布。布愈恐，不敢往。随何往说，布果叛楚。五月，汉王屯荥阳，萧何发关中老弱未傅者悉诣军，韩信亦收兵与汉王会，兵复大振。与楚战荥阳南京、索间，破之。筑甬道属河，以取敖仓粟。

　　魏王豹谒告视亲疾，至则绝河津，反为楚。六月，汉王还栎阳，立大子。引水灌废丘，废丘降，章邯自杀。八月，汉王如荥阳。使郦食其往说魏王豹，豹不听。汉以韩信为左丞相，与曹参、灌婴俱击魏。九月，信等虏豹，传诣荥阳，定魏地。使请兵三万人，愿以北举燕、赵，东击齐，南绝楚粮道。汉王与之。初，汉击楚，使告赵，欲与俱。陈余曰："汉杀张耳乃从。"于是汉王求人类张耳者斩之，持其头遗陈余。余乃遣兵助汉。汉之败于彭城，余亦复觉张耳不死，即背汉。汉遣张耳与韩信俱，破代，禽夏说阏与。今山西和顺县。三年，冬，十月，以兵数万，欲东下井陉。赵王、陈余聚兵井陉口，号称二十万。广武君李左车说成安君："深沟高垒勿与战。假臣奇兵三万人，从间路绝其辎重。"不听。韩信遂下，破赵军，斩成安君，禽赵王歇。《张耳陈余列传》云：追杀赵王歇襄国。生得广武君。从其策，发使使燕。燕从风而靡。乃遣使报汉，因请立张耳为赵王，以镇抚其国。汉王许之。信之下魏、代，汉辄使人收其精兵诣荥阳以距楚。楚数使奇兵渡河击赵，赵王耳、韩信往来救赵，因行定赵城邑，发兵诣汉。随何既说黥布，布起攻楚。楚使项声、龙且攻布，布战，不胜。十二月，布与随何间行归汉。汉王分之兵。与俱收兵，至成皋。今河南泛水县。项羽数侵夺汉甬道，汉军乏食。夏，四月，项羽围汉荥阳，汉王请和。割荥阳以西者为汉。亚父劝项羽急攻荥阳。五月，将军纪信诈为汉王降楚。汉王与数十骑遁。令御史大夫周苛、魏豹、枞公守荥阳，周苛、枞公杀魏豹。汉王出荥阳，至成皋。自成皋入关收兵，欲复东。辕生说汉王："出武关，项王必引兵南走。王深壁，令荥阳、成皋间且得休息。使韩信等得辑河北赵地，连燕、齐。君王乃复走荥阳。如此，则楚所备多，力分，汉得休息，复与之战，破之必矣。"汉王从其计，出军宛、叶间。叶，今河南叶县。与黥布行收兵。羽闻汉王走宛，果引兵南。汉王坚壁不与战。是月，彭越渡睢，与项声、薛公战下邳，破杀薛公。羽使终公守成皋，而自东击彭越。汉王引兵北击破终公，复军成皋。六月，羽已破走彭越，闻汉复军成皋，乃引兵西。拔荥阳城，烹周苛，杀枞公，而虏韩王信。遂围成皋。汉王跳。北渡河，宿小修武。今河南获嘉县。自称使者，晨驰入张耳、韩信壁，夺之军。令张耳备守赵地，拜韩信为相国，收赵兵未发者击齐。汉王得韩信军，复大振。八月，临河南乡，军小修武。欲复战。郎中令郑忠说止汉王，汉王听其计。使卢绾、刘贾将卒二万人，骑数百渡白马津，在河南滑县。佐彭越烧楚积聚，复击破楚军燕郭西。燕县，古南燕国，今河南延津县。攻下睢阳、外黄十七城。睢阳，今河南商丘县。九月，羽谓海春侯大司马曹咎曰："谨守成皋。即汉王欲挑战，慎勿与战，勿令得东而已。我十五日，必定梁地，复从将军。"羽引兵东击彭越。初，项羽释齐归击汉，因连与汉战，以故田横复得收齐城邑，立荣子广为齐王，而横相之，专国政。政无巨细，皆断于相。闻韩信且东，使华毋伤、田解军于历下，今山东历城县。以距汉。汉使郦生说下齐王广及其相横，横以为然；解其历下军。四年，十月，韩信用蒯通计，袭破齐。齐烹郦生。王广东走高密，今山东高密县。相横走博阳。今山东泰安县。羽使从兄子项它为大将，龙且为裨将，救齐。此从《汉书·项籍传》。《史记·项羽本纪、淮阴侯、田儋列传》，皆仅云龙且，《高祖本纪》作龙且、周兰。汉果数挑成皋战，楚军不出，使人辱之，数日，大司马咎怒，渡兵汜水。士卒半渡，汉击之，大破楚军，大司马咎、长史欣皆自刭汜水上。汉王引兵渡河，复取成皋，军广武，孟康曰：于荥阳筑两城相对，名为广武，在敖仓西山上。就敖仓食。羽下梁地十余城，闻海春侯破，乃引兵还。军广武，与汉相守。十一月，韩信与灌婴击破楚军，杀龙且，追至城阳，虏齐王广。齐相田横自立为齐王，奔彭越。关中兵益出，而彭越、田横居梁地，往来苦楚兵，绝其粮食。韩信已破齐，使人言曰："齐边楚，不为假王，恐不能安齐。"汉王怒，欲攻之。张良曰："不如因而立之，使自为守。"二月，遣良操印立信为齐王。项王使盱眙人武涉往说齐王信反汉，与楚连和，三分天下而王之。武涉已去，蒯通知天下权在韩信，深说以三分天下之计。信犹豫，遂不听。七月，立黥布为淮南王。八月，项羽自知少助，食尽；韩信又进兵击楚，羽患之。汉使侯公说羽。羽乃与汉约：中分天下。割鸿沟以西为汉，以东为楚。九月，归大公、吕后。彭城之败，审食其从大公、吕后间行，反遇楚军，羽常置军中以为质。羽解而东归。汉王欲西归，张良、陈平谏曰："今汉有天下大半，而诸侯皆附，楚兵罢食尽，此天亡之时，不因其几而遂取之，所谓养虎自遗患也。"汉王从之。五年，十月，汉王追项羽。至阳夏南，止军，与齐王信、魏相国越期会击楚。至固陵，今河南淮阳县西北。不会。楚击汉军，大破之。汉王复入壁，深堑而守。谓张良曰："诸侯不从，奈何？"良对曰："楚兵且破，未有分地，其不至固宜。君王能与共天下，可立致也。齐王信之立非君王意，信亦不自坚。彭越本定梁地，始君王以魏豹故，拜越为相国，今豹死，越亦望王，而君王不早定。今能取睢阳以北至谷城，今山东东阿县。皆以王彭越，从陈以东傅海与齐王信。信家在楚，其意欲复得故邑。能出捐此地，以许两人，使各自为战，则楚易败也。"于是汉王发使使韩信、彭越。此实平敌相约分地，非汉王能封之也。至，皆引兵来。十一月，刘贾入楚地，围寿春。今安徽寿县。汉亦遣人诱楚大司马周殷。殷畔楚，以舒屠六。舒，今安徽庐江县。举九江兵，迎黥布，并行屠城父。今安徽灵璧县。随刘贾皆会。十二月，围羽垓下。李奇曰：沛洨县聚邑名，在今安徽灵璧县东南。羽夜闻汉军四面皆楚歌，知尽得楚地，从八百余人，直夜溃围南出驰走。平明，汉军乃觉之。令骑将灌婴以五千骑追之。项王渡淮，骑能属者百余人耳。至阴陵，县名，在今安徽定远县西北。迷失道。问一田父，田父绐曰："左。"左，乃陷大泽中。以故汉追及之。项王乃复引兵而东。至东城，见第一节。乃有二十八骑。汉骑追者数千人。项王自度不得脱，谓其骑曰："吾起兵至今八岁矣，身七十余战，所当者破，所击者服，未尝败北，遂霸有天下。然今卒困于此，此天之亡我，非战之罪也。今日固决死，愿为诸君决战，必三胜之；为诸君溃围斩将刈旗；令诸君知天亡我，非战之罪也。"乃分其骑以为四队，四乡。汉军围之数重。项王谓其骑曰："吾为公取彼一将。"令四面骑驰下，期山东为三处。于是项王大呼驰下，汉军皆披靡。遂斩汉一将与其骑会为三处，汉军不知项王所在，乃分军为三，复围之。项王乃驰，复斩汉一都尉，杀数十百人。复聚其骑，亡其两骑耳。乃谓其骑曰："何如？"骑皆伏曰："如大王言。"于是项王乃欲东渡乌江。今安徽和县。乌江亭长檥船待，谓项王曰："江东虽小，地方千里，众数十万人，亦足王也，愿大王急渡。今独臣有船，汉军至，无以渡。"项王笑曰："天之亡我，我何渡为？且籍与江东子弟八千人渡江而西，今无一人还，纵江东父兄怜而王我，我何面目见之？纵彼不言，籍独不愧于心乎？"乃令骑皆下马步行，持短兵接战。独籍所杀汉军数百人。项王身亦被十余创，顾见汉骑司马吕马童，曰："若非吾故人乎？"乃曰："吾闻汉购我头千金，邑万户，吾为若德。"乃自刎而死。楚地皆降汉，独鲁不下，乃持项王头示鲁，鲁父兄乃降。初，怀王封项籍为鲁公；及其死，鲁最后下；故以鲁公礼葬项王谷城。项羽所立临江王共敖前死，子尉嗣为王，不降，遣卢绾、刘贾击虏尉。田横惧诛，与其徒属五百余人入海，居岛中。高帝恐后为乱，使使赦横罪，召之。未至，自到。

刘、项成败，汉得萧何以守关中，韩信以下赵、代、燕、齐，而楚后路为彭越所扰，兵少食尽，固为其大原因。然汉何以得萧何、信、越等，而楚亲信如英布、周殷等，且纷纷以叛乎？高祖置酒洛阳宫，曰："列侯诸将，无敢隐朕，皆言其情。吾所以有天下者何？项氏之所以失天下者何？"高起、王陵对曰："陛下慢而侮人，项羽仁而爱人，然陛下使人攻城略地，所降下者，因以予之，与天下同利也。项羽妒贤疾能，有功者害之，贤者疑之，战胜而不予人功，得地而不与人利，此所以失天下也。"高祖曰："公知其一，未知其二：夫运筹帷帐之中，决胜于千里之外，吾不如子房，填国家，抚百姓，给馈饷，不绝粮道，吾不如萧何，连百万之军，战必胜，攻必取，吾不如韩信。此三人皆人杰也：吾能用之，此吾所以取天下也。项羽有一范增而不能用，此其所以为我禽也。"高祖所言，与高起、王陵所说，其实是一。韩信曰："项王使人，有功当封爵者，印刓弊，忍不能予。"陈平言："项王不能信人，其所任爱，非诸项，即妻之昆弟，虽有奇士不能用。"郦食其说齐王，亦言项羽非项氏莫得用事。盖项氏故楚世家，其用人犹沿封建之世卑不逾尊、疏不逾戚之旧，汉高起于氓庶，则不然也。然是时知勇之士，固不出于世禄之家，此其所以一多助、一寡助乎？然则刘、项之兴亡，实社会之变迁为之矣。

第二章
汉初事迹

第一节　高祖初政

汉五年，既灭项籍。二月，楚王韩信、淮南王英布、梁王彭越、故衡山王吴芮、王芮诏曰：诸侯立以为王，项羽侵夺之地，谓之番君，故是时称故。赵王张敖、耳子，见下。燕王臧荼上尊号，汉王即皇帝位于汜水之阳。自义帝亡，惟项羽称霸王，为诸侯长，然诸侯多叛之，至此，天下始复有共主矣。

夏，五月，兵皆罢归家。诏曰："诸侯子在关中者，复之十二岁，其归者半之。民前或相聚保山泽，^①不书名数。今天下已定，令各归其县，复故爵田宅。吏以文法教训辨告，勿笞辱。民以饥饿自卖为人奴婢者，皆免为庶人。军吏、卒会赦，其亡罪会赦得免罪及本无罪。而亡爵及不满大夫者，皆赐爵为大夫。故大夫以上，赐爵各一级，其七大夫以上，皆令食邑，非七大夫以下皆复其身及户，勿事。"又曰："七大夫、公乘以上，皆高爵也。诸侯子及从军归者，甚多高爵。吾数诏吏：先与田宅，及所当求于吏者亟与。爵或人君，上所尊礼，久立吏前，曾不为决，甚亡谓也。异日秦民爵公大夫以上，令、丞与亢礼，今吾于爵非轻也，吏独安取此？且法以有功劳行田宅，今小吏未尝从军者多满，而有功者顾不得，背公立私，守、尉、长吏教训甚不善，其令诸吏善遇高爵，称吾意。且廉问，有不如吾诏者，以重论之。"此皆所以抚慰为兵及失职者也。变乱之际，此辈往往荡无家室可归，又或习于战斗卢掠，不肯事生产，实为致乱之原。有以抚慰之，则俱欲休息乎无为，而乱原

---

　①　兵：民保山泽。彭越居巨野泽。樊崇初起入山。新市初入泽后藏绿林。菅堡堡壁。董卓郿坞。李催北坞。

塞矣。韩信言天下已定，民皆自宁，不可复用，高帝时，诸侯叛者，迄不能有成，以此。

齐人娄敬戍陇西，过洛阳，见齐人虞将军曰："臣愿见上言便事。"虞将军言上，上召问。敬说曰："秦地被山带河，四塞以为固。卒然有急，百万之众可具也。因秦之故，资甚美膏腴之地，此所谓天府者也。陛下入关而都之，山东虽乱，秦之故地，可全而有也。"上疑之。左右大臣皆山东人，多劝上都洛阳。"雒阳东有成皋，西有殽、黾，倍河，乡伊、雒，其固亦足恃。"留侯曰："雒阳虽有此固，其中小，不过数百里。田地薄，四面受敌，此非用武之国也。夫关中，左殽、函，右陇、蜀，沃野千里，南有巴、蜀之饶，北有胡苑之利。阻三面而守，独以一面专制诸侯。诸侯安定，河、渭漕挽天下，西给京师；诸侯有变，顺流而下，足以委输。此所谓金城千里，天府之国也。敬说是也。"于是高帝驾，即日西都关中。赐敬姓刘氏。观刘敬及留侯之说，知是时汉尚未敢欲全有天下，[1] 其后数年之间，异姓诸侯叛者，无不败亡，复成郡县之局，尚非是时所及料也。汉高于东方非有根柢，关中则用之已数年，自欲因循旧业，亦非尽因地理形势。以此而议项羽之背关怀楚，语见《史记·项羽本纪》：背关，谓不都关中也。颜师古曰"谓背约不王高祖于关中"，缪矣。为致亡之由，缪矣。

后九月，徙诸侯子关中，此盖其不能归者。后九年十一月，又徙齐、楚大族昭氏、屈氏、景氏、怀氏、田氏五姓关中，与利田宅，其事亦由刘敬之说。（已见第二章第一节。）

六年，十月，令天下县、邑城。此与秦之夷郡县城适相反，盖时承揭竿斩木之后，欲防人民之叛，与秦之专猜忌豪族者异势也。十二月，诏曰："天下既安，豪杰有功者封侯，新立，未能尽图其功。身居军九年，或未习法令，或以其故犯法，大者死、刑，吾甚怜之，其赦天下。"此亦所以抚慰曾从

---

① 政体：娄敬留侯说汉高之辞时，尚未敢欲全有天下。

军者也。

七年，二月，自栎阳徙都长安。萧丞相营作未央官，立东阙、北阙、前殿、武库、大仓、八年，高祖东击韩王信余寇于东垣，今河北正定县。还，见官阙壮甚，怒，谓萧何曰："天下匈匈，苦战数岁，成败未可知，是何治官室过度也？"何曰："天下方未定，故可因遂就宫室。且夫天子以四海为家，非壮丽无以重威，且亡令后世有以加也。"高祖乃说。何之言，实文过免罪之辞。闻安民可与行义，劳民易与为非矣，未闻天下匈匈，可因之以兴劳役。昧旦丕显，后世犹怠，岂有先为过度之事，而冀后世之无所加者乎？论史者多称何能镇抚关中，实则其为茧丝殊甚。[1]彭城之败，何发关中老弱未傅者悉诣军，是时楚、汉战争方始，则其后此所发，皆本无役籍者可知也。是岁，关中大饥，米斛万钱，人相食，令民就食蜀、汉。《食货志》言秦钱文曰半两，重如其文，汉兴，以为秦钱重难用，更令民铸荚钱，[2]不轨逐利之民，蓄积余赢，以稽市物，痛腾跃，米至石万钱，马至匹百金，即此时事也。废重作轻，而又放民私铸，物之腾踊宜矣。顾归咎于民之逐利，可乎？然则汉之刻剥其民，而为史所不详者多矣。

第二节　高祖翦除功臣

封建之制，至秦灭六国，业已不可复行。然当时之人，不知其不可行也。乃以秦灭六国，为反常之事。陈涉一呼，旧邦悉复；戏下之会，益以新封；几谓带砺河山，可传苗裔，然不可行者，终于不可行也。五年扰攘，所建侯王，几无不陨命亡国，耗矣。然人仍不知其不可行也，于是有汉初之封建。

汉初之封建，先以异姓诸侯王。高祖与功臣戮力共定天下，其劳亦

---

① 史事：萧何治关内为茧丝。
② 钱币：汉初物价腾贵由铸荚钱。此藉恶币筹款见记载最早者。

相等耳，一人贵为天子，而其余则无尺土之封，必非情理之所安，观高祖成败未可知之言；刘敬山东虽乱，秦地可全之说；则数年之间，翦灭殆尽，不独非诸侯王所及料，抑亦非汉之君臣始愿所及也。刘季之不可信，韩信岂不知之？而终距蒯彻三分之计，其以此与？

汉五年，十二月，汉王还至定陶，驰入齐王信壁，夺其军。正月，立信为楚王，王淮北，都下邳。彭越为梁王，王魏故地，都定陶。二月，以长沙、豫章、象郡、桂林、南海立吴芮为长沙王，都临湘。今湖南长沙县故粤王无诸为闽粤王，王闽地。张耳先已立为赵王。韩王信剖符王颍川。黥布亦剖符为淮南王，都六，九江、庐江、衡山、豫章郡皆属焉。《史记·黥布列传》，《汉书》同。《汉书》本纪言豫章以封吴芮，而此又云属黥布者，政令改变，史文容或不具，且或有错误也。时戏下旧封，仍有臧荼。七月，荼反。上自将征之。九月，虏荼。立长安侯卢绾为燕王。六年，十月，人告楚王信谋反。上问左右，左右争欲击之。问陈平。平曰："陛下兵精孰与楚？"上曰："不能过。"平曰："陛下将用兵，有能过韩信者乎？"上曰："莫及也。"平曰："今兵不如楚精，而将不能及，而举兵攻之，是趣之战也。窃为陛下危之。"上曰："为之奈何？"平曰："古者天子巡守，会诸侯。陛下第出，伪游云梦，会诸侯于陈。陈，楚之西界，信闻天子以好出游，其势必无事而郊迎谒，谒而陛下因禽之，此一力士之事耳。"高帝以为然。发使告诸侯，因随以行。信欲发兵反，自度无罪。欲谒上，恐见禽。项王亡将钟离昧，素与信善，亡归信，汉诏楚捕昧，人或说信曰"斩昧谒上，上必喜，无患"。昧自到。信持其首谒高祖于陈。上令武士缚信。田肯说上曰："甚善。陛下得韩信，又治秦中。秦形胜之国也，带河阻山，县隔千里，持戟百万，秦得百二焉。地势便利，其以下兵于诸侯，譬犹居高屋之上建瓴水也。夫齐，东有琅邪、即墨之饶，南有泰山之固，西有浊河之限，北有勃海之利，地方二千里。持戟百万。县隔千里之外，齐得十二焉。此东西秦也。非亲子弟莫可使王齐者。"上曰："善。"还至洛阳，赦韩信，封为淮阴侯。始剖符，封功臣曹参等为通侯。正月，以故东阳郡、鄣郡、吴郡五十三县立刘贾为荆王。高帝从父兄。刘攽曰：按《地理志》：东阳、鄣、吴，皆非秦郡，后汉顺帝始分会稽为吴，此文殊不可晓。案史据后来封域言之，而误加故字耳，古人于此等处不甚审谛也。以砀郡、薛郡、郯郡三十六县立弟交为楚王。以云中、雁门、代郡五十三县立兄宜信侯喜为代王。以胶东、胶西、临淄、济北、博阳、城阳郡七十三县立子肥为齐王。《齐悼惠王世家》：食七十余城，诸民能齐言者皆予齐王。以大原郡三十一县为韩国，徙韩王信都晋阳。今山西太原县。上已封大功臣三十余人，其余争功，未得行封。上居南宫，从复道上，见诸将往往耦语。以问张良。良曰："陛下与此属共取天下。今已为天子，而所封皆故人、所爱，所诛皆平生仇怨。今军吏计功，以天下为不足用遍封，而恐以过失及诛，故相聚谋反耳。"上曰："为之奈何？"良曰："取上素所不快，计群臣所共知最甚者一人，先封以示群臣。"三月，上置酒封雍齿。因趣丞相：急定功行封。罢酒，群臣皆喜曰："雍齿且侯，吾属亡患矣。"案高帝之击陈豨，封赵壮士四人各千户，左右谏曰："从入蜀、汉，伐楚，赏未遍行"，则其时功臣尚未尽封，可见酬功之不易，此大兵之后皆然也。韩王信之徙也，《史记》本传云："上以信材武，所王北近巩、洛，南迫宛、叶，东有淮阳，皆天下劲兵处，乃诏徙王大原，以北备御胡"，盖本有猜忌之意。信上书曰："国被边，匈奴数入，晋阳去塞远，请治马邑。"今山西朔县。上许之。九月，匈奴围信马邑。信数使使胡求和解。汉发兵救之。疑信数间使，有二心，使人责让信。信恐诛，因与匈奴约共攻汉。反，以马邑降胡，击大原。七年十月，上自将击信于铜鞮，今山西沁县西南。斩其将。信亡走匈奴，与其将曼丘臣、王黄共立故赵后赵利为王。收信散兵，与匈奴共距汉。上从晋阳连战，乘胜逐北，至楼烦。今雁门关北。高祖用兵亦甚速，会大寒，士卒堕指者什二三，遂至平城。今山西大同县。为匈奴所围，七日，用陈平秘计得出。参看第三节。使樊哙留定代地。十二月，上还过赵。先是张耳薨，子敖嗣。五年秋。高祖长女鲁元公主为后。高祖过赵，赵王礼甚卑，高祖箕踞骂，甚慢易之。赵相贯高、赵午等，年六十余，故张耳客也。生平为气，怒，请为王杀之。敖不可。是月，匈奴攻代，代王喜弃国，自归洛阳，赦为合阳侯，立子如意为代王。八年，冬，上东击韩信余寇于东垣，还过赵，贯高等乃壁人柏人，今河北唐山县。要之置。上过，不宿去。九年，贯高怨家知其谋，上变告之，于是并逮捕赵王。赵午等十余人争自刭。贯高随王诣长安。高对狱曰："独吾属为之，王实不知。"吏治，榜笞数千，刺剟，身无可击者，《汉书》作刺爇燕，身无完肤。终不复言。使中大夫泄公以私问之。高具道本指。正月，废赵王敖为宣平侯。徙代王如意为赵王。十年，九月，代相国陈豨反。豨者，宛句人。今山东菏泽县。不知始所以得从。韩王信反入匈奴，上至平城还，豨以郎中封为列侯，以赵相国将，监赵、代边，边兵皆属焉。豨少时尝称慕魏公子，及将守边，招致宾客。尝告过赵，宾客随之者，千余乘，邯郸官舍皆满。赵相周昌乃求入见上，具言豨宾客盛，擅兵于外，恐有变。上令人覆案豨客居代者诸为不法事，多连引豨。豨恐，阴令客通使王黄、曼丘臣所。是年，秋，大上皇崩。上因是召豨。豨称病，遂与王黄等反，自立为代王，劫略赵、代。上自东至邯郸。十一年，冬，破之。大尉周勃道大原入，定代地。正月，淮阴侯韩信谋反长安，夷三族。《淮阴侯列传》云：陈豨拜为巨鹿守。《集解》：徐广曰：表云为赵相国，将兵守代也。辞于淮阴侯。淮阴侯挈其手，辟左右，与之步于庭。仰天叹曰："子可与言乎？欲与子有言也。"豨曰："唯将军令之。"淮阴侯曰："公所居，天下精兵处也。而公，陛下之信幸臣也。人言公之畔，陛下必不信。再至，陛下乃疑矣。三至，必怒而自将。吾为公从中起，天下可图也。"陈豨素知其能也，信之，曰："谨奉教。"陈豨反，上自将而往，信病不从。阴使人至豨所，曰："第举兵，吾从此助公。"信乃谋与家臣夜诈诏诸官徒奴，欲发以袭吕后、大子。部署已定，待豨报。其舍人得罪于信，信囚欲杀之，舍人弟上变告信欲反状于吕后。吕后欲召，恐其党不就，乃与萧相国谋，诈令人从上所来，言豨已得，死。列侯群臣皆贺。相国绐信曰："虽疾，强入贺。"信入，吕后使武士缚信，斩之长乐钟室。案陈豨当初受命时，未必有反心，信安得与之深言？吕氏以失南北军而败，信是时，与长安将相大臣，一无要结，岂有但恃家臣徒奴，可以集事之理？赵、代、长安，相去数千里，声援不相及，信苟决发，何待豨报？部署既定矣，豨报不至，又可已乎？其诬不待言矣。将军柴武斩韩王信于参合。县名，今山西阳高县。立子恒为代王，都晋阳。如淳曰：《文纪》言都中都。又文帝过太原，复晋阳、中都二岁，似迁都于中都也。中都，今山西平遥县。三月，梁王彭越谋反，夷三族。《越传》云：陈豨反代地，高帝自往击，至邯郸，征兵梁王，梁王称病，使将将兵诣邯郸。高帝怒，使人让梁王。梁王恐，欲自往谢。其将扈辄曰："王始不往，见让而往，往则为禽矣，不如遂发兵反。"梁王不听，称病。梁王怒其大仆，欲斩之，大仆亡走汉，告梁王与扈辄谋反。于是上使使掩梁王。梁王不觉。捕梁王，囚之洛阳。有司治反形已具，请论如法。上赦以为庶人，传处蜀青衣。县名，今四川雅安县。西至郑，今陕西华县。逢吕后从长安来，欲之洛阳。道见彭王，彭王为吕后泣涕，自言无罪，愿处故昌邑，吕后许诺。与俱东至洛阳，吕后白上曰："彭王壮士，今徙之蜀，此自遗患，不如遂诛之，妾谨与俱来。"于是吕后乃令其舍人告彭越复谋反。廷尉王恬开奏请族之。上乃可。案高帝之猜忌甚矣，越果反形已具，安得赦之？其诬又不待言也。立子恢为梁王，子友为淮阳王。今河南淮阴县。五月，立南海尉它为南越王。参看第三章第七节。七月，淮南王布反，高后诛淮阴侯，布因心恐。汉诛彭越，醢之，盛其醢遍赐诸侯。淮南王大恐。阴令人部聚兵，候伺旁郡警急。布所幸姬疾，请就医。医家与中大夫贲赫对门，姬数如医家。贲赫自以为侍中，乃厚馈遗，从姬饮医家。姬侍王，从容，语次誉赫长者也。王怒曰："女安从知之？"具说状。王疑其与乱。赫恐，称病。王愈怒，欲捕赫。赫言变事，乘传诣长安。布使人追，不及。赫至，上变，言布谋反有端，可先未发诛也。上语萧相国，相国曰："布不宜有此，恐仇怨妄诬之，请系赫，使人微验淮南王。"淮南王遂族赫家，发兵反。东击杀荆王刘贾。劫其兵，度淮击楚，楚王交走入薛。上立子长为王。赦天下死罪以下，皆令从军。征诸侯兵。上自将以击布。十二年，十月，上破布军于会甀。在蕲西。布走，命别将追之。布故与番君昏，长沙王吴芮子成王臣。使人绐布，与亡，信而随之番阳，番阳人杀布。周勃定代，斩陈豨于当城。县名，今察哈尔蔚县。立沛侯濞为吴王，帝兄仲之子也。卢绾者，丰人也。与高祖同里。绾亲与大上皇相爱。高祖、绾同日生，里中持羊酒贺两家。及高祖、绾壮，俱学书，又相爱也。里中嘉两家亲相爱，生子同日，壮又相爱，复贺两家羊酒。高祖为布衣时，有吏事辟匿，绾常随，出入上下。起沛，绾以客从。入汉中，为将军，常侍中。东击项籍，以大尉从，出入卧内。衣被、饮食、赏赐，群臣莫敢望。虽萧、曹等特以事见礼，至亲幸，莫及绾。陈豨反，高祖如邯郸击豨兵，绾亦击其东北。豨使王黄求救匈奴，绾亦使其臣张胜于匈奴，言豨等军破。故燕王臧荼子衍亡在胡，见胜曰："公所以重于燕者，以习胡事也。燕所以久存者，以诸侯数反，兵连不决也。今公为燕，欲急灭豨等。已尽，次亦至燕；公等亦且为虏矣。公何不令燕且缓陈豨而与胡和？事宽，得长王燕，即有汉急，可以安国。"张胜以为然。乃私令匈奴助豨等击燕。绾疑胜与胡反，上书请族胜。胜还具道所以为者，燕王寤，乃诈论他人，脱胜家属，使得为匈奴间，而阴使范齐之陈豨所，欲令久亡，连兵勿决。豨裨将降，言范齐。高祖使使召绾，绾称病。上又使辟阳侯审食其、御史大夫赵尧往迎燕王，因验问左右。绾愈恐，闭匿。谓其幸臣曰："非刘氏而王，独我与长沙耳。往年春汉族淮阴，夏诛彭越，皆吕后计。今上病，属任吕后。吕后妇人，专欲以事诛异姓王者及大功臣。"乃遂称病不行。其左右皆亡匿。语颇泄，辟阳侯闻之，归，具报上。上益怒，又得匈奴降者，言张胜亡在匈奴，为燕使。于是上曰："绾果反矣。"三月，使樊哙将兵击燕，立子建为燕王。人有恶哙："党于吕氏，即一日宫车晏驾，哙欲以兵尽诛灭戚氏、赵王如意之属。"高帝闻之，大怒。用陈平谋，召绛侯周勃受诏床下，曰："平亟驰传载勃代哙将。平至军中，即斩哙头。"二人既受诏，行计之曰："樊哙帝之故人也，功多，且又吕后弟吕媭之夫，有亲且贵。帝以忿怒故欲斩之，恐后悔，宁囚而致上，上自诛之。"未至军，为坛，以节召哙。哙受诏，即反接载槛车，使诣长安，而令勃代将。燕王绾悉将其官人、家属、骑数千，居长城下候伺，幸上病愈，自入谢。四月，高祖崩，绾遂将其众亡入匈奴。匈奴以为东胡卢王，居岁余死。樊哙至长安，高祖已崩，吕后释哙，使复爵邑。韩信、彭越罪状之诬，少深思之即可见，即黥布亦非有反谋，迫于不得不然耳，况卢绾乎？因循数年，身死，嗣子文弱，必不能复有反谋，汉朝亦不之忌，岂不可以久存？然终不免于贲赫、张胜之交构，则其时各种情势，固皆与封建之制不相容。事至与各种情势皆不相容，此等枝节，自然错出不已，防不胜防，正不能就一枝一节，论其得失也。汉初异姓王，惟长沙传五世，文王芮、成王臣、哀王回、共王右、靖王羌，羌《表》作产。至孝文后七年，乃以无子国除，历四十六年，则以其地最偏僻，无与大局故也。

第三节　高祖和匈奴

自战国以前，中国所遇者多山戎，至秦、汉之世，乃与骑寇遇，《先秦史》已言之。第八章第一节。骑寇之强大者，则匈奴也。《史记·匈奴列传》，举古来北狄，悉罗而致之一篇之中。一若其皆与匈奴同族者，固为非是。然匈奴渐渍中国之文化确颇深。《史记》曰："匈奴，其先祖夏后氏之苗裔也。曰淳维。"固无确据，然系世所传，多非虚罔，读《先秦史》可见。文化恒自一中心传播于其四面；文明民族中人，入野蛮部落，为之大长者，尤偻指难悉数；则《史记》此语，虽不能断其必确，亦无由断其必诬，此固无足深论，然匈奴文化，受诸中国者甚多，则彰彰矣。其最大者，当为与中国同文。《元史译文证补》曰："罗马史谓匈奴西徙后，有文字，有诗词歌咏。当时罗马有通匈奴文者，匈奴亦有通拉丁文者，惜后世无传焉。"案《匈奴列传》言汉遗单于书，牍以尺一寸，中行说令单于遗汉书以尺二寸牍，及印封，皆令广长大。则其作书之具，实与中国同。从来北狄书疏，辞意类中国者，莫匈奴若，初未闻其出于译人之润饰。《汉书·西域传》曰："自且末以往，有异乃记。"记其与中国异，而略其与中国同者，当时史法则然，然则史于安息明著其画革旁行为书记，而于匈奴文字，独不之及，正可证匈奴与中国同文也。攘斥骑寇者，始于赵武灵王，林胡楼烦等，皆为所灭，而匈奴以地远获自存。秦始皇使蒙恬斥逐匈奴时，匈奴单于曰头曼。匈奴称其君曰撑犁孤涂单于。撑犁，天也，孤涂，子也，单于者，广大之貌也。北族无称其君为天子者，而匈奴独有是称，盖亦受诸中国者也。头曼不胜秦，北徙十余年，而蒙恬死，诸侯畔秦，中国扰乱，诸秦所徙适戍边者皆复去，于是匈奴得宽，复稍度河南，与中国界于故塞。《史记·匈奴列传》文。自蒙恬取河南至其死，实不及十余年，盖古书辞不审谛，亦或头曼北徙，实在蒙恬收河南地之前也。《汉书·高帝纪》：二年，六月，兴关中卒乘边塞。匈奴之复度河南，当在此时。单于有大子名冒顿，后有所爱阏氏，生少子。单于欲废冒顿，立少子。冒顿杀单于，破灭东胡王，西击走月氏，南并楼烦、白羊河南王。如淳曰：白羊王居河南。侵燕、代，悉复收蒙恬所夺地，与汉关故河南塞，至朝那、今甘肃平凉县。肤施，遂侵燕、代。是时汉兵与项羽相距，中国罢于兵革，以故冒顿得自强。控弦之士三十余万。《史记》云："自淳维以至头曼，千有余岁，时大时小，别散分离，尚矣，其世传不可得而次云。然至冒顿而匈奴最强大，尽服从北夷，而南与中国为敌国。"《史记》此语，盖谓匈奴先世之事，虽不可尽记，然其皆不如冒顿时之强大，则犹有可知，此亦可见匈奴史事，非尽无征也。[①] 匈奴中当自有传说，汉人亦或知其略，特未尝笔之于书。尽服从北夷，盖指漠南近塞之国，后又北服浑窳、屈射、丁灵、鬲昆、薪犁之国，则漠北亦为所慑服。丁灵，亦作丁令、丁零，即后世之铁勒，其所占之地甚广。匈奴此时所服，盖在蒙古、西伯利亚之间，鬲昆，即坚昆，当在其西北，见第三章第十三节。薪犁《汉书》作龙新犁，龙字为误衍，抑《史记》夺佚，难考。薪犁盖民族名，《李斯列传》斯谏逐客书曰"乘纤离之马"，纤离似即薪犁。[②] 疑亦近塞之族，奔进而北者也。蒙古高原与中国内地相抗之局，成于此矣。

汉与匈奴构兵，始于平城之役。时匈奴援韩王信之兵皆败，高帝乘胜北逐之，多步兵。高帝先至平城，上白登。平城旁高地。为匈奴所围，七日，用陈平计得出。《陈丞相世家》云"用平奇计，使单于阏氏"；《韩王信列传》云"上使人厚遗阏氏，阏氏说冒顿"；《匈奴列传》云"冒顿与王黄、赵利期不来，疑其与汉有谋，亦取阏氏之言"；此非情实。[③]《陈丞相世家》又云"其计秘，世莫得闻"；《汉书·匈奴列传》载扬雄谏距单于朝书亦曰"卒其所以得脱者，世莫得而言也"；又载武帝大初四年诏曰"高皇帝遗朕平城之忧，昔襄公复九世之仇，《春秋》大之"；则必有如颜师古所言，其事丑恶者。案《史记》言匈奴"自左右贤王以下至当户，大者万骑，小者数千，凡二十四长，立号曰万骑"，所谓控弦之士三十余万，盖合单于之众计之。匈奴士力能弯弓，尽为甲骑，则其丁壮之数，即其控弦之数。南单于降汉后，户口胜兵，数皆可考，胜兵之数，约当口数四之一强。然则匈奴人口，不过百余万。故贾生谓其不过汉一大县。以中国之力制之，实绰乎有余。然汉是时，方务休养生

___
① 四夷：匈奴史事非尽无征。
② 四夷：薪犁疑即纤离，亦近塞族奔进而北。
③ 史事：平城何以免。

息，亦且命将则惩韩王信之事，自将则不能专力于匈奴，故遂用刘敬之策，^①与之和亲，事见《史记·敬传》，曰：上问敬，敬曰："天下初定，士卒罢于兵，未可以武服也。冒顿杀父代立，妻群母，以力为威，未可以仁义说也。独可以计久远，子孙为臣耳，然恐陛下不能为。"上曰："诚可，何谓不能？顾为奈何？"对曰："陛下诚能以适长公主妻之，厚奉遗之，彼知汉适女，送厚，蛮夷必慕，以为阏氏，生子必为大子，代单于，何者？贪汉重币。陛下以岁时汉所余彼所鲜数问遗，因使辩士风谕以礼节。冒顿在固为子婿，死则外孙为单于，岂尝闻外孙敢与大父抗礼者哉？兵可无战，以渐臣也。若陛下不能遣长公主，而令宗室及后官诈称公主，彼亦知，不肯贵近，无益也。"高帝曰："善。"欲遣长公主。吕后日夜泣曰："妾惟大子一女，奈何弃之匈奴？"上竟不能遣长公主，而取家人子名为长公主妻单于。使敬往结和亲约。《匈奴列传》曰：岁奉匈奴絮、缯、酒、米、食物各有数，约为昆弟《汉书》作兄弟，案古称结昏姻为兄弟，见《礼记·曾子问》。以和亲。盖荐女赠遗，实当时议和之两条件也。以结昏姻羁縻目前，隐为渐臣之计，古列国间固多此事，刘敬乃战国策士之流，其画此计，固无足怪。至是时匈奴之形势，与前此之蛮夷不同，非复此策所能臣属，则旷古未开之局，往往非当时之人所能知，亦不足为敬咎。必遣适长公主，乃传者附会之辞，不足信。要之以荐女赠遗为和戎之计，以和戎息民而免反侧者之乘衅，则当为敬所画而高帝用之耳。然以荐女赠遗结和亲，遂为汉家故事，并为后世所沿袭矣。贾生曰："夷狄征令，是主上之操也。天子共贡，是臣下之礼也。足反居上，首顾居下，倒县如此，莫之能解，犹为国有人乎？"虽曰一时之计，究可羞也，况遂沿为故事乎？始作俑者，不得辞其责矣。然百姓新困于兵，又内多反侧者，固不得不如此，故内争未有不召外侮者也。

---

① 史事：刘敬主与匈奴和亲。云必适长公主疑附会。

第四节　汉初功臣外戚相诛

内任外戚，[①] 外封建宗室，此汉初之治法也。知此，则可与言吕氏之事矣。

《史记·吕后本纪》曰：吕大后者，高祖微时妃也。生孝惠帝，女鲁元大后。及高祖为汉王，得定陶戚姬，爱幸，生赵隐王如意。孝惠为人仁弱，高祖以为不类我，常欲废大子，立戚姬子如意，如意类我。戚姬幸，常从上之关东，日夜啼泣，欲立其子。吕后年长，常留守，希见上，益疏。如意立为赵王后，几代大子者数矣。赖大臣争之，及留侯策，大子得毋废。吕后为人刚毅，佐高祖定天下，所诛大臣，多吕后力。吕后兄二人，皆为将。长兄周吕侯，名泽。死事，封其子吕台为郦侯，子产为交侯，次兄吕释之为建成侯。高祖崩，大子袭号为帝。吕后令永巷囚戚夫人，而召赵王。孝惠元年，十二月，鸩之。徙淮阳王友为赵王。遂断戚夫人手足，去眼，辉耳，饮瘖药，使居厕中，命曰人彘。[②] 居数日，乃召孝惠帝观人彘。孝惠大哭，因病，岁余不能起，使人请大后曰："此非人所为，臣为大后子，终不能治天下。"孝惠以此日饮为淫乐，不听政，故有病也。二年，齐悼惠王来朝。十月，孝惠与齐王燕饮大后前。孝惠以为齐王兄，置上坐，如家人之礼。大后怒，乃令酌两卮置前，令齐王起为寿。齐王起，孝惠亦起取卮，欲俱为寿。大后乃恐，自起泛孝惠卮。案孝惠即尊齐王，齐王是时，是否敢居上坐，已有可疑。大后欲鸩齐王，何时不可，岂必行之燕饮之间？鸩酒岂不可独酌一卮，而必

① 史事：汉初内任外戚，外任宗室。吕氏事真相。
② 史事：人彘，鸩齐王……不足信。四皓策士言。非刘氏王共击。云皆大臣之议，可见无约。

并酌两卮，致待自起泛之乎？故知汉初事传者，多类平话，人龠等说，亦不足尽信矣。齐王怪之，因不敢饮，详醉去。问，知其鸩，齐王恐，自以不得脱长安。齐内史士说王，上城阳之郡，治莒，今山东莒县。尊鲁元公主为王大后，吕后喜，许之。乃置酒齐邸，乐饮，罢归齐王。七年，八月，孝惠帝崩。发丧，大后哭，泣不下。留侯子张辟强为侍中，年十五，谓丞相曰："大后独有孝惠，今崩，哭不悲，君知其解乎？"丞相曰："何解？"辟强曰："帝毋壮子，大后畏君等。君今请拜吕后、吕产、吕禄为将，将兵居南北军；及诸吕皆入官，居中用事，如此，则大后心安，君等幸得脱祸矣。"丞相如辟强计。大后说，其哭乃哀，吕氏权由此起。大子即位为帝。元年，号令一出大后，大后称制，议欲立诸吕为王，问右丞相王陵。王陵曰："高帝刑白马盟曰：非刘氏而王，天下共击之，今王吕氏，非约也。"大后不说，问左丞相陈平，绛侯周勃，勃等对曰："高帝定天下，王子弟，今大后称制，王昆弟诸吕，无所不可。"大后喜。十一月，大后欲废王陵，乃拜为帝大傅，夺之相权，王陵遂病免归。乃以左丞相平为右丞相，以辟阳侯审食其为左丞相。左丞相不治事，监官中，如郎中令。食其故得幸大后，楚取大上皇、吕后为质，食其以舍人侍吕后。常用事，公卿皆因而决事。四月，鲁元公主薨，赐谥为鲁元大后。子偃为鲁王。封齐悼惠王肥子章为朱虚侯，以吕禄女妻之。乃封吕种为沛侯，徐广曰：释之子。吕平为扶柳侯。徐广曰：大后姊子。立孝惠后官子强为淮阳王，不疑为常山王，山为襄城侯，朝为轵侯，武为壶关侯。大后风大臣，大臣请立郦侯吕台为吕王。割齐之济南郡。建成康侯释之卒，嗣子有罪废，立其弟吕禄为胡陵侯，续康侯后。二年，常山王薨，以其弟襄城侯山为常山王，更名义。十一月，吕王吕台薨，谥为肃王，大子嘉代立。四年，封吕婴为临光侯，吕他为俞侯，吕更始为赘其侯，徐广曰：表云：吕后弟子淮阳丞相吕胜为赘其侯。吕忿为吕城侯，及诸侯丞相五人。徐广曰：中邑侯朱通、山都侯王恬开、松滋侯徐厉、滕侯吕更始、醴陵侯越。宣平侯女为孝惠皇后，无子，详为有身，取美人子名之，杀其母，立所名子为大子。孝惠崩，大子立为帝。帝壮，或闻其母死，非真皇后子，乃出言曰："后安能杀吾母而名我？我未壮，壮即为变。"大后闻而患之，恐其为乱，乃幽杀之。立常山王义为帝，更名曰弘。不称元年，以大后制天下事也以轵侯朝为常山王。置大尉官，绛侯勃为大尉。五年，八月，淮阳王薨，以弟壶关侯武为淮阳王。六年，十月，大后曰："吕王嘉居处骄恣"，废之。以肃王台弟吕产为吕王。夏，封齐悼惠王子兴居为东牟侯。七年，正月，大后召赵王友。友以诸吕女为后，弗爱，爱他姬。诸吕女妒，怒，去，谗之于大后，诬以罪过，曰："吕氏安得王？大后百岁后，吾必击之。"大后怒，以故召赵王。赵王至，置邸，不见，令卫围守之，弗与食，饿死。二月，徙梁王恢为赵王。吕王产徙为梁王。梁王不之国，为帝大傅。立皇子平昌侯大为吕王。更名梁曰吕，吕曰济川。大后女弟吕嬃有女，为营陵侯刘泽妻，泽为大将军。大后王诸吕，恐即崩后，刘将军为害，乃以刘泽为琅邪王，割齐之琅邪郡。以慰其心。梁王恢之徙王赵，心怀不乐。大后以吕产女为赵王后。王后从官皆诸吕，微伺赵王，赵王不得自恣。王有所爱姬，王后使人鸩杀之，王悲。六月，即自杀。大后闻之，以为王用妇人弃宗庙礼，废其嗣。宣平侯张敖卒，以子偃为鲁王。秋，大后使使告代王，欲徙王赵。代王谢，愿守代边。吕禄立为赵王。九月，燕灵王建薨，有美人子，大后使人杀之，无后，国除。八年，十月，立吕肃王子东平侯通为燕王，弟庄为东平侯。三月，高后病，后为鲁元王偃年少，蚤失父母，乃封张敖前姬两子，侈为新都侯，寿为乐昌侯，以辅鲁元王。及封中大谒者张释为建陵侯，吕荣为祝兹侯。徐广曰：吕后昆弟子。诸中宦者令丞皆为关内侯，食邑五百户。七月，高后病甚，乃令赵王吕禄为上将军，居北军；吕王产居南军。大后诫产、禄曰："高帝已定天下，与大臣约曰：非刘氏王者，天下共击之。今吕氏王，大臣弗平。我即崩，帝年少，大臣

043

恐为变。必据兵卫官，慎毋送丧，毋为人所制。"高后崩，吕王产为相国。吕禄女为帝后。高后已葬，以左丞相审食其为帝大傅。朱虚侯刘章有气力，东牟侯兴居其弟也，皆齐哀王弟，名襄，悼惠王肥子，悼惠王卒于惠帝六年十月。居长安。当是时，诸吕用事擅权，欲为乱，畏高帝故大臣绛、灌等，未敢发。朱虚侯妇吕禄女，阴知其谋，恐见诛，乃阴令人告其兄齐王，欲令发兵西，诛诸吕而立。朱虚侯欲从中与大臣为应。齐王欲发兵，[①]其相弗听。八月，齐王欲使人诛相，相召平乃反，兴兵欲围王。王因杀其相，遂发兵东。诈夺琅邪王兵，并将之而西。相国吕产等遣颍阴侯灌婴将兵击之。婴至荥阳，使使谕齐王及诸侯，与连和，以待吕氏变，共诛之。齐王闻之，乃还兵西界待约。吕禄、吕产欲发乱关中，内惮绛侯、朱虚等，外畏齐、楚兵，又恐灌婴畔之，欲待灌婴兵与齐合而发，犹豫未决。当是时，济川王大、淮阳王武、常山王朝，名为少帝弟，及鲁元王，吕后外孙，皆年少，未之国，居长安。赵王禄、梁王产各将兵居南北军，皆吕氏之人。列侯、群臣，莫自坚其命。大尉绛侯勃不得入军中主兵。曲周侯郦商老病，其子寄，与吕禄善。绛侯乃与丞相陈平谋，使人劫郦商，令其子寄往绐说吕禄，曰："高帝与吕后共定天下，刘氏所立九王，吕氏立三王，皆大臣之议，事已布告诸侯，诸侯皆以为宜。今大后崩，帝少，而足下佩赵王印，不急之国守藩，乃为上将，将兵留此，为大臣诸侯所疑。足下何不归将印，以兵属大尉，清梁王归相国印，与大臣盟而之国？齐兵必罢，大臣得安，足下高枕而王千里，此万世之利也。"吕禄信然其计，使人报吕产及吕氏老人，或以为便，或曰不便，计犹豫，未有所决。左丞相食其免。八月，庚申，旦，平阳侯窋曹参子。行御史大夫事，见相国产计事。郎中令贾寿使从齐来，因数产曰："王不蚤之国，今虽欲行，尚可得邪？"具以灌婴与齐、楚合

---

① 史事：能起兵者独一齐，相反之而败，诸吕无能起兵者，见封建无益，然亦以诸吕皆在内地。七国反时济北郎中令劫守其王，不得发兵。

044

从，欲诛诸吕告产。乃趣产急入官。平阳侯颇闻其语，乃驰告丞相、大尉。大尉欲入北军，不得入。襄平侯通《功臣表》襄平侯纪通，父成，以将军定三秦，死事，子侯。尚符节，乃令持节矫内大尉北军。大尉复令郦寄与典客刘揭先说吕禄曰："帝使大尉守北军，欲足下之国。急归将印辞去。不然，祸且起。"吕禄以为郦兄徐广曰：音况，字也。不欺己，遂解印属典客，而以兵授大尉。大尉将之，入军门，行令军中曰："为吕氏右袒，为刘氏左袒。"军中皆左袒，为刘氏。大尉行至，吕禄亦已解上将印去，大尉遂将北军，然尚有南军。平阳侯闻之，以吕产谋告丞相平。丞相平乃召朱虚侯佐大尉。大尉令朱虚侯监军门，令平阳侯告卫尉："毋入相国产殿门。"吕产不知吕禄已去北军，乃入未央官，欲为乱。殿门弗得入，徘徊往来。平阳侯恐弗胜，驰语大尉。大尉尚恐不胜诸吕，未敢讼言诛之，乃遣朱虚侯，谓曰："急入宫卫帝。"朱虚侯请卒，大尉予卒千余人。入未央宫门，遂见产廷中。日铺时，遂击产。产走，逐杀之。帝命谒者持节劳朱虚侯，朱虚侯欲夺节信，谒者不肯，朱虚侯则从与载，因节信驰走，斩长乐卫尉吕更始。还驰入北军报大尉。遂遣人分部悉捕诸吕男女，无少长皆斩之。辛酉，捕斩吕禄，而笞杀吕嬃，使人诛燕王吕通，而废鲁王偃。壬戌，以帝大傅食其复为左丞相。戊辰，徙济川王王梁，而立赵幽王子遂为赵王。遣朱虚侯章以诛诸吕事告齐王，令罢兵。灌婴兵亦罢荥阳而归。诸大臣相与阴谋曰："少帝及梁、淮阳、常山王，皆非真孝惠子也。吕后以计诈名他人子，杀其母，养后宫，令孝惠子之，立以为后及诸王，以强吕氏。今皆已夷灭诸吕，而置所立，即长用事，吾属无类矣。不如视诸王最贤者立之。"或言"齐悼惠王，高帝长子，今其适子为齐王，推本言之，高帝适长孙，可立也"。大臣皆曰："吕氏以外家恶，而几危宗庙，乱功臣。今齐王母家驷钧，驷钧恶人也。即立齐王，则复为吕氏。"欲立淮南王，以为少，母家又恶，乃曰："代王方今高帝见子最长，仁孝宽厚。大后家薄氏，谨良。且立长故顺，以仁孝闻于天下，便。"乃相与共阴使人召代王。代王使人辞谢。再反。然后乘六乘传，后九月晦日己酉，至长安，舍代邸。大臣共尊立为天子。东牟侯兴居请除宫，载少帝出舍少府。代王即夕入未央宫。夜，有司分部诛灭梁、淮阳、常山王及少帝于邸。吕后之事，见于《史记》本纪者如此。案《高祖本纪》言：吕后父吕公，为沛令重客。《纪》云：单父人吕公，善沛令，避仇，从之客，因家沛焉。沛中豪杰吏闻令有重客，皆往贺。单父，今山东单县。吕后二兄皆为将。其妹夫樊哙，则始与高祖俱隐，起兵时又从之来。知吕氏亲党，皆一时豪杰，高祖创业，深得其后先奔走之力。田生谓"吕氏雅故，本推毂高帝就天下"。见《史记·荆燕世家》。信不诬也。史称大子得毋废者，以大臣争之，及留侯策。大臣争废大子者，有叔孙通及周昌，此岂高祖所惮？留侯策尤类儿戏。《留侯世家》：上欲废大子。吕后使建成侯吕泽劫留侯画计。留侯曰："此难以口舌争也。顾上有不能致者，天下有四人，今公诚能无爱金玉璧帛，令大子为书，卑辞安车，因使辩士固请，宜来。来以为客，时时从入朝，令上见之，则一助也。"于是迎此四人。四人至，客建成侯所。十一年，黥布反，上病，欲使大子将往击之，四人说建成侯曰："大子将兵，有功，则位不益，无功还，则从此受祸矣。君何不急请吕后，承间为上泣言：黥布天下猛将也，善用兵。今诸将皆陛下故等夷，乃令大子将此属，无异使羊将狼，莫肯为用。且使布闻之，则鼓行而西耳。"吕泽立夜见吕后。吕后承间为上泣涕而言。于是上自将兵而东。留侯病，自强起至曲邮见上。因说上：令大子为将，监关中兵。上曰："子房虽病，强卧而傅大子。"是时叔孙通为大傅，留侯行少傅事。十二年，上从击破布军归，疾益甚，愈欲易大子。留侯谏，不听，因疾不视事。叔孙大傅称说，引古今，以死争。上详许之，犹欲易之。及燕，置酒，大子侍，四人从，年皆八十有余，须眉皓白，衣冠甚伟。上怪之。问曰："彼何为者？"四人前对，各言名姓，曰东园公、甪里先生、绮里季夏、黄公。上乃大惊曰："吾求公数岁，公辟逃我，今公何自从吾儿游乎？"四人皆曰："陛下轻士善骂，臣等义不受辱，故恐而亡匿。窃闻大子为人，仁孝，恭敬，爱士，天下莫不延颈欲为大子死者，故臣等来耳。"上曰："烦公，幸卒调护大子。"四人为寿，已毕，趋去，上目送之。召戚夫人，指示四人者曰："我欲易之，彼四人辅之，羽翼已成，难动矣。吕后真而主矣。"此说一望而知为东野人之言。四人之名，见《汉书·王贡两龚鲍传》。东园公作园公，师古曰"四皓称号，本起于此"，则《史记》不应有其名，盖后人所审。角乃俗字，恐并非《汉书》元本，小颜无识，不知辨也。戚姬乃高祖为汉王后所得，高祖自为汉王至崩，不过十年，如意生即蚤，高祖末年，不过十岁，安知其类己？知汉世所谓《吕后语》者，悉诞谩不中情实。倚任外戚，乃当时风气。高祖为皇帝后，东征西讨，不恒厥居。留守可信任者，宜莫如萧相国，然被械系如徒隶，知其并无重权。《萧相国世家》：汉十一年，陈豨反，高祖自将至邯郸，未罢，闻淮阴侯诛，使使拜丞相何为相国，益封五千户，令卒五百人一都尉为相国卫。诸君皆贺，召平独吊，曰："祸自此始矣。上暴露于外，而君守于中，非被矢石之事，而益君封置卫者，以今者淮阴侯新反于中，疑君心矣。夫置卫卫君，非以宠君也。愿君让封勿受，悉家私财佐军，则上心说。"相国从其计，高帝乃大喜。十二年，秋，黥布反，上自将击之。数使使问相国何为？相国为上在军，乃拊循勉力百姓，悉以所有佐军，如陈豨时。客有说相国曰："君灭族不久矣夫！君位为相国，功第一，可复加哉？然君初入关中，得百姓心，十余年矣，皆附君，常复孜孜得民和。上所为数问君者，畏君倾动关中。今君胡不多买田地，贱赊贷以自污，上心乃安。"于是相国从其计。上乃大说。上罢布军归，民道遮行上书，言相国贱强买民田宅数千万。上至，相国谒，上笑曰："夫相国，乃利民？"民所上书，皆以与相国，曰："君自谢民。"相国因为民请曰："长安地狭，上林中多空地，弃，愿令民得入田，毋收稿为禽兽食。"上大怒曰："相国多受贾人财物，乃为请吾苑？"乃下相国廷尉，械系之。数日，乃以王卫尉言赦出。忽悉家财佐军，忽贱买田地，事赊贷；方予以民所上书，又为民请上林苑空地；举动如此，岂不益令人疑？果贱买民田宅至数千万，高帝即不知治，岂能纵之不问？萧何为文臣，其不见疑于汉高，犹刘穆之之不见疑于宋武。论功时以何为第一，正所以风示武臣耳。何虑其倾动关中？盖因何被械系，策士等造作此说耳。何因何事被系，已不可知，然此语不能造作，此固资侮人者之所轻也。权之所寄，非吕后而谁哉？留侯招四皓事，固同儿戏，即史所传张辟强说丞相，令吕氏掌南北军，亦不足信。然留侯党于吕氏，则无疑矣。革易之际，佐命之臣，起于草泽者，多倾危好乱，本为贵族者，则恒乐安定，严天泽之分，盖其所习使然。平、勃等卒行废弑，而张良扶翼大子，即由于此。武有周吕、建成、舞阳之伦，文有留侯、叔孙、周昌之辈，以为之辅，然则大子盖本不易动摇，无待于口舌之争矣。不然，高祖之败彭城，则推堕孝惠、鲁元，见《樊郦滕灌列传》。及军广武，项王为高俎，置太公其上，曰："今不急下，吾烹太公。"高祖则曰："吾与项羽约为兄弟，吾翁即若翁，必欲烹而翁，则幸分我一杯羹。"《项羽本纪》。其忍如此，而岂有所念于吕后之攻苦食啖，叔孙通语，见本传。而不忍背者哉？高后一崩，惠帝之后无遗种，立如意，岂可一日居乎？高帝之世，异姓王者八国。卢绾之废，乃在高祖崩年，长沙则始终安存，白马之盟，不知竟在何时？果有其事，史安得绝无记载，而仅出诸王陵之口乎？平、勃等谓"高帝定天下，王子弟，今大后称制，王昆弟诸吕，无所不可"，此实持平之言。郦寄说吕禄曰："刘氏所立九王，吕氏立三王，皆大臣之议，事已布告诸侯，诸侯皆以为宜"，此当时实在情形也。张皇后之立，据《汉书》本纪，事在孝惠四年十月，至少帝四年仅七年，其所名子，安知欲为变？齐王之起兵也，遗诸侯书曰："今高后崩，而帝春秋富，未能治天下，固恃大臣诸侯。"即绛侯、朱虚诛诸吕后，仍徙济川王王梁，可知谓少帝、梁、淮阳、常山皆非孝惠子，必为临时造作之语。《高祖本纪》言：高祖病甚，吕后问曰："陛下百岁后，萧相国即死，令谁代之？"上曰："曹参可。"问其次。上曰："王陵可。然陵少戆，陈平可以助之。陈平智有余，然难以独任。周勃重厚少文，然安刘氏者必渤也，可令为大尉。"其说尤傅会可笑，高祖果有此言，则倒持干戈，授人以柄，以自绝其冢嗣耳。平、勃等之攻吕氏，乃适逢其会，谓其固有是谋者，事后增饰之辞也。《爰盎传》：盎告文帝曰："方吕后时，诸吕用事，擅相王，刘氏不绝如带，是时绛侯为大尉，本兵柄，弗能正，吕后崩，大臣相与共诛诸吕，大尉主兵，适会其成功"，此当时情实也。《陆贾传》言贾说陈平交欢大尉，两人深相结，吕氏谋益衰，尤矫诬之说。吕氏之败，盖全出于诸功臣之阴谋，观平阳侯、郦寄、纪通，无不合为一党，即审食其亦为之用可知。《高祖本纪》又言：高祖以甲辰崩，四日不发丧，吕后与审食其谋曰："诸将与帝为编户氓，今北面为臣，此常怏怏。今乃事少主。非尽族是，天下不安。"人或闻之，语郦将军。郦商。郦将军往见审食其曰："诚如此，天下危矣。陈平、灌婴将十万守荥阳，樊哙、周勃将二十万定燕、代，此闻帝崩，诸将皆诛，必连兵还乡，以攻关中。大臣内叛，诸侯外反，亡可翘足而待也。"审食其入言之，乃以丁未发丧。此岂似强毅佐高祖定天下者之所为乎？《陈丞相世家》曰：平既执樊哙，行，闻高帝崩，平恐吕大后及吕媭谗怒，乃驰传先去。逢使者，诏平与灌婴屯于荥阳。平受诏，立复驰至宫，哭甚哀。因奏事丧前。吕大后哀之。曰："君劳，出休矣。"平畏谗之就，因固请，得宿卫中，大后乃以为郎中令，曰："傅教孝惠。"此叔孙先、留侯之任也。又曰：吕媭常以前陈平为高帝谋执樊哙，数谗曰："陈平为相，非治事，日饮醇酒，戏妇女。"陈平闻，日益甚。吕大后闻之，私独喜。面质吕媭于陈平，曰："鄙语曰：儿妇人口不可用，顾君与我何如耳，无畏吕媭之谗也。"此说又为策士之伦所造。然萧何死，相曹参；曹参死，相陈平；又以周勃为大尉；既非高祖顾命，则皆吕后之谋，然则吕后实惟功臣之任。《吕后本纪》言：孝惠帝崩，张辟强说丞相拜吕台、吕产、吕禄为将，将兵居南北军，吕氏权由此起。果如所言，少帝废后，安得又以周勃为大尉？然则产、禄之居南北军，实在高后临命之际，即其封王吕氏，亦在称制之年，盖诚以少帝年少，欲藉外戚以为夹辅，亦特使与刘氏相参。吕后初意，固惟汉宗室、功臣之任也。吕氏之败，正由其本无翦灭宗室、功臣之计，临事徒思据军以为固；既无心腹爪牙之任；齐兵卒起又无腹心可使，而仍任灌婴；遂至内外交困，不得已，欲听郦寄之计。使其早有危刘氏之计，何至是乎？乃诬以产、禄欲为乱关中。产、禄果有反谋，安得吕禄去军，而不以报吕产？吕产又徒手入未央宫，欲何为乎？故知汉世所传吕后事，悉非实录也。然其明言诸大臣之废立为阴谋，已非后世之史所及矣。

《齐悼惠王世家》曰：朱虚侯尝入侍高后燕饮，高后令为酒吏。章自请曰："臣将种也，请得以军法行酒。"高后曰："可。"酒酣，章进饮，歌舞。已而曰："请为大后言耕田歌。"高后儿子畜之，笑曰："顾而父知田耳，若生而为王子，安知田乎？"章曰："臣知之。"大后曰："试为我言田。"章曰："深耕溉种，立苗欲疏，非其种者，锄而去之。"吕后默然。顷之，诸吕有一人醉，亡酒。章追，拔剑斩之。而还报曰："有亡酒一人，臣谨行法斩之。"大后左右皆大惊，业已许其军法，无以罪也。因罢。自是之后，诸吕惮朱虚侯，虽大臣皆依朱虚侯，刘氏为益强。此又东野人之言。朱虚侯在当时，安敢触犯大后如此？燕饮而行军法，古未之闻，果许之遂无以罪，大后安得老悖至此乎？朱虚侯之意，盖徒欲谋立其兄，本非有所恶于吕氏，即齐王亦然。其后之不得立，则以齐在当时，声势可畏，抑朱虚、东牟之椎埋，未始非招忌之一端也。《悼惠王世家》言：王既杀召平，发兵，使祝午东诈琅邪王曰："齐王自以儿子，年少不习兵革之事，愿举国委大王。大王自高帝将也，习战事。齐王不敢离兵，臣请大王：幸之临菑，见齐王计事，并将齐兵以西。"琅邪王信之，西驰见齐王。齐王因留琅邪王，而使祝午尽发琅邪国，而并将其兵。琅邪王既见欺，乃说齐王曰："悼惠王，高帝长子，推本言之，大王高皇帝适长孙也，当立。今诸大臣狐疑未有所定，而泽于刘氏，最为长年，大臣固待泽决计。今大王留臣，无为也，不如使我入关计事。"齐王以为然。乃益具车送琅邪王。琅邪王至长安，遂与于立文帝之谋。盖琅邪王始以齐王为儿子而为所欺，齐王卒又以急于干位，而为琅邪王所卖矣。齐虽强，然欲西攻长安，力固有所不逮，而名亦弗正，乃不得不俯首罢兵，虽朱虚侯，亦不料其徒为汉大臣驱除难也。此又以见年少椎埋者，卒非老而习事者敌也。然齐王兄弟，既存觊觎之心，其谋终不能以此而遂已。孝文帝元年，尽以高后时所割齐之城阳、琅邪、济南郡复与齐，而徙琅邪王王燕。是岁，齐哀王卒，大子则立，是为文王。明年，汉以齐之城阳郡立朱虚侯为城阳王，济北郡立东牟侯为济北王，即割齐地以酬朱虚、东牟之功，其计可谓甚巧。①《汉书·高五王传》云：始诛诸吕时，朱虚侯章功尤大，大臣许以赵地王章，以梁地王兴居。及文帝即位，闻朱虚、东牟初欲立齐王，故黜其功，此言亦非实录。朱虚、东牟之欲立其兄，事甚明白，文帝岂待即位后知之邪？文帝竟违汉大臣故约，则可谓有决矣。又明年，四月，城阳王薨。五月，匈奴入居北地、河南为寇，上幸甘泉，遣丞相灌婴击匈奴。匈奴去，上自甘泉幸大原。济北王闻帝之代，欲自击匈奴，乃反，欲袭荥阳。于是诏罢丞相兵，以棘蒲侯柴武为大将军，将四将军十万击之。八月，虏济北王，自杀。是时文帝之位久定，即有匈奴之衅，大位亦岂可妄干？东牟之寡虑轻动如此，况朱虚乎？苟为后义而先利，不夺不餍，然则即立齐王，又岂可一日安也？封建之为自树兵，信矣。然当时刘氏之不亡，又不可谓非同姓诸侯之力。平、勃等之迎代王也，代王问左右。郎中令张武等议曰：“汉大臣皆故高帝时大将，习兵，多谋诈。此其属意非止此也，特畏高帝、吕大后威耳。今已诛诸吕，新啑血京师。此以迎大王为名，实不可信。愿大王称疾毋往，以观其变。”独中尉宋昌劝王行，曰：“高帝封王子弟，地犬牙相错，此所谓盘石之宗也，天下服其强。”其言可谓深得事情，不徒汉大臣之不敢有

---

① 封建：汉割齐地，封朱虚、东牟。分王齐、淮南。文、景、武三世之分，刘氏不亡以封建。

051

异意以此，即吕氏，始终不敢萌取刘氏而代之之心，亦未必不以此也。《汉书·诸侯王表》曰"高祖创业，日不暇给，孝惠享国又浅，高后女主摄位，而海内晏如，亡狂狡之忧，卒折诸吕之难，成太宗之业者，亦赖之于诸侯也"，自是平情之论。然则汉初之封建，固不可谓无夹辅之效矣。蘧庐可一宿而不可久处也，虽不可久处，而又不能谓无一宿之用，此言治之所以难也。吕氏之败，张皇后废处北宫，孝文后元年薨。张偃，孝文元年复废为侯。信都、乐昌二侯以非正免。樊哙卒于孝惠六年，子伉，嗣为舞阳侯，坐吕氏诛。孝文元年，绍封其子市人为侯。

第五节　汉初休养生息之治

《史记·平准书》述汉武帝初年情形云："汉兴七十余年之间，国家无事。非遇水旱之灾，民则人给家足，都鄙廪庾皆满，而府库余货财。京师之钱累巨万，贯朽而不可校。大仓之粟，陈陈相因，充溢露积于外，至腐败不可食。众庶街巷有马，阡陌之间成群，而乘字牝者，摈而不得聚会。守闾阎者食粱肉，为吏者长子孙，居官者以为姓号。故人人自爱而重犯法，先行义而后绌耻辱焉。"世皆以是为文、景二帝休养生息之功，其实亦不尽然。《高后本纪赞》曰："孝惠皇帝、高后之时，黎民得离战国之苦，君臣俱欲休息乎无为，故惠帝垂拱；高后女主称制，政不出房户；天下晏然，刑罚罕用，罪人是希，民务稼穑，衣食滋殖。"《曹相国世家》言：参之相齐，尽召长老诸生，问所以安集百姓。诸儒以百数，言人人殊，参未知所定。闻胶西有盖公，善治黄、老言，使人厚币请之。既见盖公，盖公为言治道贵清静而民自定，推此类具言之。参于是避正堂舍盖公焉。其治要用黄、老术。故相齐九年，齐国安集，大称贤相。萧何卒，召参。参去，属其后相曰："以齐狱市为寄，慎勿扰也。"后相曰："治无大于此者乎？"参曰："不然。夫狱市者，所以并容也。今君扰之，奸人安所容也？^①吾是以先之。"参为汉相国，举事无所变更，一遵萧何约束。择郡国吏木讷于文辞，重厚长者，即召除为丞相史。吏之言文刻深，欲务声名者，辄斥去之。百姓歌之曰："萧何为法，顜若画一。曹参代之，守而勿失。载其清净，民以宁一。"则汉以无为为治，由来久矣。有为之治求有功，无为之治，则但求无过，虽不能改恶者而致诸善，亦不使善者由我而入于恶。一统之世，疆域既广，政理弥殷。督察者之耳目，既有所不周，奉行者之情弊，遂难于究诘。与其多所兴作，使奸吏豪强，得所凭藉，以刻剥下民，尚不如束手一事不办者，譬诸服药，犹得中医矣。故历代清静之治，苟遇社会安定之际，恒能偷一日之安也。

文帝颇多仁政。《汉书·食货志》言：贾生说上以积贮，上感其言，始开藉田，躬耕以劝百姓。《纪》在二年。晁错复说上务农贵粟，帝从其言，令民入粟边拜爵。错复奏言："边食足以支五岁，可令入粟郡县。足支一岁以上，可时赦，勿收农民租。"上复从其言，乃下诏赐民十二年租税之半。案据《本纪》，二年已尝赐天下田租之半。明年，遂除民田之租税。后十三岁，孝景二年，令民半出田租，三十而税一。终两汉之世皆沿焉。其于农民，可谓宽厚矣。初即位，即下诏议振贷及存问长老之法，令郡国毋来献。《本纪》元年。以列侯多居长安，邑远，吏卒给输费苦，令之国。二年。又令列侯、大夫人、夫人、诸侯王子及吏二千石无得擅征捕。^②七年。亦皆恤民之政。又除关，无用传十二年。夫货物流通，则价贵而生之者益劝，此尤于人民生计有益，故论者亟称之。除肉刑之举，为千古仁政。十三年。然前此已除收孥相坐之法，元年。诽

---

① 政治：勿扰狱市。案此客奸斥吏之刻深者，则大善矣，孝景纪赞此意也。
② 徭役：列侯居长安，吏卒给输费古。列侯不愿就国。吕后勿白淮南厉王母，然厉王无害。

谤妖言之罪矣。二年。其于刑狱，亦不可谓不留意也。景帝虽令民半出租，复置诸关，用传出入，三年。宽仁似不逮文帝，然尽除田租，本难为继。符传之用，特以七国新反，备非常，注引应劭说。此亦势不容已，后遂沿而弗改，实非帝之初意也。景帝尝令郡国务劝农桑。吏发民若取庸采黄金珠玉者，坐臧为盗。后三年。改磔为弃市，勿复磔。中二年。诸狱疑，若虽文致于法，而于人心不厌者，辄谳之。中元年。又诏狱疑者谳有司，有司所不能决移廷尉，有令谳而后不当，谳者不为失。后元年。又减笞法，定箠令。中六年。其宽仁，固无异于文帝也。

然汉人之称文、景，亦有颇过其实者，《汉书·文帝纪赞》曰："孝文皇帝即位二十三年，宫室苑囿，车骑服御，无所增益。有不便，辄弛以利民。尝欲作露台，召匠计之，直百金。上曰：百金，中人十家之产也。吾奉先帝宫室，常恐羞之，何以台为？身衣弋绨。所幸慎夫人，衣不曳地。以示敦朴，为天下先。治霸陵，皆瓦器，不得以金、银、铜、锡为饰。因其山，不起坟。南越尉佗自立为帝，召贵佗兄弟，以德怀之，佗遂称臣。与匈奴结和亲，后而背约入盗，令边备守，不发兵深入，恐烦百姓。吴王诈病不朝，赐以几杖。群臣袁盎等谏说虽切，常假借纳用焉。张武等受赂金钱觉，更加赏赐，以愧其心。专务以德化民。是以海内殷富，兴于礼义，断狱数百，几致刑措。乌乎！仁哉！"《景帝纪赞》曰："周、秦之敝，罔密文峻，而奸轨不胜。汉兴，扫除烦苛，与民休息。至于孝文，加之以恭俭。孝景遵业，五六十载之间，至于移风易俗，黎民醇厚。周云成、康，汉言文、景，美矣！"其称颂之可谓至矣。然应劭《风俗通义》言：成帝尝问刘向以世俗传道文帝之事，而向皆以为不然。其说云："文帝虽节俭，未央前殿至奢，雕文五采画，华榱壁珰，轩楹皆饰以黄金，其势不可以囊为帷。即位十余年时，五谷丰熟，百姓足，仓廪实，稸积有余。然文帝本修黄、老之言，不甚好儒术，其治尚清静无为，以故礼乐、庠序未修，民俗未能大化，苟温饱完给而已。其后匈奴数犯塞，深入寇掠，北边置屯待战，转输络绎；因以年岁不登；百姓饥乏，谷籴常至石五百，不升一钱。前待诏贾捐之为孝元皇帝言：太宗时民赋四十，断狱四百余。案太宗时民重犯法，治理不能过中宗之世，地节元年，天下断狱四万七千余人，捐之言复不类。又文帝时政颇遗失。大中大夫邓通，以佞幸吮痈疡脓汁，见爱拟于至亲，赐以蜀郡铜山，令得铸钱。通私家之富，侔于王者、封君。又为微行，数幸通家。文帝代服，衣绣，袭毡帽，骑骏马，从侍中、近臣、常侍、期门武骑猎渐台下，驰射狐兔，毕雉刺彘。是时待诏贾山谏，以为不宜数从郡国贤良出游猎。大中大夫贾谊，亦数陈上游猎。案二贾之言，皆见《汉书》本传。又《袁盎传》言上从霸陵上，欲西驰下峻阪，盎谏乃止，知文帝确不免轻俊自喜。谊与邓通俱侍中，同位，谊又恶通为人，数廷讥之，由是疏远，迁为长沙太傅。既之官，内不自得。及渡湘水，投吊书曰：阘茸尊显，佞谀得意，以哀屈原离谗邪之咎，亦因自伤为邓通等所愬也。"案《史》、《汉》皆但云贾生为绛、灌之属所毁而已，不云为邓通所愬也，岂所谓为贤者讳邪？成帝曰："其治天下，孰与孝宣皇帝？"向曰："中宗之世，政教明，法令行；边竟安，四夷亲；单于款塞；天下殷富，百姓康乐；其治过于太宗之时，亦以遭遇匈奴宾服，四夷和亲也。"上曰："后世皆言文帝治天下几至大平，其德比周成王，此语何从生？"向对曰："生于言事。文帝礼言事者，不伤其意。群臣无小大，至即从容言，上止辇听之。其言可者称善，不可者喜笑而已。言事多褒之，后人见遗文，则以为然。世之毁誉，莫能得实。审形者少，随声者多，或至以无为有。然文帝节俭约身，以率先天下，忍容言者，含咽臣子之短，此亦通人难及，似出于孝宣皇帝。如其聪明远识，不忘数十年事，制持万几，天资治理之材，恐不及孝宣。"然则文帝乃中主，虽有恭俭之德，人君优为之者亦多。即以西汉诸帝论：元帝之宽仁，殊不后于文帝，其任石显，亦未甚于文帝之宠邓通也。文、景之致治，盖时会为之，王仲任治期之论，见《论衡》。信不诬矣。《汉书·东方朔传》：朔对武帝，言文帝身衣弋绨，足履革舄，以韦带剑，莞蒲为席，兵木无刃，衣缊无文，集上书囊，以为殿帷，即刘向所辨世俗不审之辞也。《汉书》于朔事虽明为好事者所附著，然《文景纪》中所举亦此等说也。信审形者之少，随声者之多矣。

第六节　封建制度变迁

封建者，过时之制也。汉初用之，虽一收夹辅之效，然其势终不可以复行，故至文、景之世，功臣外戚之患皆除，而同姓诸王，转为治安之梗焉。

汉列二等之爵。所谓侯者，其地小不足数，而其所谓王者，则夸州兼郡，连城数十，势足以抗拒中央。高帝所封异姓王国，存者惟一长沙。同姓：兄伯之子，仅得为羹颉侯。见《史记·楚元王世家》。仲王代，为匈奴所攻，弃国。子濞，封于吴。弟交，封于楚。高帝八子：孝惠帝、文帝，皆继嗣为帝。赵隐王如意、幽王友、共王恢，皆死孝惠、吕后时；燕灵王建，子为吕后所杀无后；及齐悼惠王肥，子哀王襄，孙文王则，悼惠王子城阳、济北二王，事皆见前。淮南厉王长者，高祖少子。母故赵王张敖美人。高祖八年，过赵，赵王献之，得幸有身。及贯高等谋反，事发，并逮治王，尽收捕王母兄弟美人，系之河内。厉王母亦系，告吏曰："得幸上，有身。"吏以闻。上方怒，未理。厉王母弟赵兼，因辟阳侯言吕后。吕后妒，弗肯白。辟阳侯不强争。厉王母已生厉王，恚，即自杀。吏奉厉王诣上。上悔，令吕后母之。厉王蚤失母，常附吕后，孝惠、吕后时，得幸无患害。文帝元年，立赵幽王子遂为赵王。二年，又立幽王子辟强为河间王，是为文王，立十三年薨。传子哀王福，一年薨，无后。三年，淮南王入朝。自袖铁椎，椎杀辟阳侯。文帝赦弗治，王益骄恣。六年，谋使人反谷口。县名，在今陕西醴泉县东北。事觉，废处蜀严道。今四川荥经县。王不食，道死雍。十五年，齐文王薨，无子。明年，文帝分齐地为六：封悼惠王子将闾为齐王，志为济北王，贤为菑川王，都剧，今山东寿光县。雄渠为胶东王，都即墨。卬为胶西王，都高苑，今山东桓台县。辟光为济南王。又分淮南地，立厉王子安为淮南王，勃为衡山王，赐为庐江王。《汉书·贾谊传》谓帝思谊众建诸侯而少其力之言，故有此举，则已稍为削弱诸侯之谋矣。然吴、楚尚未及削，而当时江、淮之俗尤票轻，故卒酿七国之乱。

吴王濞，初封沛侯。英布之反，高帝自将往诛，濞年二十，以骑将从。荆王刘贾为布所杀，无后。上患吴、会稽轻悍，无壮王以填之，诸子少，乃立濞于沛，为吴王。后徙江都。孝惠、高后时，天下初定，郡国诸侯，各务自拊循其民。吴有豫章郡铜山，《汉书》注：韦昭曰：此有豫字误也，但当言章郡，今故章也。案故鄣，在今浙江长兴县西南。《史记正义》云：铜山，今宣州及润州句容县有。案宣州，今安徽宣城县。句容，今江苏句容县。濞则招致天下亡命者。益铸钱，煮海水为盐。以故无赋，[①] 国用富饶。孝文时，吴大子入见，得侍皇大子饮博，争道不恭，皇大子引博局提杀之。吴王由此称病不朝。京师知其以子故，诸吴使来，辄系治责之。吴王恐，为谋滋甚。后吴使者说上与更始，天子乃赐吴王几杖，老不朝。吴得释，谋亦益解。然其居国以铜盐故，百姓无赋，卒践更，辄与平贾。岁时存问茂材，赏赐闾里。佗郡国吏欲来捕亡人者，讼共禁弗与。如此者四十余年，以故能使其众。晁错为大子家令，得幸大子，数从容言吴过可削，又上书说孝文帝。文帝宽，不忍罚。以此吴日益横。及孝景帝即位，[②] 错为御史大夫。说上，谓削之亦反，不削亦反。削之，其反亟，祸小，不削，反迟，祸大。时楚元王传子夷王郢，《汉书》作郢客。至孙王戊，淫虐，景帝三年，朝。晁错言其往年为薄大后服，私奸

① 赋：吴无赋。践更与平贾。
② 官制：景帝即位，晁错以御史大夫用事，丞相权轻，皇帝私人权重矣。又张汤。

服舍，请诛之。诏赦，罚削东海郡。因削吴之豫章郡、会稽郡。及前二年，赵王有罪，削其河间郡。胶西王卬，以卖爵有奸，削其六县。吴王恐削地无已，欲举事。闻胶西王勇，好气，喜兵，使中大夫应高诱胶西王。归报，又身自为使，使于胶西，面结之。遂发使约齐、菑川、胶东、济南、济北，皆许诺。及削吴会稽、豫章郡书至，则吴王先起兵。胶西、胶东、菑川、济南、楚、赵皆反。齐王后悔，背约城守。济北王城坏未完，其郎中令劫守其王，不得发兵。胶西为渠帅，与胶东、菑川、济南共攻围临菑。赵王阴使匈奴，与连兵。吴王悉其士卒，下令国中曰："寡人年六十二，身自将。少子年十四，亦为士卒先。诸年上与寡人比，下与少子等者皆发。"发二十余万人。南使闽越、东越，东越亦发兵从。孝景帝三年，正月，初起兵于广陵。西涉淮，因并楚兵。发使遗诸侯书曰："敝国虽贫，寡人节衣食之用，积金钱，修兵革，聚谷食，夜以继日，三十余年矣，愿诸王勉用之。能捕斩大将者，赐金五千斤，封万户；列将三千斤，封五千户；裨将二千斤，封二千户；二千石千斤，封千户；千石五百斤，封五百户；皆为列侯。其以军若城邑降者：卒万人，邑万户，如得大将；人户五千，如得列将；人户三千，如得裨将；人户千，如得二千石。其小吏皆以差次受爵、金。佗封赐皆倍常法。其有故爵邑者，更益勿因。寡人金钱在天下者，往往而有，非必取于吴，诸王日夜用之弗能尽，有当赐者，告寡人，寡人且往遗之。"反书闻，天子遣大尉条侯周亚夫将三十六将军往击吴、楚，曲周侯郦寄击赵，将军栾布击齐。大将军窦婴屯荥阳，监齐赵兵。初，袁盎为吴相，盎素不好晁错，孝景即位，错为御史大夫，使吏案盎受吴王财物，抵罪。诏赦以为庶人。吴、楚反闻，错谓丞史曰："袁盎多受吴王金钱，专为蔽匿言不反，今果反，欲请治盎，宜知其计谋。"人有告盎。盎恐，夜见窦婴，为言吴所以反，愿至前口对状。错之请诸侯罪过，削其支郡，上令公卿列侯宗室杂议，莫敢难，独窦婴争之，由此与错有隙。婴入言，上乃召盎。盎入见，言吴、楚以诛错复故地为名。方今计独斩错，发使赦七国，复其故地，则兵可毋血刃而俱罢。于是上默然良久，曰："顾诚何如，吾不爱一人以谢天下。"乃拜盎为大常，吴王弟子德侯为宗正。《集解》：徐广曰：名通，其父名广。骃案《汉书》曰：吴王弟子德侯广为宗正也。盎装治行。后十余日，丞相青翟劾奏错当要斩。错殊不知，乃使中尉召错，绐载行东市，错衣朝衣斩东市。则遣袁盎奉宗庙，宗正辅亲戚使吴如盎策。至吴，吴、楚兵已攻梁壁矣。吴王不肯见盎，而留之军中，欲劫使将。盎亡走梁军。条侯乘六乘传会兵荥阳，至洛阳，问故父绛侯客邓尉，从其策，坚壁昌邑南，使轻兵绝淮、泗口，塞吴饷道。吴王之初发也，吴臣田禄伯为大将军。田禄伯曰："兵屯聚而西，无佗奇道，难以就功。臣愿得五万人，别循江、淮而上，收淮南、长沙，入武关，与大王会，此亦一奇也。"吴王大子谏曰："王以反为名，此兵难以藉人，藉人，亦且反王，奈何？且擅兵而别，多佗利害，未可知也，徒自损耳。"吴王即不许田禄伯。吴少将桓将军说王曰："吴多步兵，步兵利险。汉多车骑，车骑利平地。愿大王所过城邑不下，直弃去，疾西据洛阳武库，食敖仓粟，阻山河之险，以令诸侯。虽毋入关，天下固已定矣。即大王徐行，留下城邑，汉军车骑至，驰入梁、楚之郊，事败矣。"吴王问诸老将，老将曰："此少年椎锋之计可耳，安知大虑乎？"于是王不用桓将军计。吴王专并将其兵，度淮，与楚王西败棘壁，在今河南柘城县东北。乘胜前，锐甚。梁数使使报条侯求救，条侯不许。又使恶条侯于上，上使人告条侯救梁，复守便宜不行。梁使韩安国及楚死事相弟张羽为将军。楚相张尚，谏王而死。乃得颇败吴兵。吴兵欲西，梁城守坚，不敢西，即走条侯军，会下邑，县名，今江苏砀山县东。欲战，条侯坚壁不肯战。吴兵既饿，乃引而去。大尉出精兵追击，大破之。吴王弃其军，与壮士数千人走丹徒，今江苏丹徒县。保东越。汉使人以利啖东越。东越绐杀吴王，盛其头，驰传以闻。吴王之未度淮，诸宾客皆得为将、校尉、侯、司马，独周丘不得用。^①周丘者，下邳人，亡命吴，酤酒无行，吴王薄之，弗任。丘上谒，愿得王一汉节，必有以报王。王予之。丘夜驰入下邳，以罪斩令，召告昆弟所善豪吏，一夜得三万人，使人报吴王。遂将其兵北略地。比至城阳，众十余万，破城阳中尉军。闻吴王败走，自度无与共成功，即引兵归下邳。未至，疽发背死。吴王之弃其军亡也，军遂溃，往往稍降大尉、梁军。楚王戊军败自杀。凡相攻守三月，而吴、楚破平。三王之围齐也，齐使告于天子。天子复令还告齐王：善坚守。齐初围急，与三国有谋，其大臣乃复劝王毋下三国。三月，汉兵至，胶西、胶东、菑川王各引兵归，胶西王大子德曰："汉兵还，臣观之，已罢，可袭。愿收大王余兵击之，不胜，乃逃入海，未晚也。"王曰："吾士卒皆已坏，不可用。"弗听，王自杀。胶东、菑川、济南王皆死。国除。赵城守邯郸，相距七月。匈奴闻吴、楚败，不肯入边。栾布并兵引水灌赵城，城坏，王遂自杀。济北王以劫故得不诛，徙王菑川。齐围之解，栾布等闻齐王初与三国有谋，欲移兵伐齐，齐王惧，饮药自杀。景帝以为齐首善，以迫劫有谋，非其罪，召立其子。案《史记·绛侯世家》言：孝文且崩，诫大子曰："即有缓急，周亚夫真可任将兵。"论者因谓文帝虽优容吴，实有备之之策。此乃为文帝虚誉所惑，抑亦成败论人之言。文帝此言，特因其前一年，后六年。匈奴入边，使刘礼军霸上，徐厉军棘门，在今陕西咸阳县南。亚夫军细柳在咸阳东北。以备之，上自劳军，至霸上、棘门，皆直驰入，至细柳不得入耳。然纪律特将兵之一端，非特此遂可必胜。吴王盖本无远略，亦且不能用兵，观其违田禄伯、桓将军，弃周丘可知。果能广罗奇谲之士，率其轻果之众，分途并进，正军则乘锐深入，一亚夫果足以御之乎？然则文帝之不听晁错，特因循惮发难而已，非真有深谋奇计也。至景帝之举动，则

---

① 风俗：周丘一夜得三万，旋得十余万。淮南王以江淮间感激。

更为错乱，不足论矣。然则七国之乱，汉殆幸而获济也。然文、景固不失为中主，策治安者，必植遗腹朝委裘而天下不乱，安所得英武之主继世以持之？宜乎文、景时之局势，^①贾、晁观之，蹙然若不可终日也。

吴、楚既平，而梁仍为大国，梁孝王武，景帝同母弟也。少子，母窦大后爱之。景帝七年，入朝，因留，入则侍帝同辇，出则同车游猎，射禽兽上林中。梁侍中、郎、谒者，著籍出入殿门，与汉宦官无异。十一月，上废栗大子，临江闵王荣，栗姬子。大后欲以王为嗣，大臣及袁盎等有所关说于帝，大后议格。事秘，世莫知，孝王乃辞归国。怨，与其臣羊胜、公孙诡之属谋，阴使人刺杀袁盎及他议臣十余人。然则上之日与同车辇，许其人出入殿门者，亦危矣。史言梁大国，居天下膏腴地，列四十余城，多大县，府库金钱，且百巨万，珠玉宝器，多于京师。孝王死，藏府余黄金四十余万斤，他财物称是。招延四方豪杰，自山以东，莫不毕至。公孙诡多奇邪计，初见，王赐千金，官至中尉，号之曰公孙将军。多作兵器，弓、弩、矛数千万。苟非七国新破，汉声威方震，其为谋又宁止于是也？且王筑东苑，方三百余里，广睢阳城七十里。大治官室，为复道，自官连属于平台，三十余里。与其府藏之厚，何莫非取之于民？虽微暗干天位之谋，又焉得不为民除此猖獗也？信乎封建之不可行矣。袁盎等死，天子意梁王。逐贼，果梁使之。乃遣使冠盖相望于道，覆按梁，捕公孙诡、羊胜。诡、胜匿王后官。梁相轩丘豹、内史韩安国谏。王乃令胜、诡自杀，出之，因长公主谢罪，然后得释中元六年，卒，分其地，立其子五人为王。

《汉书·诸侯王表》曰："文帝采贾生之议，分齐、赵景帝用晁错之计，削吴、楚，武帝施主父偃之策，下推恩之令，使诸侯王得分户邑以封子弟。《景十三王传》云：汉为制定封号，辄别属汉郡。自此以来，齐分为

---

① 封建：文景时情势危？梁如何，淮南、恒山、江都，吴破后，徙王江都者易王非骄。子建淫虐，虽列侯亦无兢兢，后入庸保。

七，赵分为六。徐广曰：河间、广川、中山、常山、清河。案河间，景帝二年，立子献王德。广川立子彭祖。七国反后徙王赵，是为赵敬肃王。中山，三年封子靖王胜。常山，中四年封子宪王舜。清河，中三年封子哀王乘。梁分为五，淮南分为三。皇子始立者，大国不过十余城。长沙、燕、代，虽有旧名，皆无南北边矣。"制驭诸侯之策，固不外众建而少其力一语也。然当推行之初，犹未能遽收其效。七国之反也，吴使者至淮南，淮南王欲发兵应之，以其相不听，未果。至庐江，庐江王弗应，而往来使越。至衡山，衡山王坚守无二心。则淮南、庐江之有反谋旧矣。吴、楚已破，衡山王徙王济北，史云：南方卑湿，所以褒之。庐江王边越，数使使相交，故徙为衡山王，王江北。惟淮南王如故。济北王既徙，明年薨，赐谥为贞王，至武帝元狩元年，而淮南、衡山二国，皆以反诛。史称淮南王以武帝建元二年入朝，素善武安侯，武安侯时为大尉，乃逆王霸上，与王语曰："方今上无大子，大王亲高皇帝孙，行仁义，天下莫不闻，即官车一日晏驾，非大王当谁立者？"淮南王大喜，厚遗武安侯财物，阴结宾客，拊循百姓，为畔逆事。又言淮南、衡山，初不相能，衡山以淮南有反谋，恐为所并，故亦治兵，欲俟淮南已西，发兵定江、淮间有之。至元朔六年，衡山王过淮南，乃除前郄，约束为反具。此皆非其真。淮南之谋反也，王有女陵，慧有口辩，常多与金钱，为中诇长安，约结上左右。后荼，王爱幸之，生大子迁。取王皇大后外孙脩成君女为妃。王大后，武帝母，先适金氏，生三女。王谋为反具，畏大子妃知而内泄事，乃与大子谋，令诈弗爱，三月不同席。王详为怒大子，闭大子，使与妃同内，三月，大子终不近妃。妃求去，王乃上书谢，归去之。元朔五年，大子学用剑，闻郎中雷被巧，召与戏。误中大子。被恐，此时有欲从军者，辄诣京师。被即愿奋击匈奴。王使郎中令斥免，被遂亡至长安，上书自明。诏下其事廷尉、河南，河南逮治淮南大子。王、王后计，欲毋遣大子，遂发兵反。计犹豫未定，会有诏即讯大子。当是时，淮南相怒寿春丞留大子逮不遣，劾不敬。王以请相，相弗听，王使人上书告相。事下廷尉治，踪迹连王。王使人候伺汉公卿，公卿请逮捕治王，王恐，欲发。大子迁谋曰："汉使即逮王，王令人衣卫士衣，持戟居庭中王旁，有非是，则刺杀之，臣亦使人刺杀淮南中尉，乃举兵，未晚。"汉中尉宏至，讯王以斥雷被事耳。王自度无何，不发，中尉还以闻。公卿治者曰："淮南王安拥阏奋击匈奴者，废格明诏，当弃市。"诏弗许。请废弗王，弗许。请削五县，诏削二县。使中尉宏赦王罪。王初闻汉公卿请诛之，未知得削地，闻汉使来，恐其捕之，乃与大子谋刺之，如前计。及中尉至，即贺王，王以故不发。然其为反谋益甚，日夜与伍被、左吴等案舆地图，部署兵所从入。王有孽子不害，最长，弗爱。不害子建，材高有气，常怨望大子不省其父。又怨时诸侯皆得分子弟为侯，而淮南独二子，一为大子，建父独不得为侯。建具知大子谋欲杀汉中尉，即使所善寿春庄芷，《汉书》作严正。以元朔六年，上书天子，言建具知淮南阴事，可征问。上以其事下廷尉，廷尉下河南治，建辞引淮南大子及党与。王患之，欲发。问伍被，被请"伪为丞相御史请书：徙郡国豪杰任使，及有耐罪以上，赦令除其罪，家产五十万以上者，皆徙其家属朔方。益发甲卒，急其期日，又伪为左右都司空、上林、中都官诏狱逮书，以逮诸侯大子、幸臣。如此，则民怨，诸侯惧，即使辩武《集解》：徐广曰：淮南人名士曰武。随而说之"。王欲如被计，使人伪得罪而西，事大将军、丞相，一日发兵，即刺杀大将军，而说丞相下之。王欲发国中兵，恐相、二千石不听，乃与伍被谋，先杀相、二千石。又欲令人衣求盗衣，持羽檄从东方来，呼曰"南越兵入界"，因以发兵。未发，上遣廷尉监，因拜淮南中尉，逮捕大子。淮南王闻，与大子谋，召相、二千石，欲杀而发兵。相至，内史以出为解。中尉曰："臣受诏使，不得见王。"王念独杀相，无益也，即罢相。王犹豫，计未决。大子念所坐者谋刺汉中尉，所与谋者已死，以为口绝，乃谓王曰："群臣可用者皆前系，今无足与举事者。王以非时发，恐无功。臣愿会逮。"王亦偷欲休，即许大子。大子即自刭不殊。伍被自诣吏，因告与淮南王谋反，反踪迹具如此。吏因捕大子、王后。围王官。尽求捕王所与谋反宾客在国中者。索得反具以闻。上下公卿治。所连引与淮南王谋反，列侯、二千石、豪杰数千人，皆以罪轻重受诛。有司请逮捕衡山王。天子曰："诸侯各以其国为本，不当相坐。"使宗正以符节治淮南王。未至，王自刭杀。王后荼、大子迁、诸所与谋反者皆族。天子以伍被雅辞，多引汉之美，欲勿诛。廷尉汤曰："被首为王画反谋，被罪无赦。"遂诛被。国除，为九江郡。衡山王赐后乘舒，生子三人：长男爽为大子。次男孝。次女无采。姬徐来，生子男女四人。美人厥姬，生子二人。乘舒死，徐来为后。厥姬恶徐来于大子曰："徐来使婢蛊道杀大子母。"大子心怨徐来。无采及孝早失母，附王后，王后计爱之，与共毁大子。王欲废大子，立其弟孝。王后又欲并废孝，立其子广。王后有侍者，善舞，王幸之，王后欲令侍者与孝乱以污之。王奇孝材能，佩之王印，号曰将军。令居外宅。多给金钱，招致宾客。使孝客江都人救赫、救，《汉书》作枚。陈喜作辒车、镞矢，刻天子玺，将、相、军吏印。王日夜求壮士如周丘等。元朔六年中，王使人上书，请废大子，立孝。爽闻，即使所善白嬴之长安上书，言孝作辒车镞矢，与王御者奸。王闻爽使白嬴上书，恐言国阴事，即上书告爽所为不道弃市罪。事下沛郡治。元狩元年，冬，有司公卿下沛郡求捕所与淮南谋反者，未得，得陈喜于孝家，劾孝首匿喜。孝以为陈喜雅数与王计谋反，恐其发之，闻律先自告除其罪，又疑大子使白嬴上书发其事，即先自告，告所与谋反者救赫、陈喜等。天子遣即问王，王具以情实对。吏皆围王官而守之。公卿请遣宗正、大行与沛郡杂治王。王闻，即自刭杀。孝先自告反，除其罪，坐与王御婢奸，弃市。王后徐来，亦坐蛊杀前王后；及大子爽，坐告王不孝；皆弃市。诸与衡山王谋反者皆族。国除，为衡山郡。史称淮南王好读书，不喜弋猎狗马。行阴德，拊循百姓。招致宾客方术之士数千人，作为内书二十一篇，外书甚众。外书今无传，内书则今所谓《淮南子》也。王盖有道术之君，必非暗干天位者。武帝即位年十六，建元二年，年十八耳，而王与田蚡，以上无储嗣，官车晏驾起异意，有是理乎？谓衡山虑为淮南所并，乃有反谋，亦非其实，此盖汉遣使即问时之对辞也。伍被烈士，必无临难苟免之理，其自首亦必有故，特今不可知耳。汉人甚重复仇，《史记》云"淮南王时时怨望厉王死，欲叛逆"；《汉书》云"江、淮间多轻薄，以厉王迁死感激安"；明其叛逆之由，在彼而不在此。淮南王后荼、大子迁、女陵、衡山王子孝，盖皆与王同心者，其他妻姜子女，则不然也。女为中诇，子割恩爱；虑非时而举之无成，则宁自到以为后图；亦烈矣。吴王之用兵，以鲁莽而败，淮南王则以过审慎而败。观其审慎之过，知其计虑之深。使其发举，其必不如吴之易平审矣。树国固必相疑之势也。

景帝子江都易王非，前三年立为汝南王。吴、楚反时，非年十五，有材气，上书自请击吴。景帝赐非将军印，击吴。吴已破，徙王江都，治故吴国，以军功赐天子旗。非好气力，治宫馆，招四方豪杰，骄奢甚，二十七年薨。元朔元年。子建嗣，专为淫虐，自知罪多。国中多欲告言者，心不安。亦颇闻淮南、衡山阴谋。遂作兵器；具天下舆地及军陈图；使人通越繇王、闽侯，约有急相助。此则真欲乘机以弋利者也。淮南事发，治党与，颇连及建，建使人多推金钱，绝其狱，后复谓近臣曰："我为王，诏狱岁至，生又无籔怡日，壮士不坐死，欲为人所不能为耳。"时佩其父所赐将军印，载天子旗出。积数岁，事发觉。案得反具，建自杀，国除。案史言建淫虐事几无人理，建为大子时，邯郸人梁蚡，持女欲献之易王。建闻其美，私呼之，因留不出。蚡宣言曰："予乃与其公争妻？"建使人杀蚡。易王薨，未葬，建居服舍，召易王所爱美人淖姬等凡十人与奸。建女弟征臣，为盖侯子妇，以易王丧来归，建复与奸。建游章台宫，令四女子乘小船，建以足蹹覆其船，四人皆溺，二人死。后游雷波，天大风，建使郎二人乘小船入波中，船覆，两郎溺。攀船，乍见乍没。建临观大笑，令皆死。宫人姬八子有过者，辄令嬴立击鼓，或置树上，久者三十日乃得衣。或髡钳，以铅杵春，不中程，辄掠。或纵狼令啮杀之，建观而大笑。或闭不食令饿死。凡杀不辜三十五人。建欲令人与禽兽交而生子，强令官人嬴而四据，与牂羊及狗交。然汉诸侯王如此者实不止一人，人民何辜，徒以有天下者欲广强庶孽，而遭此荼毒乎？此亦见封建之制之必不可行也。

《汉书·诸侯王表》又云："景遭七国之难，抑损诸侯，减黜其官。武有衡山、淮南之谋，作左官之律，服虔曰：仕于诸侯为左官，绝不得使仕于王侯也。设附益之法。师古曰：盖取孔子云：求也为之聚敛而附益之之义。诸侯惟得衣食税租，不与政事。至于哀、平之际，皆继体苗裔，亲属疏远。生于帷墙之中，不为士民所尊，势与富室无异。《高五王传赞》曰："时诸侯得自除御史大夫，群卿以下众官如汉朝。汉独为置丞相，自吴、楚诛后，稍夺诸侯权，左官、附益、阿党之法设。其后诸侯惟得衣食租税，贫者或乘牛车。"王莽分遣五威之吏，驰传天下，班行符命。汉诸侯王厥角稽首，奉上玺绂，惟恐在后。或乃称美颂德，以求容媚，岂不哀哉？"此汉同姓诸侯王盛衰之大略也。《史记·高祖功臣侯表》云："汉兴，功臣受封者百有余人。天下初定，故大城名都散亡，户口可得而数者十二三。是以大侯不过万家，小者五六百户。后数世，民咸归乡里，户益息。萧、曹、绛、灌之属，或至四万，小侯自倍，富厚如之。子孙骄溢，忘其先，淫嬖。至大初，百年之间，见侯五，余皆坐法陨命亡国，耗矣。网亦少密焉。然皆身无兢兢于当世之禁云。"则虽列侯之国，亦多不克自保矣。《汉书·高惠高后文功臣表》云："孝宣皇帝愍而录之，诏令有司，求其子孙。咸出庸保之中。并受复除，或加以金帛。降及孝成，复加恤问。稍益衰微，不绝如线。杜业纳说，谓虽难尽继，宜从尤功。于是成帝复绍萧何。哀、平之世，增修曹参、周勃之属而已。"天之所废，固莫能兴之哉！

第三章
汉中叶事迹

第一节 汉代社会情形

抚循失职之民，翦灭功臣，辑和外国，削弱同姓诸王，皆所以使秩序不乱，民遂其生者也。然仅能维持见状而已，自晚周以来，众共谓当改正之事，未之能改也。此乃天下初定，有所未皇云尔，固非渭其不当改。治安既久，不复乐以故步自封，终必有起而正之者，则汉武帝其人矣。

自晚周以来，众共谓当改正者何事乎？人民之生计其首也。当封建全盛之世，井田之制犹存；工业之大者，皆属官营；商人则公家管理之甚严；除有土之君，食租衣税，富厚与民悬绝外，其余固无大不均。至东周以后，小康之世之遗规，亦且废坠，则大不然矣。董仲舒说武帝曰："富者田连阡陌，贫者无立锥之地。又颛川泽之利，管山林之饶。荒淫越制，逾侈以相高。邑有人君之尊，里有公侯之富，小民安得不困？"晁错说文帝曰："今农夫五口之家，其服役者不下二人，其能耕者不过百亩。百亩之收，不过百石。春耕，夏耘，秋获，冬藏。伐薪樵，治官府，给徭役。春不得避风尘，夏不得避暑热，秋不得避阴雨，冬不得避寒冻。四时之间，无日休息。又私自送往迎来，吊死问疾，养孤长幼在其中，勤苦如此，尚复被水旱之灾；急政暴虐，赋敛不时，朝令而暮改。当其有者，半贾而卖，无者取倍称之息。于是有卖田宅、鬻子孙以偿责者矣。而商贾：大者积贮倍息，小者坐列贩卖，操其奇赢，日游都市。乘上之急，所卖必倍。故其男不耕耘，女不蚕织，衣必文采，食必粱肉。无农夫之苦，有阡陌之得。因其富厚，交通王侯，力过吏势，以利相倾，千里游敖，冠盖相望，乘坚策肥，履丝曳缟。此商人所以兼并农人，农人所以流亡者也。"皆见《汉书·食货志》。盖自地狭人稠，耕地不给以来，阡陌开而井田之制，稍以破坏，于是私租起而田可卖买。有财势者乘机兼并，乃生所谓田连阡陌之家。至于山林川泽，则初由人君加以封禁，后遂或以赏赐，或取贡税，畀之能事经营之人，于是田以外之土地，亦变公为私矣。文明程度愈高，则分工愈密。《货殖列传》列举末业，微至贩脂、卖酱，犹可以财雄一方，况其大焉者乎？董仲舒对策曰："已受大，又取小，天不能足，而况人乎？"缅怀"古之所予禄者，不食于力，不动于末"，引"公仪子相鲁，之其家，见织帛，怒而出其妻，食于舍而茹葵，愠而拔其葵"以明之。深訾当时"身宠而载高位，家温而食厚禄"之徒，"因乘富贵之资，力以与民争利于下"。《汉书》本传。案《汉书·张安世传》，载其"贵为公侯，食邑万户，身衣弋绨，夫人自纺绩，家童七百人，皆有手技作事，内治产业，累积纤微"，即仲舒之所指斥者也。然则封君、地主苞田连阡陌及颛川泽之利、管山林之饶者。工商，汉世所谓商人，实兼苞农工业家，如煮盐、开矿、种树皆农业，冶铸实工业是也。以皆自行贩卖，当时通称为商人。竞肆攘夺，平民复何以自存哉？《史记·平准书》述武帝初年富庶情形，见第二章第三节。而继之曰："当是之时，网疏而民富，役财骄溢，或至兼并。豪暴之徒，以武断于乡曲。宗室有土公卿大夫以下，争于奢侈。"夫果人给家足，谁肯为人所兼并？又谁能兼并人？奢俭以相形而见，果其养生送死之奉，无大差殊，论者又何至疾首蹙頞，群以奢侈为患哉？然则《平准书》之所云，特通计全国之富，有加于前，实非真人给家足。分财不均，富者虽有余于前，贫者之蹙然不可终日如故也。制民之产之规，制节谨度之道，荡然无存，阙焉不讲者，固已久矣。

次于生计者为教化。贾谊上疏陈政事曰："商君遗礼义，弃仁恩，并心于进取，行之二岁，秦俗日败。故秦人家富子壮则出分，家贫子壮则出赘。借父耰耡，虑有德色。母取箕帚，立而谇语。抱哺其子，与公并倨。妇姑不相说，则反唇而相稽。其慈子耆利，不同禽兽者亡几耳。然并心而赴时，犹日蹷六国，兼天下。功成求得矣，终不知反廉愧之节，仁义之厚；信并兼之法，遂进取之业。天下大败，众掩寡，智欺愚，勇威怯，壮陵衰，其乱至矣。是以大贤起之，威震海内，德从天下。曩之为秦者，今转而为汉矣。然其遗风余俗，犹尚未改。今世以侈靡相竞，而上亡制度。弃礼谊、捐廉耻日甚，可谓月异而岁不同矣。逐利不耳，虑非顾行也。今其甚者杀父兄矣。盗者剟寝户之帘，白昼大都之中，剽吏而夺之金。矫伪者出几十万石粟，赋六百余万钱，乘传而行郡国。此其亡行义之尤至者也。而大臣特以簿书不报期会之间，以为大故。至于俗流失，世败坏，因恬而不知怪，虑不动于耳目，以为是适然耳。夫移风易俗，使天下回心而乡道，类非俗吏之所能为也。俗吏之所务，在于刀笔筐箧，而不知大体，陛下又不自忧，窃为陛下惜之。"董仲舒对策曰："自古以来，未尝有以乱济乱，大败天下之民如秦者也。其遗毒余烈，至今未灭，使习俗薄恶，人民嚣顽、抵冒、殊扞、孰烂如此之甚者也。孔子曰：腐朽之木，不可雕也。粪土之墙，不可圬也。今汉继秦之后，如朽木粪墙矣。虽欲善治之，亡可奈何。法出而奸生，令下而诈起。如以汤止沸，抱薪救火，愈甚，亡益也。窃譬之：琴瑟不调，甚者必解而更张之，乃可鼓也。为政而不行，甚者必变而更化之，乃可理也。当更张而不更张，虽有良工，不能善调也。当更化而不更化，虽有大贤，不能善治也。故汉得天下以来，常欲善治，而至今不可善治者，失之于当更化而不更化也。"此特举其两端，汉人议论，类此者不可悉数。以一切之失，悉归诸秦，固为非是，然当时风气，自有志者观之，蹵然不可终日，则无疑矣。

要而言之，社会有两种：有能以人力控制者，有不然者。立乎今日以观往古，能以人力控制者，盖惟孔子所谓大同之世为然。小康之世，则承其遗绪者也。自小康之治云遥，凡事一任其迁流之所至，遂成为各自为谋，弱肉强食之世界矣。欲正其本，非划除党类（class）不可，此固非汉人所知。而既有党类，即利害相反，而终无以几于郅治，又非汉人之所知也。其争欲以吾欲云云之策，谋改革之方也，亦宜矣。

以上就国内言之也。若言国外，则异民族林立，上焉者宜有以教化之，使之偕进于礼义，下焉者亦宜有以慑服之，使不为我患，此亦当时之人，以为当务之急者也。《史记·律书》曰："高祖有天下，三边外叛，大国之王，虽称蕃辅，臣节未尽。会高祖厌苦军事，亦有萧、张之谋，故偃武一休息，羁縻不备。历至孝文即位，将军陈武等议曰：南越、朝鲜，自全秦时内属为臣子，后且拥兵阻厄，选蠕观望。高祖时，天下新定，人民小安，未可复兴兵。今陛下仁惠抚百姓，恩泽加海内，宜及士民乐用，征讨逆党，以一封疆。孝文曰：朕能任衣冠，念不到此。会吕氏之乱，功臣宗室，共不羞耻，误居正位，常战战栗栗，恐事之不终。且兵凶器，虽克所愿，动亦耗病。谓百姓远方何？又先帝知劳民不可烦，故不以为意，朕岂自谓能？今匈奴内侵，军吏无功，边民父子，荷兵日久，朕常为动心伤痛，无日忘之。[①] 今未能销巨愿，且坚边设候，结和通使，休宁北陲，为功多矣，且无议边。"此可见秦皇、汉武之开边，亦非其一人所为也。语曰：英雄造时势，时势亦造英雄。时势造英雄，屡见之矣，英雄造时势，则未之闻。所谓英雄，皆不过为一时风气之所鼓动而已矣。

第二节　儒术之兴

中国自汉以后，儒术盛行，其事实始于武帝，此人人能言之。然武帝非真知儒术之人也。武帝之侈宫室，乐巡游，事四夷，无一不与儒家之道相背。其封禅及起明堂，则惑于神仙家言耳，非行儒家之学也。然儒术卒

---

① 史事：汉文初群臣开边之议，此可见武帝开边亦因时势。

以武帝之提倡而盛行，何哉？则所谓风气既成，受其鼓动而不自知也。

《汉书·武帝本纪》：建元元年，冬，十二月，诏丞相、列侯、中二千石、二千石、诸侯相举贤良方正直言极谏之士。丞相绾卫绾。奏所举贤良，或治申、商、韩非、苏秦、张仪之言，乱国政，请皆罢，奏可。此与后来之立《五经》博士，建元五年。为置弟子元朔五年。同其功。利禄之途，一开一塞，实儒术兴盛之大原因也。[①]而武帝于其元年行之，《赞》所由美其初立卓然罢黜百家，表章《六经》也。《董仲舒传》云："自武帝初立，魏其、武安侯为相而隆儒矣。及仲舒对策，推明孔氏，抑黜百家。立学校之官，州郡举茂材、孝廉，皆自仲舒发之。"案本纪：元光元年，冬，十一月，初令郡国举孝、廉各一人。五月，诏贤良，于是董仲舒、公孙弘等出焉。仲舒对策，事在五月，而十一月已举孝廉，则不得云仲舒发之。《通鉴》乃系其事于建元元年，云不知在何时，惟建元元年举贤良著于纪，故系之。又疑纪言是年十一月初举孝廉为误。见《考异》。后人并有谓仲舒对策，实在建元元年者。然《封禅书》谓建元六年窦大后崩，其明年，征文学之士公孙弘等，[②]《汉书·郊祀志》无此四字，盖为钞胥所删，昔人钞书，随手删节处甚多。自唐以前，《汉书》之传习，较《史记》为广，故其见删节亦较甚。《史》、《汉》相同处，《汉书》辞句，率较《史记》为简由此。后人谓孟坚有意为之，据之以言文字，则大缪矣。古人著书，袭前人处，率皆直录，事有异同，亦不删定，如《汉书·陈胜传》袭《史记》至今血食之文是也。何暇删节虚字邪？则弘之见擢，确在元光元年。纪言弘事不误，其言仲舒事不误可知。云举孝廉自仲舒发之者？盖初特偶行，得仲舒之言，遂为经制，抑本传辞不审谛，要未可据以疑本纪也。武帝即位，年仅十六，逾年改元，则十七耳。虽非昏愚之主，亦未闻其天纵夙成，成童未久，安知隆儒？即卫绾亦未闻其以儒学显，然则罢黜百家、表章《六经》之事，其

---

①　史事：儒术之兴，非由武帝。武帝徒骛其表。

②　文例：钞胥之删节。

为风气使然，无足疑矣。

魏其、武安之事，见于《史记》本传。曰：建元元年，丞相绾病免。以魏其侯为丞相，武安侯为大尉。魏其、武安俱好儒术，推毂赵绾为御史大夫，王臧为郎中令，迎鲁申公，欲设明堂，令列侯就国，除关，以礼为服制，以兴大平。举适诸窦宗室毋节行者，除其属籍。时诸外家为列侯，列侯多尚宗室，皆不愿就国，以故毁日至窦大后。大后好黄、老之言，而魏其、武安、赵绾、王臧等务隆推儒术，贬道家言，是以窦大后滋不说魏其等。及建元二年，赵绾请毋奏事东官，窦大后大怒，乃罢逐赵绾、王臧等，而免丞相、大尉。《儒林传》：王臧、赵绾尝受《诗》申公，绾、臧请天子，欲立明堂以朝诸侯，不能就其事，乃言师申公，于是天子使使束帛加璧驷马迎申公，以为大中大夫，舍鲁邸，议明堂事。太皇窦大后好老子言，不说儒术，得赵绾、王臧过，以让上。上因废明堂事。尽下赵绾、王臧吏，后皆自杀。申公亦疾免以归。二年请毋奏事东宫，则元年常奏事东官可知。然则罢黜百家之事，虽谓大后可其奏可也。《儒林传》言大后召辕固生问《老子》书。固曰："此是家人言耳。"大后怒，使入圈击豕。果为五千言之文，固即不说道家，岂得诋为家人言？疑大后所好者实非今《老子》书也。要之大后实无所知，其贼赵绾、王臧，非欲隆道而抑儒，特惑于外家之毁言耳。《五经》博士之立，事在建元五年，大后亦尚未崩，未闻其争不立老子，此大后不疾儒术之证。

以本无所知之人，而亦能可罢黜百家之奏，益知儒术之兴，由于时会也。《礼书》曰："秦有天下，悉内六国礼仪，采择其善。至于高祖，光有四海。叔孙通颇有所增益减损，大抵皆袭秦故。自天子称号，下至佐僚及宫室、官名，少所变改。孝文即位，有司议欲定仪礼。孝文好道家之学，以为繁礼饰貌，无益于治，躬化谓何耳。故罢去之。孝景时，御史大夫晁错，明于世务刑名，数干谏孝景曰：诸侯藩辅，臣子一例，古今之制也。今大国专治异政，不禀京师，恐不可传后。孝景用其计，而六国畔逆，以错首名，天子诛错以解难。是后官者，养交安禄而已，莫敢复议。今上即位，招致儒术之士，令共定仪。十余年不就，或言古者大平，万民和喜，瑞应辨至，乃采风俗，定制作。上闻之，制诏御史曰：盖受命而王，各有所由兴，殊路而同归，谓因民而作，追俗为制也。议者咸称大古，百姓何望？汉亦一家之事，典法不传，谓子孙何？化隆者闳博，治浅者褊狭，可不勉与？乃以大初元年，改正朔，易服色；封泰山；定宗庙百官之仪，以为典常，垂之于后云。"案《屈原贾生列传》，言贾生以为汉兴至孝文二十余年，天下和洽，当改正朔，易服色，法制度，定官名，兴礼乐。乃悉草具其事仪法：色上黄，数用五，为官名，悉更秦之故。绛、灌之属害之。乃不用。然则其初亦有意于用之矣。贾山亦劝文帝定明堂，造大学，见《汉书》本传。《孝文本纪》言：鲁人公孙臣上书陈《终始传》五德事。言方今土德时，土德应，黄龙见，当改正朔、服色、制度。天子下其事。丞相张苍。推以为今水德始，罢之。十五年，黄龙见成纪。天子乃复召公孙臣，以为博士，申明土德事。《封禅书》曰：与诸生草改历、服色事。是岁，《封禅书》作明年。新垣平见。《封禅书》云：帝使博士诸生刺《六经》中作《王制》，谋议巡狩封禅。十七年，平以诈诛，帝乃怠于改正朔、服色之事。然则文帝且尝颇行之矣。谓其好道家之学，而谢有司之议，实不审之谈也。不特此也，秦始皇之怒侯生、卢生也，曰："吾前收天下书不中用者尽去之。悉召文学方术士甚众，欲以兴大平，方士欲练以求奇药。"兴大平指文学士言。《叔孙通传》云：秦时以文学征，待诏博士。伏生亦故秦博士。《儒林传》。然则始皇虽焚书，所用未尝无儒生。盖亦有意于改制度、兴教化之事矣。其任法为治，特因天下初定，欲以立威，使其在位岁久，自以晏然无复可虞，亦未必不能为汉武之所为也。然则法制度，兴教化，乃晚周以来，言治者之公言，自秦始皇至汉文、景，非有所未皇，则谦让而不能就其事耳。至于武帝，则有所不让矣。夫欲法制度，定教化，固非儒家莫能为。故儒术之兴，实时势使

075

然，不特非武帝若魏其、武安之属所能为，并非董仲舒、公孙弘辈所能扶翼也。然武帝终非能知儒术之人也。叔孙通之为汉立朝仪也，征鲁诸生三十余人。有两生不肯行。曰："礼乐，积德百年而后可兴也，今死者未葬，伤者未起。"两生盖谓通将大有所为，不知其仅以折夫拔剑击柱者之气也。《礼书》訾通多袭秦故，于官名少所变改；其言孝景，则并晁错之削弱诸侯，亦以为议礼之事；贾生为官名，悉更秦之故；赵绾、王臧亦欲令列侯就国，除关；然则汉儒之言改制者，其所苞盖甚广，非徒改正朔、易服色，无与实际之事而已。今《史记》、《礼书》已亡，武帝之所定者，已不可见，度不过仪文之末。何则？苟有大于此者，节文度数，虽不可得而详，后人必有能言其略者也。《汉书·武帝纪》言大初元年，改历，用夏正，色上黄，数用五，定官名，协音律。今观《百官公卿表》，武帝于秦官实少所变改，则其所定者皆琐细不足道可知。当时议者，或欲俟诸大平之后，乃采风俗，定制作；此六字最精。采风俗而后定制作，所谓因人情而为之节文，其所定者，必皆切于民生实用，非如后世之制礼者徒以粉饰视听，民莫之知，而其意亦本不欲民之知之也。或则高谈皇古；盖皆不肯苟焉而已。而武帝则徒欲其速成，虽褊狭有所不恤。其曰汉亦一家之事，非知五帝不袭礼，三皇不沿乐之义，特恶夫高议难成而已。自是以后，所谓礼乐者，遂徒以饰观听，为粉饰升平之具，而于民生日用无与焉，岂不哀哉？

第三节　武帝事四夷一

自刘敬使匈奴，结和亲之约，冒顿浸骄。孝惠、高后时，为书遗高后，妄言。高后欲击之，以季布谏而止。孝文三年，匈奴右贤王入居河南为寇。遣丞相灌婴击之。右贤王走出塞。明年，单于遗汉书。六年，汉亦报以书。顷之，冒顿死，子稽粥立，号曰老上单于。文帝复遣宗室女为单于阏氏。使宦者燕人中行说傅之。说不欲行，汉强使之，说因降单于，教之猾夏。十四年，单于十四万骑入朝那萧关。在今甘肃固原县南。候骑至雍甘泉。雍，汉县，在今陕西凤翔县南。甘泉，宫名。汉发车千乘，骑十万，军长安旁。又发车骑，使五将军往击之。单于留塞内月余。汉逐出塞即还，不能有所杀。匈奴日以骄。岁入边，杀掠人民畜产甚众。汉患之。使使遗之书。单于亦使报谢。后二年，复和亲。明年，老上单于死，子军臣于立。中行说复事之。后六年，绝和亲，大入上郡、云中。汉发三将军屯北地，郡名。治马领，今甘肃环县。代屯句注，即雁门山，在今山西代县西北。赵屯飞狐口，在今察哈尔蔚县南。缘边坚守以备之。又置三将军屯长安西，数月乃罢。文帝崩，景帝立，赵王遂阴使匈奴。汉围破赵，匈奴亦止。景帝复与匈奴和亲。通关市，给遗单于，遣公主如故约。终景帝世，时时小入盗边，无大寇。武帝即位，明和亲约束，厚遇，通关市以饶给之。匈奴自单于以下皆亲汉，往来长城下。元光二年，雁门豪聂壹因大行王恢言："匈奴初和亲，亲信边，可诱以利，致之，伏兵袭击，必破之道也。"上召问公卿。恢请击之。御史大夫韩安国不可。上从恢议。使壹亡入匈奴，阳为卖马邑城，以诱单于。汉伏兵三十余万马邑旁。单予以十万骑入武州塞。武州，汉县，今山西左云县。未至马邑，觉汉谋，引还。自是之后，匈奴绝和亲，攻当路塞，往往入盗于边。不可胜数，然尚乐关市，耆汉财物。汉亦关市不绝以中之。元光六年，汉始出兵击匈奴。自此至征和三年，凡四十年，汉与匈奴屡构兵，而其中大有关系者凡三役：（一）元朔二年，卫青取河南地，筑朔方，汉郡，今鄂尔多斯左翼后旗。复缮蒙恬所为塞，因河而为固。四年，军臣单于死，弟左谷蠡王伊稚斜自立。军臣大子于单亡降汉，汉封为陟安侯，数月死。时右贤王怨汉，数寇边，及入河南，侵扰朔方。五年，卫青出朔方，夜围右贤王，右贤王脱身走。于是河南之势固，秦中之患息，而廓清幕南之基，且于是立矣。（二）元狩二年，昆邪王杀休屠王降汉。《地理志》：武威郡，故匈奴休屠王地。张掖郡，故匈奴昆邪王地。汉减北地以西戍卒半，以其地为武威、今甘肃武威县。酒泉郡。今甘肃高台县。后又置张掖、今甘肃张掖县。敦煌郡，今甘肃敦煌县。徙民以实之。据《本纪》，张掖、敦煌之分，事在元鼎六年。《地理志》则武威，大初四年开。张掖、酒泉，大初元年开。敦煌，后元年分酒泉置。而汉通西域之道开，羌、胡之交关绝矣。（三）为元狩四年卫、霍之大举。先是胡小王赵信降汉，汉封为翕侯。后复为匈奴所得，单于以为自次王，以其姊妻之，与谋汉。信教单于：益北绝幕，以诱疲汉兵，徼极而取之。单于从其计。是年，汉谋，以为信为单于计，居幕北，以为汉兵不能至。乃粟马，发十万骑，负私从马凡十四万匹，粮重不与焉。令卫青、霍去病中分军。青出定襄，汉郡，治成乐，今绥远和林格尔县。去病出代，咸约绝幕击匈奴。单于闻之，远其辎重，以精兵待幕北。与青接战，一日，弗能与，遁走。青北至阗颜山赵信城。去病出代二千余里，封于狼居胥山，禅姑衍，临瀚海而还。是后匈奴远遁，而幕南无王庭。汉度河。自朔方以西至令居，汉县，今甘肃永登县。往往通渠，置田官，吏卒五六万人，稍蚕食，地接匈奴以北。言抵匈奴旧竟更北进。然是役也，汉士卒物故亦万数，马死者十余万，匈奴虽病远去，而汉马亦少，无以复往矣。是武帝时兵威之极也。元鼎三年，伊稚斜单于死，子乌维立。汉方南诛两越，不击匈奴，匈奴亦不入边。元封元年，武帝亲巡朔方，勒兵十八万骑。使郭吉风告单于曰："南越王头已县于汉北阙。单于能，即前与汉战，天子自将待边。不能，即南面而臣于汉。何徒远走亡匿于幕北苦寒无水草之地？毋为也。"单于怒，留吉，而终不肯为寇于汉边，数使使好辞甘言求和亲。然汉使杨信说单于曰："即欲和亲，以单于大子为质于汉。"而单于曰："非故约。故约：汉尝遣公主，给缯絮、食物有品以和亲。今乃欲反古，令吾大子为质，无几矣。"则尚崛强，未肯臣服也。元封六年，乌维单于死，子詹师卢立。年少，号为儿单于。《史记》云："自此之后，单于益西北，左方兵直云中，右方直酒泉、敦煌。"案《史记》

前言，匈奴"诸左方王将居东方，直上谷，以东接秽貉、朝鲜，右方王将居西方，直上郡，以西接月氏、氐、羌，而单于庭直代、云中"。元帝时侯应议罢边备塞吏卒曰："北边塞至辽东，外有阴山，东西千余里，草木茂盛，多禽兽，本冒顿单于依阻其中，治作弓矢，来出为寇，是其苑囿也。"则《史记》初所述者，盖冒顿时疆域，自武帝出兵讨伐，乃渐徙而西北也。儿单于年少，好杀伐，国中不安。左大都尉欲杀单于降，求援应。大初元年，汉为筑受降城。在今乌喇特旗北界。犹以为远。二年，使赵破奴出朔方，西北二千余里。左大都尉欲发而觉，单于诛之。破奴军亦没。三年，单于死，子少，匈奴立乌维单于弟右贤王呴犁湖。汉使光禄徐自为出五原塞五原，汉郡。数百里，远者千余里，筑城障，列亭至卢朐。又使强弩都尉路博德筑居延泽上。秋，匈奴大入定襄、云中。行坏光禄所筑。又入酒泉、张掖。冬，单于死，弟左大都尉且鞮侯立。四年，汉既诛大宛，威震外国，天子意欲遂困胡，乃下诏曰："高皇帝遗朕平城之忧。高后时，单于书绝悖逆。昔齐襄公复百世之仇，《春秋》大之。"然天汉二年、四年，数道出兵，均不甚利。大始元年，且鞮侯单于死，长子左贤王立，为狐鹿姑单于。征和三年，李广　利等复大出。会广利妻子坐巫蛊收，欲深入要功，其下谋共执广利，广利乃还。为单于所遮，军败，广利降。是役也，汉失大将，士卒数万人，不复出兵。后三岁而武帝崩。

第四节　武帝事四夷二

西域二字，义有广狭。《汉书》云："南北有大山，中央有河，今塔里木河。东则接汉，厄以玉门、阳关，两关俱属汉龙勒县，在今甘肃敦煌县西。西则限以葱岭"，此为西域之初疆，实指今之天山南路言之。其后使译所及益广，而亦概称为西域，则西域之版图式廓矣。历代所谓西域，率随其交通所至而名之，其境界初无一定也。《汉书》云："自玉门、阳关出西域有两道：从鄯善，傍南山北，波河西行，至莎车，为南道。南道西逾葱岭，则出大月氏、安息。自车师前王庭随北山，波河西行，至疏勒，为北道。北道西逾葱岭，则出大宛、康居、奄蔡。"以孝武时始通。本三十六国，后稍分至五十余。师古曰：司马彪《续汉书》曰：至于哀、平，有五十五国也。今表其境界、道里及户口、胜兵之数如下。[1]除大月氏、康居、大宛、乌孙为葱岭西之大国外，口数逾万者，仅鄯善、拘弥、于阗、西夜、难兜、莎车、疏勒、姑墨、龟兹、焉耆十国，小者乃不盈千。盖多处山谷之间，或在沙漠中之泉地，故其形势如此云。

诸国民族，可分数派。《汉书》云："西夜与胡异，其种类氐、羌，行国。"又云："蒲犁及依耐、无雷，皆西夜类也。"又云："无雷俗与子合同。"《后书》又有德若，云："与子合相类，其俗皆同。"又有移支，"居蒲类地，被发，随畜逐水草"。盖皆氐、羌之类，缘南山而西出者也。《汉书》云：乌孙本塞地。"昔匈奴破大月氏，月氏西君大夏，而塞王南君罽宾。塞种往往分散为数国。自疏勒以西，休循、捐毒之属，皆故塞种也。"《穆天子传》为魏、晋后伪书，所述皆汉以后情形，已见《先秦史》第八章第八节。此书于地名、器物，皆着之曰西膜之所谓某某，足见西膜为西方一大族。西膜与塞疑即一语，或白种中之塞米族（Semites）耶？又乌孙，颜师古《注》云："于西域诸戎，其形最异。今之胡人，青眼赤须，状类弥猴者，本其种也。"近日史家，皆谓乌孙与坚昆同种。坚昆即唐时之黠戛斯，元时之吉利吉思，今之哈萨克。黠戛斯，《唐书》固明言其"赤发、皙面、绿瞳"也。近年英、俄、法、德诸考古家，在新疆发见古书，有与印度欧罗巴语类者，以其得之之地名之曰焉耆语、龟兹语。焉耆语行于天山之北，龟兹语行于天山之南。颇疑龟兹语为塞种语，焉耆语

---

① 四夷：汉西域诸国户口。

为乌孙等游牧民语也。西史家谓西域人称希腊为伊耶安（Yavanas），为耶而宛（Ionian）转音，故大宛实为希腊人东方殖民地。安息即西史之泊提亚（Paltnia），大夏则巴克特利亚（Bactlia），皆亚历山大死后东方分裂所生之新国。安息犹率其游牧之俗，大夏文化，则酷类希腊焉。故汉通西域，实为东西洋文化交通之始也。《史记·大宛列传》云："自宛以西至安息，虽颇异言，然大同俗，相知言；《汉书·西域传》作"然大同，自相晓知也"。其人皆深眼，多须髯"，可以知其种族矣。然玉门、阳关以西，亦非遂无华人。《汉书》曰："自且末以往，皆种五谷。土地，畜产，作兵，略与汉同。有异乃记云。"今观其书，记者少，不记者多，则诸国之俗，实与汉大同。案《管子揆度》，"北用禺氏之玉，南贵江、汉之珠"，何秋涛谓禺氏即月氏。日本桑原骘藏言：月氏据甘肃，故天山南路之玉，经其地而入中国，玉门之名，或亦因此而得，见所著《张骞西征考》，杨炼译，商务印书馆本。说颇有理。人民移殖，率在国家开拓之先。汉朝未知西域及西南夷，①而枸酱、竹杖，即已远届其地，此其明证。然则渭汉世天山南路多有华人，必非附会之谈也。至于后世，胡人益盛，汉族稍微，则因道里有远近之殊，移居有多少之异。犹之朝鲜之地，自汉以降，貉族转多，然不能谓《方言》所载，北燕、朝鲜之间，言语皆同，及《后书》辰韩言语，有似秦人为虚语也。《魏书·西域于阗传》云："自高昌以西，诸国人等，皆深目高鼻。惟此一国，貌不甚胡，颇类华夏。"《大唐西域记》亦谓于阗之语，与他国不同。今考古学家谓于阗东之克里雅人，体格多似黄人。掘地所得陶象及雕刻、壁画，面貌亦与黄人相似，古书非印度、伊兰、突厥语，而与西藏语相类，断其人来自藏地，此则不知汉时已然否耳。

汉通西域，起于武帝之欲攻匈奴，而成于武帝之侈心。初，敦煌、祁连间有行国曰月氏。匈奴西边，又有小国曰乌孙。《史记·大宛列传》。《汉

① 四夷：汉时西域亦有华族。

081

书·张骞传》曰："乌孙与大月氏，俱在祁连、敦煌间。"《西域传》同，而夺祁连二字。月氏为冒顿所破。老上单于又破月氏王，以其头为饮器。《史记·大宛列传》：建元中，天子问匈奴降者，皆言匈奴破月氏王，以其头为饮器。《匈奴列传》：孝文帝三年，老上单于遗汉书曰："今以小吏之败约，故罚右贤王，使之西方求月氏击之。以天之福，吏卒良，马强力，以夷灭月氏，尽斩杀降下之。定楼兰、乌孙、呼揭，及其旁二十六国，皆以为匈奴。"匈奴之破月氏、乌孙，定西域，当在此时。① 窃疑乌孙难兜靡，亦实为匈奴所杀，《汉书》云为大月氏所杀，乃因乌孙攻逐月氏而附会也。月氏西破走塞王。塞王南越县度。在乌秅西。大月氏居其地。乌孙昆莫难兜靡，或云为匈奴所杀，《史记·大宛列传》。或云为大月氏所杀。《汉书·张骞传》。其子猎骄靡，仍属匈奴。自请于单于，西攻破月氏。月氏乃远去。过大宛，西击大夏而臣之。都妫水北为王庭。妫水，今阿母河。而乌孙稍强，亦不复肯朝事匈奴，取羁属而已。建元中，匈奴降者言月氏怨匈奴，无与共击之。汉因欲通使，而时匈奴右方居盐泽，今罗布泊。以东至陇西长城，南接羌，隔汉道。汉欲通使，道必更匈奴中。乃募能使者。张骞以郎应募。为匈奴所得。留十余年，与其属亡乡月氏。西走数十日，至大宛。大宛为发道译抵康居，传致大月氏。时月氏地肥饶，少寇，志安乐；又自以远汉；殊无报胡之心。骞留岁余还。并南山，欲从羌中归。复为匈奴所得留岁余，单于死，元朔三年军臣单于。左谷蠡王攻其大子自立，国内乱，骞乃得亡归。骞身所至者，大宛、大月氏、大夏、康居，而传闻其旁大国五六。具为天子言之。骞曰："臣在大夏时，见邛竹杖、蜀布。问曰：安得此？大夏国人曰：吾国人往市之身毒。身毒在大夏东南，可数千里。其俗土著，大与大夏同，而卑湿暑热云。其人民乘象以战，其国临大水焉。以骞度之：大夏去汉万二千里，居汉西南，今身毒国又居大夏东南数千里，有蜀物，此

---

① 四夷：匈奴定西域。

其去蜀不远矣。今使大夏，从羌中，险，羌人恶之。少北，则为匈奴所得。从蜀，宜径，又无寇。"天子既闻大宛及大夏、安息之属皆大国，多奇物，[①] 土著颇与中国同业，而兵弱，贵汉财物；其北有大月氏、康居之属，兵强，可以赂遗设利朝也。且诚得而以义属之，则广地万里，重九译，致殊俗，威德遍于四海。天子欣然，以骞言为然。乃令骞因蜀、犍为发间使，四道并出。出駹，出冉，出徙，出邛僰，皆各行一二千里。其北方闭氐、筰，南方闭巂、昆明，终莫得通。参看第七节。然传闻其西可千余里，有乘象国，名曰滇越，而蜀贾奸出物者或至焉。武帝是时，盖动于侈心，绝非攻胡之初志矣。及浑邪王降，金城、河西西并南山至盐泽，空无匈奴。其后二年，汉又击走单于于幕北。是后天子数问骞大夏之属。骞请厚币赂乌孙，招以益东，居故浑邪之地。既连乌孙，自其西大夏之属，皆可招来而为外臣。天子以为然。拜骞为中郎将。赍金币帛，直数千巨万，多持节副使，道可使，使遗之他旁国。骞既至乌孙，谕指。乌孙昆莫猎骄靡。有十余子，中子大禄强，善将。大禄兄为大子，有子曰岑娶。《汉书》作岑陬，官名：名军须靡。大子蚤死，谓昆莫曰："必以岑娶为大子。"昆莫哀而许之。大禄怒，畔，谋攻岑娶及昆莫。昆莫予岑娶万余骑，令别居。国分为三，不能专制。又远汉，未知其大小，素服属匈奴，又近之。其大臣皆不欲徙。但发通译送骞还。而骞所分遣使通大宛、康居、大月氏、大夏、安息、身毒、于寘、扜罙及诸旁国者，后颇与其人俱来，西北国始通于汉矣。匈奴闻汉通乌孙，怒，欲击之。乌孙乃恐，使使献马，愿得尚汉女。元封中，乃遣江都王建见第二章第六节。女细君为公主，妻昆莫。昆莫年老，又使岑娶尚公主云。时汉筑令居以西，置酒泉郡，以通西北国。一岁中使多者十余，少者五六辈。楼兰、姑师当道，苦之。攻劫汉使王恢等。又数为匈奴耳目，令其兵遮汉

---

① 四夷：武帝通西域之动机，云以骞言为然，则说出骞。使者之劣。

使。元封三年，武帝遣恢佐赵破奴虏楼兰王，遂破姑师。于是酒泉列亭障至玉门矣。天子好宛马，使从者言宛有善马，在贰师城，匿不肯与汉使。天子使壮士车令等持千金及金马以请，宛不肯与。汉使怒，妄言，椎金马而去。宛贵人怒，令其东边郁成遮攻杀汉使。大初元年，汉拜李广利为贰师将军。发属国六千骑及郡国恶少年数万以往，伐宛。当道诸国，各坚城守，不肯给食。比至郁成，士不过数千，皆饥疲。攻郁成，郁成大破之，所杀伤甚众。引还，往来二岁。至敦煌，士不过什一二。天子使使遮玉门，曰："军有敢入者，辄斩之。"贰师恐惧，因留敦煌。天子案言伐宛尤不便者。赦囚徒材官，益发恶少年及边骑。岁余而出敦煌者六万人。负私从者不与。所至小国，莫不迎，出食给军。兵到者三万人。围其城，攻之四十余日。宛贵人杀其王毋寡。汉立贵人善汉者昧蔡为王。别将破郁成。郁成王亡走康居。康居出以与汉。贰师之东，诸所过小国闻宛破，皆使其子弟从军入献见天子，因以为质焉。时为大初四年。岁余，宛贵人以为昧蔡善谀，使我国遇屠，相与杀昧蔡，立毋寡昆弟蝉封为宛王，而遣其子入质于汉。汉因使使赂遗以填抚之。自伐大宛后，西域震惧，多遣使来贡献。汉使西域者益得职。于是自敦煌西至盐泽，往往起亭，而轮台、《李广利传》注：轮台，国名。今新疆轮台县。渠犁，皆有田卒数百人，置使者校尉领护，以给外国使者焉。天汉二年，以匈奴降者介和王为开陵侯，将楼兰国兵击车师。匈奴遣右贤王将数万骑救之。汉兵不利，引去。征和四年，遣重合侯马通将四万骑击匈奴，道过车师北，复遣开陵侯将楼兰、尉犁、危须凡六国兵别击车师，勿令得遮重合侯道。诸国共围车师。车师王降。于是搜粟都尉桑弘羊，与丞相、御史奏遣卒田轮台以东。募民壮健有累重敢徙者诣田所。稍筑列亭，连城而西，以威诸国，辅乌孙。时李广利以军降匈奴，上既悔远征伐，乃下诏，深陈既往之悔，由是不复出军，而封丞相田千秋为富民侯，以明休息，思富养民云。

国名	都城名	境界道里	户数	口数	胜兵数	今地
婼羌		辟在西南，不当孔道，西与且末接。	四百五十	千七百五十	五百	柴达木区域
鄯善本名楼兰。	扜泥城	至山国千三百六十五里。西北至车师千八百九十里西通且末七百二十里	千五百七十	万四千一百	二千九百十二	罗布泊南
且末《三国志注》引《魏略》作且志，误。	且末城	北接尉犁。南至小宛可三日行。西通精绝二千里。	二百三十	千六百一十	三百二十	在车尔成河上
小宛	扜零城	东与婼羌接。辟南，不当道。	百五十	千五十	二百	戈壁
精绝	精绝城	南至戎卢国四日行。西通扜弥四百六十里。	四百八十	三千三百六十	五百	戈壁
戎卢	卑品城	东与小宛，南与婼羌接，辟南，不当道。	二百四十	千六百一十	三百	戈壁
扜弥《史记·大宛列传》作扜采。《汉书》云，今名宁弥。盖据班氏作传时言之也。《后汉书》作拘弥。	扜弥城	南与渠勒，东北与龟兹，西北与姑墨接。西通于阗三百九十里。	三千三百四十《后汉书》二千一百七十三。	二万四十《后汉书》七千二百五十一。	三千五百四十《后汉书》一千七百六十。	戈壁
渠勒	鞬都城	东与戎卢，西与婼羌，北与扜弥接。	三百一十	二千一百七十	三百	戈壁
于阗	西城	南与婼羌接，北与姑墨接。西通皮山三百八十里。	三千三百《后汉书》三万二千。	万九千三百《后汉书》八万三千。	两千四百《后汉书》三万余。	和阗县南

续表

国名	都城名	境界道里	户数	口数	胜兵数	今地
皮山《魏略》作皮穴	皮山城	西南至乌秅国千三百四十。南与天笃接。北至姑墨千四百五十里。西南当罽宾、乌弋山离道。西北通莎车三百八十里。	五百	三千五百	五百	皮山县
乌秅	乌秅城	北与子合、蒲犁，西与难兜接。	四百九十	二千七百三十三	七百四十	巴达克山
西夜《汉书》云：王号子合王《后书》；西夜《汉书》：一名漂沙。《汉书》中误云：西夜、子合是一国，今各自有王。	呼犍谷《后书》子合国居呼犍谷。		三百五十《后书》二千五百。子合户三百五十。	四千《后书》三万余。子合口千四百。	千《后书》三千。子合户少。	叶城县南
蒲犁《魏略》作犁。	蒲犁谷。	东至莎车五百四十里。北至疏勒五百五十里。西至无雷五百四十里。	六百五十	五千	二千	蒲犁县
依耐		至莎车五百四十里，至无雷五百里，北至疏勒六百五十里。南与子合接。	百二十五	六百七十	三百五十	英吉沙县
无雷	卢城	南至蒲犁五百四十里。南与乌秅，北与捐毒，西与大月氏接。	千	七千	三千	在苏俄境内
难兜		西至无雷三百四十里。西南至罽宾三百三十里。南与婼羌，北与休循，西与大月氏接。	五千	三万一百	八千	巴达克山西境

续表

国名	都城名	境界道里	户数	口数	胜兵数	今地
罽宾不属都护。		东至乌秅二千二百五十里。东北至难兜九日行。西北与大月氏，西南与乌弋离接。	户口胜兵多，大国也。			克什米尔
乌弋山离不属都护。《后书》云：时改名为排持。《魏略》作乌弋，云一名排持。持，北末本作持。		东与罽宾，北与扑挑，西与犁靬、条支接。行可百余日至。自玉门、阳关出南道，历鄯善而南行，转北而东得安息。	户口胜兵大国也。案王莽下疑夺字。			连地（Zalan）
安息不属都护。	番兜城《后书》作和椟城。	北与康居，东与乌弋山离，西与条支接。	《后书》云：户口、胜兵，最为殷盛。			波斯
大月氏不属都护。	监氏城《史记》作蓝氏城，《后书》同。	西至安息四十九日行。南与罽宾接。	十万《后书》同。	四十万《后书》同。	十万《后书》十余万。	今索日亚（Songdiana）。蓝氏城。今班勒屹（Balkh）
康居不属都护。	冬治乐越匿地到卑阗城。案乐越匿地即卑阗地，不知上支衍抑下支衍。到卑阗城，《大宛传》中但作卑阗城，疑到字衍。	至越匿地马行七日。至王夏所居蕃内九千一百四里。案距离当据到卑阗城言之。	十二万	六十万	十二万	咸海缘岸锡尔河下流
大宛	贵山城	北至康居卑阗城千五百里。西南至大月氏六百九十里。北与康居，南与大月氏接。	六万	三十万	六万	贵山城，今霍阐。

续表

国名	都城名	境界道里	户数	口数	胜兵数	今地
休循《魏略》作休修。	鸟飞谷	至捐毒衍敦二百六十里。西北至大宛九百二十里。西至大月氏千六百一十里。	三百五十八	千三十	四百八十	Irkeshcam
捐毒		东至疏勒。南与葱岭属。西上葱岭，则休循也。西北至大宛千三十里。北与乌孙接。	三百八十	千一百	五百	Kalategin
莎车	莎车城	西至疏勒五百六十里。西南至蒲犁七百四十里。	二千三百三十九	万六千三百七十三	三千四十九	莎车县
疏勒《魏略》作渴石。	疏勒城	南至莎车五百六十里。大宛、康居道。西当大月氏、大宛、康居道。	千五百一十《后书》二万一千。	万八千六百四十七	二千《后书》三万余。	疏勒县
尉头	尉头谷	南与疏勒接，山道不通。西至捐毒千三百一十四里，径道马行二日。	三百	二千三百	八百	乌什县
乌孙	赤谷城	西至康居蕃内地五千里。东与匈奴，西北至康居，南与大宛，西与大宛，南与城郭诸国相接。	十二万	六十三万	十八万八千八百	吉利吉思旷原。赤谷城在锡尔河上流纳林河岸。
姑墨	南城	南至于阗马行十五日。北与乌孙接。东通龟兹六百七十里。	三千五百	二万四千五百	四千五百	阿克苏县

国名	都城名	境界道里	户数	口数	胜兵数	今地
温宿	温宿城	西至尉头三百里。北至乌孙赤谷六百一十里。东通姑墨二百七十里。	二千二百	八千四百	千五百	乌什县
龟兹	延城	南与精绝、东南与且末、西南与抒弥、北与乌孙、西与姑墨接，东至都护治所乌垒城三百五十里。	六千九百七十	八万一千三百一十七	二万一千二百一十六	库车县
乌垒	与都护同治	其南三百三十里至渠犁	百一十	千二百	三百	库车东南
渠犁		东北与尉犁、东南与且末、南与精绝接。西至龟兹五百八十里，东通尉犁六百三百五十里。	百三十	千四百八十	百五十	库车至焉耆间。
尉犁《魏略》作尉梨。	尉犁城	西至都护治所三百里。南与鄯善、且末接。	千二百	九千六百	二千	尉犁县
危须	危须城	西至都护治所五百里，至焉耆百里。	七百	四千九百	二千	焉耆东北
焉耆	员渠城《后书》作南河柯城。	西南至都护治所四百里。南至尉犁百里。北与乌孙接。	四千《后书》万五千。	三万二千一百《后书》万五千二千。	六千《后书》二万余。	焉耆县
乌贪訾离《魏略》作乌贪。	于娄谷	东与单桓、南与且弥、西与乌孙接。	四十一	二百三十一	五十七	玛纳斯河至额毕湖间。
卑陆《魏略》作卑陆。	天山东干当国	西南至都护治所千二百八十七里。	二百二十七	千三百八十七	四百二十二	阜康县
卑陆后国	番渠类谷	东与郁立师、北与匈奴、西与劫国、南与车师接。	四百六十二	千一百三十七	三百五十	阜康县东北

089

续表

国名	都城名	境界道里	户数	口数	胜兵数	今地
郁立师	内咄谷	东与车师后城长，西与卑陆，北与匈奴接。	百九十	千四百四十五	三百三十一	古城西北
单桓	单桓城		二十七	百九十四	四十五	迪化县境
蒲类《魏略》作蒲陆。	天山西疏榆谷。	西南至都护治所千三百八十七里。	三百二十五《后书》八百余。	二千三十二《后书》二千余。	七百九十九《后书》七百余。	吐鲁番县北
蒲类后国			百	千七十	三百三十四	巴里坤湖北
西且弥	天山东于大谷	西南至都护治所千四百八十七里。	三百三十二	千九百二十六	七百三十八	呼图壁河至玛纳斯河间。
东且弥	天山东兑虚谷	西南至都护治所千五百八十七里。	百九十一《后书》三千余。	千九百四十八《后书》五千余。	五百七十二《后书》二千余。	
劫国	天山东丹渠谷	西南至都护治所千四百八十七里。	九十九	五百	百十五	昌吉县北
狐胡	车师柳谷	西至都护治所千一百四十七里，至焉耆七百七十里。	五十五	二百六十四	四十五	辟展西
山国		西南至尉犁二百四十里，西北至焉耆百六十里，西至危须二百六十里，东南与鄯善、且末接。	四百五十	五千	千	巴格喇至罗布湖泊间。

续表

国名	都城名	境界道里	户数	口数	胜兵数	今地
车师前国	交河城	西南至都护治所千八百七里，至焉耆八百三十五里。	七百《后书》十五百余。	六千五十《后书》四千余。	千八百六十五《后书》两千。	广安城西三十里
车师后国	务涂谷	西南至都护治所千二百三十七里。	五百九十五《后书》四千余。	四千七百七十四《后书》万三五千余。	千八百九十《后书》三千余。	济木萨南
车师都尉国			四十	三百三十三	八十四	广安城东七十里喀喇和草
车师后城长			百五十四	五百六十	二百六十	奇台县北

091

第五节　武帝事四夷三

羌为亚洲中央一大族。在汉世可考见者，凡分三支：一在西域，已见上节。一在今甘肃、四川、云南等省，见第七节。其为患最深者，则居河、湟间之一支也。河、湟间之羌，缘起见《后汉书·西羌传》，曰："羌无弋爱剑者，秦厉公时，为秦所拘执，以为奴隶。后得亡归。而秦人追之急，藏于岩穴中得免。羌人云：爱剑初藏穴中，秦人焚之，有景象如虎，为其蔽火，得以不死。既出，又与劓女遇于野，遂成夫妇。女耻其状，被发覆面，羌人因以为俗。遂俱亡入三河间。《注》："《续汉书》曰：遂俱亡入河、湟间。今此言三河，即黄河、赐支河、湟河也。"丁谦《考证》云：赐支河，即《水经注》浩亹河，今名大通河，湟河在大通河南。诸羌见爱剑被焚不死，怪其神，共畏事之，推以为豪。河、湟间少五谷，多禽兽，以射猎为事。爱剑教之田畜，遂见敬信。庐落种人依之者日益众。羌人谓奴为无弋，以爱剑尝为奴隶，故因名之。其后世世为豪。至爱剑曾孙忍时，秦献公初立，欲复穆公之迹，兵临渭首，灭狄豲戎，忍季父卬，畏秦之威，将其种人附落而南，出赐支河曲西数千里，与众羌绝远，不复交通。其后子孙分别，各自为种，任随所之。或为氂牛种，越巂羌是也。或为白马种，广汉羌是也。或为参狼种，武都羌是也。广汉，郡名。前汉治梓潼，今四川梓潼县。后汉治雒，今四川广汉县。余见第七节。忍及弟舞，独留湟中。并多娶妻妇。忍生九子，为九种，舞生十七子，为十七种。羌之兴盛，从此始矣。"又云："自爱剑后，子孙支分，凡百五十种。其九种在赐支河首以西，及在蜀汉徼北，前史不载口数，惟参狼在武都，胜兵数千人。其五十二种，衰少不能自立，分散为附落，或绝灭无后，或引而远去。其八十九种，惟钟最强，胜兵十余万，其余大者万余人，小者数千人，更相钞盗，盛衰无常，无虑顺帝时胜兵合可二十万人。发羌、唐旄等绝远，未尝往来，牦牛、白马羌在蜀汉，其种别名号，皆不可纪知也。"所言爰剑之事，虽不足信，然今青海、甘肃、四川、云南之羌，共为一族，则较然可知矣。《后书》又云：忍子研豪健，羌中号其后为研种，武帝度河湟，筑令居塞，初开河西，列置四郡，通道玉门，隔绝羌、胡，使南北不得交关，于是障塞亭燧，出长城外数千里。时先零羌与封养、牢姐种解仇结盟，与匈奴通。合兵十余万，共攻令居、安故，今甘肃临洮县。遂围袍罕。今甘肃临夏县。汉遣将军李息、郎中令徐自为将兵十万击平之。始置护羌校尉，持节统领焉。《汉书·武帝纪》，事在元鼎五年，安故作故安，误。羌乃去湟中，依西海、盐池左右。汉遂因山为塞。河西地空，稍徙人以实之。案羌之为患，皆因据有河、湟，武帝时逐出之，而徙民以实河西，规模颇远，惜乎后世之不克负荷也。

第六节　武帝事四夷四

中国文化，传播于四方者，以东方为最盛。东方诸国，渐染中国文化最深者，莫如朝鲜。其所由然，实以其久隶中国为郡县故，而首郡县朝鲜者，[①]则汉武帝也。《史记·朝鲜列传》云：朝鲜王满者，故燕人也。自始全燕时，尝略属真番、朝鲜，为置吏，筑鄣塞。秦灭燕，属辽东外徼。汉兴，为其远，难守，复修辽东故塞，至浿水为界。浿水，今大同江。属燕。燕王卢绾反，入匈奴，满亡命，聚党千余人，魋结，蛮夷服，而东走出塞。渡浿水，居秦空地上下鄣。稍役属真番、朝鲜蛮夷，及

---

① 四夷：古朝鲜三韩。

故燕、齐亡命者，王之。都王险。当在汉江流域。会孝惠、高后时，天下初定，辽东大守即约满为外臣。保塞外蛮夷，无使盗边。诸蛮夷君长欲入见天子，勿得禁止。以闻。上许之。以故满得以兵威财物，侵降其旁小邑。真番、临屯，皆来服属。传子至孙右渠。所诱汉亡人滋多，又未尝入见。真番旁众国欲上书见天子，又拥阏不通。元封二年，汉使涉何诱谕。右渠终不肯奉诏。何去，至界上，临浿水，使御刺杀送何者。归报天子曰："杀朝鲜将。"上为其名美，不诘。拜何为辽东东部都尉。朝鲜袭攻杀何。天子募罪人击朝鲜。杨仆从齐浮渤海，荀彘出辽东。两将乖异。使济南大守公孙遂往政之。遂使彘执仆，并其军。三年，夏，朝鲜尼豀相参杀右渠降，遂定朝鲜，以其地为真番、临屯、乐浪、玄菟四郡。案《后汉书·东夷传》云：武王封箕子于朝鲜，其后四十余世，至朝鲜侯准，自称王。《三国魏志·东夷传注》引《魏略》云：周衰，燕自称为王，欲东略地。朝鲜侯亦自称为王，欲兴兵逆击燕。其大夫礼谏之，乃止。使礼西说燕，燕止之此之字疑衍。不攻。后子孙稍骄虐。燕乃遣将秦开攻其西方，取地二千余里，至满潘汗为界。汉辽东郡有番汗县，沛水所出，疑即故满潘汗地。沛水今清川江。朝鲜遂弱。及秦并天下，使蒙恬筑长城，到辽东。时朝鲜王否，畏秦袭之，略服属秦，不肯朝会。案此当谓不肯诣辽东，非谓不入朝咸阳也。否死，子准立，二十余年，案自秦并天下至陈、项起，尚不及二十余年，自蒙恬筑长城起计，更无论矣。疑此四字系准在位年数，自其立至为卫满所灭，二十余年也。而陈、项起，天下乱。燕、齐、赵民愁苦，稍亡往准，准乃置之于西方。及汉以卢绾为燕王，朝鲜与燕界于溴水。溴，浿之误。及绾反，入匈奴，燕人卫满亡命，为胡服，东渡溴水，诣准降。说准求居西界。准信宠之，封之百里，令守西边。满诱亡，党众稍多。乃诈遣人告准，言汉兵十道至，求入宿卫。遂还攻准。准与满战，不敌也。《志》云：侯准既僭号称王，为燕亡人卫满所攻夺，将其左右宫人去，入海居韩地，自号韩王。其后绝灭，今韩人犹有奉其祭祀者。淮即准，盖《国志》字误也。《志》又云：韩有三种：一曰马韩，二曰辰韩，三曰弁韩。辰韩者，古之辰国。《后书》云：马韩五十四国，辰韩十有二国，弁辰亦十有二国，凡七十八国，皆古之辰国也。《史记》之真番旁众国，《汉书》作真番辰国，疑当作真番旁辰国，《汉书》夺旁字，《史记》则浅人億改也。三韩分立以前，辰为一统之国。准所攻破者即此。是时辰国之王，当为马韩人，故《后书》言"马韩最大，共立其种为辰王"，又云："准后灭绝，马韩人复自立为辰王"也。然则欲入见天子者，正箕子之后矣。此卫氏所由忌而阻阙之与？乐浪，今朝鲜平安南道及黄海、京畿二道地。临屯为江原道地。玄菟为咸镜南道。真番跨鸭绿江上流。《后书》云：昭帝始元五年，罢临屯、真番，以并乐浪、玄菟，玄菟复徙居高句骊。县名。自单单大岭以东，沃沮、濊貊，悉属乐浪。后以境土广远，复分岭东七县置乐浪东部都尉。《沃沮传》云：武帝灭朝鲜，以沃沮地为玄菟郡，后为夷貊所侵，徙郡高句骊西北，更以沃沮为县，属乐浪东部都尉，则沃沮初系玄菟郡治。单单大岭，当系纵贯半岛之山。《汉书·武帝纪》：元朔元年，东夷濊君南闾等口二十八万人降，为苍海郡，至三年乃罢，当即岭东之涉貉也。《史记·平准书》：彭吴贾灭朝鲜，置沧海之郡。《汉书·食货志》作彭吴穿涉貉、朝鲜，置沧海郡。当系《史记》误。元朔时，朝鲜尚未灭也。

第七节　武帝事四夷五

川、滇、粤、桂之开辟，战国时启其端，秦始皇继其后，汉武帝成其功。今日内地十八省之规模，实略定于武帝时也。

赵佗，真定人。今河北正定县。秦时为南海龙川令。今广东龙川县。二世时，南海尉任嚣病且死，被佗书行尉事。佗即绝道，据兵自守，稍以法诛秦所置长吏，以其党为假守。秦已破灭，佗即击并桂林、象郡，自立为南越武王。《史记》云：自尉佗初王，后五世九十三岁而国亡，则其初王当在高帝五年。高帝十一年，遣陆贾立佗为南越王。与剖符通使。和集百越，毋为南边患害。高后时，有司请禁南越关市铁器。佗曰："此必长沙王计，欲倚中国，击灭南越而并王之。"乃自尊号为南越武帝，[①]发兵攻长沙边邑，败数县而去。高后遣将军隆虑侯灶击之。会暑湿，士卒大疫，兵不能逾岭。岁余，高后崩，即罢兵。佗因此以兵威财物赂遗闽越、西瓯骆，役属焉。文帝使陆贾赐佗书。佗为书谢，去帝制。至孝景时，称臣，使人朝请。然其居国中窃如故号。至武帝建元四年，《史记》此处有卒字，《汉书》无，无之者是也。《史记》言南越王五世，则佗之子亦当为王，盖佗卒子继，失其年代故不记。《史记》之卒字，乃后人妄补也。佗孙胡为南越王，三年，而闽越王郢兴兵击南越。

闽越王无诸、越东海王摇，皆勾践后。秦并天下，废为君长，以其地为闽中郡。诸侯叛秦，无诸、摇率越归吴芮。汉击项籍，佐汉。汉五年，复立无诸为闽越王，王闽中故地，都东冶。今福建闽侯县。孝惠三年，立摇为东海王，都东瓯。今浙江永嘉县。世俗号曰东瓯王。吴王濞大子驹亡走闽越，怨东瓯杀其父，常劝闽越击东瓯。建元三年，闽越发兵围东瓯。东瓯使人告急。天子遣庄助发会稽郡兵浮海救之。未至，闽越引兵去。东瓯请举国徙中国。乃悉举众来处江、淮间。《集解》：徐广曰：《年表》曰：东瓯王广武侯望，率其众四万余人来降，家庐江郡。汉庐江，今安徽庐江县。六年，闽越击南越。南越以闻。上遣王恢出豫章，韩安国出会稽。兵未逾岭，闽越王弟余善杀王以降。乃立无诸孙繇君丑为越繇王。南越遣大子婴齐入宿卫。余善威行国中，国民多属，窃自立为王。繇王不能矫其众，持正。天子闻之，为余善不足复兴师，因立为东越王，与繇

---

① 政体：赵佗自尊为南越武帝。

王并处。后十余岁，南越王胡薨。谥为文王。婴齐嗣立。婴齐在长安时，娶邯郸摎氏女，生子兴。及即位，上书请立摎氏女为后，兴为嗣，遣子次公入宿卫。婴齐薨。谥为明王。兴代立，其母为大后。大后自未为婴齐姬时，与霸陵人安国少季通。元鼎四年，汉使少季往谕王、王大后入朝。大后复私焉。国人颇知之，多不附大后。大后恐乱作，亦欲倚汉威，数劝王及群臣求内属。即因使者上书：请比内诸侯，三岁一朝，除边关。天子许之。其相吕嘉，年长矣。相三王。宗族官仕为长吏者七十余人，男尽尚王女，女尽嫁王子兄弟宗室，及苍梧秦王有连。其居国中甚重，得众心愈于王。王之上书，数谏止王。王弗听，有畔心。王、王大后置酒，介汉使者权，谋诛嘉等。使者狐疑，莫敢发。天子遣韩千秋与王大后弟摎乐将二千人往。入越境，嘉遂反。攻杀王、王大后及汉使者。立明王长男越妻子建德。击千秋等，灭之。天子令罪人及江、淮以南楼船十万师往讨之。元鼎五年，秋，路博德出桂阳，今湖南郴县。下汇水。《汉书》作湟水。杨仆出豫章，下横浦。《汉书·武帝本纪》作下浈水。故归义越侯二人出零陵，今湖南零陵县。或下漓水，或抵苍梧。驰义侯因巴、蜀罪人发夜郎兵下牂牁江。咸会番禺。六年冬，仆、博德先后至，番禺降。嘉、建德亡入海，得之。以其地为儋耳、今广东儋县。珠厓、今广东琼山县。南海、今广东南海县。苍梧、今广西苍梧县。郁林、今广西贵县。合浦、今广东合浦县。交阯、今越南河内。九真、今越南清华。日南今越南义安。九郡。

南越之反也，余善上书，请以卒八千人从杨仆击吕嘉等。兵至揭阳，今广东揭阳县。以海风波为解，不行。持两端，阴使南越。及汉破番禺，仆上书，愿便引兵击东越。上以士卒劳倦，罢兵，令诸校留屯豫章、梅岭待命。《集解》：徐广曰：在会稽界。《正义》引《括地志》云在虔化县东北百二十里。虔化，今江西宁都县。余善闻之，遂反。入白沙、武林、《集解》：徐广曰：在豫章界。《索隐》：今豫章北二百里接鄱阳界，地名白沙。有小水入湖，名曰白沙。沙东南八十里有武阳亭，亭东南三十里，地名武林。案白沙，地在今江西鄱阳县西。武林，在今江西余干县东北。梅岭，杀汉三都尉。天子遣韩说出句章，汉县，今浙江慈谿县。浮海从东方往。杨仆出武林。王温舒出梅岭。越侯出若邪、《汉书》作如邪，《索隐》：案姚氏云：若邪，地名，今阙。《正义》云：越州有若耶山、若耶溪。越州，今浙江绍兴县。白沙。元封元年，冬，咸入东越。故越衍侯吴阳前在汉，汉使归谕余善。反攻越军，及故越建成侯敖与繇王居股谋，俱杀余善降。诏军吏皆将其民徙处江、淮间，东越地遂虚。

《史记·西南夷列传》云："西南夷君长以十数，夜郎最大。今贵州桐梓县。其西靡莫之属以十数，滇最大。今云南昆明县。自滇以北，君长以十数，邛都最大。今西康西昌县。此皆椎结，耕田，有邑聚。其外，西自桐师未详。以东，北至叶榆，泽名，今洱海。名为嶲、昆明。皆编发，随畜移徙。亡常处，亡君长。地方数千里。自嶲以东北，君长以十数，徙、今西康天全县。筰都，今西康汉源县。最大。自筰以东北，君长以十数，冉駹最大。今四川茂县。其俗或土著，或移徙。自駹以东北，君长以十数，白马最大。今甘肃成县。皆氐类也。"夜郎、滇、邛都之属为濮，在黔江、金沙江流域。嶲、昆明为羌，参看第五节。在今澜沧江流域。徙、筰都、冉駹之属杂氐、羌，在今岷江大渡河流域。白马则嘉陵江上游之氐也。庄蹻王滇，秦时略通五尺道。《史记·司马相如传》：相如言邛、筰、冉駹近蜀，[1] 道易通，秦时尝通为郡县。此事《史记·西南夷传》不载。然云"及汉兴，皆弃此国，而开蜀故徼，巴、蜀民或窃出商贾，取其筰马、僰僮、髦牛，以此巴、蜀殷富"，则秦时置郡县与否，虽无确据，而巴、蜀与邛、筰、冉駹之有交往则审矣。武帝建元六年，王恢击东越，因兵威，使番阳令唐蒙风晓南越。南越食蒙蜀枸酱。蒙问所从来，曰："道西北牂牁江。"蒙归至

---

① 四夷：秦通邛、筰、冉駹。

长安，问蜀贾人。贾人曰："独蜀出枸酱，多窃出市夜郎。夜郎者，临牂
牁江。江广百余步，足以行船。南越以财物役属夜郎，西至桐师，然亦不
能臣使也。"蒙乃上书说上，以浮船牂牁江出不意，为制越一奇。乃拜蒙
为中郎将，从巴属笮关入，见夜郎侯多同，厚赐，谕以威德，约为置吏，使
其子为令。夜郎旁小邑，皆贪汉缯帛，以为汉道险，终不能有也，乃且听
蒙约。还报，乃以为犍为郡。发巴、蜀卒治道，自僰道指牂牁江。蜀人司
马相如亦言邛、笮可置郡，使以中郎将往谕，皆如南夷，为置一都尉，十
余县，属蜀。《司马相如列传》：西夷邛、笮、冉駹、斯榆之君，皆请为内臣。除
边关。关益斥，西至沫、若水，南至牂牁为徼。通零关道，桥孙水，以通邛都、斯
榆。《索隐》云："《益部耆旧传》谓之斯叟。《华阳国志》云邛都县有四部，斯叟
是也。"沫水，今大渡河。若水，今雅砻江。零关道，《汉书》作灵山道，盖关以山
名。《地理志》：越巂有灵关道。孙水，今安宁河。当是时巴、蜀四郡通西南夷
道，戍转相饷。数岁道不通。士罢饿，离湿，死者甚众。西南夷又数反，发
兵兴击，耗费无功。上患之。使公孙弘往视问焉。还对，言其不便。及弘
为御史大夫，是时方筑朔方，弘因数言西南夷害可且罢，专力事匈奴。上
罢西夷，独置南夷、夜郎两县一都尉，梢令犍为自保就。及元狩元年，张
骞使大夏来，言居大夏时，见蜀布、邛竹杖。使问所从来。曰：从东南身
毒国，可数千里，得蜀贾人市。或闻邛西可二千里有身毒国。骞因盛言大
夏在汉西南，慕中国，患匈奴隔其道。诚通蜀、身毒道，便近，又无害。于
是使间出西夷，西指求身毒国。至滇，滇王尝羌《汉书》作当羌。乃留，为
求道西，十余辈。岁余，皆闭昆明，莫能通。参看第四节。及南越反，上使
驰义侯因犍为发南夷兵。且兰君反。今贵州平越县。发巴、蜀罪人尝击南
越者八校尉击破之。会越已破，八校尉不下，即引兵还。行诛头兰。《索隐》
即且兰也。案《汉书》作且兰。头兰，尝隔滇道者也。已平头兰，遂平南夷
为牂牁郡。夜郎遂入朝。上以为夜郎王。又以邛都为越巂郡，笮都为沈黎
郡，天汉四年，并蜀为西部，置两都尉，一居旄牛，主徼外夷；一居青衣，主汉

人。旄牛在今西康汉源县南。青衣在今西康雅安县北。冉駹为汶山郡，宣帝地节三年，并蜀，为北部都尉。白马为武都郡。使风谕滇王入朝。未肯听。而其旁东北劳浸、《汉书》作劳深。靡莫数侵犯使者吏卒。元封二年，发巴、蜀兵击灭劳浸、靡莫。滇举国降。以为益州郡。赐滇王王印，复长其民。

第八节　论武帝用兵得失

汉武帝东征西讨，所开拓者颇广，后世盛时之疆域，于此已略具规模，读史者或称道之。[①]然汉人之议论，则于武帝多致讥评。宣帝初即位，欲褒先帝，令列侯、二千石、博士议，夏侯胜即言武帝无功德于民，不宜为立庙乐，见《汉书》本传。《史记·大宛列传》之叙事，《汉书·西域传赞》之议论，于武帝皆深致讥焉。而《汉书·武五子传赞》，言之尤痛。何哉？予谓是时之开拓，乃中国之国力为之，即微武帝，亦必有起而收其功者，而武帝轻举寡虑，喜怒任情，用人以私，使中国之国力，为之大耗，实功不掩其罪也。汉世大敌，莫如匈奴。匈奴之众，不过汉一大县，已见第二章第三节。又是时匈奴，殊无民族意识。试观军臣单于以嗜汉物，几堕马邑之权，然仍乐关市可知。中行说教单于曰："匈奴人众，不过当汉之一郡，所以强之者，以衣食异，无仰于汉也。今单于变俗，好汉物，汉物不过十二，则匈奴尽归于汉矣。其得汉缯絮，以驰草棘中，衣裤皆裂敝，以示不如旃裘之完善也。得汉食物皆去之，以示不如湩酪之便美也。"此真忠于为匈奴谋者也。与贾生三表、五饵之策，可谓若合符节。贾生五饵之策，欲以车服坏其目，饮食坏其口，音声坏其耳，宫室坏其腹，荣宠坏其心，《见新书》。非处士之大言，其效诚有可期者也。使武帝而有深谋远虑，当时之匈奴，实可不大烦

---

① 史事：汉武帝用兵得失。

兵力而服。即谓不然，而征伐之际，能多用信臣宿将，其所耗费，必可大减，而所成就，反将远胜，此无可疑者也。《史记》言卫青仅以和柔自媚于上。《史记》中称卫青之美者，仅《淮南王传》中伍被之辞，此乃被求免之供辞，抑真出于被与否，犹未可知也。而世竟有据之以称卫青而诋公孙弘者，真瞀瞀之不若矣。霍去病则少而侍中，贵不省士，其从军，天子为遣大官赍数十乘，既还，重车余弃粱肉，而士有饥者；其在塞外，卒乏粮，或不能自振，而去病尚穿域蹋鞠，事多类此。此等人可以为将乎？较之李广将兵，乏绝之处，见水，士卒不尽饮，广不近水，士卒不尽食，广不尝食者何如？李广利之再征大宛也，出敦煌六万人，负私从者不与，马三万匹，军还，入玉门万余人，马千余匹而已。史言后行非乏食，战死不甚多，而将吏贪，不爱卒，侵牟之，以此物故者众，其不恤士卒，亦去病之类也。天子尝欲教去病孙吴兵法。对曰："顾方略何如耳，不至学古兵法。"此去病不学无术之明征，亦汉武以三军之众，轻授诸不知兵法之将之铁证。世顾或以是为美谈，此真势利小人之见。世多以成败论人，其弊遂中于读史，皆由势利之见，先有以累其心也。彼卫、霍之所以制胜者，乃由其所将常选，而诸宿将所将，常不逮之耳，史又称去病敢深入，常与壮骑先其大军，军亦有天幸，未尝乏绝也。不败由天幸，信然。敢深入，适见其不知兵法也。非其能也。汉去封建之世近，士好冒险以立功名；不知义理，徒为愚忠；皆与后世绝异。[①] 即以李广之事论之。广与程不识，俱为边郡名将，匈奴畏之久矣。又尝俱为卫尉，天子知其能亦久矣。征胡而择大将，非广、不识辈而谁？乃汉武之所任者，始则卫、霍，后则李广利也。以淑房之亲，加诸功臣宿将之上，不亦令战士短气矣乎？卫青父郑季，给事平阳侯家，与侯妾卫媪通，生青，冒卫氏。卫媪长女君孺，为大仆公孙贺妻。次女少儿，先与霍仲孺通，生去病。后为詹事陈掌妻。次女子夫，自平阳公主家得幸武帝，元朔元

---

① 风俗：汉武时风气——李陵忠武帝。

年，有男，立为皇后。先是武帝陈皇后，大长公主女也。大长公主闻子夫幸有身，使人捕青，欲杀之。公孙敖时为骑郎，与壮士往篡之，得不死。其后青之徙李广部，亦以敖新失侯，欲与俱当单于也。公孙贺从青将，有功，封侯，后遂为相。陈掌，武帝亦召贵之。广利，李夫人兄。元狩四年之役，武帝本令去病当单于，故敢力战深入之士皆属焉。至于卫青，任之本不甚重。《史记·李将军列传》云："广数自请行，天子以为老，弗许，良久，乃许之，以为前将军。"此非实录。既以为老弗许矣，岂又以为前部乎？"及出塞，青捕虏，知单于所在，乃自以精兵走之，而令广并于右将军军"，此实显违上令。其云"阴受上诫，以为李广老，数奇，毋令当单于，恐不得所欲"，乃诬罔之辞。上既不令青当单于，又自以广为前将军，安得有此言乎？广既失道，青又逼迫令自杀，违旨而贼重臣，其罪大矣，天子弗能正。广子敢，怨青之恨其父，击伤之，青匿讳之，盖其事实有不堪宣露者，而去病又射杀敢。上乃为讳，云鹿触杀之。尚不如郑庄公之于颍考叔，能令卒出猳，行出犬、鸡，以诅贼之者也，可以持刑政乎？李氏之于卫、霍，盖有不共戴天之仇二焉。纵不敢以此怨怼其君，亦不足为之尽力矣，而陵广子当户之子。犹愿以步卒五千，为涉单于庭，既败，司马迁推言陵之功，则以为欲沮贰师，为陵游说，下之腐刑。所终始右护者，琐琐姻娅而已，而又收族陵家，此真所谓淫刑以逞，视臣如草芥者。无为戎首，不亦宜乎？而司马迁犹惜陵生降隤其家声；陇西士大夫，犹以李氏为愧。专制之世，士大夫之见解，固非吾侪小人所能忖度矣。李陵之降，为欲得当以报于汉，此百世之下所可共信者也。收族其家，君臣之义绝矣，虽欲为汉，恶可得乎？然其在匈奴，尊宠不如卫律，则陵终未肯为匈奴谋汉也。其于武帝，优于子胥之于平王远矣。真为匈奴谋汉者卫律，李延年所荐也，延年，李夫人之兄也。得此等将帅而用之，所费士马如此，而匈奴犹终武帝之世不能平，可谓能用兵乎？以上所引，见《史记·李将军、卫将军、骠骑将军》《汉书·李广、苏建、司马迁传》。

《史记·大宛列传》曰："自博望侯开外国道以尊贵，其后从吏卒皆争上书，言外国奇怪利害，求使。天子为其绝远，非人所乐往，听其言，予节，募吏民，毋问所从来，为具备人众遣之，以广其道。来还，不能毋侵盗币物，及使失指，天子为其习之，辄覆案，致重罪，以激怒，令赎，复求使。使端无穷，而轻犯法。其吏卒，亦辄复盛推外国所有，言大者予以节，言小者为副。故妄言无行之徒，皆争效之。其使皆贫人子，私县官赍物，欲贱市，以私其利外国。外国亦厌汉使人人有言，轻重。度汉兵远，不能至，而禁其食物，以苦汉使。汉使乏绝，积怨，至相攻击。"汉之求善马于宛，宛私计曰："汉使数百人为辈来，而常乏食，死者过半。"可见被祸者之众。盖其所遣者皆无赖之徒，楼兰、车师、大宛之衅，未必非此辈启之。《大宛列传》又云："自乌孙以西，至安息，以近匈奴，匈奴困月氏也，匈奴使持单于一信，则国国传送，食，不敢留苦及至汉使，非出币帛不得食，不市畜不得骑用。所以然者，远汉而汉多财物，故必市乃得所欲，然以畏匈奴于汉使焉。"《汉书·西域传》云："及呼韩邪单于朝汉后，成尊汉矣。"其实初苦汉而后不然者，事久则习而安之；亦或汉使屡见苦，后稍敛迹；非必畏汉兵威也。不然，匈奴之兵威，亦曷尝能真及西域？自乌孙尚中立不肯朝会，况于西至安息哉？

"张骞之再使西域也，所赍金币帛，直数千巨万。其后诸使外国，一辈大者数百，少者百余人，人所赍持，大放博望侯时，其后益习而衰少焉。"此可见事积久，则必渐近常轨，汉使之稍益敛迹，亦此理也。然"汉率一岁中使多者十余，少者五六辈，远者八九岁，近者数岁而反"，其所耗费，已不赀矣。西域之来也，汉武"方数巡狩海上，乃悉从外国客，大都多人则过之。散财帛以赏赐，厚具以饶给之，以览示汉富厚焉。于是大觳抵，出奇戏诸怪物，多聚观者，行赏赐，酒池肉林。令外国客遍观各仓库府藏之积，见汉之广大，倾骇之。及加其幻者之工，而觳抵奇戏，岁增变甚盛，益兴自此始"。此其所为，与隋炀帝亦何以异？获保首领，没于五柞，岂不幸哉？此段所引，亦见《大宛列传》。

第九节　武帝求神仙

汉武帝之举事也，好大喜功，而不顾其后。在位时，除事四夷为一大耗费外，又遭河决之患，元光三年至元封二年乃塞。开漕渠，《平准书》：番系欲省砥柱之漕，穿汾河渠，以为溉田，作者数万人。郑当时为渭漕渠回远，凿直渠，自长安至华阴，作者数万人。朔方亦穿渠，作者数万人。各历二三期，功未就，费亦各巨万十数。事移民，《平准书》：山东被水灾，民饥乏，天子遣使者虚郡国仓廥以振贫民，犹不足。又募豪富人相假贷。乃徙贫民于关以西，及充朔方以南新秦中，七十余万口。衣食皆仰给县官，数岁，假与产业。使者分部护之，冠盖相望。费以亿计。《集解》：臣瓒曰：秦逐匈奴，以收河南地，徙民以实之，谓之新秦。皆所费无艺，而其尤亡谓者，则事祠祭，求神仙也。古代迷信本深。秦、汉统一，各地方之迷信，皆集于京都，故其为害尤甚。武帝初所惑者为神君。神君者，长陵女子，长陵，汉县，在今陕西咸阳县东北。以乳死，见神于先后宛若，宛若祠之其室，民多往祠。帝求，舍之上林中蹄氏观。是时李少君亦以祠灶、谷道、却老方见上，曰："祠灶则致物，致物而丹沙可化为黄金，黄金成，以为饮食器则益寿，益寿而海中蓬莱仙者乃可见，见之以封禅则不死，黄帝是也。臣常游海上，见安期生。安期生仙者，通蓬莱中，合则见人，不合则隐。"于是天子始亲祠灶，遣方士入海求蓬莱安期生之属，而事化丹沙诸药齐为黄金矣。居久之，少君病死。天子以为化去不死，而使黄锤史宽舒受其方，求蓬莱安期生莫能得，而海上燕、齐怪迂之方士，多更来言神事矣。亳人谬忌奏祠大一方。天神贵者大一，大一佐曰五帝。天子令大祝立其祠长安东南郊。其后人有上书，言古者天子三年一用大牢祠三一，天一，地一，泰一，天子令大祝领，祠之于忌泰一坛上，后人复有上书，言祠黄帝、冥羊、马行、大一、泽山君、地长、武夷君、阴阳使者，令祠官领之，而祠大一于其大一坛旁。此据《封禅书》。泽山君，徐广曰：泽一作皋。《孝武帝本纪》作皋山山君，《汉书·郊祀志》作皋山山君，无地长二字。元狩二年，齐人少翁，以鬼神方见上，拜为文成将军。赏赐甚多，以客礼礼之。文成言曰："上即欲与神通，宫室被服非象神，神物不至。"乃作画云气车及各以胜日驾车辟恶鬼。又作甘泉宫，中为台室，画天、地、大一诸鬼神，而致祭具，以致天神。居岁余，其方益衰，神不至。乃为帛书以饭牛，详不知，言曰："此牛腹中有奇。"杀视，得书。书言甚怪。天子识其手书，于是诛文成，隐之。其后则又作柏梁、台名，据《汉书·武帝本纪》，事在元鼎二年。铜柱、承露仙人掌之属矣。明年，天子病鼎湖甚。《索隐》：《三辅黄图》云：鼎湖官名，在蓝田。游水发根言上郡有巫，病而鬼神下之。上召置，祠之甘泉。及病，使人问神君。《集解》：韦昭曰：即病巫之神。神君言曰："天子无忧病，病少愈，强与我会甘泉。"于是病愈，遂起幸甘泉。病良已。大赦，置寿官神君。盖置寿官以奉神君也。《封禅书》置下有酒字，似非。《孝武本纪》、《汉书·郊祀志》皆无，神君最贵者曰大一，其佐曰大禁、司命之属。元鼎四年，立后土祠汾阴脽上。汾阴，汉县，今山西荣河县。上亲望拜，如上帝礼。礼毕，遂至荥阳而还。是岁，天子始巡郡县，侵寻于泰山矣。其春，乐成侯上书言栾大。栾大者，胶东宫人，故尝与文成将军同师。拜为五利将军。又佩天士将军、地士将军、大通将军印，封乐通侯，以卫长公主妻之。卫大子姊。又刻玉印曰天道将军。言为天子道天神。使使衣羽衣，夜立白茅上，五利将军亦衣羽衣立白茅上受，以示不臣。于是五利常夜祠其家，欲以下神。其后装治行东入海求其师云。大见数月，佩六印，贵震天下，而海上燕、齐之间，莫不搤腕而自言有禁方、能神仙矣。其夏六月中，汾阴巫锦为民祠魏脽后土营旁，掊地得鼎。言吏。吏告河东太守胜，胜以闻。使迎至甘泉。其秋，上幸雍，且郊。或曰："五帝，大一之佐也，宜立大一而上亲郊之。"上疑未定。齐人公孙卿曰："今年得

宝鼎，其冬辛巳朔旦冬至，与黄帝时等。"卿有札书曰："黄帝得宝鼎宛
朐，即冤句，汉县，今山东菏泽县。问于鬼臾区。鬼臾区对曰：黄帝得宝鼎
神策。是岁己酉朔旦冬至，得天之纪，终而复始。于是黄帝迎日推策。后
率二十岁复朔旦冬至。凡二十推，三百八十年，黄帝仙登于天。"因嬖
人奏之。上大说，召问卿，对曰："受此书申公。《孝武本纪》作申功。申
公，齐人也，与安期生通受黄帝言，无书，独有此鼎。书曰：汉兴，复
当黄帝之时。汉之圣者，在高祖之孙且曾孙也。宝鼎出而与神通，封
禅。封禅七十二王，惟黄帝得上泰山封。申公曰：汉主亦当上封，上
封则能仙登天矣。"于是拜卿为郎，东使候神于大室。上遂郊雍。至陇
西，登空桐，在今甘肃岷县。幸甘泉。令祠官宽舒等具大一祠坛。十一月
甲子朔旦昧爽，天子始郊拜大一。朝朝日，夕夕月，则揖而见大一，如
雍礼。元鼎五年。五利将军使不敢入海，之泰山祠。上使人随验，实无所
见。五利妄言见其师。其方尽，多不仇。上乃诛五利。其冬，元鼎六年。公
孙卿候神河南，见仙人迹缑氏城上，云有物若雉，往来城上。缑氏，汉县，在
今河南偃师县南。天子亲幸缑氏城视迹。于是郡国各除道，缮治官馆、名
山神祠，所以望幸也。元封元年，冬，上议曰："古者先振兵泽旅，《集
解》：徐广曰：古释字作泽。然后封禅。"乃遂北巡朔方，勒兵十余万。还
祭黄帝冢，泽兵须如。《集解》：徐广曰：须一作凉，案《汉书·郊祀志》作
凉。李奇曰：地名。三月，东幸缑氏。礼登中岳大室。东巡海上。行，礼
祠八神。一曰天主，祠天齐。天齐渊水，居临菑南郊山下。二曰地主，祠大山
梁父。三曰兵主，祠蚩尤。蚩尤在东平陆监乡。四曰阴主，祠三山。五
曰阳主，祠之罘。六曰月主，祠之莱山。七曰日主，祠成山。八曰四时
主，祠琅邪。八神莫知起时，秦始皇东游即祠之，见《封禅书》。东平
陆，汉县，今山东汶上县，地接寿张，寿张，蚩尤冢所在也。齐人之上
疏言神怪、奇方者以万数。乃益发船，令言海中神山者数千人求蓬莱神
人。公孙卿持节，尝先行候名山。至东莱，汉郡，治掖，今山东掖县。言

"夜见大人长数丈，就之则不见，见其迹甚大，类禽兽云"。群臣有言"见一老父，牵狗，言吾欲见巨公，已忽不见"。上即见大迹，未信，及群臣有言老父，则大以为仙人也。宿留海上。予方士传车，及间使求仙人以千数。四月，还至奉高。汉县，今山东泰安县。封泰山，禅肃然。泰山下趾东北。既无风雨菑，而方士更言蓬莱诸神，若将可得。于是上欣然，庶几遇之。乃复东至海上望，冀遇蓬莱焉。并海上，北至碣石，巡自辽西，历北边至九原。五月，返甘泉。《郊祀志》云：周万八千里。二年春，公孙卿言见神人东莱山，若云见天子。天子于是幸缑氏城，拜卿为中大夫。遂之东莱，宿留之，数日毋所见，见大人迹。复遣方士求神怪，采芝药以千数。是时，既灭南越，越人勇之乃言："越人俗信鬼，而其祠皆见鬼数有效。昔东瓯王敬鬼，寿至百六十岁。后世谩怠，故衰耗。"乃令越巫立越祝祠。公孙卿曰："仙人可见，而上往常遽，以故不见。今陛下可为观，如缑氏城，置脯枣，神人宜可致。且仙人好楼居。"于是上令长安则作蜚廉、桂观，甘泉则作益延寿观。使卿持节而候神人。乃作通天台，置祠具其下，将招来神仙之属。于是甘泉更置前殿，始广诸宫室。四年，上郊雍，通回中道。徐广曰：在扶风汧县。案汧，今陕西陇县。巡之。春，至鸣泽。服虔曰：在涿郡道县界。案道，今河北涞水县。从西河归。其明年，冬，上巡南郡，至江陵而东，登礼潜之天柱山，号曰南岳。汉潜县，今安徽霍山县。浮江，自寻阳出枞阳。汉寻阳县，在今湖北黄梅县界。枞阳县，今安徽桐城县。过彭蠡，祀其名山川。北至琅邪，并海上。四月中，至奉高，修封焉。初，上令奉高作明堂汶上。元封二年。及五年修封，则祠大一五帝于明堂，以高祖配。大初元年十一月甲子朔旦冬至，推历者以本统。天子亲至泰山，以十一月甲子朔旦冬至日祠上帝明堂。东至海上，考入海及方士求神者，莫验，然益遣，冀遇之。十一月，柏梁栽。十二月，甲午朔，上亲禅高里。山名，在泰山下。祠后土，临渤海，将以望祠蓬莱之属，冀至殊庭焉。公孙卿曰："黄帝就青灵台，十二

107

日烧，黄帝乃治明庭。"勇之曰："越俗有火栽，复起屋，必以大，用胜服之。"于是作建章官。夏，汉改历。^①以正月为岁首，而色尚黄，官名更印章以五字。三年，东巡海上，考神仙之属，未有验者。方士有言："黄帝时为五城十二楼以候神人于执期，命曰迎年。"上许作之如方。夏，遂还泰山，修五年之礼，如前，而加禅，祠石闾。在泰山下阯南方，方士多言此仙人之间也，故上亲禅焉。天汉三年，复至泰山修封。还过祭常山。后五年，复至泰山修封。东幸琅邪，礼日成山，登之罘，浮大海，用事八神，延年。又祠神人于交门宫。在琅邪，大始三年、四年。后五年，复修封于泰山。东游东莱，临大海。征和四年。方士之候祠神人，入海求蓬莱，终无有验，而公孙卿之候神者，犹以大人迹为解，无其效。天子益怠厌方士之怪迂语矣。然终羁縻不绝，冀遇其真。自此以后，方士言祠神者弥众，然其效可睹矣。案武帝之崇儒，在其即位之初，而封泰山乃在其后三十年，改正朔，易服色，则又在其后，其非用儒家言可知。武帝盖全惑于方士之言，其封泰山，亦欲以求不死而已。终武帝世，方士之所费，盖十倍于秦始皇，况又益之以事巡游、修宫室邪？武帝当建元三年，即为微行，因此起上林苑，见《汉书·东方朔传》。然在近畿之地，非如后来巡游所至之广也。元狩三年，因习水战，修昆明池，又增甘泉官馆，见《汉书》本纪、《食货志》及《扬雄传》。又《盐铁论·散不足篇》，言秦始皇览怪迂，信机祥，当此之时，燕、齐之士，释锄耒争言神仙。方士趣咸阳者以千数。言仙人食金饮珠，然后寿与天地相保。于是数巡狩五岳滨海之馆，以求神仙蓬莱之属。数幸之郡县。富人以赀佐，贫者筑道旁。其后小者亡逃，大者藏匿。吏捕索掣顿，不以道理。名官之旁，庐舍丘落，无生苗立树。百姓离心，怨思者十有半。此托之始皇，实议武帝也。亦可见求神仙与事巡游之关系矣。

① 宗教：武帝改历，色尚黄，印章五字。

第十节 武帝刻剥之政

武帝所事既广，其费用，自非经常岁入所能供，故其时言利之事甚多。虽其初意，抑或在摧抑豪强，然终诛求刻剥之意多，哀多益寡之意少，故终弊余于利，至于民愁盗起也。今略述其事如下：

一管盐铁 以东郭咸阳、孔仅为大农丞，领盐铁事。仅、咸阳言：愿募民自给费，因官器作煮盐。官与牢盆。苏林曰：牢，价值也。如淳曰：牢，廪食也，古者名廪为牢。盆，煮盐器也。敢私铸铁器、煮盐者，钛左趾，没入其器物。郡不出铁者，置小铁官，使属所在县。使仅、咸阳乘传举行天下盐铁。此事在元狩五年。至元封元年，桑弘羊为治粟都尉，领大农，尽代仅管天下盐铁。案盐铁为用至广，故所税之数虽微，而国家已得巨款；又可防豪民之专擅；收归官营，实为良法，故轻重之家，久提唱之。仅、咸阳之管盐铁，亦未尝不以是为言。仅、咸阳言：浮食奇民，欲擅管山海之货，以致富羡，役利细民，其沮事之议，不可胜听。然卜式已谓县官作盐铁，铁器苦恶，贾贵，或强民买之；而昭帝时贤良文学之对，言其弊尤痛切；见《盐铁论·水旱篇》。综其弊：则苦恶，一也。县官鼓铸，多为大器，务应员程，不给民用，二也。善恶无所择，三也。吏数不在，器难得，四也。铁官卖器不仇，或颇赋于民，五也。卒徒作不中程，时命助之，发征无限，更繇以剧，六也。贤良文学言：故民得占租鼓铸煮盐之时，盐与五谷同贾，器和利而中用，农事急，挽运，衍之阡陌之间，民得以财货五谷新弊易货，或赏。县官得以徒复作修治道桥。今贫民或木耕、手耰、土耰、淡唉。官私营业，优劣相县如此，此社会革命，所由不易以国家之力行之也。则管盐铁虽有裨国计，而民之受其弊实深矣。

二算缗 公卿言异时算轺车、贾人缗钱各有差，请算如故。诸贾人、末作、贳贷、卖买、居邑、稽诸物及商以取利者，虽无市籍，各以其物自占，率缗钱二千而一算。诸作有租及铸，率缗钱四千一算。非吏比者，三老、北边骑士轺车一算。商贾人轺车二算。船五丈以上者一算。匿不自占，占不悉，戍边一岁，没入缗钱。有能告者，以其半畀之。《汉书·武帝本纪》：元光六年，冬，初算商车。元狩四年，初算缗钱。元鼎三年十一月，令民告缗，以其半与之。杨可告缗遍天下。中家以上，大抵皆遇告。杜周治之，狱少反者。乃分遣御史、廷尉正、监往往即治郡国缗钱。得民财物以亿计，奴婢以千万数。田，大县数百顷，小县百余顷，宅亦如之。乃分缗钱诸官。而水衡、少府、大农、大仆各置农官，往往即郡县比没入田田之。其没入奴婢，分诸苑养狗马禽兽，及与诸官。诸官新置多，徒奴婢众，而下河漕，度四百万石，及官自籴乃足。案公卿言异时尝算，则此税旧有之，当必沿自战国之世。然其所及不必如是之广。旧法虽恶，民既习之，且有成法可循，新税则异是，而更行之以操切，则其害有不可胜言者矣。史言商贾中家以上大率破，民偷，甘食好衣，不事蓄藏之业，其祸可谓极烈。卜式言船有算，商者少，物贵，犹其小焉者矣。《后汉书·西域传》：陈忠言武帝算至舟车，赀及六畜。[1]《注》：六畜无文。案此谓数畜以定其资力，犹后世计物力以定户等，非谓税之也。告缗之法，至桑弘羊领大农后始罢。

三均输　元封元年，桑弘羊领大农。弘羊以诸官各自市，相与争，物故腾跃，而天下赋输，或不偿其僦费。乃请置大农部丞数十人，分部主郡国。各往往县置均输、盐铁官。令远方各以其物，异时商贾所转贩者为赋，而相灌输。置平准于京师，都受天下委输。召工官治车。诸器皆仰给大农。大农之诸官，尽笼天下之货物，贵即卖之，贱则买之。如此，富商大贾，无所牟大利，则反本，而万物不得腾踊。故抑天下物，名曰平

---

① 赋税：赀及六畜。

准。天子以为然，许之。案古代税收，多取实物。当国小民寡，生事简陋之世，自无所谓利与不利。及夫疆理既恢，所取之物亦杂，则某物取之某处最宜，某物致之某处最便，其中实大有计度。计度得宜，可使民便输将，国饶利益，抑且省漕转之劳，《盐铁论·本议篇》：大夫曰："往者郡国诸侯，各以其物贡输，往来烦杂，物多苦恶，或不偿其费。故郡置输官，以相给运，而便远方之贡，故曰均输。"案弘羊使郡国各以异时商贾所贩者为赋，其策实极巧妙。商贾所贩，必协事宜，如此，则不待考察，而已知某处之物，致之某处为最便矣。后世理财之家如刘晏等，所长实在于此，此弘羊所谓"均输则民齐劳逸"。又税收之物，官用之不尽者，自可转卖于民，苟其策划得宜，亦可藉以平抑物价，使齐民不受商贾之剥削，此弘羊所谓"均输则民不失职"也。弘羊语，亦见《盐铁论·本议篇》。弘羊之说，皆出古之轻重家言，诚有所本。《汉书·食货志》曰："管仲相桓公，通轻重之权，曰：岁有凶穰，故谷有贵贱。令有缓急，故物有轻重。人君不理，则畜贾游于市，乘民之不给，百倍其本矣。民有余则轻之，故人君敛之以轻，民不足则重之，故人君散之以重，凡轻重、敛散之以时则准平。"此可见平准为旧有之说，非弘羊所杜撰也。《赞》曰："弘羊均输，寿昌常平，亦有从徕。顾古为之有数，吏良而令行，故民赖其利，万国作乂。及孝武时，国用饶给，而民不益赋，其次也。至于王莽，制度失中，奸轨弄权，官民俱竭，亡次矣。"自是平情之论。然战国时，大国不过千里，制驭较易，究之轻重家言，亦未有能起而行之者，与儒家井田之说等耳。货不必藏于己、力不必为己之风既渺，而人又非通功易事，无以为生，商人本不易制驭，况弘羊欲行之于一统之世乎？不能抑商贾以利齐民，而徒与商贾争利，盖势所必至矣。然能省漕转之劳，且使国用充裕，则亦不可诬也。弘羊行均输后，史言天子北至朔方，东到泰山，巡海上，并北边以归，所过赏赐用帛百余万匹，钱金以巨万计，皆取足大农，其款不必尽出均输，然均输之所裨益者必多也。

四酒酤 《汉书·武帝本纪》：天汉三年，初榷酒酤。《盐铁论·轻重篇》：文学言：大夫以心计策国用，参以酒榷，则酒榷亦弘羊所建也。酒榷在当时，盖为利最薄，故昭帝六年，贤良文学愿罢盐铁、酒榷、均输官，弘羊即与丞相共奏罢酒酤。《盐铁论·盐铁取下篇》云：并罢关内铁官。

五卖爵赎罪 汉沿秦制，爵二十级。初级仅为虚名，必至第九级得免役，乃有实利。故当生计宽裕，民乐荣宠时，赐爵足以歆动人民，而爵亦可以买卖。至政令严急时，则不然矣。武帝令入财若买爵者得试吏补官，及买复者多，则又滥施役使，且令入财者得以赎罪，其坏选法及刑法，实非浅鲜也。《平准书》言：武帝募民能入奴婢，得以终身复，为郎增秩。又令民得买爵及赎禁锢，免臧罪。置赏官，命曰武功爵。级十七万，凡直三十余万金。臣瓒引《茂陵中书》武功爵十一级，则级十七万之万为衍字，十七当作十一。诸买武功爵官首者，试补吏，先除，千夫如五大夫。师古曰：五大夫，旧二十等爵之第九级也。至此以上始免徭役。故每先选以为吏。千夫者，武功十一等爵之第七也，亦得免役，今则先除为吏比于五大夫也。其有罪，又减二等。爵得至乐卿。师古曰：乐卿者武功爵第八等也。言买爵惟得至第八也。以显军功。此事当在元朔六年。法既益严，吏多废免，兵革数动，民多买复，及五大夫、千夫、征发之士益鲜。于是除千夫、五大夫为吏，不欲者出马。故吏皆适令伐棘上林，作昆明池。《汉书》本纪：元狩三年，发谪吏穿昆明池。令吏得入谷补官，郎至六百石。所忠言：世家子弟富人，或斗鸡走狗马，弋猎博戏，乱齐民。乃征诸犯令，相引数千人，名曰株送徒。入财者得补郎。如淳曰：诸坐博戏事决为徒者，能入钱得补郎。桑弘羊领大农，又请令吏得入粟补官，及罪人赎罪。令民入粟甘泉各有差，以复终身。天汉二年，令死罪入赎钱五十万，减死一等。大始二年又行之。《汉书》本纪。

以上皆苛取于民者，其未尝径取于民，而实则害民尤甚者，则为钱法。秦钱文曰半两，重如其文。汉兴，更令民铸荚钱，已见第二章第一节。高后二年，行八铢钱。应劭曰：即半两也。六年，行五分钱。应劭曰:即荚钱也。孝文五年,除盗铸令,更造四铢钱,文亦曰半两。见《汉书·食货志》。当时放铸之弊甚大,贾谊极言之,而文帝不能听。见《食货志》。武帝建元二年二月,行三铢钱。五年,罢三铢钱,行半两钱。见《汉书》本纪。从建元以来,用少,县官往往即多铜山而铸钱。民亦间盗铸钱,不可胜数。钱益多而轻,物益少而贵。有司言曰:"古者皮币,诸侯以聘享。金有三等:黄金为上,白金为中,赤金为下。今半两钱法重四铢,而奸或盗摩钱质而取镕,此从《汉书》。《平准书》作盗摩钱里取镕,非也。如淳曰:"钱一面有文,一面幕,幕为质。民盗摩漫面,而取其镕,以更铸作钱也。"臣瓒曰:"许慎云:镕,铜屑也。"镕冶器法,非其义。《史记》盖亦本作镕,传写误为镕,徐广音容,非也。钱益轻薄而物贵,则远方用币,烦费不省。"乃以白鹿皮方尺,缘以藻缋,为皮币,直四十万。王侯宗室朝觐聘享,必以皮币荐璧,然后得行。又造银锡为白金。以为天用莫如龙,地用莫如马,人用莫如龟,故白金三品:其一曰重八两,圜之,其文龙,名曰白选,直三千。二曰重差小,方之,其文马,直五百。三曰复小,椭之,其文龟,直三百。《汉书》本纪,事在元狩四年。[①]令县官销半两钱,更铸三铢钱,重如其文。《汉书》本纪《注》,谓《食货志》此文,与建元元年行三铢钱是一事。然《志》此文在造皮币白金后,《志》文本于《平准书》,《平准书》叙事,固不甚拘年代,然元狩四年,上距建元元年二十有一年,颠倒不应如此之甚。况纪建元五年,已罢三铢行半两矣,而《平准书》下文云:"有司言三铢钱轻,易奸诈,乃请更造五铢",是造五铢时三铢犹可行使也,亦与纪文不合。疑此事自在元狩四年造皮币白金之后,与本纪建元元年之行三铢钱,实非一事也。或曰:《汉书·武纪》:元狩五年,又云罢半两钱,行五铢钱,明铸五铢时方行半两,三铢已罢于建元五年也。然则请铸五铢时,有司何以不言半两之弊,顾咎久罢之三铢乎?予谓元狩四年,虽有销半两铸三铢之议,实未曾行,半两自亦未

---

① 钱币:铸三铢之年。孔仅、东郭咸阳、桑弘羊伦。

罢，至明年，乃以有司之请，罢半两而铸五铢也。盗铸诸金钱者罪皆死，而吏民之盗铸白金者不可胜数。有司言三铢钱轻，易奸诈，乃更请诸郡国铸五铢钱，周郭其质，令不可得摩取镕。从《汉书》，《史记》作周郭其下，令不可磨取镕。自造白金五铢钱后五岁而赦，吏民之坐盗铸金钱死者，数十万人。其不发觉相杀者，不可胜计。赦自出者百余万人，然不能半自出。天下无虑皆铸金钱矣。郡国多奸铸钱，钱多轻，而公卿请令京师铸钟官赤侧，《汉书》作官赤仄，盖夺钟字。一当五。赋官用，非赤侧不得行。白金稍贱，民不宝用。县官以令禁之，无益。岁余，白金终废不行。史云是岁张汤死，则事在元鼎二年。其后二岁，赤侧钱贱，民巧法用之，不便，又废。于是悉禁郡国无铸钱，专令上林三官铸。《集解》：骃案《汉书·百官表》：水衡都尉，武帝元鼎二年初置，掌上林苑，属官有上林、均输、辨铜令，然则上林三官，其是此三令乎？钱既多，而令天下非三官钱不得行。诸郡国前所铸钱，皆废销之，输其铜三官。而民之铸钱益少，计其费不能相当，惟真工大奸，乃盗为之。以上据《平准书》。案汉是时所行，与生计学理颇合，故钱法自此渐定。然民之受其害者，则既不可胜言矣。

武帝所用言利之臣，为孔仅、东郭咸阳、桑弘羊《平准书》谓三人言利事析秋豪者也。咸阳，齐之大煮盐，仅，南阳大冶，郑当时言进之。当时以任侠自喜，而好交游，仅、咸阳，盖亦晁错所谓"交通王侯，力过吏势"者。其行事他无可考。弘羊，洛阳贾人子。以心计，年十三，侍中。见《史记·平准书》。《盐铁论·贫富篇》：大夫曰："予结发束脩，年十三，幸得宿卫，给事辇毂下。"其议论，具见《盐铁论》中。《盐铁论》为桓宽所撰。弘羊治法家之学，称引管、商、申、韩。贤良文学则儒家者流，诵法孔、孟。桓宽亦儒生，必无左袒弘羊之理。然就《盐铁论》所载往复之辞观之，弘羊持理殊胜，知非俗吏徒知搜括者。然其行之终不能无弊，何哉？盖法家之言轻重，意在抑强扶弱。强者谁与？商人是也。弱者谁与？农民是也。当时社会组织，商人实居形势之地，岂如弘羊者所能裁抑？况弘羊所引用者，亦多商人，用商人以裁抑商人，是与虎谋皮也。《张汤传》言："县官所兴，未获其利，奸吏并侵渔。"又载武帝问汤曰："吾所为，贾人辄知，益居其物，类有以吾谋告之者。"当时官吏商人，狼狈为奸，可以想见。何怪民受其害，而国亦不蒙其利乎？然加赋之所最忌者，为尽取之于农民。盐铁、均输等，究皆取之农民以外。史称其民不益赋而用饶，固不能谓非桑、孔、东郭等之功也。又武帝之事四夷，虽多失策，然攘斥夷狄之计，在当时固不容已。贤良文学欲罢盐铁、酒酤、均输，弘羊难，以为"此国家大业，所以制四夷，安边足用之本，不可废"，亦不能谓其无理也。

《史记·酷吏传》言：张汤承上指，请造白金及五铢钱，笼天下盐铁，排富商大贾，出告缗令，钼豪强并兼之家，舞文巧诋以辅法；汤每朝奏事，语国家用，日晏，天子忘食，丞相取充位；汤时为御史大夫。则汤亦颇与计政。时又有赵禹，为御史，至中大夫，与汤论定诸律令。作《见知》，吏得传相监司。义纵以鹰击毛挚为治。五铢钱白金起，民为奸，京师尤甚。乃以纵为右内史，王温舒为中尉。又有杜周为廷尉，其治大放张汤。皆见《酷吏传》。当时刻剥之政之所以能行，亦藉法吏左右之也。汉世酷吏，诚多摧抑豪强之意，然一切以武断出之，祸岂能无及于齐民哉？

《酷吏传》又言：自王温舒等以恶为治，而郡守、都尉、诸侯、二千石欲为治者，大抵尽放温舒。而吏民益轻犯法，盗贼滋起。南阳有梅免、白政。白，《汉书》作百。楚有殷中、杜少。齐有徐勃。燕、赵之间有坚卢、范生之属。范生，《汉书》作范主。大群至数千人，擅自号，攻城邑，取库兵，释死罪，缚辱郡大守、都尉，杀二千石。为檄告县趣具食。小群盗以百数，掠卤乡里者，不可胜数。天子使御史中丞、丞相、长史督之，犹弗能禁，乃使光禄大夫范昆，诸辅都尉及故九卿张德等，衣绣衣，持节、虎符发兵以兴击。斩首，大部或至万余级，及以法诛通饮食，坐连诸郡，甚者数千人。《汉书》作坐相连，郡甚者数千人。数岁，乃颇得其渠率。散卒失亡，复聚党阻山川者，往往而群居，无可奈何。于是作《沈命法》，《集解》：《汉书音义》曰：沈，藏匿也，命，亡逃也。曰：群盗起不发觉，发觉而捕弗满品者，二千石以下至小吏主者皆死。其后小吏畏诛，虽有盗不敢发，恐不能得，坐课累府，府亦使其不言，故盗贼寝多，上下相为匿，以文辞避法焉。《汉书·武帝纪》：天汉二年，泰山群盗徐勃等阻山攻城，道路不通。遣直指使者暴胜之等衣绣衣，杖斧，分部逐捕，刺史郡守以下皆伏诛，即《酷吏传》所云也。其不至于土崩者亦仅矣。宜乎宣帝欲立武帝庙乐，而夏侯胜讼言距之也。

第十一节　巫蛊之祸

语曰：种瓜得瓜，种豆得豆，因果之理，不可诬也。汉世迷信本深，武帝纵恣尤甚。事祠祭，求神仙，民脂民膏，为所浪费者，盖不知凡几。而又喜怒任情，刑杀不忌，惑于女谒，而不能守法。恶之既稔，安得不变生骨肉之间，祸起宫廷之内哉？

《左氏》曰："于文，皿虫为蛊。"昭公元年。又蛊之义为惑。盖物之败坏曰蛊，人之惑乱亦曰蛊。物之败坏，虫实使之，人之惑乱，甚至丧亡，亦必有使之然者，故巫以术贼害人亦曰蛊。蛊之道多端，武帝时所谓巫蛊者，则为祝诅及埋偶人。案《封禅书》言：秦祝官有秘祝，即有灾祥，辄祝祠移过于下，文帝十三年始除之。《孝文本纪》：二年，上曰："民或祝诅上，以相约结，而后相谩，吏以为大逆。自今以来，有犯此者，勿听治。"《汉书·武帝本纪》：天汉二年，秋，止禁巫祠道中者。[1]

---

① 宗教：祠道中。

文颖曰："始汉家于道中祠，排祸咎，移之于行人百姓。以其不经，今止之。"师古曰："文说非也。秘祝移过，文帝久已除之，今此总禁百姓巫觋于道中祠祭者耳。"案师古说是也。《王嘉传》：嘉奏封事，言董贤母病，长安厨给祠具，道中过者皆饮食，盖即所谓祠道中者。然汉家果无祠道中之事，文颖岂得妄说？则以此释《武纪》天汉二年之事非，其言自有所据也。又汉世贵人，以祝诅获罪者甚多，如江都王建后成光，以祝诅弃市，见《汉书·景十三王传》。鄗侯周坐咒诅上要斩，安檀侯福坐祝诅讯未竟病死，平曲节侯曾坐父祝诅上免，皆见《汉书·王子侯表》。可见其时视祝诅之重。至以木偶象人，加害于木偶，谓可祸及所象之人，其由来亦甚古，狸首之射是也。[①] 亦见《史记·封禅书》。然汉世此事不多，而《史记·酷吏传》，言匈奴为偶人象郅都，令骑驰射；江充之掘偶人，实与胡巫俱；疑时又来自外国。观秦、晋、梁、荆之巫，立于高祖之世，而武帝又立越巫，则汉代之京师，固华夷迷信之所萃也。

武帝陈皇后，长公主嫖女，父陈午曾孙午。元光五年废，其废也即以巫蛊，受诛者三百人。卫皇后，字子夫，卫青同母兄也。自平阳公主家得幸。《史记·曹相国世家》：参曾孙时，尚武帝姊阳信长公主，时袭平阳侯，亦称平阳公主。时，《汉书·卫青传》作寿。元朔元年，生男据，立为皇后。元狩元年，据立为大子，年七岁。至征和二年三十九岁。征和中，武帝春秋高，意多所恶，以为左右皆为蛊道祝诅，有与无莫敢讼其冤者。时丞相公孙贺夫人君孺，卫皇后姊也。贺相，子敬声代为大仆。骄奢不奉法。擅用北军钱千九百万。发觉，下狱。是时诏捕阳陵朱安世不得，阳陵，汉县，在今陕西咸阳县东。上求之急，贺自请逐捕安世，以赎敬声罪。上许之。后果得安世。安世，京师大侠也。闻贺欲以赎子罪，笑曰："丞相祸及宗矣。"从狱中上书，告敬声与阳石公主武帝女。私通，及使人巫祭祠

---

① 宗教：汉京师多巫。江充为胡巫。

诅。上且上甘泉，驰道埋偶人。祝诅有恶言。下有司案验。贺父子死狱中，家族。巫蛊由此起。江充者，本名齐，有女弟，嫁赵敬肃王彭祖景帝子。大子丹，齐得幸于敬肃王，为上客。史言彭祖为人，巧佞足恭，而心刻深，好法律。每相二千石至，多设疑事，以诈动之，得二千石失言，中忌讳，辄书之。二千石欲治者，则以此迫劫。不听，乃上书告之，及污以奸利事。立六十余年，相二千石无能满二岁，辄以罪去，大者死，小者刑，以故二千石莫敢治。齐得幸于彭祖，其非端人可知矣。久之，大子疑齐以己阴私告王，与齐忤，使吏逐捕齐，不得，收系其父兄。按验，皆弃市。齐亡，西入关，更名充，诣阙告大子与同产姊及王后宫奸乱，交通郡国豪猾，攻剽为奸。天子遣使者捕治，罪至死。久之乃赦出。然竟坐废。充拜为直指绣衣使者，督三辅盗贼。后从上甘泉，逢大子家使乘车马行驰道中，充以属吏。大子使人谢。充不听，遂白奏。上曰："人臣当如是矣。"大见信用。迁为水衡都尉。久之，坐法免。后上幸甘泉，疾病。充见上年老，恐晏驾后为大子所诛，奏言上疾祟在巫蛊。上以充为使者治。充将胡巫掘地求偶人，捕蛊及夜祠视鬼，染污令有处，辄收捕验治，烧铁钳灼强服之。民转相诬以巫蛊。吏辄劾以大逆无道。坐而死者，前后数万人。充因言宫中有蛊气。先治后宫希幸夫人，以次及皇后。遂掘蛊于大子宫，得桐木人。大子召问少傅石德。德惧为师傅并诛，劝大子矫节收捕充等系狱，穷治其奸诈。征和二年，七月，大子使客为使者，收捕充等。发长乐宫卫士。告令百官曰："江充反。"乃斩充以徇。炙胡巫上林中。诏发三辅近县兵，使丞相刘屈氂将。大子亦矫制赦长安中都官囚徒，驱四市人与丞相战。五日，死者数万人。丞相附兵浸多。大子军败，亡走湖。县名，今河南阌乡县东。皇后自杀。大子匿湖泉鸠里。发觉，吏围捕大子。大子自度不得脱，入室距户自经。大子之亡也，司直田仁部闭城门，坐令大子得出，丞相欲斩仁。御史大夫暴胜之谓丞相，丞相释仁。上闻而大怒，下吏责问胜之，胜之自杀。北军使者任安坐受大子节，怀二心，及田仁皆要斩。有功者皆封侯，诸大子宾客出入宫门者皆坐诛。其随大子发兵者，以反法族。已而壶关三老茂壶关。汉县，在今山西长治县东南。上书讼大子：特子盗父兵，以救难自免耳。请亟罢甲兵，毋令大子久亡。上感悟，而大子已死矣。乃封泉鸠里足蹋开户及趋抱解大子者为侯。久之，巫蛊事多不信。高寝郎田千秋，即车千秋。为相后年老，上优之，朝见，得乘小车入宫中，因号曰车丞相，盖其后以此改氏车。复讼大子冤。上遂擢千秋为丞相，而族灭江充家。上初使助充者苏文焚于横桥上。泉鸠里加兵刃于大子者，初为北地大守，后族灭。其赏罚无章如此。初，侍中仆射莽何罗与江充相善。何罗弟通，用诛大子时力战封重合侯。及充宗族夷灭，何罗兄弟惧及，遂谋为逆。上幸林光宫，何罗袖白刃从东厢上。金日磾捽胡投何罗殿下，得禽缚之。穷治，皆伏辜。变起萧墙，亦危矣。而武帝遗诏，日磾及霍光、上官桀，皆以捕反者功封侯。

武帝六子：卫王后生戾大子据。王夫人生齐怀王闳。李姬生燕刺王旦、广陵厉王胥。李夫人生昌邑哀王髆。[①] 而赵婕仔以大始三年生子弗陵，即昭帝也。贰师将军李广利，李夫人兄也。女为刘屈氂子妻。征和三年，广利出击匈奴。屈氂为祖道。广利曰："愿君侯早请立昌邑王为大子。"屈氂许诺。内者令郭穰告丞相夫人，以丞相数有谴，使巫祠社祝诅主上，有恶言；及与贰师共祷，欲令昌邑王为帝。有司奏请按验，罪至大逆不道。诏载屈氂厨车以徇，要斩东市。妻子枭首华阳街。贰师妻子亦收。贰师闻之，降匈奴，宗族遂灭。时齐怀王已前死。元封元年。燕刺王自以次第当立，上书求入宿卫。上怒，下其使狱。后坐臧匿亡命，削三县。武帝由是恶旦。广陵厉王好倡乐逸游，力扛鼎，空手搏熊罴猛兽，动作无法度，故终不得为汉嗣。以上见《汉书·武五子传》。《外戚传》

---

① 史事：武昭继嗣之不可信。昌邑非早死。句戈死事难言。

言燕王、广陵王多过失，齐怀王、昌邑哀王蚤薨，故武帝疾病，立昭帝为大子。然昌邑哀王以天汉四年立，十一年薨，实与武帝之崩同年，不得云蚤死。而赵倢伃亦蚤以谴死，则昭帝之立，亦非牵于母爱。盖武帝末年，继嗣之际，事有不可知者矣。《汉书·外戚传》言欲立昭帝，以其年稚，母少，恐女主颛恣乱国家，犹与者久之。褚先生补《史记·外戚世家》言：倢伃死后，帝闲居，问左右曰："人言云何？"左右对曰："人言且立其子，何去其母乎？"帝曰："是非儿曹愚人所知也。往古国家所以乱也，由主少母壮也。女主独居骄蹇，淫乱自恣，莫能禁也。女不闻吕后邪？"读史者因颂武帝能防患未然，或则议其酷，实皆不察情实之谈。远虑岂武帝所有？褚先生曰："故诸为武帝生子者，无男女，其母无不谴死。"便见造作赵倢伃事者，并卫皇后之事，亦不能知，真可发一大噱。褚先生又言："上居甘泉宫，召画工，图画周公负成王也。于是左右群臣知武帝意欲立少子也。"《汉书·霍光传》曰："上察群臣惟光任大重，可属社稷。上乃使黄门画者画周公负成王朝诸侯以赐光。后元二年春，上游五柞宫，病笃。光涕泣问曰：'如有不讳，谁当嗣者？'上曰：'君未谕前画意邪？立少子，君行周公之事。'"夫光疏贱，武帝即欲托以后事，岂得拟之周公？光与金日䃅、上官桀之以遗诏封侯也，侍卫王莽子男忽侍中，扬语曰："帝病，忽常在左右，安得遗诏封三子事？群儿自相贵耳。"先闻之，切让王莽，莽酖杀忽。画周公负成王朝诸侯以赐光之语，又安知非光等为之邪？然则昭帝之立，果武帝意与否，信不可知矣。

有大臣焉，有小臣焉。大臣者，以安社稷为说者也。小臣则从君之令而已。武帝冢嗣绝，众子疏，以幼子主神器，而临终顾命，仅得一不学无术之人，则其生平予智自雄，言莫予违之习，有以致之也。武帝之疾病也，立昭帝为大子。年八岁。以霍光为大司马大将军，金日䃅为车骑将军，上官桀为左将军，桑弘羊为御史大夫，皆拜卧内床下，受遗诏辅少主。光，仲孺子。仲孺通卫媪生去病，吏毕归家，取妇生光。因绝不相闻。去病既壮大，乃自知父为霍仲孺，将光至长安，任为郎。稍迁诸曹侍中。去病死后，光为奉车都尉光禄大夫。出则奉车，入侍左右。出入禁闼，十有余年，小心谨慎，未尝有过。甚见亲信。金日磾者，匈奴休屠王大子。以父不降见杀，没入官，输黄门养马。久之，武帝游宴见马，后官满侧。日磾等数十人牵马过殿下，莫不窃视。至日磾，独不敢。拜为马监。迁侍中驸马都尉，光禄大夫。既亲近，未尝有过失，上益信爱之。日磾一子二人，皆爱，为帝弄儿。弄儿壮大，不谨，自殿下与宫人戏。日磾适见，遂杀弄儿，弄儿则日磾长子也。日磾在左右，目不忓视者数十年。赐出宫女不敢近。上欲纳其女后宫，不敢。上官桀者，少为羽林期门郎。迁未央厩令。上尝体不安，及愈，见马，马多瘦。上大怒："令以我不复见马邪？"欲下吏。桀顿首曰："臣闻圣体不安，日夜忧惧，诚念不在马。"言未卒，泣数行下。上以为忠，由是亲近。为侍中，稍迁至大仆。皆小廉曲谨之徒，便辟侧媚之士也。此岂可以托六尺之孤邪？然以武帝之赏罚任情，又好逆诈億不信，其所得人，固不过如此矣，亦所谓种瓜得瓜、种豆得豆者也。昭帝立，姊鄂邑公主益汤沐邑为长主，共养省中。光领尚书事。政事壹决于光。

燕王旦，与中山哀王昌景帝孙，中山靖王胜子。之子长、齐孝王孙泽结谋。[①] 诈言以武帝时受遗诏，得职吏事，修武备。为奸书，言少帝非武帝子，褚先生《补史记》：旦言今立者乃大将军子也。天下宜共伐之。使人传行郡国。泽谋归发兵临菑，与燕王俱起。事觉，泽等伏诛。辞连燕王。有诏勿治。而光长女为桀子安妻，有女，年与帝相妃，桀因盖主即鄂邑长公主，为盖侯所尚，故又称盖主。纳安女后官为倢伃。数月，立为皇后。始元四年，时后年六岁。安为票骑将军。光时休沐，辄入代光决事。盖主幸河间丁外人，桀、安为外人求封，光不许。为求光禄大夫，欲

① 史事：燕王、盖主、上官桀、桑弘羊之事。

121

令得召见，又不许。盖主大以是怨光。桀、安亦惭。自武帝时，桀已为九卿，位在光右。及父子并为将军，有椒房中宫之重，皇后亲安女，光乃其外祖，而欲专制朝事。由是与光争权，及桑弘羊建造酒榷、盐铁，为国兴利，伐其功，欲为子弟求官，亦怨恨光。于是盖主、桀、安、弘羊皆与燕王通谋。诈令人为燕王上书，言光专权自恣，疑有非常，愿入宿卫。候司光出沐日奏之。桀欲从中下其事，弘羊当与诸大臣共执退光。书奏，上不肯下。此据《汉书·霍光传》。传言燕王上书，言光出都肄，郎羽林道上称跸，上言调校尉以来，未能十日，燕王何以知之？因党其诈，此非实录。果如所言，诈为燕王书者皆狂痫邪？《光传》言盖主等诈令人为燕王上书，《武五子传》又言王自上书，其说已不伉矣。奏何以不获下，其事不可知也。桀等乃谋令盖主置酒请光，伏兵共格杀之，因废帝，迎立燕王为天子。稻田使者燕苍知其谋，以告大司农杨敞。敞素谨，畏事，移病卧，以告谏大夫杜延年。延年以闻。光尽诛桀、安、弘羊、外人宗族。盖主、燕王皆自杀。时元凤元年九月也。光威震海内。昭帝既冠，遂委任光。案昭帝初，丞相为车千秋。史称光谓千秋曰："始与君侯俱受遗诏。今光治内，君侯治外。宜有以教督之，使光毋负天下。"千秋曰："惟将军留意，即天下幸甚。"终不肯有所言。盖时丞相之权，已移于尚书矣。金日磾，昭帝元年即薨。桀、安、弘羊既死，光引尚书令张安世为右将军、光禄勋以自副。是岁，车千秋卒，王䜣代为丞相。明年死，杨敞代之。元平元年死，蔡义代之。敞与义皆故给事大将军幕府者也。义年八十余，行步伛偻，尝两吏扶掖，乃能行。议者讥光置宰相不选贤，苟用可颛制者焉。案《外戚传》言上官安罪恶辞多诬。云欲诱征燕王，至，杀之而立桀，尤不近情。然《胡建传》言丁外人骄恣，怨故京兆尹樊福，使人射杀之。客臧公主庐，吏不敢捕。建为渭城令，汉县，即秦咸阳。将吏卒围捕。盖主闻之，与外人、上官将军多从奴客往，奔射追吏。吏散走。主使仆射主家之仆射。劾渭城令游徼伤主家奴。建报无他坐。盖主怒，使人上书告建。光寝其奏。后光病，上官氏代听事，下吏捕建。建自杀。则上官氏之持政，更不如光，此其所以卒败与？然上官桀亦武帝所信爱以为忠者也，又安知霍光之不为上官桀哉？用小廉曲谨便辟侧媚之士者亦危矣。

昭帝在位十三年，以元平元年四月崩。亡嗣。《外戚传》言桀、安宗族既灭，皇后以年少不与谋，亦光外孙，故得不废。光欲皇后擅宠有子。帝时体不安，左右及医，皆阿意言宜禁内。虽宫人使令，皆为穷袴，多其带。后宫莫有进者。皇后立十岁而昭帝崩，后年十四五云。然则昭帝之亡嗣，霍氏为之也。时武帝男独广陵王胥在。群臣议所立，咸持广陵王。①郎有上书，言周大王废大伯立王季，文王废伯邑考立武王，惟在所宜。广陵王不可以承宗庙。光以视丞相敞等，擢郎为九江大守。承皇大后诏，迎立昌邑哀王子贺。六月丙寅，受皇帝玺绶。七月癸酉，又奏皇大后废之。时光徙张安世为车骑将军，与共谋。将废昌邑王，又引故吏大司农田延年为给事中。议既定，乃使延年报丞相敞。敞惊恐，不知所言，汗出浃背。延年起更衣，敞夫人谓敞曰："君侯不疾应，先事诛矣。"乃与延年参语许诺，及召丞相、御史、将军、列侯、中二千石、大夫、博士会议。群臣皆惊愕失色，莫敢发言。延年前离席按剑曰："今日之议，不得旋踵。有后应者，臣请剑斩之。"乃皆叩头曰："惟大将军令。"然后延年以没入商贾所豫收方上不祥器物，为富人亡财者所怨，出钱求其罪。御史大夫田广明谓大仆杜延年："《春秋》之义，以功覆过，当废昌邑王时，非田子宾之言，大事不成。愿以愚言白大将军。"延年言之大将军。而大将军曰："晓大司农，通往就狱，得公议之。"延年遂自刭死。光之忌刻亦甚矣。史所言昌邑王罪状，皆不足信。《王吉传》：吉为昌邑中尉，王见征，奏书戒王：政事壹听大将军。垂拱南面而已。《张敞传》：为大仆丞，上书谏，以国辅大臣未褒，而昌邑小辇先

───────

① 史事：不立广陵昌邑废。

迁，为过之大者。《光传》：昌邑群臣二百余人悉见杀。出死，号呼市中曰："当断不断，反受其乱。"昌邑之所以废可知矣。宣帝立，光稽首归政，而帝谦让不受，诸事皆先关白光，此其所以获安与？

戾大子三男一女：长男史良娣子，号史皇孙。纳王夫人。女，平舆侯嗣子尚焉。大子败，皆遇害。二幼子死于湖。宣帝，王夫人子，号皇曾孙。时生数月，系郡邸狱。丙吉为廷尉监，治巫蛊狱郡邸，哀曾孙之无辜，使女徒复作乳养，私给衣食，视遇甚有恩。巫蛊事连岁不解。至后元二年，武帝疾，望气者言长安狱中有天子气。上遣使者分条中都官狱系者，轻重皆杀之。吉拒闭使者，不得入。因遭大赦。吉乃载曾孙送史良娣家。后有诏掖庭养视，上属籍宗正。掖庭令张贺，安世兄也。幸于卫大子。大子败，宾客皆诛。安世为贺上书，得下蚕室。贺思顾旧恩，视养甚谨。曾孙壮大，贺欲以女孙妻之。安世怒曰："曾孙乃卫大子后也。幸得以庶人衣食县官，足矣，勿复言予女事。"贺于是止。《外戚传》。为取暴室啬夫许广汉女，曰平君。曾孙因依倚广汉兄弟及祖母家史氏。案后元二年，为武帝崩之岁。武帝久悔杀大子，为归来望思之台于湖矣。皇曾孙系郡邸狱，[1] 安得久不释？虽寝疾之际，亦安得遂忘之？武帝虽残暴，亦未闻以术士一言，尽杀系囚，况曾孙在其中乎？然则武帝果自知尚有曾孙与否？尽杀中都官狱系囚之命，是否出于武帝？又可疑也。《外戚传》言曾孙数有征怪，贺闻之，为安世道之，称其材美，安世辄绝止，以为少主在上，不宜称述曾孙，光之忌曾孙可知。然昌邑王废，光卒言大后，征立曾孙者？奏记光出于丙吉，吉尝为光长史。《安世传》言天子甚尊惮大将军，内亲安世，心密于光。《光传》言宣帝始立，谒见高庙，光从骖乘，上内严惮之，若有芒刺在背。后安世代光骖乘，天子从容肆体，甚安近焉。则安世之不敢称曾孙，特畏慎为求全

---

[1] 史事：宣帝，武帝曾孙？

计，其于曾孙实亲。又《杜延年传》：宣帝与延年中子佗相友善，延年劝光、安世立焉。则为曾孙地道者，皆光心腹也。抑昌邑以亲藩邸旧臣败，光未尝不惩其事，宣帝起匹夫，则无辅之者矣，此其所以始忌之而后卒立之与？

宣帝既立，楚王延寿王戌之死，景帝立元王子平陆侯礼为楚王，是为文王。传安王道、襄王经、节王纯至延寿。为其后母弟取广陵王女为妻，有反谋。事觉，诛。辞连及广陵王。有诏勿治。后复以祝诅事发自杀。贺废处昌邑，宣帝心忌之。诏山阳大守张敞密警察。敞奏王清狂不惠。上知其不足忌，乃封为海昏侯。海昏，汉县，今江西永修县。后薨，国除。宣帝立六年，地节二年，霍光薨。自昭帝时，光子禹及兄孙云，皆中郎将。云弟山，奉车都尉，侍中，领胡、越兵。云、山皆去病孙。光两女婿，为东西官卫尉。范明友未央，邓广汉长乐。昆弟、诸婿、外孙，皆奉朝请，为诸曹大夫、骑都尉、给事中。党亲连体，根据于朝廷。光病笃，拜禹为右将军。光薨，既葬，封山为乐平侯，以奉车都尉领尚书事。宣帝之立也，许平君为倢伃。时霍将军有小女，公卿议更立皇后，皆心仪霍将军女。上乃诏求微时故剑。大臣知旨，白立许倢伃为皇后。明年，后当娠病。女医淳于衍，霍氏所爱，尝入官侍皇后疾。霍光夫人显谓衍："今皇后当免身，可因投毒药去也。"衍即捣附子赍入官。皇后免身后，衍取附子，并合大医大丸，以饮皇后。有顷，曰："我头岑岑也，药中得毋有毒？"对曰："无有。"遂加烦懑崩。后人有上书告诸医侍疾无状者，皆收系诏狱。显恐事急，即以状具语光。奏上，光署衍勿论。光女立为后。立三岁而光薨。后一岁，上立许后男为大子。地节三年四月。显怒恚曰："此乃民间时子，安得立？即后有子，反为王邪？"教皇后令毒大子。皇后数召大子赐食。阿保辄先尝之。后挟毒不得行。初，车千秋子为洛阳武库令。千秋死，其子自见失父，而河南大守魏相治郡严，恐久获罪，乃自免去。相使掾追呼之。遂不肯反。相独恨曰："大将军闻此令去官，必以为我用丞相死，不能遇其子，殆矣。"武库令至长安，光果以是责过相。后人有上书告相。大将军用武库令事，下相廷尉狱。久系逾冬，会赦。后复起。相与丙吉善。宣帝即位，征为大司农。迁御史大夫。光薨数月，相因平恩侯许伯许广汉。上封事，言"光死，子复为大将军，大当作右。兄子秉枢机，谓山为禹兄子。昆弟诸婿据权势，在兵官。光夫人显及诸女，皆通籍长信宫，或夜诏门出入。骄奢放纵，恐浸不制，宜有以损夺其权。"又故事：诸上书者皆为二封，署其一曰副。领尚书者先发副封，所言不善，屏去不奏。相复因许伯白"去副封，以防雍蔽"。宣帝善之。诏相给事中。皆从其议。霍氏杀许后之谋，始得上闻。韦贤以老病去，本始三年，蔡义薨，贤代为丞相。遂代为丞相。徙光女婿邓广汉、范明友、任胜。中郎将羽林监。复出光姊婿，群孙婿。以禹为大司马，罢其右将军屯兵。张安世亦拜大司马车骑将军，领尚书事。数月，更为卫将军，两官卫尉、城门北军兵皆属焉。诸领胡、越兵骑、羽林，及两官卫将屯兵，悉易以所亲信许、史子弟。禹、山、云自见日侵削。显具告以毒杀许皇后，始有邪谋。谋令大后为博平君宣帝外祖母。置酒，召丞相以下，使范明友、邓广汉承大后制引斩之，因废天子而立禹。事发觉，云、山、明友自杀。显、禹、广汉等捕得。禹要斩。显及女昆弟皆弃市。霍后废处昭阳宫。与霍氏相连坐灭者数千家。史言光死后显及禹、云、山等骄佚殊甚，然实非自光死后始。禹故吏任宣谓禹曰："大将军持国权柄，杀生在手中。廷尉李种、王平，左冯翊贾胜胡及车丞相女婿少府徐仁，皆坐逆将军意下狱死。使或作史乐成小家子，得幸将军，至九卿，封侯。百官以下，但事冯子都、王子方等，服虔曰：皆光奴。视丞相蔑如也。"山亦言："今丞相用事，尽变易大将军时法令。以公田赋与贫民，暴扬大将军过失。又诸儒生多窭人子，远客饥寒，喜妄说狂言，不避忌讳，大将军常仇之。"光之专权自恣，侵削平民，杜绝言路可见矣。宣帝之除霍氏，匕鬯不惊，盖由禹、云、山等皆庸才，兵权先去之故。其所以能渐去其权，张安世似甚有力，非徒魏相之功也。霍氏诚有取祸之道，然谓禹谋自立，则与谓上官桀欲杀燕王而自立，同一无稽。[①] 即弑许后亦莫须有之事。附子非能杀人，尤不能杀人于俄顷间。宣帝非愚骀者，即视后死不能救，又宁待魏相、许伯而后知之乎？

第十二节　昭宣时政治情形

昭、宣之世，可谓君如赘旒，而刘氏之统绪，亦几于不绝如缕矣。然犹克称为西汉之治世，而四夷宾服，声威且盛于武帝时者？则是时之权臣，虽擅权于上，顾未尝扰及人民；不惟不扰，且颇能与民休息；及至宣帝亲政，又以其旧劳于外，知民生之疾苦，与吏治之得失，颇能综核名实之故也。四夷宾服，乃以其时适直匈奴内乱，此可谓之天幸。国家之盛衰，固亦半由人事，半由运会也。

《汉书，昭帝纪赞》云："孝昭承孝武奢侈余敝，师旅之后，海内虚耗，户口减半。霍光知时务之要，轻徭薄赋，与民休息。至始元、元凤之间，匈奴和亲，百姓充实"焉。今案昭帝之世，宽政之见于本纪者：则罢民共出马。始元四年。又罢天下亭母马及马弩关。五年。《食货志》：车骑马乏，县官钱少，买马难得，乃著令：令封君以下至三百石吏以上，差出牡马天下亭，亭有畜字马，岁课息。《景帝纪》：中四年，御史大夫绾奏禁马高五尺九寸以上，齿未平，不得出关。孟康曰：旧马高五尺六寸，齿未平，弩十石以上，皆不得出关，今不禁也。令郡国毋敛当年马口钱。元凤二年，令郡国毋敛今年骂口钱。减漕。元凤二年诏云："前年减漕三百万石。"三年，诏止四年毋漕。减免口赋、更赋。元凤四年，诏毋收四年、五年口赋。三年以前，逋更赋

---

① 史事：霍氏罪状却又不可信。萧望之、魏相皆反对霍氏之人。

未入者皆勿收。元平元年，减口赋钱什三。三辅、大常，得以菽粟当赋。元凤二年、六年。诏有司问贤良文学民所疾苦，因罢榷酤官。始元六年。皆是也：自上官桀等诛，光以刑罚绳下，繇是吏尚严酷。《循吏·黄霸传》。然亦有杜延年，辅之以宽。延年数为光言：年岁比不登，流民未尽还，宜修孝文时政，示以俭约宽和，光亦纳焉。则颇能用善言矣。然光究为不学无术之人。《贡禹传》：元帝时，为谏大夫，奏言："武帝时多取好女数千人，以填后宫。及弃天下，昭帝幼弱，霍光专事，不知礼正，妄多臧金钱财物、鸟兽、鱼鳖、牛马、虎豹等生禽凡百九十物，尽瘗藏之。又皆以后宫女置于园陵。昭帝晏驾，光复行之。至孝宣皇帝时，陛下恶有所言，群臣亦随故事。"[1]案文帝霸陵，颇遵节俭。又遗诏归夫人以下至少使。景帝诏所由美其重绝人之世者也。景帝遗诏，亦出宫人归其家，盖犹能守文帝遗法。而光遽违之。作法于贪，害延三世。宦官宫妾之为忠，诒祸可谓烈矣。岂足当总己之任哉？然以大体言之，则固能矫武帝之失矣。

宣帝亦多宽政。见于纪者：如屡免租赋。事振贷。以公田池籞假与贫民。减天下口钱五凤三年。又甘露二年，减口算三十。及盐贾。地节四年。置常平仓以给北边。五凤四年。有大父母、父母丧者勿繇事。地节四年。皆是也：本纪赞曰："孝宣之治，信赏必罚，综核名实。政事、文学、法理之士，咸精其能。至于技巧工匠器械，自元、成间鲜能及之。亦足以知吏称其职，民安其业也。"《循吏传》曰："孝宣兴于闾阎，知民事之艰难。自霍光薨后，始躬万机。励精为治。五日一听事。自丞相以下，各奉职而进。及拜刺史、守、相，辄亲见问，观其所繇。退而考察所行，以质其言。有名实不相应，必知其所以然。常称曰：庶民所以安其田里而亡叹息愁恨之心者，政平讼理也。与我共此者，其惟良二千石乎？以为大守

---

① 葬埋：霍光厚葬武帝。陵邑。

者，吏民之本也。数变易则下不安。民知其将久，不可欺罔，乃服从其教化。故二千石有治理效，辄以玺书勉厉，增秩赐金，或爵至关内侯。公卿缺，则选诸所表，以次用之。是故汉世良吏，于是为盛，称中兴焉。"案纪载元康二年诏：戒擅兴繇役，饰厨传，称过使客，以取名誉。[1]三年，以小吏皆勤事而奉禄薄，益吏百石以下奉十五。黄龙元年，以上计簿具文而已，令御史察，疑非实者按之。则帝于吏治，信可谓尽心焉矣。《刑法志》言："孝武招进张汤、赵禹之属，条定法令。作《见知》、《故纵》、《监临》、《部主》之法。缓深故之罪，急纵出之诛。其后奸猾巧法，转相比况，禁罔浸密。郡国承用者驳，或罪同而论异。奸吏因缘为市，所欲活则傅生议，所欲陷则予死比。议者咸冤伤之。宣帝自在闾阎，而知其若此。及即尊位，置廷平。秩六百石，员四人。事在地节三年。选于定国为廷尉，求明察宽恕黄霸等以为廷平。季秋后请谳，上常幸宣室，齐居而决事，狱刑号为平矣。"纪载地节四年诏令郡国岁上系囚以掠笞若瘐死者所坐县名爵里，丞相、御史课殿最以闻。元康二年诏：以吏用法或持巧心，析律贰端，深浅不平。增辞饰非，以成其罪。奏不如实，上亦无繇知。二千石各察官属，勿用此人。其于刑狱，亦可谓尽心焉矣。人之昏明，视其所习，所习由其所处。历代帝王，多生于深官之中，长于阿保之手，民之情伪，一物不知，焉得智？故凡开创之君，兴于草泽；嗣世之主，爱暨小人者；其政事必较清平，事理固然，无足怪也。纪称宣帝"好游侠，斗鸡走马，具知闾里奸邪，吏治得失，数上下诸陵，周遍三辅"，此其所以能勤于察吏，宽以驭民与？然帝虽有阅历，而无学问。故能理当时之务，而不能创远大之规。王吉劝其述旧礼，明王制，则见为迂阔。郑昌劝其删定律令，以开后嗣，则不暇修正。见《刑法志》。又其天资近于刻薄，故喜柔媚之人，而不能容骨骾之士。其所任者，若魏相、丙吉，实皆规模狭

---

[1] 政治：宣帝戒称过使客，以取名誉。

隘，谨饬自守之人；黄霸伤于巧伪；陈万年则奸佞之流耳。宣帝初以魏相为丞相，丙吉为御史大夫。神爵三年，相薨，吉代为丞相，萧望之为御史大夫。望之后贬，代以黄霸。五凤三年，吉薨，霸为相，杜延年为御史大夫。后于定国代之。甘露三年，霸薨，定国代相，陈万年为御史大夫。魏相颇有才能，然史称其好观汉故事及便宜章奏。①以为古今异制，方今务在奉行故事而已，数条汉兴以来国家便宜行事，及贤臣所言，奏请施行之，则仅能弥缝匡救，较之欲大事改革之家，气力已薄。杜延年徒习于事。丙吉则失之宽弛。公府自吉后始不案吏，即其一端。盖其性然也。黄霸为张敞所劾，则《汉书》本传。宣帝所赏治行尤异，见于纪者，一为霸，②一为胶东相王成。成之见褒，以流民自占八万余口。史言："后诏使丞相御史问郡国上计长吏、守、丞以政令得失。或对言前胶东相成，伪自增加，以蒙显赏，是后俗吏多为虚名云。"则成亦巧伪之徒也。萧望之陈义较高，帝疑其意轻丙吉罢，此乃以私意进退人。陈万年善事人。赂遗外戚许、史，倾家自尽。尤事乐陵侯史高。子咸，以万年任为郎，数言事，讥刺近臣。万年尝病，命咸教戒于床下。语至夜半，咸睡，头触屏风。万年大怒，欲杖之。咸叩头谢，曰："具晓翁言，大要教咸谄也。"佞媚如此，无等矣。忠直之臣，如杨恽、盖宽饶等，则多不得其死。③史言恽刻害，好发人阴伏，又以其能高人，故败，此乃莫须有之辞。凡刚直者固易被此诬。恽，敞子，敞乃霍氏私人，而恽首发霍氏反谋，即可知其忠正。其败也，以与戴长乐相失。长乐，宣帝在民间时所善，此亦以私意诛赏也。宽饶陈高谊以廲切其君。且讥其以刑余为周、召，法律为《诗》《书》，其识力尤非恽所及，乃以在位及贵戚人与为怨败。郑昌讼之曰"上无许、史之属，下无金、张之托，职在司察，直道而行，多仇少与"，岂不衰哉？宣帝可谓真能任法乎？宫室卑服，盛于昭帝时。外戚许、史、王氏贵宠。《王吉传》。信任中尚书宦官。《盖宽饶传》。弘恭、石显，乱政虽在元帝时，任用实自帝始也。先汉之

---

① 政治：魏相观汉故事及便宜章奏，与大改革者各为一派。

② 政治：黄霸取名誉为王成。

③ 史事：杨恽、盖宽饶之诛。宣帝始任弘恭、石显。

衰乱，不得不归咎于帝之诒谋不臧矣。孟子曰"徒善不足以为政"，况不能善乎？

第十三节　昭宣元成时兵事一

汉自昭帝以后，用兵于四夷，远不如武帝时之烈，然其成功，转较武帝为大，则时会为之也。《史记》言匈奴之法，常以大子为左贤王，其继承似有定法。然冒顿、伊稚斜、句黎湖、且鞮侯四世，即已不遵成宪矣。且鞮侯两子：长为左贤王，次为左大将。病且死，言立左贤王。左贤王未至，贵人以为有病，更立左大将。左贤王闻之，不敢进。左大将使人召而让位焉。左贤王辞以病。左大将不听，谓曰："即不幸死，传之于我。"左贤王许之，遂立，为狐鹿姑单于。以左大将为左贤王。数年，病死。其子先贤掸不得代，更以为日逐王，而自以其子为左贤王。狐鹿姑有异母弟为左大都尉，贤，国人乡之。母阏氏恐单于不立子而立左大都尉也，私使杀之。左大都尉同母兄怨，不肯复会单于庭。始元二年，单于病且死，谓诸贵人："我子少，不能治国，立弟右谷蠡王。"单于死，卫律与所幸颛渠阏氏谋，更立其子左谷蠡王为壶衍鞮单于。左贤王、右谷蠡王去居其所，未尝肯会龙城，分裂之机肇矣。昭帝末，匈奴击乌孙，取车延恶师地。乌孙公主上书。下公卿议救，未决而昭帝崩。宣帝即位，乌孙昆莫复上书。本始二年，汉发五将军十五万骑，出塞各二千余里击匈奴。匈奴老弱奔走，驱畜产远遁，是以五将少所得。然匈奴民众死伤，及远移死亡者，亦不可胜数。校尉常惠护乌孙兵，昆弥自将翕侯以下五万余骑从西方入，虏马、牛、羊、驴、骡、橐驰七十余万。[①]此据《匈奴列传》。《乌孙

---

① 兵：常惠取马牛等七十万之诬。

传》同，少一骡字。《常惠传》云：马、牛、驴、骡、橐驼五万余匹，羊六十余万头，其数相合。然又云：乌孙皆自取所虏获，则无可覆校，可知不免夸张也。匈奴遂衰耗。怨乌孙。其冬，单于自将万骑击乌孙。颇得老弱。欲还，会天大雨雪，一日深丈余。人民畜产冻死。还者不能什一。于是丁令乘弱攻其北，乌桓入其东，乌孙击其西，凡三国所杀数万级，马数万匹，牛羊甚众。重以饿死。人民死者什三，畜产什五。诸国羁属者皆瓦解，攻盗不能理。滋欲乡和亲，而边竟少事矣。地节二年，壶衍鞮单于死，弟左贤王立，是为虚闾权渠单于。黜先单于所幸颛渠阏氏。颛渠、阏氏与乌维单于耳孙右贤王屠耆堂私通。神爵二年，虚闾权渠死。颛渠阏氏与其弟左大且渠都隆奇谋立屠耆堂，是为握衍朐鞮单于。尽杀虚闾权渠时用事贵人，免其子弟近亲。虚闾权渠子稽侯狦，亡归妻父乌禅幕。本乌孙、康居间小国，数见侵暴，率其众数千人降匈取。狐鹿姑以其弟子日逐王姊妻之。使长其众，居右地。先贤掸素与握衍朐鞮有隙，率其众归汉。汉封为归德侯。单于更立其从兄薄胥堂为日逐王。神爵四年，东边姑夕王与乌禅幕及左地贵人共立稽侯狦，为呼韩邪单于。握衍朐鞮兵败自杀。其弟右贤王，与都隆奇共立薄胥堂为屠耆单于。东袭呼韩邪。呼韩邪败走。屠耆听西方呼揭王及唯犁当户谗，杀右贤王父子。后知其冤，又杀唯犁当户。呼揭王恐，自立为呼揭单于。屠耆先使先贤掸之兄右奥鞮王与乌藉都尉屯兵东方，以防呼韩邪。至是，右奥鞮王自立为车犁单于。乌藉都尉亦自立为乌藉单于：凡五单于并立。时为五凤元年。屠耆自将东击车犁，使都隆奇击乌藉。乌藉、车犁皆败，西北走。乌藉、乌揭去单于号，并力尊辅车犁。又为屠耆所败，西北走。明年，屠耆复为呼韩邪所败，自杀。都隆奇与其少子亡归汉。车犁降呼韩邪。呼韩邪复都单于庭。然众裁数万人。而屠耆从弟休旬王，又自立为闰振单于，在西边。呼韩邪兄左贤王呼屠吾斯亦自立为郅支骨都候单于，在东边。五凤四年。闰振东击郅支。郅支与战，杀之。并其兵。进攻呼韩邪。呼韩邪走。郅支都单于庭。呼韩邪左伊秩訾王劝令称臣入朝，从汉求助。呼韩邪问诸大臣，皆曰："不可。匈奴之俗，本上气力而下服役，以马上战斗为国，故有威名于百蛮。战死，壮士所有也。今兄弟争国，不在兄，则在弟，虽死犹有威名，子孙常长诸国；汉虽强，犹不能兼并匈奴；奈何乱先古之制，臣事于汉，卑辱先单于，为诸国所笑？虽如是而安，何以复长百蛮？"诸大人相难久之，呼韩邪卒从左伊秩訾计。引众南近塞，遣子入侍。是岁甘露元年也。明年，呼韩邪款五原塞，愿朝三年正月。先是匈奴乱，议者多曰："匈奴为害日久，可因其坏乱，举兵灭之。"独御史大夫萧望之以为《春秋》不伐丧，[①] 宜遣使者吊问，辅其微弱，救其灾患。及是，诏公卿议其仪。丞相霸、御史大夫定国谓礼仪宜如诸侯王，位次在下。望之以为"单于非正朔所加，故称敌国。宜待以不臣之礼，位在诸侯王上。后嗣卒有鸟窜兽伏，阙于朝享，不为畔臣"。天子采之，令单于位在诸侯王上，赞谒称臣而不名。案敌不可尽，因乱侮人，徒招怨恨，伏报复之根。力不能及，自大何益？世惟足于己者，不骛虚名，亦惟中有所慊者，乃欲自炫于外耳。《尚书大传》载越裳氏重译献白雉，周公曰："德不加焉，则君子不飨其质；政不加焉，则君子不臣其人。吾何以获此赐也？"望之之说，盖本于此。使近世之人而知此义，则不致以朝见礼节等，与西人多费唇舌矣。知守旧之徒，实多不知古义也。呼韩邪既来，汉遣兵送出塞，因留卫单于，助诛不服。又转边谷、米、糒给赡其食。黄龙元年，又来朝。其后人众渐盛，遂归北庭。郅支亦遣子入侍，贡献。以为呼韩邪兵弱，不能自还，引其众而西，欲攻定右地。屠耆单于小弟，收两兄余兵数千，自立为伊利目单于。道逢郅支，合战。郅支杀之。并其兵，五万余人。闻汉出兵、谷助呼韩邪，遂留居右地。自度力不能定匈奴，乃益西近乌孙。遣使见小昆弥乌就屠。乌就屠见呼韩邪为汉所拥，郅支亡虏，欲

---

① 儒术：萧望之不欲乘匈奴乱伐其丧。待以不臣。周公不欲受越裳。贾捐之弃珠崖。淮南王谏伐闽越，王莽更匈奴章。

攻之以称汉。乃杀郅支使，持头送都护在所。发八千骑迎郅支。郅支逢击，破之。因北击乌揭，乌揭降。发其兵，西破坚昆，北降丁令。因留都坚昆。《三国志注》引《魏略》，谓此三国，俱去匈奴单于庭安习水七千里。安习水者，今额尔齐斯河。额尔齐斯河在当时盖亦坚昆地，而郅支居之也。郅支自以道远，又怨汉拥护呼韩邪。元帝初元四年，遣使上书求侍子。汉遣谷吉送之。郅支杀吉。自知负汉，又闻呼韩邪益强恐见袭击，欲远去。会康居王为乌孙所困，欲迎郅支置东边，使合兵取乌孙以立之。郅支大说，引兵而西。人众中寒道死。余裁三千人到康居。康居王甚尊敬郅支，妻之以女。郅支亦以女与康居王。数借兵击乌孙。深入至赤谷城。乌孙西边空虚不居者且千里。郅支乘胜骄，杀康居王女及贵人、人民数百，或支解投都赖水中。今塔拉斯河。发民筑城水上，日五百人，二岁乃已。建昭三年，西域副都护陈汤与都护甘延寿谋，矫制发诸国兵、车师戊己校尉屯田吏士，合四万余人，分两道袭郅支。南道逾葱岭，出大宛，北道入赤谷，过乌孙，涉康居界。郅支被创死。传首京师。匈奴自汉初与中国相抗，至此凡百七十年，而为汉所摧破。案历代北狄败亡，无不由于内乱，而其内乱，无不由于继嗣之争者。[①] 知不徒选君非易，即家天下之制，至于严天泽之分，懔储贰之位而不敢干，亦菲一朝一夕之故也。

第十四节　昭宣元成时兵事二

汉通西域，虽始武帝，然其成功，亦在宣、元时。桑弘羊议遣卒田轮台，武帝不许，已见第四节。昭帝时，用弘羊前议，以扞弥大子赖丹为校尉，将军田轮台。赖丹本为质龟兹，李广利击大宛还，将与俱至京师者

---

① 政体：四夷以继嗣之争败。

也。广利责龟兹："外国皆臣属于汉，龟兹何以得受扞弥质？"龟兹贵人姑翼谓其王曰："赖丹本臣属吾国，今佩汉印绶来，迫吾国而田，必为害。"王即杀赖丹。宣帝时，常惠使乌孙还，以便宜发诸国兵讨之。龟兹后王执姑翼诣惠。惠斩之。时乌孙公主遣女来至京师学鼓琴。汉遣送主女，过龟兹。龟兹王前遣人至乌孙求公主女，未还。会女过龟兹，龟兹王留不遣。复使使报公主。公主许之。后公主上书，愿令女比宗室入朝。而龟兹王绛宾，亦爱其夫人，上书言得尚汉外孙，为昆弟，愿与公主女俱入朝。元康元年，遂来朝贺。王及夫人皆赐印绶。夫人号称公主。赐以车骑旗鼓，歌吹数十人，绮绣杂缯琦珍凡数千万。留且一年，厚赠送之。后数来朝贺。乐汉衣服制度。归其国，治官室，作徼道周卫，出入传呼，撞钟鼓，如汉家仪。外国胡人皆曰："驴非驴，马非马，若龟兹王所谓骡也。"绛宾死，其子丞德，自谓汉外孙，成、哀帝时，往来尤数，汉遇之亦甚亲。

楼兰降汉后，匈奴发兵击之。楼兰遣一子质匈奴，一子质汉。楼兰最在东垂，近汉，当白龙堆，乏水草。常主发导，负水、儋粮，送迎汉使，又数为吏卒所寇盗，惩艾，不便与汉通。复为匈奴反间，数遮杀汉使。王弟尉屠耆降，具言状。昭帝元凤四年，霍光使傅介子往刺其王尝归，立尉屠耆。更名其国为鄯善。因尉屠耆请，遣司马一人，吏士四十人田伊循，城名，《冯奉世传》作伊脩，在其国西界。以填抚之。

车师自征和四年降汉后，见第四节。昭帝时，匈奴复使四千骑往田。宣帝遣五将军击匈奴，田者惊去。车师复通于汉。匈奴怒，召其大子军宿，欲以为质。军宿，焉耆外孙，亡走焉耆。车师王更立子乌贵为大子。乌贵为王，与匈奴结婚姻，教匈奴遮汉道通乌孙者。地节二年，汉使郑吉以侍郎将免刑罪人田渠犁，积谷，欲以攻车师。车师降。其王恐匈奴兵复至，奔乌孙。吉使吏卒三百人别屯车师。匈奴遣骑来击。吉尽将渠犁田士千五百人往田。匈奴益遣骑来。汉召军宿，立为王，徙其民居渠犁，以车师故地与匈奴。元康元年，莎车王弟呼屠征与旁国共杀其王万年，并杀汉使，自立。万年，乌孙公主小子，莎车王爱之。王死，无子，万年在汉，国人欲自托于汉，又欲得乌孙心，请以为王。既为呼屠征所弑，适匈奴又攻车师，莎车遣使扬言："北道诸国，已属匈奴矣。"攻劫南道，与歙盟叛汉。从鄯善以西，皆绝不通。冯奉世使送大宛客，以便宜发诸国兵讨之。攻拔其城。呼屠征自杀。更立它昆弟子为王。明年，汉迁郑吉为卫司马，护鄯善以西南道。神爵三年，匈奴日逐王来降，乃使吉并护车师以西北道，号曰都护。西域诸国，故皆役属匈奴。日逐王置僮仆都尉，使领西域。常居焉耆、危须间，赋税诸国，取富给焉。及是，僮仆都尉罢。匈奴益弱，不得近西域。于是徙屯田，田于北胥鞬。徐松曰："下言披莎车，是地近莎车，故《水经注》以为自轮台徙莎车。第通检《汉书》，绝不见莎车屯田之事；且远于乌垒千余里，非都护与田官相近之意。疑莎车为车师之讹。特《水经注》已然，是郦氏所见《汉书》，已同今本。"案徙田与披莎车地或系两事，而郦氏误合之。披莎车之地。屯田校尉始属都护。都护督察乌孙、康居诸外国动静。有变，以闻。可安辑，安辑之，可击，击之。都护治乌垒城，与渠犁田官相近。土地肥饶，于西域为中，故都护治焉。元帝初元元年，复置戊己校尉，屯田车师前王庭。是时，匈奴东蒲类王移力支将人众千百余人降都护。都护分车师后王之西为乌贪訾离地以处之。

乌孙猎骄靡死，军须靡立。江都公主死，汉复以楚王戊孙解忧为公主妻之。军须靡且死，胡妇子泥靡尚小，以国与大禄子翁归靡，曰："泥靡大，以国归之。"翁归靡既立，号肥王。复尚楚主，生三男两女。其中男曰万年，为莎车王。长女弟史，为龟兹王绛宾妻。长男曰元贵靡。元康二年，翁归靡因常惠上书，愿以元贵靡为嗣，令复尚汉公主。汉以解忧弟子宋祁曰：《越本》无子字。相夫为公主，送至敦煌。未出塞，闻翁归靡死，乌孙贵人共从本约立泥靡，乃征还少主。泥靡立，号狂王。复尚楚主，生一男鸱靡。不与主和，又暴恶失众。主与汉使谋，置酒，使士拔剑击狂王。狂王伤，上马驰去。其子细沈瘦，会兵围汉使者及公主于赤谷城。都护郑吉发诸国兵救之，乃解去。翁归靡胡妇子乌就屠，袭杀狂王自立。汉遣辛武贤将兵万五千人至敦煌，欲讨之。初，楚主侍者冯嫽，能史书，习事。尝持汉节，为公主使，行赏赐于城郭诸国。诸国敬信之，号曰冯夫人。为乌孙右大将妻。右大将与乌就屠相爱。郑吉使冯夫人说乌就屠，以汉兵方出，必见灭，不如降。乌就屠恐，曰："愿得小号。"乃立元贵靡为大昆弥，乌就屠为小昆弥。常惠将三校屯赤谷，为分别其人民地界。然众心皆附小昆弥。元贵靡子星靡弱，都护段会宗安定之。死，子雌栗靡代。小昆弥乌就屠死，子拊离代。为弟日贰所杀。汉使立拊离子安日。日贰亡阻康居。安日为降民所杀。段会宗立其弟末振将。大昆弥雌栗靡健，末振将恐为所并，使贵人诈降，刺杀雌栗靡。汉立其季父公主之孙伊秩靡。久之，大昆弥翁侯难栖杀末振将，安日子安犁靡代为小昆弥。汉恨不自责诛末振将，成帝元延二年，复使段会宗即斩其大子番丘。末振将弟卑爰疐，本共谋杀雌栗靡，将众八万，北附康居，谋藉兵兼并两昆弥。元始中，都护孙建袭杀之。

第十五节 昭宣元成时兵事三

羌人以武帝时去湟中，已见第五节。宣帝时，光禄大夫义渠安国使行诸羌。先零种豪言愿时渡湟水北，逐民所不田处，畜牧。安国以闻。后将军赵充国劾安国奉使不敬。是后羌人旁缘前言，抵冒渡湟水，郡县不能禁。元康三年，先零遂与诸羌种豪二百余人解仇，交质盟诅。上闻之，以问充国。充国言："匈奴欲与羌合，非一世也。间者匈奴困于西方，数使使尉黎、危须诸国。疑更遣使至羌中。宜及未然为之备。"后月余，羌侯狼何果遣使至匈奴藉兵，欲击鄯善、敦煌，以绝汉道。两府复白遣安国行视诸羌，分别善恶。安国至，召先零诸豪三十余人，*此据《汉书·赵充国传》，《后汉书·西羌传》作四十余人。*以尤桀黠皆斩之。纵兵击其种人，斩首千余级。于是诸降羌及归义羌侯杨玉等，遂劫掠小种背叛。犯塞，攻城邑，杀长吏。安国以骑都尉将骑三千屯备羌。至浩亹，*师古曰：水名，今大通河。*为虏所击，失亡车重兵器甚众，引还。神爵元年春也。时充国年七十余，上老之，使问谁可将者？充国对曰："无逾于老臣者矣。"四月，遣充国往。充国欲以威信招降罕、开及劫略者，解散虏谋，徼极乃击之。时上已发三辅、大常徒、弛刑、诸郡材官、骑士、羌骑与武威、张掖、酒泉大守各屯其郡者，合六万人矣。酒泉大守辛武贤，请以七月上旬，并出张掖、酒泉，合击罕、开在鲜水上者，*鲜水，今青海。*夺其畜产，虏其妻子，冬复击之。大兵仍出，虏必震坏。充国言："如是，虏必逐水草，入山林。随而深入，即据前险，守后厄，以绝粮道。且恐匈奴与羌有谋，张掖、酒泉兵不可发。请先行先零之诛，罕、开之属，可不烦兵而服。"上纳武贤策，拜为破羌将军。侍中许延寿为强弩将军。以书敕让充国，令引兵并进。充国上书陈利害。上乃报从充国计。充国引兵驱先零度湟水。罕竟不烦兵而下。充国请罢骑兵，留弛刑、步兵、吏士、私从者万二百八十一人屯田。排折羌虏，令不得归肥饶之地。治湟陿以西道桥七十所，令可至鲜水，从枕席上过师。上两从充国、武贤计。令武贤、延寿、充国子右曹中郎将卬出击，皆有降斩。乃罢兵，独留充国屯田。明年，五月，充国奏："羌本可五万人。凡斩首七千六百级。降者三万一千二百人。溺河、湟，饥饿死者五六千人。遗脱与亡者，不过四千人。请罢屯兵。"奏可。充国振旅而还。其秋，羌斩先零大豪犹非、杨玉首，及诸豪率四千余人降。*《纪》在五月，云羌虏降伏，斩其首恶大豪杨玉、酋非首，酋犹古字通，事当在秋，《纪》盖误系于充国奏请罢屯之月也。*初置金城属国，以处降羌。元帝永光二年，秋，陇西乡姐等七种反。右将军冯奉世言："反虏无虑三万人，法当倍用六万。然羌戎弓矛之兵耳，器不犀利，可用四万人，一月足以决。"丞相韦玄成等谓民方收敛，未可多发，遣奉世将万二千人击之，不利。奉世具上地形部众多少之计。天子为大发兵六万余人，乃击破之。余皆走出塞。案《后汉书·西羌传》言："景帝时，研种留何率种人求守陇西塞，于是徙留何等于狄道、今甘肃临洮县西南。安故、见第五节。氐道、今甘肃清水县西南。羌道县。"今甘肃西固县西北。岁姐等盖其后，此为羌人附塞之始。其时种众尚未甚多，故未足为大患也。

第十六节　昭宣元成时兵事四

以上所述，皆昭帝以后用兵四夷，关系较大者。其较小者，则昭帝始元元年，益州廉头、姑缯、牂柯谈指、同并二十四邑皆反。遣水衡都尉吕破胡此据本纪，《西南夷传》作吕辟胡，《百官公卿表》同。击破之。纪云击益州，《西南夷传》云击牂柯，盖二郡皆破胡所定。谈指、同并，并县名。谈指，在今贵州桐梓县东南。同并，在今云南沾益县北。廉头、姑缯，《地理志》不载。四年，姑缯、叶榆复反。叶榆县，属益州，在今云南大理县北。皮胡击之，不利。六年，大鸿胪田广明、军正王平击破之。六年，以钩町侯毋波击反者有功，立为钩町王。钩町县，属牂柯，在今云南通海县东北。元凤元年，武都氐人反。遣执金吾马适建、龙洛侯韩增、大鸿胪广明击之。四年，冬，辽东乌桓反。以中郎将范明友为度辽将军，将北边七郡郡二千骑击之。案《匈奴传》云：汉得匈奴降者，言乌桓尝发先单于冢，单于怨之，方发二万骑击乌桓。霍光欲发兵邀击之，以问护军都尉赵充国。充国以为乌桓间数犯塞，今匈奴击之，于汉便。又匈奴希寇盗，北边幸无事。蛮夷自相攻击，而发兵要之，招寇生事，非计也。光更问中郎将范明友，明友言可击。于是拜明友为度辽将军，将二万骑出辽东。匈奴闻汉兵至，引去。初，光诫明友："兵不空出，即后匈奴，遂击乌桓。"乌桓时新中匈奴兵，明友既后匈奴，因乘乌桓敝击之，斩首六千级，获三王首。还封为平陵侯。然则谓乌桓反而击之者诬也。明友，光婿，光盖欲生事以侯之耳。[1]纪载五年六月，发三辅及郡国恶少年，吏有告劾亡者屯辽东。六年正月，募郡国徒筑辽东玄菟城。乌桓复犯塞，遣明友击之。盖东北边因此扰攘不宁者累岁。光以私意劳民，亦可谓甚矣。《后议书·乌桓传》言明友击乌桓，乌桓由是复寇幽州，至宣帝时，乃保塞无事。元帝初元三年，弃珠厓，事见《贾捐之传》。传云：武帝立珠厓、儋耳郡，其民暴恶，自以阻绝，数犯吏禁，吏亦酷之，率数年一反，杀吏。汉辄发兵击定之。自初为郡，至昭帝始元元年，二十余年，凡六反叛。至其五年，罢儋耳郡，并属珠压。宣帝神爵三年，珠厓三县复反。反后七年，甘露元年，九县反。辄发兵击定之。元帝初元元年，珠厓又反。发兵击之。诸县更叛，连年不定。上与有司议大发军。捐之建议以为不当击。上以问丞相、御史，御史大夫陈万年以为当击。丞相于定国以为前日兴兵击之，连年，护车、都尉、校尉及丞凡十一人，还者二人，卒士及转输死者万人以上，费用三万万余，尚未能尽降。今关东困乏，民难摇动，捐之议是。上乃从之。下诏罢珠厓郡。民有慕义欲内属，便处之，不欲勿强。案境土开辟，实皆人民拓殖之功。拓殖之力未及，而强以兵力据之，则徒劳民而其地终不可保。元帝之弃珠厓，以视武、昭、宣之勤民，倜乎远矣。成帝河平中，夜郎王兴与钩町王禹、漏卧侯俞漏卧县，属牂牁，在今云南罗平县南。更举兵相攻，王凤以杜钦说，荐陈立为牂牁大守诛兴。兴妻父翁指，与兴子邪务收余兵，胁旁二十二邑反，立又平之。未尝调发郡国，其庙算亦较昭、宣时为胜也。

---

① 史事：霍光击乌桓，盖以侯其婿范明友。

第四章
汉末事迹

第一节　元帝宽弛

汉室盛衰，当以宣、元为界。自宣帝以前，一切根本之计，实未尝行，读第二章第五节，第三章第二、第十二节可见。自元帝以后，则颇行之矣。然汉转以衰乱者，则宣帝以前，朝纲较为整饬，元帝以后，则较废弛也。汉世儒家，常怀根本改革之计，其意非不甚善。然根本改革之计，欲藉政治之力以行之，则其道适相反。盖党类（class）既异，利害必不相容。操治理之权者，其利正在于剥削人民。不能辅翼平民，使起与厉己者争，而望厉民者行保民之政，则与虎谋皮矣，有是理乎？元帝以后，所行仁政甚多，然民获其利者，未知几何，而权臣贵戚，竞肆贪残，民之受其害者，则不知凡几矣。此其所以日趋衰乱，终至不可收拾欤？

《汉书·元帝纪》云：帝柔仁好儒。见宣帝所用多文法吏，以刑名绳下。尝侍燕，从容言：“陛下持刑大深，宜用儒生。”宣帝作色曰：“汉家自有制度，本以霸王道杂之，[①] 奈何纯任德教，用周政乎？且俗儒不达时宜，好是古非今，使人眩于名实，不知所守，何足委任？”乃叹曰：“乱我家者大子也。”繇是疏大子而爱淮阳王。曰：“淮阳王明察好法，宜为吾子。”而王母张倢伃尤幸。上有意欲用淮阳王代大子，然以少依许氏，俱

---

① 学术：汉以五霸杂。案宣帝奖王成，诛杨恽、盖宽饶等，非能任法者，此言盖造作也，其所谓法者，任弘恭、石显反周堪、刘更生等耳，京房，又儒生或不能办事，然用督责之术以办事则可，并反其事不可，俗吏则多如此也。石显之败，中书罢。

从微起，故终不背焉。所谓以霸王道杂之者，王指儒，霸指法。以儒家宽仁之政待民，法家督责之术绳吏，确为秦、汉以降，泆可小康之道。所谓是古非今，使人眩于名实者，谓不察实在情形，徒执古事，欲施之今世，汉世儒家，亦确有此病也。崔寔《政论》曰："孝宣皇帝明于君人之道，审于为政之理，严刑峻法，破奸宄之胆。海内清肃，天下密如。算计见效，优于孝文。元帝即位，多行宽政，卒以堕损。威权始夺，遂为汉室基祸之主。"《后汉书》本传。寔法家，其言庸有过当，然去先汉之世近，所言二帝之事，必有为后世所不知者，知宣、元确为先汉盛衰之界也。

汉世儒家所怀根本改革之计，虽迄未尝行，然奋起而主张之者，亦迄未尝绝。观眭弘、王吉、贡禹等事可知。《弘传》云：孝昭元凤三年，泰山莱芜山南有大石自立。是时昌邑有枯社木卧复生。又上林苑中大柳树，断枯卧地，亦自立生。有虫食树叶成字，曰公孙病己立。此当系事后附会之谈。孟弘字。推《春秋》之意，以为当有匹夫为天子者，即说汉帝宜谁差天下，求索贤人，禅以帝位，而退自封百里。[1] 使友人内官长赐上此书。时霍光秉政，恶之，下其书。廷尉奏赐、孟妄设妖言惑众，大逆不道，皆伏诛。以后世眼光观之，甚似教霍光以篡夺者。[2] 然宣帝忌刻殊甚，盖宽饶奏封事，引《韩氏易传》"五帝官天下，三王家天下，家以传子，官以传贤，四时之运，功成者退，不得其人，则不居其位"，竟以是诛。且其所用，无一非龂龂霍氏之人。魏相无论矣，即萧望之亦然。望之当光秉政时，为长史丙吉所荐，与同荐者数人皆召见。光自诛上官桀后，出入自备，吏民当见者，露索，去刀兵，两吏挟持。望之独不肯，自引出阁。于是光独不除用望之。魏相为御史大夫，除望之为属，察廉，为大行治水丞。地节三年，夏，京师雨雹，望之以为大臣任政，一姓擅势所致，由是拜谒者，累迁谏大夫。孟果有逢迎霍氏之心，安得独邀宽宥？而帝顾征其子为郎，即可知

---

① 政体：西汉易姓者论。
② 政体：汉根本改革之论。

其非霍氏之党矣。徒取诸彼以与此，仁者不为，知孟必更有经纶待展布也。宣帝之世，抗高议者莫如王吉，帝见为迂阔不用，已见上节。吉所非者，世俗嫁娶大蚤，聘妻送女无节，贫人不及，故不举子。衣服、车马，上下僭差，人人自制，是以贪财诛利，不畏死亡，欲上除任子之令。外家及故人，可厚以财，不宜居位。又欲去角牴，减乐府，省尚方，明示天下以俭。皆辅世长民之术，且能毅然责难于君者也。吉与贡禹为友，世称"王阳吉字。在位，贡公弹冠"，言其取舍同也。元帝即位，使征禹、吉。吉年老，道病卒。禹至，为谏大夫。迁光禄大夫。初元五年，陈万年卒，遂代为御史大夫。数月卒。用其言：令大仆减食谷马。水衡减肉食兽。省宜春下苑，以与贫民。罢角牴诸戏及齐三服官。事在初元二年、五年。令民产子七岁乃出口钱。武帝令民产子三岁出口钱。罢上林宫馆希御幸者。省建章、甘泉宫卫卒。初元三年。减诸侯王庙卫卒，省其半。盖宣帝所难行者，元帝无不行之矣。禹所言：尚有罢采珠玉金银铸钱之官，毋复以为币。诸官奴婢十余万，宜免为庶人，令代关东戍卒乘北边亭塞候望。近臣自诸曹侍中以上，家亡得私贩卖，与民争利，犯者辄免官削爵，不得仕宦。除赎罪之法。相、守选举不以实及有藏罪者，辄行其诛，毋但免官。盖未能悉行。时又有翼奉。征待诏，以灾异见问。奉以为祭天地于云阳、汾阴，及诸寝庙不以亲疏迭毁，皆烦费违古制。又宫室苑囿，奢泰难共。以故民困国虚，亡累年之蓄。不改其本，难以末正。乃上疏，请徙都成周，定制，与天下更始。此则较诸贡禹，谓唯"宫室已定，亡可奈何，其余尽可减损"者，尤为卓绝矣。迁都正本，元帝虽未能行，然宗庙迭毁及徙南北郊之议，实发自奉，至韦玄成为相遂行之。在当时，亦不能谓非卓然不惑之举也。此外元帝仁政，见于史者：又有罢盐铁官、常平仓，令博士弟子毋置员，《本纪》初元五年。轻殊死之刑，《后汉书·梁统传》：统上疏，言元、哀二帝，轻殊死之刑一百二十三事。手杀人者减死一等。《注》引《东观记》曰：元帝初元五年，轻殊死刑三十四事，哀帝建平元年，轻殊死刑八十一事，其四十二事，手杀人者减死一等。及罢珠崖、见第三章第十六节。北假田官等。初元五年。虽以用度不足，民多复除，无以给中外繇役，复盐铁官、博士弟子员，《本纪》永光三年。然已可谓难矣。竟宁中，召信臣征为少府，奏请上林诸离远宫馆希御幸者，勿复缮治共张。又奏省乐府黄门倡优诸戏，及宫馆、兵弩、什器，减过泰半。大官园种冬生葱韭菜茹，覆以屋庑，昼夜爇蕴火，待温气乃生。信臣以为此皆不时之物，有伤于人，不宜以奉共养。及它非法食物悉奏罢。省费岁数千万。《循吏传》。此亦元帝节俭之一端。王嘉称其温恭少欲，本传。信不诬矣。以视武、宣之奢泰何如哉？

　　然元帝虽躬行恭俭，而于奸以事君者，不能决然斥去，遂致下陵上替，威柄倒持，此则深堪浩叹者也。宣帝之寝疾也，以乐陵侯史高，史良娣兄恭之子。为大司马车骑将军，大子大傅萧望之为前将军光禄勋，少傅周堪为光禄大夫，皆受遗诏辅政，领尚书事。望之、堪本以师傅见尊重。上即位，数宴见，言治乱，陈王事。望之选白宗室散骑谏大夫刘更生给事中，与侍中金敞并拾遗左右。四人同心谋议，劝道上以古制，多所欲匡正。上甚乡纳之。初，宣帝不甚从儒术，任用法律，而中书宦官用事。中书令弘恭、石显，《佞幸传》：恭为令，显为仆射。元帝即位数年，恭死，显代为尚书令。久典枢机，明习文法，亦与高为表里，论议常独持故事，不从望之等。望之以为中书政本，宜以贤明之选。自武帝游宴后庭，故用宦者，非国旧制，且违不近刑人之义，白欲更置士人。繇是大与高、恭、显忤。上初即位，谦让重改作，议久不定。出刘更生为宗正。望之、堪数荐名儒茂材，以备谏官。会稽郑朋，阴欲附望之，上疏言高遣客为奸利郡国，及言许、史子弟罪过。章视周堪。堪白令待诏金马门。朋奏记望之。望之见纳朋，接待以意。后朋行倾邪，望之绝不与通。朋与大司农李宫俱待诏，堪独白宫为黄门郎。朋怨恨，更求人许、史。华龙者，宣帝时待诏，以行污秽不进。欲入堪等，堪等不纳。恭、显令二人告望之等谋欲罢车骑将军，疏退许、史状。事下弘恭问状，恭、显奏望之、堪、更生朋党，更相称举。数谮诉大臣，毁离亲戚，欲以专擅权势。为臣不忠，诬上不道。请谒者召致廷尉。时上初即位，不省谒者召致廷尉为下狱也，可其奏。后上召堪、更生。曰："系狱。"上大惊，曰："非但廷尉召问邪？"以责恭、显，皆叩头谢。上曰："令出视事。"恭、显因使高言："上新即位，未以德化闻于天下，而先验师傅。既下九卿大夫狱，宜因决免。"于是赦望之罪，及堪、更生皆免为庶人。其春，地震。夏，客星见昂、卷舌间。上感悟。下诏赐望之爵关内侯，食邑六百户。奉朝请。秋，征堪、更生，欲以为谏大夫。恭、显皆白为中郎。冬，地复震。时恭显、许史子弟、侍中、诸曹，皆侧目于望之等。更生惧焉。乃使其外亲上变事，言宜退恭、显，进望之等。书奏，恭、显疑其更生所为。白请考奸诈。辞果伏。遂逮更生系狱。下大傅韦玄成、谏大夫贡禹与廷尉杂考。更生坐免为庶人。会望之子散骑中郎仅上书讼望之前事。诏下有司。复奏望之教子上书，失大臣体，不敬，请逮捕。恭、显建白："望之前欲排退许、史，非颇诎望之于牢狱，圣朝亡以施恩厚。"上曰："萧大傅素刚，安肯就吏？"显等曰："人命至重，望之所坐，语言薄罪，必无所忧。"上乃可其奏。望之自杀。初元二年十二月。天子闻之，惊，推手曰："曩固疑其不就狱，果然。杀吾贤傅。"召显等，责问以议不详。皆免冠谢。良久然后已。望之有罪死，有司请绝其爵邑。有诏加恩，长子伋，嗣为关内侯。天子追念望之不忘。每岁时，遣使者祠祭望之冢，终元帝世。望之之死，天子甚悼恨之，乃擢周堪为光禄勋，堪弟子张猛光禄大夫，给事中，大见信任。恭、显惮之，数谮毁焉。更生见堪、猛在位，几已得复进，惧其倾危，乃上封事，言佞邪与贤良，并在交戟之内。宜决断狐疑，分别犹豫。恭、显见其书，愈与许、史比而怨更生等。是岁，夏寒，日青无光，恭、显及许、史皆言堪、猛用事之咎。上内重堪，又患众口之寝润，无所取信。长安令杨兴，常称誉堪，上欲以为助，乃见问兴。兴者，倾巧士，谓上疑堪，因顺指言可赐爵关内侯，勿令与事。会城门校尉诸葛丰亦上书言堪、猛短。上发怒，免丰。然仍左迁堪为河东大守，猛槐里令。显等专权日甚。后三岁余，孝宣庙阙灾。其晦，日有食之。于是上召诸前言日变在堪、猛者责问。皆稽首谢。征堪诣行在所。拜为光禄大夫，秩中二千石。领尚书事。猛复为大中大夫给事中。显干尚书事，尚书五人，皆其党也。堪希得见，常因显白事。事决显口。会堪疾，瘖不能言而卒。显诬谮猛，令自杀于公车。永光四年。更生遂废。十余年，成帝即位，显等伏辜，乃复进用，更名向。以上略据《望之》、《向传》，其事可疑者甚多。元帝不省召致廷尉为下狱，知萧大傅不肯就吏，而又可恭、显之奏，其事皆不近情理。即更生使外亲上变事亦然。更生前后数直谏，堪、猛再用时，亦自上封事，何以身为中郎，乃忽使外亲上变邪？要之，望之、堪、猛、更生等与史高、恭、显等相持凡九年，屡仆屡起，可知元帝非真信恭、显者。《显传》云："帝被疾不亲政事，方隆好于音乐，以显久典事，中人无外党，精专可信任，遂委以政事，事无大小，因显白决。"以中人为精专无党而信之，或因般乐怠敖而委政于下，历代人主，如是者诚甚多，然元帝尚非其伦，观其屡起望之、堪、猛、更生等可知。其终于见排，实以恭、显依附许、史，而元帝不能决断故也。自来居高位者，恒不乐于更新。史言望之等多所欲匡正，史高、恭、显等常持故事，盖其龃龉之由。观此，知宣帝以前，外戚宦官之未甚跋扈，未尝不以政事因循，无所改革，非必尽由在上者之明察也。堪、猛败后二年，建昭元年。又有京房见贼之事。

京房者，①治《易》，事梁人焦延寿。其说长于灾变。分六十四卦，更直日用事，以风雨寒温为候，各有占验。房用之尤精。初元四年，以孝廉为郎。永光、建昭间，西羌反，日食，又久青无光，阴雾不精。房数上疏先言其将然，近数月，远一岁，所言屡中。天子说之，数召见问。房对曰："古帝王以功举贤，则万化成，瑞应著。末世以毁誉取人，故功业废

---

① 选举：京房。

而致灾异。宜令百官各试其功，灾异可息。"诏使房作其事。房奏考功课吏法。上令公卿朝臣与房会议。皆以房言烦碎，令上下相司，不可许。上意乡之。时部刺史奏事京师，上召见诸刺史，令房晓以课事。刺史复以为不可行。唯御史大夫郑弘、光禄大夫周堪初言不可行，后善之。上令房上弟子晓知考功课吏事者，欲试用之。房上中郎任良、姚平，愿以为刺史，试考功法。臣得通籍殿中，为奏事，以防壅塞。时中书令石显专权，显友人五鹿充宗为尚书令，疾房，欲远之。建言宜试以房为郡守。元帝于是以房为魏郡大守。得以考功法治郡。房自请：愿无属刺史。得除用他郡人。自第吏千石以下。岁竟乘传奏事。天子许焉。未发，上令阳平侯凤承制诏房，止无乘传奏事。去月余，竟征下狱。初，淮阳宪王名钦，即张婕妤子，宣帝欲以代元帝为大子者。舅张博，从房受学，以女妻房。房与相亲。每朝见，辄为博道其语。以为上意欲用房议，而群臣恶其害己，故为众所排。博欲令王上书求入朝，得佐助房。房曰："中书令石显，尚书令五鹿君，及丞相韦侯，皆久无补于民，此尤不欲行考功者也。淮阳王即朝见，劝上行考功事，善。不然，但言丞相、中书令任事久而不治，可休丞相，以御史大夫郑弘代之；迁中书令置他官，以钩盾令徐立代之。如此，房考功事得施行矣。"博因令房为淮阳王作求朝奏草，皆持柬与淮阳王。石显微司，具知之，以房亲近，未敢言。及房出守郡，显告房与张博通谋，诽谤政治，归恶天子，诖误诸侯王。房博皆弃市。此据《房传》。《淮阳宪王传》则谓博为王求朝，实有觊觎天位之心。其说皆非实录。觊觎天位无论矣，即仅欲使入朝佐助房，亦已处嫌疑之际，何至以房亲近而不敢言？房去至陕，尝上封事，言"臣愿出任良试考功，臣得居内，议者知如此于身不利，故云使弟子不若试师；臣为刺史，又当奏事，故复云：为刺史，恐大守不与同心，不若以为大守，此其所以隔绝臣也"。盖其初意，仅欲隔绝房使不得奏事，房既去，乃又造淮阳之狱以陷之也。若当房未去之际，已微司得其与张博之谋，则房之不及岁竟，已可

149

豫知，又何必止其乘传奏事乎？成帝即位后，淮阳宪王上书陈张博时事，颇为石显等所侵，因为博家属徙者求还。上加恩许之。据此，即知张博之狱之诬。不然，王未必敢上书，成帝亦无缘许之也。史但言房从焦延寿学《易》，然王符《潜夫论·考绩篇》，称"先师京君，科察考功，以遗贤俊，大平之基，必自此始"，而元帝亦使房上弟子知考功课吏事者，则考功课吏之法，亦代有师承。史言焦延寿补小黄令，以候司先知奸邪，盗贼不得发。又言得我道以亡身者京生，盖皆非指《易》学言。疑别有督责之术，而房从而受之也。督责之术，实君主专制之世致治之基，为石显、王凤等所害而不能行，较之萧望之等之见废，实尤可惜也。不然，元帝何至蒙威权堕损，为汉基祸之诮哉？

萧望之、周堪、京房而外，直臣见厄者，又有御史中丞陈咸、待诏贾捐之，皆以奏封事言显短；郑令苏建，得显私书奏之；后皆以他事论死。史言"自是公卿以下，重足一迹"焉。显见左将军冯奉世父子为公卿著名，女又为昭仪，在内，心欲附之。荐言昭仪兄谒者逡，修敕，宜侍帷幄。天子召见，欲以为侍中。逡请问，言显专权，罢归郎官。后御史大夫缺，群臣皆举逡兄大鸿胪野王。天子以问显。显曰："恐后世必以陛下私后官亲。"遂废不用。其巧于挤排如此。韦玄成、匡衡为相，玄成永元元年为相，三年薨，衡代之。皆名儒。史言其畏显不敢失其意。案毁庙之事，实成于玄成手。衡持之亦甚坚。衡初为郎中博士给事中，上疏言："今天下俗贪财贱义；好声色，上侈靡；廉耻之节薄，淫辟之意纵；不改其原，虽岁赦之，刑犹难使错而不用也。臣愚以为宜一旷然大变其俗。"又言"长安天子之都，亲承圣化，然其习俗无以异于远方。郡国来者，无所法则，或见侈靡而放效。此教化之原本，风俗之枢机，宜先正者也"。"宜减官室之度，省靡丽之饰"。其议论，实与王、贡、翼奉等同。后迁光禄大夫大子少傅。时上好儒术文辞，颇改宣帝之政，言事者多进见，人人自以为得上意。衡上疏言："论议者争言制度不可用也，务变更之，所更或不可行，而复复之，是以群下更相是非，吏民无所信。臣窃恨释乐成之业，而虚为此纷纷也。"则颇类乎独持故事者矣。岂衡本史高所荐，稍依附之邪？成帝即位后，衡与御史张谭奏废显。司隶校尉王尊劾衡、谭居大臣位，不以时白，而阿谀曲从，附下罔上，衡固百喙无以自解矣。显訾至一万万。长安豪侠萬章，与显相善。得显权力，门车常接毂。显当去，留床席器物，欲以与章，其直亦数百万。显之交私，可谓甚矣。《后汉书·侯霸传》：族父渊，以宦者，有才辩任职，元帝时佐石显等领中书，号曰大常侍。成帝时，任霸为大子舍人。霸家累千金，疑亦渊之所遗，或倚渊势以致者也。所谓精专可信任者安在？中书政本，更置士人，实为当时急务，而元帝卒不能断，其不足与有为可知，宣帝之叹，有以夫！

第二节　成帝荒淫

汉治陵夷，始于元帝，而其大坏则自成帝。帝之荒淫奢侈，与武帝同，其优柔寡断，则又过于元帝。朝政自此乱，外戚之势自此成，汉事遂不可为矣。

元帝三男：王皇后生成帝。傅昭仪生定陶共王康。冯昭仪生中山孝王兴。成帝以宣帝甘露三年生，为世适皇孙。宣帝爱之。自名曰骜，字大孙。皇后自有子后，希复进见。大子壮大，幸酒，乐燕乐，元帝不以为能。而傅昭仪有宠，定陶共王多材艺，上爱之，常有意欲废大子而立共王。赖侍中史丹高子。拥右大子；上亦以皇后素谨慎，而大子先帝所常留意；故得不废。咸宁元年，元帝崩，成帝即位。迁石显为长信中大仆。显失意离权。数月，丞相、御史条奏显旧恶。及其党牢梁、陈顺皆免官。显与妻子徙归故郡。忧懑不食，道病死。诸所交结，以显为官皆废罢。至建始四年，遂罢中书宦官。此为元帝所不能行者。然宦官去而外戚愈张，亦

151

无补于治也。

　　王大后兄弟八人：曰凤、曼、谭、崇、商、立、根、逢时。唯曼早死。而凤及崇与后同母。成帝后许氏，父嘉，广汉弟延寿之子也。自元帝时为大司马车骑将军，辅政，已八九年矣。成帝立，复以凤为大司马大将军，与嘉并。久之，策免嘉。凤故袭父禁为阳平侯。崇以后同母弟封安成侯。谭、商、立、根、逢时皆赐爵关内侯。河平二年，又悉封五人为侯。谭，平阳侯；商，成都侯；立，红阳侯；根，曲阳侯；逢时，高平侯。王氏子弟，皆卿、大夫、侍中、诸曹，分据势官，满于朝廷。上遂谦让无所颛。宣帝舅子王商，帝即位为左将军，与凤议论不平。建始四年，代匡衡为丞相。河平四年，凤使人上书言商闺门内事，免相。三日，发病呕血薨。子弟亲属，皆出补吏，莫得留给事宿卫者。定陶共王来朝，天子留不遣。会日食，凤言宜遣王之国。上不得已，许之。京兆尹王章言灾异之发，为大臣颛政。并讼王商。又言凤知其小妇弟张美人已尝适人，托以为宜子，内之后宫。凤不可久令典事。宜退使就第，选忠贤以代之。天子谓章："试为朕求可以自辅者。"章荐中山孝王舅琅邪大守冯野王。初，章每召见，上辄辟左右。大后从弟长乐卫尉弘予侍中音独侧听，具知章言，以语凤。凤称病出就第。上书乞骸骨，辞指甚哀。大后闻之，为垂涕不御食。上少而亲倚凤，弗忍废。使尚书劾奏章，下廷尉；死狱中。妻子徙合浦。自是公卿见凤，侧目而视。郡国守、相、刺史，皆出其门。又以音为御史大夫，列于三公。五侯群弟，争为奢侈。赂遗珍宝，四面而至。后庭姬妾，各数十人。僮奴以千百数。罗钟磬，舞郑女，作倡优。狗马驰逐。大治第室，起土山、渐台，洞门、高廊、阁道，连属弥望。然皆通敏人事。好士养贤，倾财施予，以相高尚。凤辅政凡十一岁，阳朔三年薨，荐音自代。音为大司马车骑将军。谭位特进，领城门兵。时崇巳前死。音既以从舅越亲用事，小心亲职。岁余，封为安阳侯，食邑与五侯等。初，商尝病，欲避暑，从上借明光宫。后又穿长安城，引内沣水，注第中大陂以行船。上幸商第，见，内衔之，未言。后微行出，过曲阳侯第，又见园中土山、渐台，似类白虎殿。怒，以让音。商、根兄弟欲自黥劓谢大后。上闻之，大怒。乃使尚书责问司隶校尉、京兆尹：知成都侯擅穿帝城，决引沣水；曲阳侯根骄奢僭上，赤墀青琐；红阳侯立父子臧匿奸猾亡命，宾客为群盗；阿纵不举奏。赐音策书曰："外家何甘乐祸败，而欲自黥劓相戮辱于大后前，伤慈母之心？外家宗族强，上一身寝弱，日久，今将一施之，君其召诸侯，令待府舍。"是日，诏尚书奏文帝时诛将军薄昭故事。文帝舅。音藉稿待罪。商、立、根皆负斧质谢。上不忍诛，然后得已。久之，谭薨。大后怜弟曼早死，独不封。永始元年，上追封曼，为新都哀侯。子莽嗣爵为新都侯。后又封大后姊子淳于长为定陵侯。王氏亲属侯者凡十人。上悔废谭不辅政而薨也，乃复进商以特进领城门兵。置幕府，得举吏，如将军。音以永始二年薨。商为大司马卫将军。立位特进，领城门兵。商辅政四岁，元延元年，病，乞骸骨。天子闵之，更以为大将军。商薨，立次当辅政，有罪过，立使客因南郡大守李尚占垦草田数百顷，颇有民所假少府陂泽，略皆开发。上书愿以入县官。有诏郡平田予直。丞相司直孙宝发其奸，尚下狱死。上乃废立而用根为大司马票骑将军。辅政五岁，绥和元年，乞骸骨。逢时前死。先是淳于长以外属能谋议为卫尉，侍中，在辅政之次。是岁，莽告长伏罪，与立相连。长下狱死，立就国。见下。故根荐莽自代。莽遂为大司马。岁余而成帝崩。帝之世，王氏迄专权。外戚许嘉、王商，皆为所排。王章欲推毂冯野王而未果。宰相则自王商死后，张禹、河平四年。薛宣、鸿嘉元年。翟方进、永始二年。孔光，绥和二年。相继居职。禹为帝师，奢淫好殖货财。光久领尚书，徒以周密谨慎见称。宣、方进皆明习文法，方进尤号通明，为上所倚。然史言其内求人主微指，以固其位，皆非骨髓之臣。盖威权之去王室久矣。《叙传》言成帝性宽，进入直言，是以王音、翟方进等，绳法举过，而刘向、杜邺、王章、朱云之徒，肆意犯上。自帝师安昌侯、张禹。诸舅大将军兄弟及公卿大夫、后官、外属许、史之家，有贵宠者，莫不被文伤诋。虽谷永驳讥赵、李亦无间。所谓宽仁，乃班氏为汉臣子，故其言如是，实则暗昧不明，优柔寡断而已。从来朋党之成，每由在上者之漫无别白，而其别白之当否尚次之。史言刘向以帝时复进用，上疏言王氏之盛，为历古至秦、汉所未有，与刘氏且不并立。天子徒召见叹息，悲伤其意。谷永讥切赵、李，上大怒，使侍御史收永，王商密谪永令去，御史追不及还，上意亦解。其知善言而不能决，决而不能坚持，正与其恶王凤而不能去，怒王商、王立、王根而不能决罪，同一病根。谷永、杜邺，史言其为王氏之党；虽张禹亦为之言；盖上无诛赏，则下不得不依附权门以自固，党与成而人主孤立矣。此专制之世之大戒也。王氏之篡国，多士实为其一因，而士之依附王氏，则帝之为渊殴鱼也。见渐台土山，一怒而王音藉稿，诸舅负质，则知帝之世，威权犹非不能振起。且时王氏之于霍氏何如哉？宣帝能除霍氏，而谓王氏不可去也？然则帝之姑息养奸，不可谓非汉亡之由矣。而其荒淫，宠任便嬖，溺于色，废许后，立微贱之赵氏，使朝无持重之臣，外戚亦无强辅，亦其为王氏驱除难之一端。

成帝虽荒淫，亦颇有善政。[1]如减天下赋钱算四十，孟康曰：本算百二十，今减四十，为八十。罢六厩技巧官，建始二年。遣使举三辅、三河、河内、河南、河东。弘农冤狱，鸿嘉元年。皆恤民之政也。使光禄大夫刘向校中秘书，谒者陈农使求遗书于天下，河平三年。诏丞相、御史与中二千石、二千石杂举可充博士位者，阳朔二年。皆右文之治也。永始四年，以公卿、列侯亲属、近臣，奢侈逸豫。务广第宅，治园池。多畜奴婢。被服绮縠，设钟鼓，备女乐。车服、嫁娶、葬埋过制。申敕有司，以渐禁之。尤前世所未能行。盖承元帝之遗风然也。然空言无施，虽切何补，观于其时外戚嬖幸之奢纵，而其政事可知矣。

———

① 政治：成帝亦多仁政。哀帝。

汉代帝王，营葬甚厚。移民以奉陵邑，讹害尤巨。元帝时，渭陵不复徙民起邑。成帝营初陵，数年后，乐霸陵曲亭南，更营之。将作大匠解万年与陈汤善，教其求徙初陵，为天下先。鸿嘉二年，遂徙郡国豪桀赀五百万以上五千户于昌陵。昌陵之功，增卑为高，积土为山。发民墓坟，积以万数。《刘向传》。卒徒工庸，以巨万数。至然脂火夜作，取土东山，与谷同贾。《陈汤传》。五年而功不成。至永始元年，乃罢之。二年，徙万年敦煌郡。然民之受害已深矣。

鸿嘉元年，帝始为微行。与富平侯张放俱。安世元孙，父临，尚元帝妹敬武公主。北至甘泉，南至长杨、五柞，斗鸡、走马长安中。崇聚轻剽小人，以为私客。饮醉吏民之家，乱服共坐，流湎媟嫚者积数年。《张放谷永传》。放骄蹇纵恣。至奴从支属，并乘权势为暴虐。求吏妻不得，杀其夫，或恚一人，妄杀其亲属，辄亡入放第不得，而其身所为无论矣。帝虽上迫大后，下用大臣，迁之于外，犹屡召入。其去，常泣涕而遣之。元延二年，将大夸胡人以多禽兽。秋，命右扶风发民入南山。西自褒斜，东至弘农，南驱汉中，张罗罔罝罘，捕熊、罴、豪猪、虎、豹、狖、玃、狐、兔、麋、鹿，载以槛车，输长杨射熊馆。长杨，宫名，在盩厔东。以罔为周阹，纵禽兽其中，令胡人手搏之，自取其获。上亲临观焉。是时，农民不得收敛。《扬雄传》。其荒淫如此。

其时关东又遭大水。阳朔二年。于是反者渐起。阳朔三年，颍川汉郡，治阳翟冷河南禹县。铁官徒申屠圣等百八十人杀长吏，盗库兵，自称将军，经历九郡。鸿嘉三年，广汉见第三章第五节。男子郑躬等六十余人攻官寺，篡囚徒，盗库兵，自称山君。永始三年，山阳汉郡，治昌邑，今山东金乡县。铁官徒苏令等二百二十八人攻杀长吏，盗库兵，自称将军，经历郡国十九。虽旋皆平定，势已骚然不宁矣。

成帝许皇后，聪慧善史书。自为妃至即位，常宠于上。后宫希得进见。尝有一男，失之。班婕妤况子，固之祖姑。亦尝再就馆，有男，数月失之。鸿嘉后，上稍隆于内宠。健仔进侍者李平。平得幸，立为健仔。上曰"始卫皇后亦从微起"，乃赐平姓曰卫。案卫皇后之祸，可谓酷矣，而成帝不知鉴，可见纨绔子弟之全无心肝也。生于深宫之中，长于阿保之手之人君，乃纨绔子弟之大者也。赵皇后本长安宫人。省中侍使官婢。属阳阿主家，学歌舞，号曰飞燕。帝微行过阳阿主家作乐，见而说之。召入宫，大幸。有女弟，复召入。俱为健仔。班健仔及许皇后皆失宠，希复进见。后姊平刚侯夫人谒等为媚道，咒诅后宫有身者王美人及凤等。事发觉。大后大怒。下吏考问，谒等诛死，许后废处昭台宫。在上林苑中。亲属皆归故郡。山阳。后弟子平恩侯旦就国。时为鸿嘉三年。赵飞燕并谮告班健仔，考问。健仔对曰："妾闻死生有命，富贵在天。修正尚未获福，为邪欲以何望？使鬼神有知，不受不臣之愬。如其无知，愬之何益？"上善其对，获免。健仔恐久见危，求共养大后长信宫。上欲立赵健仔，大后嫌其所出微，难之。淳于长为侍中，数往来传语，得大后指，上立封健仔父临为成阳侯。谏大夫刘辅言卑贱之女，不可以母天下。系狱，减死一等，论为鬼薪。月余，遂立健仔为皇后。时永始元年也。长封为定陵侯。大见信用，贵倾公卿。外交诸侯。赂遗赏赐，亦累巨万。后既立，宠少衰，而弟绝幸。为昭仪，居昭阳舍。其中庭彤朱，而殿上髹漆，切皆铜沓冒，黄金涂，白玉阶，壁带往往为黄金釭，函蓝田璧，明珠、翠羽饰之，自后宫未尝有焉。姊弟颛宠十余年，卒皆无子。废后在昭台岁余，还徙长定宫。绥和元年，上怜许氏，还平恩侯旦及亲属。是岁废后败。先是废后姊嬾寡居，与淳于长私通，因为之小妻。长绐之曰："我能白东宫，复立许后为左皇后。"废后因嬾私赂遗长，数通书记相报谢。长书有悖谩。此据《外戚传》。《长传》：许后因嬾赂遗长，欲求复为健仔。长受许后金钱、乘舆服御物前后千余万。诈许为白上，立为左皇后。嬾每至长定宫，辄与嬾书，戏侮许后，嫚易无不言。其说大同小异，要可见纨绔子弟之贪淫欺诈，肆无忌惮也。发觉，天子使赐废后药自杀。免长官，遣就国。初，红阳侯立独不得为大司马辅政，自疑为长毁谮，常怨毒长。上知之。及长当就国也，立嗣子融从长请车骑，长以珍宝因融重遗立，立因为长言，于是天子疑焉。事下有司案验。吏捕融。立令融自杀以灭口。上愈疑其有大奸。遂逮长系洛阳诏狱，穷治。长具服戏侮长定宫，谋立左皇后。罪至大逆，死狱中。立就国。案许后之废，王凤死已四年，而《传》云咒诅凤，其辞似有未谛，或诬以凤未死时事。然必与王氏有关，则无疑矣。大后一怒，而许后以废，其姊以死；赵后之立，又以淳于长通指长信宫；知元后干政颇甚。班倢伃求共养长信宫，盖知废置生杀之权，悉操诸王氏，而求自亲，以防拥蔽交构也。然淳于长之死，大后初不能救，则知王氏实无能为，有威柄者，何为濡忍而不用哉？王、许同为外家，许广汉之于宣帝，可谓有生死肉骨之功，而汉报许后兄弟以死，亦酷矣。立后所出卑微，自今日观之，诚无甚关系。然在当时，固举国以为不可，悍然违众而行之，可谓与习俗大背。人之能不顾习俗者，非大知勇，则愚无知，或沉溺不能自振者耳，所谓材能不及中庸也。故知历代帝王，多今所谓水平线以下之人矣。

定陶共王以阳朔二年薨，子欣嗣立。元延四年，与中山孝王俱入朝。共王母傅昭仪，有才略，善事人。多以珍宝赂遗赵昭仪及王根。昭仪及根见上无子，亦欲豫自结，为长久计。皆更称定陶王，劝帝以为嗣。成帝亦自美其材，为加元服而遣之。时年十七矣。明年，征立为大子。是为哀帝。《孔光传》：上召丞相翟方进，御史大夫光，右将军廉褒，后将军朱博，议中山、定陶王谁可为嗣者？方进、根以为定陶王帝弟之子，《礼》曰：昆弟之子犹子也，为其后者，为之子也，定陶王宜为嗣。褒、博皆如方进、根议。光独以为礼立嗣以亲。中山王先帝之子，帝亲弟也，以《尚书》盘庚殷之及王为比，中山王宜为嗣。[①]上以礼兄弟不相入庙，又皇后、昭仪欲立定陶王，故遂立为大子。光以议不中意，左迁廷尉。绥和二年，成帝崩。《外戚传》云：帝素强，无

---

① 政体：汉成帝无子，孔光主立帝。

疾病。昏夜平善。乡晨，傅绔袜欲起，因失衣，不能言。昼漏上十刻而崩。民间归罪赵昭仪。皇大后诏掖庭令杂与御史、丞相、廷尉治，问皇帝起居发病状。赵昭仪自杀。案王凤白遣定陶共王时，史言上谓共王："我未有子。人命不讳，一朝有他，且不复相见。尔长留侍我矣。"其后不得已于凤，遣王之国，与相对泣而诀，《元后传》。一似成帝危在旦夕者。及其崩，则又言其素强无疾病，民间皆归罪赵昭仪。[①] 一从后人归咎王氏之辞，一从王氏蔽罪赵氏之语，皆不加别白。信以传信，疑以传疑，古人著书，体例固如是。若皆据为信史，则误矣。宫禁之事，人民何知焉？乃归罪于昭仪乎？哀帝立，尊赵皇后为皇大后，封大后弟侍中驸马都尉钦为新成侯。数月，司隶解光奏许美人及故中宫史曹宫，皆尝御幸成帝，有子，为赵后所杀。《本纪》：元延元年，昭仪赵氏害后官皇子，亦据事后之辞书之。于是免新城侯及临子成阳侯诉，皆为庶人，将家属徙辽西。议郎耿育上疏言光诬污先帝。史言哀帝为大子，亦颇得赵大后力，遂不竟其事。此由哀帝非为王氏牵鼻者耳。哀帝崩，元后诏有司：谓赵后残灭继嗣，贬为孝成皇后，徙居北宫。后月余，复下诏废为庶人，就其园。是日自杀。史言傅大后恩赵大后，赵大后亦归心，成帝母及王氏皆怨之，可知赵氏之祸所由来矣。

第三节　哀帝纵恣

成帝之为人也，失之于弱，哀帝则颇刚，史称其"睹孝成世禄去王室，威柄外移，临朝娄诛大臣，欲强主威，以则武、宣"是也。《本纪赞》。然欲正人而不能正己，去王氏而以丁、傅之族代之，享国不永，朝

---

① 史事：成帝崩，归罪赵昭仪之误。元后干政之甚。

无重臣，国政仍入王氏之手，是则可哀也。

哀帝之即位也，尊成帝母为大皇大后，赵皇后为皇大后。帝祖母傅大后、母丁后，皆在国邸，自以定陶共王为称。有诏问丞相孔光、大司空何武：定陶共王大后，宜当何居？光素闻傅大后为人刚暴，长于权谋，自帝在襁褓而养长教道，至于成人，帝之立又有力，恐其与政事，不欲令与帝旦夕相近。即议以为定陶大后，宜改筑宫。武曰：可居北宫。上从武言。北宫有紫房复道，通未央宫。傅大后果从复道朝夕至帝所。高昌侯董宏上书，言宜立定陶共王后为皇大后。事下有司。左将军师丹与大司马王莽共劾奏宏。上新立谦让，用莽、丹言，免宏为庶人。傅大后大怒，要上必欲称尊号。于是以大皇大后诏，尊定陶共王为共皇。遂尊傅大后为共皇大后，丁姬为共皇后。建平二年，郎中令冷褒、黄门郎段犹等，复奏言定陶共皇大后、共皇后皆不宜复引定陶，著国之名，以冠大号。车马、衣服，宜皆称皇之意。置吏二千石以下，各共厥职。又宜为共皇立庙京师。上复下其议。有司皆以为宜如褒、犹言。丹议独异。遂以事策免。数月，上用朱博议，尊傅大后为帝大大后，后又更号皇大大后。称永信宫。共皇后曰帝大后，称中安宫。立共王庙于京师。是岁，帝大后崩。起陵共皇之园。傅大后以元寿元年崩，合葬渭陵，称孝元傅皇后焉。傅大后父同产弟四人：曰子孟、中叔、子元、幼君。子孟子喜，至大司马，封高武侯。中叔子晏，亦大司马，封孔乡侯。幼君子商，封汝昌侯。为大后父崇祖侯后。更号崇祖曰汝昌哀侯。大后父蚤卒，母更嫁，为魏郡郑翁妻，生男恽，前死。以恽子业为阳信侯。追尊恽为阳信节侯。郑氏、傅氏侯者凡六人，大司马二人，九卿、二千石六人，侍中、诸曹十余人。帝大后两兄：忠、明。明以帝舅封阳安侯。忠蚤死，封忠子满为平周侯。大后叔父宪、望。望为左将军。宪为大仆。明为大司马票骑将军，辅政。丁氏侯者凡二人，大司马一人，将军、九卿、二千石、侍中、诸曹六十余人。后傅氏，晏子。哀帝为定陶王时，傅大后欲重亲，取以配王者也。杜邺对策，讥其宠意并于一家，皇甫、三桓，无以盛此，宜矣。

《元后传》云：哀帝即位，大后诏莽就第，避帝外家。哀帝初优莽，不听。莽上书，固乞骸骨。《莽传》：莽与师丹共劾宏。后日，未央宫置酒，内者令为傅大后张幄坐于大皇大后旁。莽案行，责内者令曰："定陶大后藩妾，何以得与至尊并？"彻去，更设坐。傅大后闻之，大怒，不肯会。重怨恚莽。莽复乞骸骨。上乃下诏，以莽为特进，朝朔望。又还红阳侯立京师。帝少而闻知王氏骄盛，心不能善，以初立故，优之。后月余，司隶校尉解光奏曲阳侯根及成都侯况罪。乃遣根就国，免况为庶人，归故郡。根及况父商所荐举为官者皆罢。后二岁，傅大后、丁姬称尊号。有司奏莽前为大司马，贬抑尊号之议，亏损孝道；及平阿侯红臧匿赵昭仪亲属；皆就国。以上据《元后传》。傅氏子惟喜最贤。哀帝初即位，为卫尉，迁右将军。莽之乞骸骨，众庶属望于喜。傅大后始与政事，喜数谏之，由是傅大后不欲令喜辅政。上乃用师丹代莽。哀帝为大子，丹为大傅，及即位，为左将军，领尚书事。喜上将军印绶，以光禄大夫养病。大司空何武、尚书令唐林争之。上亦自贤之。明年，建平元年。乃徙丹为大司空，而拜喜为大司马。丁、傅骄奢，皆疾喜之恭俭。傅大后求称尊号，喜与孔光、师丹共执正议。傅大后大怒。上不得已，先免师丹，以感动喜。喜终不顺。明年，二月，遂策免喜。代以丁明。傅大后又自诏丞相、御史，遣喜就国。时孔乡侯晏顺旨，与京兆尹朱博谋成尊号，繇是代师丹为大司空。傅氏在位者，与博为表里，共谮毁孔光。遂策免光。博代为丞相。傅大后怨喜不已，使孔乡侯风丞相，令奏免喜侯。博与御史大夫赵玄议。玄言事已前决，得无不可？已复附从。上知傅大后素尝怨喜，疑博、玄承指，即召玄诣尚书问状。玄辞服。减玄死罪三等。削晏户四分之一。召丞相诣廷尉诏狱。博自杀。时建平二年八月也。平当代为丞相。明年，三月，薨。王嘉代相。又以董贤事败。

董贤，初以父恭为御史，任为大子舍人。哀帝立，贤随大子官为郎。二岁余，贤传漏在殿下。哀帝望见，说其仪貌。因引上与语。拜为黄门郎。繇是始幸。为驸马都尉，侍中。出则参乘，入御左右。旬月间赏赐累巨万。贵震朝廷。常与上卧起。每赐洗沐，不肯出，常留中视医药。上以贤难归，诏令贤妻得通，引籍殿中，止贤庐，若吏妻子居官寺舍。又召贤女弟，以为昭仪。昭仪与妻旦夕上下，并侍左右，赏赐亦各千万数。贤父为云中侯，征为霸陵令。迁光禄大夫。复迁少府。赐爵关内侯，食邑。复徙为卫尉。又以贤妻父为将作大匠，弟为执金吾。诏将作大匠为贤起大第。木土之功，穷极技巧。下至贤家僮仆，皆受上赐。及武库禁兵，上方珍宝，其选物上第，尽在董氏，而乘舆所服，乃其副也。及至东园秘器，珠襦玉柙，豫以赐贤，无不备具。又令将作为贤起冢义陵旁。《汉书·佞幸传赞》云："柔曼之倾意，非独女德，盖亦有男色焉？观籍、闳、邓、韩之徒，非一，而董贤之宠尤盛。"此所谓男色，与今所谓男色异义。传言贤性柔和便辟，善为媚以自固，即赞所云柔曼倾意者，皆指性情言之也。然董贤之宠，出乎情理之外，则诚有今所谓男色之嫌焉。贤后败，县官斥卖董氏财，凡四十三万万。哀帝之溺于嬖幸，可谓甚矣。帝欲侯贤而未有缘，会待诏息夫躬告东平王之事起。

初，傅大后素怨中山孝王母冯大后。孝王薨，绥和元年。有一男，嗣为王，未满岁。有眚病。大后自养视，数祷祠解。哀帝即位，遣中郎谒者张由将医治中山小王。由素有狂易病。病发，怒去。西归长安。尚书簿责擅去状。由恐，诬言中山大后咒咀上及大后。使案验。冯大后自杀。弟宜乡侯参，寡弟妇君之，女弟习夫及子当相坐者，或自杀，或伏法。参女弁，为孝王后，有两女，有司奏免为庶人，与冯氏宗族徙归故郡。息夫躬者，河内河阳人。河南，汉县，在今河南孟县西。少为博士弟子，受《春秋》。通览记书傅晏与躬同郡，相友善。躬由是以为援，交游日广。先是长安孙宠，亦以游说显名。免汝南大守，与躬相结。俱上书，召待诏。是时哀帝被疾，中山大后既以咒咀自杀。是后无盐危山有石自立开道。无

161

盐，汉县，见第一章第一节。躬与宠谋曰："上亡继嗣；体久不平，关东诸侯，心争阴谋。今无盐山有大石自立，闻邪臣托往事，以为大山石立而先帝龙兴。东平王云谋炀，宣帝子东平思王宇之子。以故与其后日夜祠祭咒咀上，欲求非望。而后舅伍宏，反因方术以医技得幸，出入禁门。察国奸，诛主仇，取封侯之计也。"乃与中郎右师谭共因中常侍宋弘上变事告焉。上恶之。下有司案验。云、云后谒及伍宏等皆坐诛。建中三年。上擢宠为南阳大守，谭颍川都尉，弘、躬皆光禄大夫、左曹、给事中；定躬、宠章，掇去宋弘，更言因董贤以闻；皆先赐爵关内侯。顷之，欲封贤等，上心惮王嘉，先使傅晏持诏视丞相、御史。嘉与御史大夫贾延上封事。上感其言止。数月，遂下诏封贤为高安侯，宠为方阳侯，躬为宜陵侯，食邑各千户。赐谭爵关内侯，食邑。建平四年三月。后数月，月食，嘉复奏封事言贤。上寝不说。元寿元年，正月，傅大后薨。因托遗诏，令成帝母王大后下丞相、御史，益封贤二千户，及赐孔乡侯、汝昌侯、阳新侯国、嘉封还诏书。因奏封事，谏上及大后。初，廷尉梁相疑东平狱冤，奏欲传之长安，更下公卿覆治。尚书令鞠谭、仆射宗伯凤以为可许。制诏免相等。后数月大赦，嘉奏封事，荐此三人。上不能平。及是，以责问嘉，致之廷尉诏狱。二十余日，嘉不食，呕血死。大司马丁明素重嘉，上遂免明，以董贤代之，而以孔光为相。贤由是权与人主侔矣，而息夫躬亦仍为贤所齮齕以死。

躬既亲近，数进见言事，论议无所避。众畏其口，见之反目。躬上疏历诋公卿大臣。董贤贵幸日盛，丁、傅害其宠。孔乡侯晏与躬谋，欲求居位辅政。建平四年，关东民传行西王母筹，经历郡国，西入关，至京师。民又会聚祠西王母。或夜持火上屋，系鼓号呼，相惊恐。是年，匈奴单于乌珠留若鞮。上书愿朝五年。其明年，改元元寿。单于当发而病，复遣使言愿朝明年。躬言疑有他变。又言往年荧惑守心，大白高而芒光，又角星弗于河鼓，其法为有兵乱，是后讹言行诏筹，经历郡国，天下骚动，恐必有非常之变。可遣大将军行边兵，敕武备，斩一郡守以立威，震四夷，因以厌应变异。于是以傅晏为大司马卫将军，丁明为大司马票骑将军。是日，日有食之。董贤因此沮躬、晏之策。后数日，收晏卫将军印绶。而丞相、御史奏躬罪过。下诏免躬、宠官，遣就国。躬归国，未有第宅，寄居丘亭。奸人以为侯家富，常夜守之。躬邑人河内掾贾惠往过躬，教以咒盗方。以桑东南指枝为匕，画北斗七星其上。躬夜自被发立中庭，乡北斗，持匕招指祝盗。人有上书言躬怀怨恨，非笑朝廷所进，候星宿，视天子吉凶，与巫同祝咀。上遣侍御史、廷尉监逮躬系洛阳诏狱。欲掠问。躬仰天大谑，因僵仆。吏就问，云咽已绝，血从鼻耳出。食顷死。党友谋议相连下狱百余人。躬母圣，坐祠灶祝咀上，大逆不道。圣弃市。妻充汉，与家属徙合浦。躬同族亲属，素所厚者，皆免废锢。案息夫躬实非邪人。[1] 虽与董贤俱封，初非因贤而进。观其历诋公卿大臣，多所建白，盖亦欲有所为，而为董贤所厄耳。或疑躬之告东平王为倾危，依附傅晏为不正，然东平王狱果冤曲否，非今日所能知；任用外戚，在当时已成故事，欲得政者，势不能无所冯藉，亦不足为躬咎也。观董贤犕龁之之深，则知熏莸之不同器。仰天绝咽，事属罕闻，窃疑吏实承贤指杀之也。观其党友亲属连坐之多，知董贤与丁、傅相争之烈。此狱必别有隐情，而无传于后耳。

哀帝之初即位也，尝罢乐府；定限田之法；齐三服官诸官织绮绣难成害女红之物，皆止无作输；除任子令及诽谤诋欺法；掖庭宫人年三十以下出嫁之；官奴婢五十以上，免为庶人；禁郡国毋得献名兽；益吏三百石以下奉；察吏残贼酷虐者以时退；有司无得举赦前往事；博士弟子父母死，予宁三年；初陵勿徙郡国民；建平二年。皆卓然有元帝之风。其后又尝一用李寻。李寻者，王根所荐。帝初即位，待诏黄门。劝上毋听女谒邪

---

[1] 史事：息夫躬非倾险之人。

臣，少抑外亲大臣，拔进英隽，退不任职。迁黄门侍郎。以寻言且有水灾，拜为谒者，使护河堤。初，成帝时，齐人甘忠可，诈造《天官历包元大平》经十二卷。以言汉家逢天地之大终，当更受命于天。天帝使真人赤精子下教我此道。忠可以教重平夏贺良、容丘丁广世、重平，汉县，属渤海，今河北吴桥县南。容丘，汉县，属东海，今江苏邳县北。东郡郭昌等。中垒校尉刘向奏忠可假鬼神，罔上惑众。下狱治服。未断，病死。贺良等坐挟学忠可书，以不敬论。后贺良等复私以相教。哀帝初立，司隶校尉解光，亦以明经通灾异得幸。白贺良等所挟忠可书。事下奉车都尉刘歆。歆以为不合《五经》，不可施行。而李寻亦好之。光曰："前歆父向奏忠可下狱，歆安肯通此道？"时郭昌为长安令，劝寻宜助贺良等。寻遂白贺良等，皆待诏黄门。数召见。陈说汉历中衰，当更受命，成帝不应天命，故绝嗣。今陛下久疾，变异屡数，天所以谴告人也。宜急改元易号，乃得延年益寿，皇子生，灾异息矣。得道不行，咎殃且亡。不有洪水将出，灾火且起，涤荡民人。哀帝久寝疾，几其有益。于是制诏丞相、御史：以建平二年为大初元将元年。号曰陈圣刘大平皇帝。漏刻以百二十为度。后月余，上疾自若。贺良等复欲妄变政事。大臣争，以为不可许。贺良等奏言大臣皆不知天命。宜退丞相、御史，以解光、李寻辅政。上以其言毋验，遂下贺良等吏。下诏："六月甲子诏书，非赦令也，皆蠲除之。"贺良等皆下狱，伏诛。寻及解光减死一等，徙敦煌郡。案贺良言汉家当更受命，犹之眭孟言汉帝当求索贤人，禅以帝位，盖皆欲大有所为。哀帝固非其人，然改革之论，如此其盛，终必有起而行之者，而新室遂应运而兴矣。

哀帝即位，征龚胜。胜又荐龚舍及宁寿、侯嘉。寿称疾不至。胜等皆为谏大夫。舍旋病免。胜数上书求见。言百姓贫，盗贼多，吏不良，风俗薄，灾异数见，不可不忧。制度泰奢，刑罚泰深，赋敛泰重。宜以俭约先下。其言祖述王吉、贡禹之意。为大夫二年，迁丞相司直。徙光禄大夫。以言董贤乱制度，逆上指，见出。鲍宣为谏大夫，言民有七死、七亡，皆公卿守相，贪残成化所致。责上私养外亲幸臣。上以其言征孔光、何武、师丹、彭宣、傅喜，免孙宠、息夫躬，罢侍中、诸曹、黄门郎数十人。拜宣为司隶。司隶校尉改。后以摧辱宰相，下狱髡钳。又有郭钦，为丞相司直。以奏董贤左迁。毋将隆为执金吾。上使中黄门发武库兵，前后十辈，送董贤及上乳母王阿舍。隆奏请收还。上不说。顷之，傅大后使谒者买诸官婢，贱取之，复取执金吾官婢八人，隆奏言贾贱，请更平直，亦左迁。郑崇者，傅喜为大司马所荐，擢为尚书仆射。数求见谏诤。上初纳用之。久之，上欲封傅大后从弟商，崇谏，大后大怒，卒封商为汝昌侯。崇又以董贤贵宠过度谏，为尚书令赵昌所奏，死狱中。孙宝者，成帝时为益州刺史，劾王音姊子广汉大守㽔商。迁丞相司直。发红阳侯立罪。哀帝即位，征为谏大夫。迁司隶。冯大后自杀，宝奏请覆治。傅大后大怒。上顺指下宝狱。尚书仆射唐林争之。上以林朋党比周，左迁敦煌鱼泽障候。大司马傅喜、光禄大夫龚胜争之。上乃为言大后，出宝复官。郑崇下狱，宝上书请治，复免为庶人。盖婞直之臣，无不为外戚嬖幸所败者。《王嘉传》：嘉奏封事，言帝初即位，易帷帐，去绣饰，乘舆席缘，绨缯而已。共皇寝庙，比比当作，忧闵元元，唯用度不足，以义割恩，辄且止息。《孔光传》言帝初即位，躬行俭约，省减费用，政事由己出，朝廷翕然望至治焉。此实为汉室起衰振敝之机，而卒为外戚嬖幸所败，惜哉！

165

第五章
新室始末

第一节　新莽得政

中国之文化，有一大转变，在乎两汉之间。自西汉以前，言治者多对社会政治，竭力攻击。东汉以后，此等议论，渐不复闻。汉、魏之间，玄学起，继以佛学，乃专求所以适合社会者，而不复思改革社会矣。人与动物之异，在于人能改变其所处之境，动物则但能自变以求与所处之境相合。人既能改造所处之境，故其与接为构者，实以业经改变之境为多，而人与人之相处，关系尤巨。不能改变所处之境，而徒责人以善处，此必不可得之数也。东汉以后，志士仁人，欲辅翼其世，跻世运于隆平，畀斯民以乐利者甚多，其用思不可谓不深，策划不可谓不密，终于不能行，行之亦无其效者，实由于此。故以社会演进之道言之，自东汉至今二千年，可谓误入歧途，亦可谓停滞不进也。

先秦之世，仁人志士，以其时之社会组织为不善，而思改正之者甚多，读《先秦史》第十五章第五节，可见其概。此等见解，旁薄郁积，汇为洪流，至汉而其势犹盛，读第三章第一节，及上章各节，亦可以见其概矣。此等思想，虽因种种阻碍，未之能行，然既旁薄郁积如此，终必有起而行之者，则新莽其人也。新莽之所行，盖先秦以来志士仁人之公意，其成其败，其责皆当由抱此等见解者共负之，非莽一人所能尸其功罪也。新莽之为人也，迂阔而不切于事情，其行之诚不能无失。然苟审于事情，则此等大刀阔斧之举动，又终不能行矣。故曰：其成其败，皆非一人之责也。

欲知新莽之改革，必先知莽之为人，及其得政之由。《汉书》本传言：莽群兄弟皆将军五侯子，乘时侈靡，以舆马、声色、佚游相高。莽独孤贫，因折节为恭俭。受《礼经》，师事沛郡陈参。勤身博学，被服如儒生。事母及寡嫂，养孤兄子，行甚敕备。又外交英俊，内事诸父，曲有礼意。永始元年，封新都侯。迁骑都尉、光禄大夫、侍中。爵位益尊，节操愈谦。散舆马衣裘，振施宾客，家无所余。收赡名士，交结将相、卿大夫甚众。故在位更推荐之，游者为之谈说。虚誉隆洽，倾其诸父矣。绥和元年，擢为大司马，年三十八。莽既拔出同列，继四父而辅政，欲令名誉过前人。遂克己不倦。聘诸贤良，以为掾史。赏赐邑钱，悉以享士。愈为俭约母病，公卿列侯遣夫人问疾，莽妻迎之，衣不曳地，布蔽膝，见之者以为僮使，问，知其夫人，皆惊。凡莽之所行，汉人悉以一伪字抹杀之，其实作伪者必有所图，所图既得，未有不露其本相者，莽则始终如一，果何所为而为伪哉？《汉书》言其敢为激发之行，处之不惭恶，此乃班氏父子曲诋新室之辞，平心论之，正觉其精神之诚挚耳。

哀帝时，莽就国，杜门自守。其中子获杀奴，莽切责获，令自杀。在国三岁，吏上书冤讼莽者以百数。元寿元年，日食，贤良周护、宋崇等对策，深讼莽功德。上于是征莽及平阿侯仁还京师侍大后。哀帝崩，无子。太皇大后即日驾之未央宫，收取玺绶。遣使者驰召莽。诏尚书：诸发兵符节，百官奏事，中黄门、期门兵皆属莽。莽白大司马董贤年少，不合众心，收印绶。贤即日自杀。《后汉书·张步传》：哀帝临崩，以玺绶付董贤，曰：无妄以与人。王闳白元后请夺之，即带剑至宣德后闼，举手叱贤曰："宫车晏驾，国嗣未立，公受恩深重，当俯伏号泣，何事久持玺绶，以待祸至邪？"贤知闳必死，不敢拒之，乃跪授玺绶。闳，平阿侯谭子也。此时之董贤、丁、傅，岂足以当大任？汉用外戚既久，出膺艰巨者，自非莽莫属，此固不能为元后咎也。诏有司举可大司马者。自大司徒孔光以下举朝皆举莽。何武为前将军，与左将军公孙禄相善。二人独谋，以为孝惠、孝昭之世，外戚吕、霍、上官持权，几危社稷。今孝成、孝哀，比世无嗣，宜令异姓大臣持权，师古曰：异姓，谓非宗室及外戚。①亲疏相错。于是武举公孙禄，禄亦举武。大后竟自用莽为大司马。莽风有司劾奏武、禄互相称举，皆免。于是议立嗣。使迎中山王子箕子。孝王子。元始二年，更名衎。九月，即帝位。是为平帝。年九岁。太皇大后临朝。莽秉政。百官总己以听。莽白赵氏前害皇子，傅氏骄僭。贬皇大后赵氏为孝成皇后，退居北宫。哀帝皇后傅氏退居桂宫。后俱废为庶人，就其园。皆自杀。贬傅大后号为定陶共王母，丁大后号丁姬。孔乡侯傅晏、少府董恭贤父。皆免官爵，徙合浦。丁氏徙归故郡。后复发共王母及丁姬冢，取帝大后、皇大大后玺绶消灭。徙共王母及丁姬归定陶，葬共王冢次。事在元始五年。诸造议者冷褒、段犹等皆徙合浦。免高昌侯宏为庶人。时孔光为大司徒，莽引光女婿甄邯为侍中奉车都尉。诸哀帝外戚，及大臣居位素所不说者，莽皆傅致其罪，为请奏，令郎持与光上之，莽白大后可其奏。红阳侯立、平阿侯仁皆就国。王舜、王邑为腹心，甄丰、甄邯主击断，平晏领机事，刘歆典文章，孙建为爪牙。丰子寻、歆子棻、涿郡崔发、南阳陈崇，皆以材能幸于莽。元始元年，正月，越裳氏重译献白雉一，黑雉二。群臣奏言莽功德比周公。赐号为安汉公。初，孔光乞骸骨，徙为帝大傅。至是，以光为大师，王舜为太保，甄丰为少傅，莽为大傅，干四辅事。令大后下诏：惟封爵以闻，他事安汉公、四辅平决。莽建言宜立诸侯王后，及高祖以来功臣子孙。大者封侯，或赐爵关内侯，食邑。然后及诸在位，各有第序。上尊宗庙，增加礼乐。下惠士民鳏寡，恩泽之政，无所不施。又为致大平之事。如立明堂、辟雍，遣使者观风俗，还言天下风俗齐同等，见第二节。州牧、二千石及茂材吏初除奏事者，辄引入至近署对安汉

---

① 宗族：非外戚为异性。

公，考故官，问新职，以知其称否。于是莽人人延问，密致恩意，厚加赠送，其不合指，显奏免之，权与人主侔矣。

王莽以平帝为成帝后，不得顾私亲，母卫姬及外家，皆不得至京师。拜卫姬为中山孝王后，赐帝舅宝、宝弟玄爵关内侯。莽长子宇，私与卫宝通书记。教卫后上书谢恩，因陈丁、傅旧恶，几得至京师。莽白大后，下诏益其汤沐邑。宇复教令上书求至京师。与师吴章及妇兄吕宽议其故。章以为莽不可谏，而好鬼神，可为变怪，以惊惧之，章因推类说令归政于卫氏。宇即使宽夜持血洒莽第门。吏发觉之。莽执宇送狱，饮药死。宇妻焉怀身，系狱，须产子已杀之。尽诛卫氏支属。穷治吕宽之狱。连引郡国豪桀素非议己者。内及敬武公主、宣帝女，为薛宣所尚，事丁、傅。宣子况与吕宽相善。梁王立、孝王八世孙。红阳侯立、平阿侯仁，使者迫守，皆自杀。死者以百数。吴章要斩，磔尸东市门。弟子皆禁锢。见《云敝传》。何武、鲍宣、辛通父子，通弟遵、茂等，通，庆忌子。皆死于是狱。案汉既习用外戚，是时之卫氏，自不免有人援引。莽之斥绝之，亦自不得不然。权利之际，戈矛起于庭闱者甚多；世族子弟，尤多无心肝；宇之交通卫宝，盖亦不过权利之见，《汉书》谓其恐帝长大后见怨者，非也。王氏当是时，势已骑虎不得下。果虑后祸，何止一卫氏？是时之平帝，必不能至于长大而亲政，亦愚人知之矣。《后汉书·申屠刚传》，言平帝时王莽专政，隔绝冯、卫二族，刚疾之，因对策极言，莽令元后下诏罢归田里，恐其子孙虚构之辞，如韦孟《谏》诗，非自己出。见《汉书·韦贤传》。《郅恽传》言莽时，恽西至长安，上书劝其归政刘氏，疑亦此类也。

元始四年，二月，莽女立为皇后。采伊尹、周公称号，尊安汉公曰宰衡。位在诸侯王上。五年，十二月，帝崩。时元帝世绝，而宣帝曾孙有见王五人、列侯四十八人。莽恶其长大，曰："兄弟不得相为后。"乃选玄孙中最幼广戚侯子婴楚孝王嚣玄孙。为皇帝，年二岁。大后下诏：令安汉公居摄践阼，如周公故事。群臣奏请安汉公居摄践阼，服天子韨冕，背斧依于户牖之间，南面朝群臣，听奏事。车服，出入警跸，民臣称臣妾，皆如天子之制。郊祀天地，宗祀明堂，共事宗庙，享祭群神，赞曰假皇帝。民臣谓之摄皇帝。自称曰予。其朝见皇大后、帝大后，皆复臣节。自施政教于其宫家国采，如诸侯礼仪故事。明年，改元曰居摄。居摄元年，三月，立婴为皇大子，号曰孺子。安众侯刘崇景帝子长沙定王发七世孙。安众，在今河南镇平县东南。起兵攻宛，不得入而败。群臣曰："崇等谋逆，以莽权轻也，宜尊重以填海内。"五月，大后诏莽朝见大后称假皇帝。二年，九月，东郡大守翟义方进子。都试勒车骑，因发奔命，并东平，立严乡侯刘信为天子。东平王云之子。比至山阳，众十余万。莽遣王邑、孙建等八将击义，分屯诸关守厄塞。槐里男子赵明、霍鸿等槐里，汉县，在今陕西兴平县南。起兵以和翟义，众且十万。莽遣将军王级等将兵拒之。十二月，邑等破翟义于圉。汉县，今河南杞县南。义与刘信弃军庸亡至固始界中。固始，汉县，在今河南淮阳县西北。捕得义尸，磔陈都市。卒不得信。三年春，邑等还京师，西与王级等合，击明、鸿，皆破灭。莽并先破益州蛮夷及金城塞外羌功，封侯、伯、子、男及附城，关内侯更名，参看第三节。凡数百人，是岁，广饶侯刘京等奏符命。十一月，莽奏大后：请共事神祇、宗庙，奏言太皇大后、孝平皇后，皆称假皇帝。其号令天下，天下奏事毋言摄。以居摄三年为初始元年，漏刻以百二十为度，用应天命。孺子加元服，复子明辟，如周公故事。奏可。梓潼人哀章作铜匮，为两检，署其一曰天帝行玺金匮图，其一署曰赤帝行玺某汉高帝名。传与黄帝金策书。昏时，衣黄衣，持匮至高庙，以付仆射。[1] 仆射以闻。莽至高庙拜受金匮神嬗。遂即真天子位。定有天下之号曰新。以孺子婴为定安公。

王莽为有大志之人。欲行其所怀抱，势不能不得政权，欲得政权，势

----

① 宗教：王莽土德。

不能无替刘氏，欲替刘氏，则排摈外戚，诛锄异己，皆势不能免，此不能以小儒君臣之义论也。即以寻常道德绳之，后人之责莽，亦仍有过当者。莽之诛董贤、丁、傅，或出于欲得政权，然谓董贤、丁、傅可无诛焉，得乎？改葬定陶大后等，自今日视之，庸或过当，固非所论于当日也。傅晏虽诛，傅喜固莽所召，董宏虽废，师丹亦莽所征，谓其全无是非曲直得乎？孔光之所奏免，吕宽之狱之所牵连，又安知其皆无罪哉？

第二节　新室政治上

新室政治，可分数端：一曰均贫富，二曰兴教化，三曰改官制，四曰修庶政，五曰兴学术。凡莽之所怀抱者，多未能行，或行之而无其效，虽滋纷扰，究未足以召大乱，其召乱者，皆其均贫富之政，欲求利民，而转以害之之故也。今略述其事如下：

汉世儒家，所最痛心疾首者，为地权之不均。董仲舒首建限民名田之策；哀帝时，师丹辅政，定其法，而未能行；此为渐进之策。其急进之策，则收土田为国有而均分之，所谓井田之制也。新莽行急进之策。始建国元年，诏曰"予前在大麓，始令天下公田口井，遭反虏逆贼且止"，则刘崇、翟义叛前，已行之矣。去刚卯刀钱诏曰："予前在大麓，至于摄假。"师古曰：大麓者，谓为大司马宰衡时，妄引舜纳于大麓烈风雷雨不迷也。是年，乃更名天下田曰王田，奴婢曰私属，皆不得卖买。其男口不盈八，而田过一井者，分余田予九族、邻里、乡党。《莽传》文。《食货志》同，无邻里二字。故无田今当受田者如制度。敢有非井田圣制，无法惑众者，投诸四裔，以御魑魅。《莽传》文。《食货志》云："犯令法至死，"然下文亦云"非井田、挟五铢钱者为惑众，投诸四裔，以御魑魅"。《食货志》云：制度不定，吏缘为奸，天下謷謷，陷刑者众。后三岁，始建国四年。莽知民愁，下诏："诸食王田及私属，皆得卖买，勿拘以法。"据《莽传》，事由区博之谏，博言："井田虽圣王法，其废久矣。周道既衰而民不从。秦知顺民之心，可以获大利也，故灭庐井而置阡陌，遂王诸夏。迄今海内未厌其敝。今欲违民心，追复千载绝迹，虽尧、舜复起，而无百年之渐，弗能行也。"井田之制，必非如莽之政所能复，博之言，固非无见也。《莽传》又载地皇二年公孙禄之对，谓"明法男张邯、地理侯孙阳造井田，使民弃土业"，盖井田之行，此二人实主其事也。[①]《莽传》：地皇三年，廉丹已死，王匡等战数不利，莽知天下溃畔，事穷计迫，乃议遣风俗大夫司国宪等分行天下。除井田、奴婢、山泽、六管之禁，一似井田之法仍存者，盖始建国四年之诏，特谓违法者暂勿问，而其法初未除。故其诏云："诸名食王田者，皆得卖之，勿拘以法，犯私卖买庶人者，且一切勿治"也。

始建国二年，始设六管之制，《食货志》云：莽性躁扰，不能无为，每有所兴造，必欲依古得经文。国师公刘歆言："周有泉府之官，收不仇与欲得，即《易》所谓理财正辞，禁民为非者也。"莽乃下诏曰："夫《周礼》有赊贷，而《乐语》有五均，邓展曰：《乐语》，《乐元语》，河间献王所传，道五均事。臣瓒曰：其文云：天子取诸侯之土，以立五均，则市无二贾，四民常均，强者不得困弱，富者不得要贫，则公家有余，恩及小民矣。案此亦轻重之说。传记皆有斡焉。今开赊贷，张五均，设诸斡者，所以齐众庶，抑并兼也。"遂于长安及五都立五均官，更名长安东、西市令及洛阳、邯郸、临菑、宛、成都市长皆为五均司市师。今本作"司市称师"，称字涉下文而衍。东市称京，西市称畿，洛阳称中。余四都各用东、西、南、北为称。皆置交易丞五人，钱府丞一人。工商能采金、银、铜、连、锡，登龟，取贝者，皆自占司市、钱府，顺时气而取之。又以《周官》税民，凡田不耕为不殖，出三夫之税；城郭中宅不树蓺者为不毛，出三夫之布；民

---

① 史事：王莽行井田之年。

浮游无事，出夫布一匹。其不能出布者，冗作县官衣食之。诸取众物、鸟兽、鱼龟、百虫于山林、水泽及畜牧者，嫔妇桑蚕、织纴、纺绩、补缝，工匠，医，巫，卜，祝及它方技，商贩，贾人，坐肆列里区谒舍，皆各自占所为于其在所之县官。除其本，计其利，十一分之，而以其一为贡。敢不自占，占不以实者，尽没入所采取，而作县官一岁。诸司市常以四时中月，实定所掌，为物上中下之贾，各自用为其市平，毋拘它所。众民卖买五谷、布帛、丝绵之物，周于民用而不仇者，均官有以考检厥实，用其本贾取之，毋令折钱。万物卬贵过平一钱，则以平贾卖与民，其贾氏贱减平者，听民自相与市，以防贵庚者。民欲祭祀、丧纪而无用者，钱府以所入工商之贡但赊之。祭祀毋过旬日，丧纪毋过三月。民或乏绝，欲贷以治产业者，均受之，除其费，计所得受息，毋过岁什一。《莽传》曰：收息百，月三。如淳曰：出百钱与民，月收其息三钱也。羲和鲁匡言名山大泽、盐、铁、布帛、五均、赊贷，斡在县官，唯酒酤独未斡。请法古，令官作酒。羲和置命士，督五均、六斡。郡有数人。皆用富贾。洛阳薛子仲、张长叔、临菑姓伟等，乘传求利，交错天下。因与郡县通奸，多张空簿。府臧不实，百姓俞病。莽知民苦之，复下诏曰："夫盐，食肴之将；酒，百药之长，嘉会之好；铁，田农之本；名山大泽，饶衍之臧；五均赊贷，百姓所取平，卬以给澹；铁布铜冶，通行有无，备民用也。此六者，非编户齐民，所能家作，必卬于市。虽贵数倍，不得不买。豪民富贾，即要贫弱。先圣知其然也，故斡之。"每一斡为设科条防禁，犯者罪至死。据《莽传》，事在天凤四年。奸吏猾民并侵，众庶各不安生。案据莽诏，则所谓六管者，盐一，酒二，铁三，名山大泽四，五均赊贷五，铁布铜冶六。[①] 而《汉书》诸文，或以五均与六管并言，或以山泽与六管对举，一似其在六管之外者，则古人辞不审谛也。此举将大业归诸官营；税

————————

① 生计：五均、山泽皆为六管之一。

无税者以贷乏绝；有用之物，保其不折本，以护农、工、商；亦保其不印于平贾，以卫适市者；可谓体大思精，然其不能行，则亦无待再计也。《莽传》：地皇二年，公孙禄言鲁匡设六管以穷工商，莽怒，然颇采其言，左迁匡为五原卒正。六管非匡所独造，莽厌众意而出之。三年，又下书曰："唯民困乏，虽溥开诸仓，以振赡之，犹恐未足。其且开天下山泽之防。诸能采取山泽之物而顺月令者，其恣听之，勿令出税，至地皇三十年如故"云。

　　莽所行最不可解者，为其钱币之制。居摄二年，五月，以周钱有子母相权，更造大钱，径寸二分，重十二铢，文曰大钱五十。又造契刀、错刀。契刀，其环如大钱，身形如刀，长二寸，文曰契刀五百。错刀，以黄金错，其文曰一刀直五千。与五铢凡四品并行。莽即真，以为书刘字有金刀，乃罢错刀、契刀及五铢钱。《食货志》。《莽传》，事在始建国元年。并罢刚卯，莫以为佩。更作小钱，径六分，重一铢，文曰小钱直一。与前大钱五十者为二品并行。欲防民盗铸，乃禁不得挟铜炭。百姓便安汉五铢钱，以莽钱大小两行，难知；又数变改不信；皆私以五铢钱市买。讹言大钱当废，莫肯挟。莽患之。复下书：诛挟五铢钱。言大钱当罢者，比非井田制，投四裔。于是农商失业，食货俱废。民人至涕泣于市道。及坐卖买田宅、奴婢、铸钱，自诸侯卿大夫至于庶民，抵罪者不可胜数。又遣谏大夫五十人分铸钱于郡国。二年，以钱币讫不行，复下书曰："民以食为命，以货为资，是以八政以食为首；宝货皆重，则小用不给，皆轻，则僦载烦费，轻重大小，各有差品，则用便而民乐。"于是造宝货五品。《莽传》。小钱，径六分，重一铢，文曰小钱直一。次七分，三铢，曰幺钱一十。次八分，五铢，曰幼钱二十。次九分，七铢，曰中钱三十。次一寸，九铢，曰壮钱四十，因前大钱五十，是为钱货六品：直各如其文，黄金重一斤，直钱万。朱提银重八两为一流，直一千五百八十；师古曰：朱提，县名，属犍为。案在今四川宜宾县西南。它银一流，值千：是为银货二

177

品：元龟炬冉长尺二寸，值二千一百六十，为大贝十朋。公龟九寸，值五百，为壮贝十朋。侯龟七寸以上，值三百，为幺贝十朋。子龟五寸以上，值百，为小贝十朋。是为龟宝四品：大贝四寸八分以上，二枚为一朋，值二百一十六。壮贝三寸六分以上，二枚为一朋，值五十。幺贝二寸四分以上，二枚为一朋，值三十。小贝寸二分以上，二枚为一朋，值十。不盈寸二分，漏度，不得为朋，率枚值钱三：是为贝货五品：大布、次布、弟布、壮布、中布、差布、厚布、幼布、幺布、小布。小布长寸五分，重十五铢，文曰小布一百。自小布以上，各相长一分，相重一铢，文各为其布名，值各加一百。上至大布，长二寸四分，重一两，而值千钱矣。是为布货十品：凡宝货，五物，六名，二十八品。铸作钱布，皆用铜，毅以连锡。文质周郭，放汉五铢钱云。百姓愦乱，其货不行。乃但行小钱值一，与大钱五十，二品并行。龟、贝、布属且寝。《食货志》。盗铸钱者不可禁，乃重其法，一家铸钱，五家坐之，没入为奴婢。吏民出入，持布钱以副符传，不持者，厨传勿舍，关津苛留；公卿皆持以入宫殿门；欲以重而行之。五年，以犯挟铜炭者多，除其法。地皇元年，罢大小钱。更行货布，长二寸五分广一寸，直货钱二十五。货钱径一寸，重五铢，枚值一。两品并行。敢盗铸钱及偏行布货，伍人知不发举，皆没入为官奴婢。其男子槛车，儿女子步，以铁锁琅当其颈，传诣钟官，以十万数。到者易其夫妇。愁苦死者什六七。案民之不能无通工易事久矣。公产之制既替，通工易事，久藉贸易以行，未有他法以代之，贸易势不能废。不则率天下而路也。不特此也，贸易既兴，生之为之者，皆非欲食之用之，而欲持以与人为易，故农工实惟商之马首是瞻，商业败坏，农工亦无所适从矣。交易之行，必资钱币。莽之币制，盖无一不与生计学理相背者，安得不商业紊而农工随之邪？《汉书》所谓食货俱废。致祸速亡，莫甚于此矣。

　　莽于用财，亦有制度。平帝元始三年，奏车服制度，吏民养生、送终、嫁娶、奴婢、田宅、器械之品。本纪天凤三年，下吏禄制度。又令用上计时通计天下。即有灾害，以什率多少而损其禄。大官膳羞亦然。案生之者众，必兼食之者寡；为之者疾，必兼用之者舒言之，而后其义始备。否则食用无论如何充余，必仍见为不足。以必有好奢之人，恣意妄行，而众人慕效之也。所谓足不足，本难以物言，而多由于欲。纵欲相逐，生之者虽众，为之者虽疾，亦安能及之？且侈靡之物，苟不许食，不许用，自亦无生之为之者矣。但务生之为之多，不言食之用之之节，一若生之为之果多，虽无节而不害者，此资本主义之流失，非生计学之真实义也，不逮古说多矣。莽所定制，卓然犹有古义，惜未必能行耳。

　　生计与教化，为汉儒所欲改革之两大端。已见第三章第一节。所谓教化者，非曰谆谆命之，亦非曰立一法而强之使行，必先改其所处之境。此在古代，义本明白，西汉论者，亦仍如此，读《先秦史》第十五章第四节，及本编第四章各节，亦可见之矣。然自宣帝已后，渐有离生活而言教化，以沽名誉者，[①] 黄霸等实开其端，第三章第十二节，亦已略及之。王莽亦坐此弊。平帝元始三年，莽奏立学官，郡国曰学，县、道、邑、侯国曰校，校、学置经师一人。乡曰庠，聚曰序，序、庠置《孝经》师一人。四年，奏立明堂、辟雍。遣大仆王恽等八人置副假节，分行天下，览观风俗。莽又奏为市无二贾，官无狱讼，邑无盗贼，野无饥民，道不拾遗，男女异路之制。犯者象刑。地皇元年，以唐尊为大傅。尊曰："国虚民贫，咎在奢泰。"乃身短衣小袖，乘牧马柴车，藉稿瓦器，又以历遗公卿。出见男女不异路者，尊自下车，以象刑赭幡污染其衣。莽闻而说之。下诏申敕公卿，思与厥齐。封尊为平化侯。皆黄霸之故智也。民本不知矫诬也，或虽欲矫诬而犹有所不敢也，启之矣。

---

① 政治：离生活而言教化之弊。

第三节　新室政治下

《平帝纪》：元始四年，分京师置前辉光、后丞烈二郡。更公、卿、大夫、八十一元士官名位次，及十二州名分界，郡国所属，罢置改易，天下多事，吏不能纪。此乃要其终言之，非一时事也。据《莽传》：则是年正十二州名分界。翟义等破灭时，已定爵五等，公、侯、伯、子、男，关内侯更名附城。地四等。始建国元年，置四岳、东岳大师，南岳大傅，西岳国师，北岳国将。三公、司马、司徒、司空。九卿、司马司允，司徒司直，司空司若，位皆孤卿。更名大司农曰义和，后更为纳言。大理曰作士。大常曰秩宗。大鸿胪曰典乐。少府曰共工。水衡都尉曰予虞。与三公司卿凡九卿，分属三公。二十七大夫、每一卿置大夫三人。八十一一元士，一大夫置元士三人。分主中都官诸职。又改诸官名，如郡大守曰大尹，都尉曰大尉，县令、长曰宰。及新置诸官。莽所改官制，与实际无甚关系，今不备举。定汉诸侯王之号皆称公，四夷僭号者为侯。封王氏齐衰之属为侯，大功为伯，小功为子，缌麻为男，女皆为任。及黄帝、少昊、颛顼、喾、尧、舜、禹、皋陶、伊尹之后。侯、伯、子。汉、周之后为宾。公。殷、夏之后曰恪。侯。周公、孔子后已前定。四年，以洛阳为东都，常安长安改。为西都。州从《禹贡》为九。爵从周氏有五。诸侯之员千有八百，附城之数亦如之。公万户，方百里。侯、伯户五千，方七十里。子、男户二千五百，方五十里。附城食邑九成。大者户九百，方三十里。降杀以两，至于一成。授诸侯茅土。使侍中讲理大夫孔秉等与州、部众郡晓知地理图籍者共校治。天凤元年，又以《周官》、《王制》之文，置卒正、连率、大尹，职如大守。属令、属长，职如都尉。置州牧，其礼如三公。郡监二十五人，位上大夫，各主五郡。今本误作"置州牧部监二十五人，见礼如三公，监位上大夫，各主五郡"，从

《汉纪》正。公氏作牧，侯氏卒正，伯氏连率，子氏属令，男氏属长，皆世其官。其无爵为尹。西都曰六乡。分长安城旁地为之，置帅各一人。众县曰六尉。分三辅为六尉郡。东都曰六州。置州长各一人。益河南属县满三十，人主五县。众县曰六队。河东、河内、弘农、河南、颍川、南阳为六队郡。置大夫，职如大守。属正职如都尉。更名河南大尹曰保忠信卿。案六队即六遂。粟米之内曰内郡，其外曰近郡，有鄣徼者曰边郡。合百二十有五郡。九州之内，县二千二百有三。公作甸服，是为惟城；诸在侯服，是为惟宁；在采任诸侯，是为惟翰；在宾服，是为惟屏；在揆文教，奋武卫，是为惟垣；在九州之外，是为惟藩；各以其方为称。总为万国焉。案设官分职，实为出治之原；体国经野，亦宜与地理相合；莽之加意于此，不可谓非知治本，然其制度，皆慕古而不切实际。授茅土后，以图簿未定，未授国邑。其后岁复变更，一郡至五易名，而还复其故，吏民不能纪。每下诏书，辄系其故名，则徒滋纷扰，而制度实未定也，更无论其行之矣。

　　新莽作事之无成，实由其规模之过大。其徒滋纷扰可议，其规模之大，仍足称道也。《沟洫志》言：莽时征能治河者以百数。《志》载关并、张戎、韩牧、王横之议，皆可谓有所见。志又言桓谭为司空掾，典其议。为甄丰言："凡此数者，必有一是。宜详考验，计定然后举事。费不过数亿万，可以上继禹功，下除民疾。"此何等策画乎？志又言莽时"但崇空语，无施行者"。[①]此乃汉人訾謷之辞，莽在位仅十四年，所施行则经纬万端，以其时则变乱迭起，安能以其一事未及施行而罪之？汉武帝在位五十二年，其时河患其烈，并空语而无之，班氏何以不之责邪？且亦知崇空语之未足为累乎？凡事考察宜精，研求宜细，一着手，即往往不易补救矣。今世科学家之举事，无不然者，未闻或以其事前多费而訾之也。旧时议论，拘于近利，有勤于考察研求者，辄以空言诋之，此举事之所以多

_____

① 史事：班氏妄訾新室。

败，并利害亦不能明也。

莽之专制，颇类于秦始皇，其于学术，则与始皇大异，即由其好研求故也。[①] 始皇燔诗书，禁偶语，莽则为学者筑舍万区。又立《乐经》，益博士员。经各五人。征天下通一艺，教授十一人以上，及有逸礼、古书、《毛诗》、《周官》、《尔雅》、天文、图谶、钟律、月令、兵法、史篇、文字，通知其意者，皆诣公车。网罗天下异能之士，至者前后千数，皆令记说廷中，将令正乖缪，壹异说云。《平帝纪》：元始五年，征天下通知逸经、古记、天文、历算、钟律、小学、史篇、方术、本草，及以《五经》《论语》《孝经》《尔雅》教授，在所为驾一封轺，传遣诣京师。至者数千人。与此即系一事。翟义党王孙庆捕得，莽使大医、尚方与巧屠共夸剥之，量度五臓，以竹筵导其脉，知所终始，云可以治病。元凤三年。匈奴寇边甚，博募有奇技术，可以攻匈奴者，将待以不次之位。言便宜者以万数。或言能度水不用舟楫，连马接骑，济百万师。或言不持斗粮，服食药物，三军不饥。或言能飞，一日千里，可窥匈奴。莽辄试之。取大鸟翮为两翼，头与身皆着毛，通引环纽。飞数百步堕。莽知其不可用，苟欲获其名，皆拜为理军，赐以车马。元凤六年。以上皆见《莽传》。夫苟知其不可用，贪其虚名何为？盖亦千金市骏骨之意，所谓过而废之，毋宁过而存之也。

莽之病，在于偏重立法，而不计法所以行。虽亦欲行督责之术，而不知社会组织不变，党类利害相违，弊端终将百出无已，断非督责之术所能补救也。[②] 本传言莽意以为制定则天下自平，故锐思于地理，制礼，作乐，讲合《六经》之说。公卿旦入暮出，议论连年不决。不暇省狱讼冤结，民之急务。县宰缺者，数年守兼，一切贪残日甚。中郎将、绣衣执法在郡国者，并乘权势，传相举奏。又十一公士分布劝农桑，班时令，案诸章，冠盖相望，交错道路。召会吏民，逮捕证左。郡县赋敛，递相赇赂。白

---

① 史事：莽于学术大异始皇。
② 史事：王莽行督责之术。用财之节。刑之平。

黑纷然。守阙告诉者多。莽自见前颛权以得汉政，故务自揽众事，有司受成苟免。诸宝物名帑藏钱谷官，皆宦者领之。[①] 吏民上封事书，宦官左右开发，尚书不得知。其畏备臣下如此：又好变改制度，政令烦多。当奉行者，辄质问乃以从事。前后相乘，愦眊不渫。莽常御灯火，至明，犹不能胜。尚书因是为奸寝事。上书待报者，连年不得去。拘系郡县者，逢赦而后出。卫卒不交代三岁矣。课计不可理。吏终不得禄，各因官职为奸，受取赇赂，以自共给。天凤五年，莽下诏曰："详考始建国二年胡虏猾夏以来，诸军吏及缘边吏大夫以上，为奸利增产致富者，收其家所有财产五分之四，以助边急。"公府士驰传天下，考覆贪饕。开吏告其将，奴婢告其主。几以禁奸，奸愈甚。尤备大臣，抑夺下权。朝臣有言其过失者，辄拔擢。孔仁、赵博、费兴等，以敢击大臣，故见信任，择名官而居之。公卿入宫，吏有常数。大傅平晏从吏过例，掖门仆射苛问不逊，戊曹士收系仆射。莽大怒。使执法发车骑数百围大傅府捕士，即时死。大司空士夜过奉常亭，亭长苛之。告以官名。亭长醉，曰："宁有符传邪？"士以马箠击亭长。亭长斩士亡。郡县逐之。家上书。莽曰："亭长奉公，勿逐。"大司空邑斥士以谢。刘攽曰：前云斩士，后云斥士，则非斩也，疑是斫字。案《汉书》于莽，无一佳语。然即如所述，亦见其奉法无私。以康济天下为怀者，必不计一人之祸福，谓莽以揽权得汉政，因猜防其臣下，浅之乎测丈夫矣。《后汉书·陈元传》：元上疏，言："王莽遭汉中衰，专操国柄，以偷天下。况己自喻，不信群臣。夺公辅之任，损宰相之威。以刺举为明，徼訏为直。至乃陪仆告其君长，子弟变其父兄。罔密法峻，大臣无所措手足。"盖汉人通常议论如此。《刘昆传》：王莽世，教授弟子，恒五百余人。每春秋飨射，常备列典仪，以素木瓠叶为俎豆。桑弧蒿矢，以射菟首。每有行礼，县宰辄率吏属而观之。王莽以昆多聚徒众，私行大礼，有僭上心，乃系

---

① 职官：为防弊而用宦者，虽王莽亦如此。

昆及家属于外黄狱。此则汉世豪桀大姓，往往私结党羽，谋为不轨，亦不可不防也。臣主异利，莽盖未尝不知，谓其以暗昧致奸欺，亦非情实。盖莽所行者为革命之事，其利害与官吏根本不能相容，故虽严于督责，而卒弗能胜也。勤于立法，而忽目前之务，诚为政之大戒，然欲开非常之原，立百年之计，拘于目前，得乎？莽既御灯火至明矣，犹弗能胜，可奈何？故莽之败，究由所行之事，与社会情势不合者居多，其身之失，薄乎云尔。

举事规模过大，遂致流于奢侈而不自知，亦为莽之一失。始建国四年，莽下书，欲以五年二月东巡狩。于是群公奏请募吏民人马布帛绵。又请内郡国十二买马，发帛四十五万匹输常安。前后毋相须。至者过半。莽下书曰："文母大后体不安，莽改号元后为新室文母，绝之于汉。其且止侍后。"事未举而所费已不訾矣。其起九庙，穷极百工之巧，功费数百巨万，卒徒死者万数。时在地皇元年，下江之兵已起。明年，郎阳成脩献符命，言继立民母。莽妻，宜春侯王王女，生四男：宇、获、安、临。宇、获诛死，已见前。安颇荒忽，莽以临为大子。莽妻以莽数杀其子，涕泣失明。莽令临居中养焉。莽妻旁侍者原碧，莽幸之，后临亦通焉。恐事泄，谋共杀莽。临妻愔，国师公女，能为星。语临：宫中旦有白衣会。临喜，以为所谋且成。地皇元年，莽以符命文，立安为新迁王，临为统义阳王，出在外第。愈忧恐。会莽妻病因，临予书曰：上于子孙至严。前长孙、中孙，年俱三十而死。今臣临复适三十。诚恐一旦不保，中室则不知死命所在。莽候妻疾，见其书，大怒。疑临有恶意。二年，正月，莽妻死，不令得会丧。既葬，收原碧等考问，具服奸谋杀状。赐临药，临自刺死。莽诏国师公：临本不知星，事从愔起。愔亦自杀。是月，安病死。初，莽为侯就国时，幸侍者增秩、怀能、开明。怀能生男兴。增秩生男匡，女晔。开明生女捷。皆留新都国。以其不明故也。及安疾甚，莽自病无子为安作奏，言兴等母虽微贱，属犹皇子，不可以弃。于是迎兴等。封兴为功修公，匡为功建公，晔为睦修任，捷为睦逮任。《汉书·莽传》所言如此。案临为大子已久，忽焉而废，与安俱死旬月间，古虽贱庶孽，亦未闻弃其所生子女，其事种种可疑，恐其中别有变故，为史所不知矣。尧诛丹朱，舜诛商均，其事久远难明，若莽则诚以为民请命故，致不谅于众人，变生骨肉之间，四子成以强死，亦可哀矣。子贡曰：伯夷、叔齐怨乎？子曰：求仁得仁，又何怨？此莽之所以能行诛于至亲而无悔邪？观此，知国师公之离心亦已久，而诛戮初不之及，亦见其用刑之平恕，而汉人之目为暴虐者，皆诬诋之辞也。又曰：黄帝以百二十女致神仙。莽于是遣中散大夫、谒者各四十五人分行天下，博采乡里所高有淑女者上名。四年，进所征杜陵史氏女为皇后。备和、嫔、美、御。和人三，位视公。嫔人九，视卿。美人二十七，视大夫。御人八十一，视元士。凡百二十人。则已在其败亡之岁矣。鱼游沸鼎之中，燕巢危幕之上，竟漠然不知其所处之境为何若也，哀哉！

《记》曰："不诚无物。"人之知愚，恒略相等，人未有能欺人者也，况以一人而欲涂饰万民之耳目乎？《三国志注》引《魏武故事》，载公建安十五年十二月己亥令，于立身始末，详哉言之，绝无夸张掩饰之语，不独英雄本色，而如此开诚布公，即所以使天下之人，披心相见，亦即教化之道也。而莽之所行，则适与相反。①《汉书·莽传》言其欲有所为，微见风采，党与承其指意而显奏之，莽稽首涕泣，固推让焉。此非尽汉人相诬之辞，观莽之所为，固可信其如此。将立莽女为后也，莽上言："身亡德，子材下，不宜与众女并采。"大后下诏曰："王氏女朕之外家，其勿采。"庶民、诸生、郎吏以上，守阙上书者，日千余人。公、卿、大夫，或诣廷中，或伏省户下，咸言："明诏圣德巍巍如彼，安汉公盛勋堂堂如此。今当立后，独奈何废公女？天下安所归命？愿得公女为天下母。"莽遣长史以下分部晓止公卿及诸生，而上书者愈甚。大后不得已，听公卿采女。莽复白宜博选众女。公卿争白：不宜采诸女，以贰正统。莽乃白愿见女。吏民以莽不受新野田而上书者，前后四十八万七千五百七十六

① 史事：教化之道贵真，魏武庶几，王莽适相反。

人。风俗使者八人还，言天下风俗齐同。诈为郡国造歌谣，颂功德，凡三万言。此等事将谁欺乎？卫鞅行法十年，秦民初言令不便者，有来言令便，鞅曰"此皆乱化之民也"，尽迁之边城，盖惟不藉诪张之人拥戴，乃能不为倾仄之人所覆。"毋教猱升木，如涂涂附"，莽之从政亦旧矣，奈何并此义犹不之知邪？以符命登大位，已又欲绝之，致兴大狱，心腹骈诛。《莽传》：始建国元年秋，遣五威将王奇等十二人班符命四十二篇于天下。二年，是时争为符命封侯，其不为者，相戏曰："独无天帝除书乎？"司命陈崇白莽曰："此开奸臣作福之路，而乱天命，宜绝其原。"莽亦厌之。遂使尚书大夫赵并验治。非五威将率所班皆下狱。初，甄丰、刘歆、王舜为莽腹心。唱导在位，褒扬功德。安汉、宰衡之号，及封莽母、两子、兄子，皆丰等所共谋。而丰、舜、歆亦受其赐。并富贵矣，非复欲令莽居摄也。居摄之萌，出于泉陵侯刘庆、前辉光谢嚣、长安令田终术。莽羽翼已成，意欲称摄。丰等承顺其意。莽辄复封舜、歆两子及丰孙。丰等爵位已盛，心意既满，又实畏汉宗室、天下豪杰，而疏远欲进者，并作符命，莽遂据以即真。舜、歆内惧而已。丰素刚强，莽觉其不说，故徙大阿右拂大司空。丰托符命文为更始将军，与卖饼儿王盛同列。丰父子默默。时子寻为侍中京兆大尹茂德侯。即作符命，言新室当分陕立二伯，以丰为右伯，大傅平晏为左伯。莽即从之。拜丰为右伯。当述职西出，未行，寻复作符命，言故汉氏平帝后黄皇室主为寻之妻。莽以诈立，心疑大臣怨谤，欲震威以惧下。因是发怒曰："黄皇室主天下母，此何谓也。"收捕寻。寻亡。丰自杀。寻随方士入华山。岁余，捕得。辞连国师公歆子棻，棻弟泳，大司空邑弟奇，及歆门人丁隆等。牵引公卿党亲列侯以下，死者数百人。寻手理有天子字，莽解其臂入视之，曰：此一天子也！或曰：一六子也。六者，戮也，明寻父子当戮死也。乃流棻于幽州，放寻于三危，殛隆于羽山，皆驿车载其尸传致云。《儒林传》：高相子康，以明《易》为郎。翟义谋举兵，事未发，康候知东郡有兵，私语门人。门人上书言之。后数月，翟义兵起。莽召问。对受师高康。莽恶之。以为惑众，斩康。及变生骨肉之间，则仍托符命之文，以黜储贰。心劳日拙，岂不哀哉？

尤可笑者，莽以子宇之变，作书八篇，以戒子孙，大司马护军褒言：宜班郡国，令学官以教授。事下群公，请令天下吏能诵公戒者，以著官簿，比《孝经》。夫人之心思，恒好想向反面。人苟不自夸饰，庸或为人所恕，及其自夸饰焉，则人人齿冷矣。故徒党标榜，未有不招人厌恶者，所谓爱之适以害之也。王安石之变法也，曰：人言不足恤，其光明磊落，岂不远胜于莽？然颁《三经新义》于学官，犹不免为盛德之累也。而况于莽乎？

第四节　新莽事四夷

新莽之性质，可谓最不宜于用兵，盖用兵必知彼知己，敏捷以赴事机，而莽则固执成见，不察事势也。莽之败，亦可谓时势为之。盖当西汉之世，吾国国力方盛。宣、元以降，尤威行万里，无敢抗颜行者。莽袭强富之资，遂谓可为所欲为，举宇宙之间，一切如吾意措置之矣。殊不知国家若民族之争斗，关涉之方面极多，初非徒计度土地人民，较量兵甲械器，遂可判胜负之数也。一意孤行，内未安而外亦终不能攘，好径行直遂者，可以鉴矣。

匈奴郅支单于之死也，呼韩邪且喜且惧，竟宁元年，复入朝。愿婿汉氏以自亲。元帝以后宫良家子王嫱字昭君者赐之。呼韩邪取左伊秩訾之兄呼衍王女二人。长女颛渠阏氏，生二子：长曰且莫车，次曰囊知牙斯。少女为大阏氏，生四子：长曰雕陶莫皋，次曰且麋胥，皆长于且莫车，少子咸、乐，皆小于囊知牙斯。他阏氏子十余人。颛渠阏氏贵，且莫车爱。呼韩邪病且死，遗命立雕陶莫皋，约传国与弟。于是复株累若鞮、雕陶莫皋。搜谐若鞮、且麋胥。车牙若鞮、且莫车。乌珠留若鞮单于囊知牙斯。相继立。《汉书》云：匈奴谓孝为若鞮。呼韩邪与汉亲密，见汉谥为孝，慕之，故皆为若鞮，《后汉书》但作鞮。匈奴自呼韩邪后，事汉甚谨。乌珠留之立，汉中郎将夏侯藩使匈奴，时王根领尚书事，或说根曰："匈奴有斗入汉地，直张掖郡，生奇材、木箭、竿、就羽。如得之，于边甚饶。"根为成帝言其利。上直欲从单于求之，为有不得，伤命损威，根乃令藩以己意求之。而藩仍称诏旨。单于不许。以其状上闻。时藩已返国，为大原大守。汉乃徙藩济南，不令当匈奴。是为匈奴有距汉之语之始。初，文帝后二年遗匈奴书曰："先帝制：长城以北，引弓之民，受命单于。长城以内，冠带之室，朕亦制之。"是时之政治，为属人而非属地，则逃民必当交还。书又云"来者不止，天之道也。朕释逃虏民，单于无言章尼等"，乃谓捐前事勿复言，非谓后此来者皆不止也。故宣帝所为约束，仍云"长城以南，天子有之，长城以北，单于有之"，而又云："有犯塞辄以状闻，有降者不得受。"然自武帝以后，汉属国实已远出长城之外，此约束遂不足以尽事情。乌珠留单于时，车师后王句姑、去胡来王唐兜亡降匈奴。汉命匈奴遣还。单于引宣、元时约束曰："此外国也，得受之。"汉使不许。单于叩头谢罪，执二卢还付使者。汉乃造设四条：中国人亡入匈奴者，乌孙亡降匈奴者，西域诸国佩中国印绶降匈奴者，乌桓降匈奴者，皆不得受。而收故宣帝所为约束。护乌桓使者因此告乌桓民："毋得复与匈效皮布税。"匈奴驱乌桓妇女弱小且千人去。置左地。告乌桓曰："持马畜皮布来赎。"乌桓人往赎。匈奴又受留不遣。王莽秉政，令中国不得有二名，因使使者讽单于更名曰知。始建国元年，莽使五威将奉符命，赍印绶，王侯以下及吏官名更者，外及蛮夷，皆即授新室印绶，因收汉故印绶。东出者至玄菟、乐浪、高句骊、夫余。南出者逾徼外，历益州，贬句町王为侯。西出者至西域，尽改其王为侯。北出者至匈奴庭，授单于印，改汉印文"匈奴单于玺"曰"新匈奴单于章"。匈奴以汉制，诸王以下，乃有汉言章，今印去玺加新，与臣下无别，不说。使者见所留乌桓人，命还之。匈奴遂以护送乌桓为名，勒兵朔方塞下。二年，车师后王须置离谋降匈奴，都护但钦诛之，置离兄狐兰支举国亡降匈奴，共寇车师。戊己校尉史陈良、终带，司马丞韩玄，右曲候任商，见西域颇背叛，闻匈奴欲大侵，杀戊己校尉刁护，胁略吏士男女二千余人入匈奴。莽乃大分匈奴之地为十五。诱成及其子登、助，拜咸为孝单于，助为顺单于。三年，单于遂遣兵入云中塞。据《匈奴传》。《莽传》：建国二年，匈奴单于求故玺，莽不与，遂寇边郡，杀吏民，乃要其终言之。又历告左右部都尉、诸边王入塞寇盗。大辈万余，中辈数千，少者数百。略吏民畜产，不可胜数。缘边虚耗。先是莽更名匈奴单于曰降奴伏于。建国二年十二月，见《莽传》。及是，乃拜十二部将帅。发郡国勇士、武库精兵，各有所屯守。转委输于边。《莽传》：以赵并为田禾将军，发戍卒屯田北假，以助军粮。议满三十万众，赍三百日粮，同时十道并出，穷追匈奴，内之于丁令，因分其地，立呼韩邪十五子。严尤谏，言今既发兵，宜纵先至者，深入霆击，且以创艾胡虏。莽不听。咸驰出塞，具以见胁状白单于，单于更以为于粟置支侯，匈奴贱官也。后助病死，莽以登代助为顺单于。是时匈奴数为边寇，捕得虏生口验问，皆曰：孝单于咸子角数为寇。四年，莽会诸蛮夷，斩登于长安市。北边自宣帝以来，数世不见烟火之警，人民炽盛，牛马布野。及匈奴构难，边民死亡、系获。又十二部兵，久屯而不出，吏士罢弊。数年之间，北边空虚，野有暴骨矣。五年，乌珠留单于死。王昭君女云，为右骨都侯须卜当妻。当用事，而云常欲与中国和亲。又素与咸厚善。见咸前后为莽所拜，乃越舆而立咸，案前云咸、乐，其后乌珠留单于立，以乐为左贤王，舆为右贤王，此云越舆而立咸，则乐长于舆，咸小于舆。云咸、乐者次序实倒。但云越舆，盖乐已前死矣。为乌累若鞮单于。天凤元年，云、当遣人至西河虎猛制虏塞下。虎猛，汉县，故城在今绥远境内鄂尔多斯左翼前旗。求见昭君兄子和亲侯歙。莽使歙及其弟展德侯飒往使。绐言侍子登在，购求陈良、终带等二十七人烧杀之。于是罢诸将率屯兵，但置游击都尉。匈奴送歙、飒使者还，知登前死，又内利寇掠，外不失汉故事，而寇虏从左地入不绝。使者问。单于辄曰："乌桓与匈奴无状黠民共为寇入塞，譬如中国有盗贼耳。咸初立持国，威信

189

尚浅，不敢有二心。"二年，莽复遣歙等归登及诸贵人从者丧。多遗单于金珍。因谕说其改号。号匈奴曰恭奴，单于曰善于。单于贪莽金币，故曲听之。然寇盗如故。《莽传》云：莽选儒生能颛对者济南王成使送登尸。敕令掘单于知墓，棘鞭其尸。又令匈奴却塞于漠北。责单于马万匹，牛三万头，羊十万头，及稍所掠边民生口在者，皆遣之。咸到单于庭，陈莽威德，责单于背畔之罪，应敌从横，单于不能诎，遂致命而还之。案单于之不逆命，固非尽咸之力，然咸亦必一奇士，可见莽所用，人才亦不少矣。三年，六月，遣并州牧宋弘、游击都尉任明等将兵击匈奴，至边，止屯。五年，咸死，舆立，为呼都而尸道皋若鞮单于。遣大且渠奢与云女弟子俱奉献。莽遣和亲侯歙与奢等俱至制房塞下，与云、当会。因以兵迫胁，将至长安。拜当为须卜单于，欲出大兵以辅立之。严尤谏曰："当在匈奴，右部兵不侵边，单于动静，辄语中国，此方面之大助也。迎置长安，稿街一胡人耳，不如在匈奴有益。"莽不听。时匈奴寇边甚，莽大募天下丁男及死罪囚、吏民奴，名曰猪突豨勇，以为锐卒。一切税天下吏民訾，三十取一，缣帛皆输长安。令公卿以下至郡县黄绶，皆保养军马，多少各以秩为差。又博募有奇技术可以攻匈奴者，将待以不次之位。参看第三节。既得当，欲遣尤与廉丹击匈奴，诛舆而立当以代之。尤素有智略，非莽攻伐四夷，数谏不从，着古名将乐毅、白起不用之意，及言兵事，凡三篇，奏以风谏莽。及当出，廷议，尤固言匈奴可且以为后，先忧山东盗贼。莽大怒，策免尤。地皇二年，转天下谷币诣西河、五原、朔方、渔阳，每一郡以百万数，欲以击匈奴。兵调度亦不合，而匈奴愈怒，并入北边，北边由是败坏云。莽之欲攻匈奴，其意始终未变。其调度虽缪，然欲穷追匈奴，内之丁令，则其筹策不可谓不远。历代北狄之为患，固皆以其据有漠南北也。莽之计，较之秦始皇之筑长城，又远过之矣。其魄力之大，固亦可惊叹也。

莽又发高句骊兵，欲以伐胡。不欲行，郡强迫之，皆亡出塞。因犯法为寇。始建国四年，辽西大尹田谭追击之，为所杀。州郡归咎于高句骊侯驺。严尤奏言貉人犯法，不从驺起。正有他心，宜命州郡且慰安之。今猥被以大罪，恐其遂畔。夫余之属，必有和者。匈奴未克，夫余、秽貉复起，此大忧也。莽不慰安，秽貉遂反。诏尤击之。尤诱高句骊侯，至而斩之，传首长安。莽大说。下书，更名高句骊为下句骊。于是貉人愈犯边。高句骊，汉县，见第三章第六节。盖因部族为名，故又有高句骊侯。与夫余、秽貉，并见第七章第六节。

西域之叛，起于平帝元始中。时车师后王国有新道，出五船北，通玉门关，往来差近。戊己校尉徐普欲开以省道里半，避白龙堆之厄。车师后王姑句不肯，系之。姑句突出，入匈奴。去胡来王唐兜，国比大种赤水羌，数相寇，不胜，告急都护，都护但钦不以时救，东守玉门关，关又不纳，亦亡降匈奴。匈奴受之，使上书言状。时莽执政，使告单于：西域内属，不当得受。单于谢罪，执二王以付使者。莽会西域诸国王，斩以示之。始建国二年，以甄丰为右伯，当出西域。车师后王须置离惮给使者，欲亡入匈奴。戊己校尉刁护闻之，召验问。辞服。械致但钦。钦斩之。置离兄狐兰支将置离众二千余人，驱畜产，举国亡降匈奴。时莽易单于玺，单于怨恨，遂受之。遣兵共击车师，杀后城长。时刁护病，史陈良、终带、司马丞韩玄、右曲候任商杀护。尽胁略吏士男女二千余人入匈奴。乌累单于和亲，莽遣使者多赍金帛赂单于购求。单于尽收四人及手杀刁护者芝音妻子以下二十七人付使者。莽皆烧杀之。和亲绝，匈奴大击北边，西域亦瓦解。焉耆近匈奴，先叛。杀都护但钦。始建国五年。天凤三年，遣五威将王骏、西域都护李崇将戊己校尉郭钦出西域。焉耆诈降，及姑墨、尉犁、危须袭击骏，杀之。钦别将后至，焉耆兵未还，钦击杀其老弱，引兵还。崇收余士还保龟兹。数年，莽死，崇遂没。西域因绝。

莽之致大平也，北化匈奴，莽奏云：匈奴单于顺制作，去二名。东致海外，莽奏云：东夷王度大海献国珍。南怀黄支。莽奏云：越裳氏重译献白雉，黄支自三万里贡生犀。越裳氏事已见第一节。黄支国献犀牛，见《平帝纪》元始二年。参看第七章第四节。惟西方未有加。乃遣中郎将平宪等多持金币,诱塞外羌献鲜水海、允谷、盐池。莽奏大后,以为西海郡,因正十二州名分界。见第三节。又增法五十条,犯者徙之西海。徙者以千万数。民始怨矣。元始五年。居摄元年,西羌庞恬傅幡等怨莽夺其地,反。攻西海大守程永。永奔走。莽诛永。遣护羌校尉窦况击羌。二年,春,破之。莽败,众羌遂还据西海为寇。据《后书·羌传》。

莽之贬钩町王为侯也,其王邯怨恨。牂牁大尹周钦诈杀邯。邯弟承攻杀钦。州郡击之,不能服。三边蛮夷愁扰,尽反。复杀益州大尹程隆。莽遣冯茂发巴、蜀、犍为吏士,赋敛取足于民,以击益州。天凤元年。出入三年,疾疫死者什七。巴、蜀骚动。莽征茂还,诛之。天凤三年。更遣廉丹与庸部牧史熊,师古曰:莽改益州为庸部。大发天水、陇西骑士,广汉、巴、蜀、犍为吏民十万人,转输者合二十万人,击之。始至,颇斩首数千。莽征丹、熊,丹、熊愿益调度,必克乃还。复大赋敛。就都冯英不肯给。莽于蜀郡广都县置就都大尹,今四川华阳县。上言宜罢兵屯田,明设购赏。莽怒,免英官。其后军粮前后不相及,士卒饥疫,三岁余,死者数万。天凤六年,更始将军廉丹击益州,不克,征还。后大司马护军郭兴、庸部牧李晔击蛮夷若豆等。地皇三年,大赦天下。惟刘伯升、北狄胡虏逆舆、南焚虏若豆、孟迁不用此书。而越巂蛮夷任贵,亦杀大守枚根,自立为邛谷王云。

第五节　新莽败亡

新莽所行之政,扰民如此,自不能免于乱。案新末之起兵者,多借刘氏为名,世因谓人心思汉,其实非也。[1]莽未即真时,刘崇即已起兵,翟

---

[1] 史事:莽末起兵者依托刘氏,非由人心思汉。

义亦立刘信为天子，皆见前。莽即真后，又有徐乡侯刘快，师古曰：胶东恭王子，《王子侯表》作炔。起兵其国，今山东黄县。败死。真定刘都等谋举兵，发觉诛。始建国元年。又有陵乡侯刘曾、师古曰：楚思王子。扶恩侯刘贵等，师古曰：不知谁子孙。聚众谋反，据始建国二年孙建之言，见《莽传》。皆无所成。足见人民之于刘于王，无适无莫。隗嚣谓依托刘氏者之多，乃由愚人习识姓号，见《后汉书·班彪传》。诚不诬也。莽末之乱，自以法禁烦苛，吏不能治盗；莽又不能用兵；遂至星星之火，终于燎原耳。于刘氏何与哉？

　　天凤四年，临淮瓜田仪等为盗贼，依阻会稽长洲。今江苏吴县。琅邪女子吕母亦起。《后汉书·刘盆子传》：琅邪海曲吕母，子为县吏，犯小罪，宰论杀之。母家素丰，密聚客，规以报仇。入海中，招合亡命。还攻破海曲，杀宰。复还海中。吕母死，其众分入赤眉、青犊、铜马中。海曲，今山东日照县。五年，赤眉力子都、樊崇等起琅邪。《后汉书·刘盆子传》：崇，琅邪人，起于莒。时青、徐大饥，寇贼蜂起，以崇勇猛，皆附之，一岁间至万余人。崇同郡人逢安、东海徐宣、谢禄、杨音各起兵，合数万人，复引从崇。王莽遣廉丹、王匡击之。崇等欲战，恐其众与莽兵乱，乃皆朱其眉，以相识别，由是号曰赤眉。遣使者发郡国兵击之，不能克。六年，力子都等党众浸多。莽欲遣严尤与廉丹击匈奴，尤固言匈奴可且以为后，先忧山东盗贼。莽怒，策免尤。时尤为大司马。地皇元年，绿林兵起。见下。二年，遣大师牺仲、景尚，更始将军护军王党击青、徐，不克。是岁，南郡秦丰众且万人，平原女子迟昭平，平原，汉郡，今山东平原县南。亦聚众万人，在河阻中。时翼平连率田况，《地理志》：北海郡寿光，莽曰翼平，盖分北海置翼平郡。寿光，今山东寿光县。素果敢。发民年十八以上四万余人，授以库兵，与刻石为约。赤眉闻之，不敢入界。后况自请出界击贼，所乡皆破。莽以玺书令况领青、徐二州牧事。况上言："盗贼始发，其原甚微。非部吏伍人所能禽也。咎在长吏不为意，县欺其郡，郡欺朝廷，实百言十，实千言百，朝廷忽略，不辄督责，遂至延曼运州。乃遣将率，多发使者，传相监趣。郡县力事上官，应塞诘对，共酒食，具资用，以救断斩，不给复忧盗贼，治官事。将率又不能躬率吏士，战则为贼所破，吏气浸伤。徒费百姓。前幸蒙赦令，贼欲解散，或返遮击，恐入山谷，转相告语，故郡县降贼，皆更惊骇，恐见诈灭，因饥馑易动，旬日之间，更十余万人，此盗贼所以多之故也。今洛阳以东，米石二千。窃见诏书，欲遣大师、更始将军。二人爪牙重臣，多从人众，道上空竭，少则亡以威视远方。宜急选牧尹以下，明其赏罚。收合离乡小国亡城郭者，徙其老弱，置大城中。积臧谷食，并力固守。贼来攻城，则不能下，所过无食，势不得群聚，如此，招之必降，击之则灭。今空复多出将率，郡县苦之，反甚于贼。宜尽征还乘传诸使者，以休息郡县。委任臣况以二州盗贼，必平定之。"莽畏恶况，阴为发代。遣使者赐况玺书。使者至，见况，因令代监其兵。况去，齐地遂败。案《莽传》又言："四方皆以饥寒穷愁，起为盗贼。稍稍群聚。常思岁熟，得归乡里。众虽万数，但称巨人、从事、三老、祭酒。不敢略有城邑，转掠求食，日阕而已。按据《后书·刘盆子传》。樊崇初起，亦称三老，入山。诸长吏牧守，皆自乱斗中兵而死，贼非敢欲杀之也。而莽终不谕其故。"观《后书·光武纪》：刘缤初起兵时，诸家子弟，皆亡逃自匿，及见光武，皆惊曰"谨厚者亦复为之"，乃稍自安，则民非有意叛乱可知也。此亦见谓人心思汉之诬。然《莽传》又载莽责七公之言曰："饥寒犯法，惟有二科：大者群盗，小者偷穴。今乃结谋连党，以千百数，是逆乱之大者，岂饥寒之谓邪？"其言亦不得谓误。盖初虽但求免死，及其势之既张，则始愿所不及者，亦将乘势而为之矣。此乃事理之自然，况复有有大欲者从而用之邪？恤民当于平时，盗贼已起，必资斩断。斩断不行，盗贼肆扰，虽欲恤民，云胡可得？故莽之败，不善用兵，实为召祸之媒，非尽用兵之咎也。三年，四月，莽遣大师王匡、更始将军廉丹东。合将锐士十余万人，所过放纵。东方为之语曰："宁逢赤眉，不逢大师。大师尚可，更始杀我。"卒如田况之言。莽又遣孔仁部豫州，严尤、陈茂击荆州。冬，无盐索卢恢等举兵反城。无盐，汉县，见第一章第一节。廉丹、王匡攻拔之，斩首万余级。赤眉别校董宪，众数万人，在梁郡。汉梁国，盖莽改为郡。王匡欲进击之。廉丹以为新拔城，众劳，当且休士养威。匡不听，引兵独进。丹随之。合战成昌，师古曰：地名。兵败。匡走，丹战死。校尉汝云、王隆等二十余人别斗，闻之，皆曰："廉公已死，吾谁为生？"驰奔贼，皆战死。此可见莽非无扞城之将，徒以用之不善，空仗节死绥，无补于事也。东方之兵既挫，南方之寇复炽。

莽末，南方饥馑，人庶群入野泽，掘凫茈而食之。更相侵夺。新市人王匡、王凤为平理诤讼，遂推为渠帅，众数百人。新市，在今湖北京山县境，后汉为县。于是诸亡命马武、王常、成丹等往从之。共攻离乡聚，藏于绿林中。山名，在今湖北当阳县东北数月，众至七八千人。二年，荆州牧某，发奔命二万人攻之。匡等迎击，大破牧军，杀数千人，尽获辎重。遂攻拔竟陵，汉县，在今湖北天门县东北。转击云杜、汉县，在今湖北沔阳县西北。安陆。汉县，在今湖北安陆县北。多略妇女，还入绿林中，至有五万余口。三年，大疾疫，死者且半，乃各分散。王常、成丹西入南郡，号下江兵。王匡、王凤、马武及其支党朱鲔、张卬等北入南阳、号新市兵。皆自称将军。平林人陈牧、廖湛复聚众千余人，号平林兵以应之。平林，地名，今湖北随县。初，景帝子长沙定王发，生春陵节侯买。春陵，今湖南宁远县。买卒，子戴侯熊渠嗣。熊渠卒，子孝侯仁嗣。仁以春陵地势下湿，山林毒气，上书求减邑内徙。元帝初元四年，徙封南阳之白水乡，犹以春陵为国名。今湖北枣阳县。遂与从弟巨鹿都尉回及宗族往家焉。回之父曰郁林大守外，亦买子也。回生南顿令钦。取同郡樊重女，生三男三女：长男缤，次仲，次秀，是为后汉世祖光武皇帝。南阳蔡阳人也。蔡阳，汉县，在今枣阳县西南。熊渠生苍梧大守利。利生子张。纳平林何氏女，生子玄。玄，光武族兄也。以上兼据《后汉书·光武纪、刘玄传、城阳恭王传》

及《刘玄传注》引《帝王纪》。往从陈牧等。光武性勤于稼穑。而兄缜好侠养士。使邓晨起新野。晨娶光武姊元。光武与李通及通从弟轶起于宛。通后娶光武女弟伯姬，是为宁平公主。缜自发舂陵子弟，合七八千人。部署宾客，自称柱天都部。使宗室刘嘉等往诱新市、平林兵。遂与王匡、陈牧等合兵而进。至小长安，《注》引《续汉书》曰：淯阳县有小长安聚。与莽前队大夫甄阜、属正梁丘赐战，大败。还保棘阳。汉侯国，在今河南新野县东北。阜、赐乘胜，南渡潢淳水，临沘水。新市、平林各欲解去。缜患之。会下江兵五千余人至宜秋。聚名。缜乃与光武、李通共造王常壁，为说合从之势。下江从之。缜于是大飨军士，潜师夜起。遂斩阜、赐。严尤、陈茂闻阜、赐军败，欲据宛。缜乃陈兵誓众，焚积聚，破釜甑，鼓行而前。与尤、茂遇育阳下。汉县，在今河南南阳县南。战，大破之。尤、茂弃军走。缜进围宛。自号柱天大将军。刘玄号更始将军。自阜、赐死后，百姓日有降者，众至十余万。诸将会议，立刘氏以从人望。南阳士大夫及王常欲立缜。新市、平林将帅共定策立玄，然后召缜示其议。缜言"恐赤眉复有所立，宜且称王以号令。若赤眉所立者贤，相率而往从之。若无所立，破莽，降赤眉，然后举尊号，未晚也"。诸将多曰善。张卬拔剑击地曰："疑事无功。今日之议，不得有二。"乃皆从之。立更始为天子。建元日更始元年。以缜为大司徒，光武为大常偏将军。三月，光武别与诸将徇昆阳、汉县，今河南叶县南。定陵、汉县，今河南舞阳县北。郾，汉县，今河南郾城县南。皆下之。五月，缜拔宛。六月，更始入都之。莽遣大司空王邑驰传至洛阳，与司徒王寻发众郡兵百万，号曰虎牙五威兵，平定山东。得颙封爵。除用征诸明兵法六十三家术者，各持图书，受器械，备军吏，倾府库以遗邑，多赍珍宝、猛兽，欲视饶富，用怖山东。邑至洛阳，州郡各选精兵，牧守自将，定会者四十二万人。余在道不绝。车甲士马之盛，自古出师，未尝有也。六月，邑与寻发洛阳。欲至宛，道出颍川，过昆阳，纵兵围之。严尤、陈茂与二公会。尤曰："称尊者在宛下，宜亟进，彼破，诸城自定。"不听。尤又曰："归师勿遏，围城为之阙，可如兵法，使得逸出，以怖宛下。"又不听。先是光武将数千兵徼寻、邑兵于阳关。聚名，在今河南禹县西北。诸将见寻、邑兵盛，反走。驰入昆阳。皆惶怖，忧念妻孥，欲散归诸城。光武言："如欲分散，势无俱全。今不同心胆，共举功名，反欲守妻子财物邪？"诸将怒曰："刘将军何敢如是？"光武笑而起。会候骑还，言大兵且至城北，军陈数百里，不见其后。诸将遽相谓曰："更请刘将军计之。"光武复为图画成败。诸将皆曰：诺。时城中惟有八九千人。光武乃使王凤、王常留守，夜自与十三骑出收兵。既至郾、定陵，悉发诸营兵。而诸将贪惜财宝，欲分留收之。光武曰："今若破敌，珍宝万倍，大功可成，如为所败，首领无余，何财物之有？"众乃从。光武遂与营部俱进。寻、邑自将万余人行陈，敕诸营皆按部毋得动。独迎与汉兵战，不利。大兵不敢擅相救。汉兵乘胜杀寻。昆阳中兵出并战。邑走。军乱。大风飞瓦，雨如注水，大众崩坏号呼，虎豹股栗。士卒奔走，各还归其郡。邑独与所将长安勇敢数千人还洛阳。关中闻之震恐，盗贼并起。豪桀杀其牧守，自称将军，旬月之间，遍于天下。案观刘缤诤立更始之言，知新市、平林兵力，尚远不逮赤眉，安能与新室大兵相抗？而莽之用兵，惟知以多为贵，多而不整，反致一败涂地。[1]大兵既折，后路空虚，并关中亦不能安集矣。是皆莽之自败，非汉之遗孽能败莽也。昆阳之战，汉人自诧为奇绩。然光武以三千人冲寻、邑兵中坚，度其后继，必倍于此，城中复有数千人出与合势，是其兵数实多于寻、邑，何足为奇？寻、邑之败，败于大兵之不敢相救，大兵之不敢相救，则寻、邑敕其案部毋得动故也。寻、邑所以有是敕，盖亦知兵非素习，仓卒乌合之故。用兵专务于多者，可以知所戒矣。

昆阳既败，卫将军王涉与大司马董忠、国师公刘歆谋劫莽东降。事

---

① 兵：昆明何以败。

觉，忠伏诛，歆、涉皆自杀。莽召王邑还，以为大司马。成纪隗崔兄弟，*成纪，今甘肃秦安县。* 共劫大尹李育，以兄子隗嚣为大将军。攻杀雍州牧陈庆，安定卒正王旬，*《后书》作安定大尹王向，云平阿侯谭子。* 并其众。移书郡县，数莽罪恶。析人邓晔、于匡起兵南乡。*师古曰：析县乡名。汉析县，在今河南内乡县西北。* 攻武关。西拔湖。*汉县，在今河南阌乡县东。* 莽拜将军九人，皆以虎为号。将北军精兵数万人东。六虎败，三虎郭钦、陈翚、成重收散卒保京师仓。*师古云：在华阴灌北渭口，案灌水北入渭，见《水经注》。* 更始遣王匡攻洛阳，申屠建攻武关。邓晔开武关。李松将二千余人至湖。与晔等共攻京师仓，未下。晔以弘农掾王宪为校尉，入左冯翊界，北至频阳。*汉县，在今陕西富平县东北。* 李松遣偏将军韩臣等西至新丰。大姓栎阳申砀、下邽王大、*下邽，汉县，今陕西渭南县东北。* 氂严春、*氂，汉县，今陕西武功县西南。* 茂陵董喜、*茂陵，汉县，今陕西兴平县东北。* 蓝田王孟、槐里汝臣、*槐里，汉县，今陕西兴平县东南。* 盩厔王扶、*盩厔，汉县，今陕西盩厔县东。* 阳陵严本、*阳陵，汉县，今陕西咸阳县东。* 杜陵屠门少之属，*杜陵，汉县，今陕西长安县东南。* 众皆数千人，假号称汉将军。时李松、邓晔以为京师小小仓，尚未可下，何况长安城？当须更始大兵到，即引军至华阴治攻具。*华阴，汉县，今陕西华阴县。* 而长安旁兵四会城下，闻天水隗氏兵方到，*天水，汉郡，治平襄，在今甘肃通渭县西南。* 皆争欲先入城，贪立大功、卤掠之利。莽遣使者分赦城中诸狱囚徒，皆授兵，更始将军史谌将。度渭桥，皆散走。谌空还。众兵发掘莽妻子父祖冢，烧其棺椁，及九庙、明堂、辟雍，火照城中。十月朔，兵从宣平门入。王邑、王林、王巡、䜌恽等分将兵距击北阙下。二日，城中少年朱第、张鱼等趋讙并和，烧作室门，斧敬法闼，火及掖庭承明。莽避火宣室前殿，曰："天生德于予，汉兵其如予何？"三日，之渐台，欲阻池水。公、卿、大夫、侍中、黄门郎从官尚千余人随之。王邑昼夜战，罢极，士死伤略尽。驰入宫。间关至渐台。见其子侍中睦解衣冠欲逃，邑叱之令还，父子共守莽。众兵围渐台数百重。台上亦弓弩与相射。矢尽，短兵接。王邑父子、䔲恽、王巡战死。王揖、赵博、苗䜣、唐尊、王盛、中常侍王参等皆死台上。商人杜吴杀莽，取其绶。校尉公宾就，故大行治礼，见吴，问绶主所在。曰："室中西北陬间。"就识斩莽首。军人分裂莽身支节肌骨，脔分，争相杀者数十人。而此一代之大革命家，遂以为民请命而成仁矣。莽扬州牧李圣、司命孔仁兵败山东。圣格死，仁将其众降。已而叹曰："吾闻食人食者死其事。"拔剑自刭死。及曹部监杜普、陈定大尹沈意、九江连率贾萌，皆守郡不降，为汉兵所诛。①赏都大尹王钦及郭钦守京师仓，闻莽死，乃降。更始义之，皆封为侯。大师王匡、国将哀章降洛阳，传诣宛，斩之。《后汉书·刘玄传》云：拔洛阳，生缚王匡、哀章，至皆斩之，不云其降。严尤、陈茂败昆阳下，走沛郡谯。今安徽亳县。自称汉将，召会吏民。尤为称说王莽篡位，天时所亡，圣汉复兴状。茂伏而涕泣。闻故钟武侯刘圣《后汉书·刘玄传》作刘望。聚众汝南，汉郡，今河南汝南县东南。称尊号，尤、茂降之。以尤为大司马，茂为丞相。十余日败。更始使刘信击杀之。信，赐之兄子。尤、茂并死。初，申屠建尝事崔发为《诗》。建至，发降之。后复称说。师古曰：妄言符命不顺汉。建令刘赐光武族兄。斩发以徇。案莽之败，为之尽节者不少，视汉末无一人死难者，翟义非正人，其起兵未必为汉。刘崇等皆汉宗室，不足论也。相去远矣。知谓人心思汉者，乃班氏父子之私言，非天下之公言也。刘歆莽旧臣，其叛也，其子伊休侯叠，以素谨，歆讻不告，但免侍中中郎将，更为中散大夫，可见其用刑之平。九虎之东也，省中黄金万斤者为一匮，尚有六十匮；黄门钩盾臧府、中尚方，处处各有数匮；长乐御府、中御府及都内，平准帑藏钱帛、珠玉、赐物甚众；莽但赐九虎士人四千钱，可见其用财之谨。以莽之规模弘远，夫岂出内之吝者？诚其意但求利民，不为一身利害计，故不肯

① 史事：忠于莽者之多。

199

妄费也，亦可哀矣。

公宾就既斩莽首，持诣王宪。宪自称汉大将军，城中兵数十万皆属焉。舍东宫，妻莽后宫，乘其车服。申屠建至，收斩之。又扬言三辅黠，共杀其主。吏民皇恐，属县屯聚。建等不能下，驰白更始。二年，二月，更始到长安，下诏大赦，三辅悉平。

第六章
后汉之兴

第一节　更始刘盆子之败

新市、平林之兵，本属饥民，苟以救死，徼幸昆阳一胜，王莽自亡，更始移都长安，遂若汉室复兴者。然功业终非可幸致，新市、平林诸将，其无规模大甚，遂至为赤眉所覆，而赤眉之不成气候，尤甚于新市、平林，于是出定河北之偏师，遂因缘时会，而为海内之真主矣。

《后书》言更始之立也，南面立朝群臣，素懦弱，羞愧流汗，举手不能言。及入长安，居长乐官，升前殿，郎吏以次列庭中，更始羞怍，俯首刮席不敢视。诸将后至者，更始问虏掠得几何？左右侍者，皆官省久吏，各惊相视。此皆诬罔之谈。更始在民间，已能结客为弟报仇，斯盖豪桀之流，安有懦弱至此之理？刘知几说，见《史通·曲笔篇》。《郑兴传》言：更始诸将皆山东人，咸劝留洛阳。兴说以山西豪桀，久不抚之，恐百姓离心，盗贼复起，国家之守，转在函谷。更始曰："朕西决矣。"即拜兴为谏大夫，使安集关西及朔方、凉州。其英断为何如？《玄传》所云，盖久宦者自谓能知朝廷旧章，而轻视起于草野之主，遂为此诬罔之辞。[①] 不独更始，即史所传刘盆子之事，亦不尽可信也。更始之败，盖全由为群盗所把持，不能自振。然群盗中亦非无有心人。史称李松与赵萌说更始：宜悉王诸功臣。朱鲔争之，以为高祖约，非刘氏不王。更始乃先封宗室，后遂立诸功臣为王。鲔辞曰："臣非刘宗，不敢干典。"遂让不受。可谓不

---

① 史事：宦人自谓能知旧章，轻视起于草野者。更始刘盆子被诬。刘永奉更始谓自称帝诬。

203

苟得矣。乃徙鲔为左大司马，本大司马。刘赐为前大司马，使与李轶、李通、王常等镇抚关中。以李松为丞相，赵萌为右大司马，共秉内任。更始纳赵萌女为夫人，有宠，遂委政于萌。日夜与妇人饮谦后庭。群臣欲言事，辄醉不能见。此盖迫不得有所豫，非荒淫也。史称萌私忿侍中，引下斩之，更始救请不从，可见其权力之大。于是李轶、朱鲔，擅命山东；王匡、张卬，横暴三辅。其所授官爵者，皆群小贾竖，或有膳夫、庖人。长安为之语曰："灶下养，中郎将。烂羊胃，骑都尉。烂羊头，关内侯。"自是关中离心，四方怨叛。诸将出征，各自专置牧守，州郡交错，不知所从，而赤眉入关之祸起。

王匡之败也，赤眉寇东海，汉郡. 今山东郯城县西南。掠楚、即彭城。沛、汉郡，今安徽宿县。汝南、颍川，还入陈留。汉郡，今河南陈留县东北。攻拔鲁城，汉郡，今山东曲阜县。转至濮阳。汉县，今河北濮阳县南。更始都洛阳，遣使降樊崇。崇等闻汉室复兴，即留其兵，自将渠帅二十余人随使者至洛阳降。更始皆封为列侯。崇等既未有国邑，而留众稍有离叛，乃遂亡归其营。将兵入颍川。分其众为二部：崇与逢安为一部。徐宣、谢禄、杨音为一部。战虽数胜，而众疲敝，厌兵，日夜愁泣思东归。崇等计议：众东乡必散，不如西攻长安。更始二年，冬，崇、安自武关，宣等从陆浑关，汉陆浑县，在今河南嵩县东北。两道俱入。三年，正月，俱至弘农。汉郡，今河南灵宝县南。时平陵人方望，立前孺子刘婴为天子。方望者，隗嚣为上将军，聘请以为军师。更始二年，遣使征嚣及崔、义等。义，崔兄。嚣将行，望以为更始未可知，固止之。嚣不听。望以书辞谢而去。其书辞旨，斐然可观，见《后汉书·隗嚣传》。盖亦知略之士。是时与安林人弓林等于长安中求得婴，将至临泾立之。临泾，汉县，今甘肃镇原县南。更始遣李松、苏茂等击破，皆斩之。又使苏茂拒赤眉于弘农，茂军败。三月，遣李松会朱鲔与赤眉战于蓩乡，《续汉志》：弘农有蓩乡。松等大败，弃军走。时王匡、张卬守河东，为邓禹所破，见第三节。还奔长安。卬与诸将议："勒兵掠城中，转攻所在，东归南阳。事若不集，复入湖池中为盗。"申屠建、廖湛等皆以为然。共入说更始。更始怒，不应。莫敢复言。此亦见更始非懦弱者。时赤眉连战克胜，众遂大集。乃分万人为一营，凡三十营。进至华阴。军中常有齐巫，鼓舞祠城阳景王以求福助。巫狂言："景王大怒曰：当为县官，何故为贼？"有笑巫者辄病。军中惊动。方望弟阳，怨更始杀其兄，并说崇等：立宗室，扶义西伐。刘盆子者，城阳景王后。祖父宪，元帝时封为式侯。式，汉县，未详所在。父萌嗣。王莽篡位，国除，因为式人。赤眉过式，掠盆子，及二兄恭、茂，皆在军中。恭少习《尚书》，略通大义。及随崇等降，更始即封为式侯。以明经数言事，拜侍中，从更始在长安。盆子与茂留军中，属右校卒史刘侠卿，主刍牧牛，号曰牛吏。及崇等欲立帝，求军中景王后，得七十余人，惟盆子与茂及西安侯刘孝，最为近属。乃书札为符，又以两空札置笥中，于郑北设坛场祠城阳景王。三人以年次探札。盆子最幼，后探得符。诸将乃皆称臣拜。盆子时年十五，被发徒跣，敝衣赭汗。见众拜，恐畏欲啼。茂谓曰："善藏符。"盆子即啮折弃之。复还依侠卿。案盆子列侯之子，兄通《尚书》，着节更始，见下。虽曰少在兵间，流离失教，其野鄙似不至是。且时赤眉非贫弱，岂有求得盆子，令其探符，而犹敝衣徒跣者乎？亦见其言之不详也。赤眉本乌合求食，是时累战皆胜，迫近长安，乃有取更始而代之之意。史称崇虽有勇力，为众所宗，然不知书数，徐宣故县狱吏，能通《易经》，遂共推宣为丞相，崇御史大夫，则崇之不堪人主可知。崇等既不堪人主，当时情势，自以立宗室为宜，欲立宗室，自应于乡里中求之。盆子年最少，易于操纵，此盖其所以得符，齐巫狂怒，亦未必非篝火狐鸣类也。更始使王匡、陈牧、成丹、赵萌屯新丰，李松军椒。《续汉志》新丰有椒城。张卬、廖湛、胡殷、申屠建等与御史大夫隗嚣合谋，欲以立秋日豭膢时，共劫更始，俱成前计。更始托病不出。召张卬等，将悉诛之。惟隗嚣不至。更始狐疑，使卬等待于外庐。卬与湛、殷疑有变，遂突出。独申屠建在，更始斩之。卬与湛、殷遂勒兵掠东西市。昏时，烧门入。战于宫中，更始大败。明旦，将妻子车骑百余东奔赵萌于新丰。更始复疑王匡、陈牧、成丹与张卬等同谋，乃并召入。牧、丹先至，即斩之。王匡惧，将兵入长安，与张卬等合。李松还从更始。与赵萌共攻匡、卬于城内。连战月余，匡等败走。更始徙居长信宫。赤眉至高陵，汉县，今陕西高陵县西南。匡等迎降之。遂共连兵而进。更始城守。使李松出战。败，死者二千余人。赤眉生得松。时松弟泛为城门校尉。赤眉使谓之曰："开城门，活汝兄。"泛即开门。九月，赤眉入城。更始单骑走。初，刘恭以赤眉立盆子，自系诏狱。闻更始败，乃出，步从至高陵。止传舍。右辅都尉严本，恐失更始，为赤眉所诛，将兵在外，号为屯卫，而实囚之。赤眉下书曰："圣公降者，圣公，更始字。封长沙王。过二十日勿受。"更始遣刘恭请降。赤眉使谢禄往受之。十月，更始遂随禄肉袒诣长乐宫，上玺绶于盆子。赤眉坐更始置庭中，将杀之。刘恭、谢禄为请，不能得。遂引更始出。刘恭追呼曰："臣诚力竭，请得先死。"拔剑自刎。樊崇等遽共救止之。乃赦更始，封为畏威侯。刘恭复为固请，竟得封长沙王。更始尝依谢禄居。刘恭亦拥护之。三辅苦赤眉暴虐，皆怜更始。张卬以为虑，谓谢禄曰："今诸营长多欲篡圣公者。一旦失之，合兵攻公，自灭之道也。"于是禄使从兵与更始共牧马于郊下，因令缢杀之。刘恭夜往收藏其尸。后为更始报杀谢禄。观刘恭之始终不贰，虽谢禄初亦归心，更始之为人可知。使非为诸将所挟持，其雄略，未必让光武弟兄也。然则光武之不获正位，乃正其所由成功耳。

赤眉既入长安，其规模弥不如更始。诸将日会论功，争言谯呼，拔剑击柱，不能相一。三辅郡县营长遣使贡献，兵士辄剽夺之。又数虏暴吏民。百姓堡壁，由是皆复固守。盆子独与中黄门共卧起而已。刘恭见赤眉众乱，知其必败，自恐兄弟俱祸，密教盆子归玺绶，习为辞让之言。建武二年，正月朔，崇等大会。盆子下床，解玺绶，叩头乞骸骨。崇等皆避席顿首，抱持盆子，带以玺绶。罢出，各闭营自守。三辅翕然，称天子聪明。百姓争还，长安市里且满。得二十余日，赤眉贪财物，复出大掠。城中粮食尽，遂收载珍宝，因大纵火烧宫室，引兵而西。众号百万。自南山转掠城邑。入安定、北地。至番须中，番须，谷名，在今陕西陇县西北。逢大雪，阬谷皆满，士多冻死。乃复还。发掘诸陵，取其宝货。邓禹时在长安，见第三节。遣兵击之郁夷，汉县，今甘肃陇县西。为所败。禹乃出，之云阳。汉县，今陕西淳化县西北。九月，赤眉复入长安。时汉中贼延岑出散关，在今陕西宝鸡县西南。屯杜陵。逢安将十余万人击之。禹以逢安精兵在外，惟盆子与羸弱居城中，自往攻之。谢禄救之。夜战稿街中，禹兵败走。延岑及更始将军李宝合兵数万人，与逢安战于杜陵，大败，死者万余人。宝降安。岑收散卒走。宝密使人谓岑曰："子努力还战，吾当于内反之。"岑即还挑战。安等空营击之。宝从后悉拔赤眉旌帜，更立己旛旗。安等战疲，还营，见旗帜皆白，大惊，乱走，自投川谷死者十余万。逢安与数千人脱归长安。时三辅大饥，人相食。城郭皆空，白骨蔽野。遗人往往聚为营保，各坚守不下。赤眉掳掠无所得。十二月，乃引而东归，遂为光武所灭。

第二节　光武定河北自立

更始既立，刘縯被杀。縯本传云：光武兄弟威名日甚，更始君臣不自安，遂共谋诛伯升。縯字。乃大会诸将，以成其计。更始取伯升宝剑视之。申屠建随献玉玦。更始竟不能发。初，李轶谄事更始贵将，光武深疑之，尝以戒伯升曰："此人不可复信。"伯升不受。伯升部将宗人刘稷，数陷陈溃围，勇冠三军。时将兵击鲁阳。汉县，今河南鲁山县。闻更始立，怒曰："本起兵图大事者，伯升兄弟也，今更始何为者邪？"更始君臣闻而心忌之。以稷为抗威将军，稷不肯拜。更始乃与诸将陈兵数千人，先收稷，将诛之，伯升固争。李轶、朱鲔因劝更始并执伯升，即日害之。观诸将欲诛伯升而更始不发，则知更始本无意于杀伯升，特为诸将所胁耳。光武自父城驰诣宛谢，父城，汉县，今河南宝丰县东。拜为破虏大将军，封武信侯。更始将北都洛阳，以光武行司隶校尉，使前整修宫府。至洛阳，乃遣光武以破虏将军行大司马事。十月，持节北渡河。《安城孝侯刘赐。传》云：更始欲令亲近大将徇河北，未知所使。赐言诸家子独有文叔可用。文叔，光武字。朱鲔等以为不可。更始狐疑。赐深劝之，乃拜光武行大司马，持节过河。《冯异传》云：更始数欲使光武徇河北，诸将皆以为不可。是时左丞相曹光，子诩为尚书，父子用事，异劝光武厚结纳之。及度河北，诩有力焉。盖时新市、平林诸将，与南阳刘宗，龃龉殊甚，故光武欲脱身不易如此。然非脱身而出，则为诸将所牵率，亦终于败灭耳。光武之力求出，盖以此也。

光武至河北，遇一大敌，时为王昌。《昌传》云：昌一名郎，邯郸人。素为卜相，工明星历。常以为河北有天子气。时赵缪王子林景帝七世孙。好奇数，任侠于赵、魏间，多通豪侠，而郎与之亲善。初，王莽篡位，长安中或自称成帝子舆者，莽杀之，郎缘是诈称真子舆。林与赵国大豪李育等立之邯郸。时更始元年十二月也。《光武本纪》云：进至邯郸，故赵缪王子林说光武曰："赤眉今在河东，但决水灌之，百万之众，可使为鱼。"光武不答，去之真定。今河北正定县。林乃立郎为天子。盖林等皆河北豪侠，与光武未能相合，故别树一帜也。郎遣将帅徇下幽、冀，移檄州郡。赵国以北，辽东以西，皆从风而靡。二年，正月，光武北徇蓟。郎移檄购光武十万户。故广阳王子刘接，广阳王名嘉，武帝五世孙。起兵蓟中以应郎。光武复南出。时惟信言都大守任光，信都，今河北蓟县。光，宛人。与光武破王寻、王邑，更始以为信都大守。和成大守邳彤，王莽分巨鹿为和成郡，居下曲阳。彤为卒正。光武至，彤降，复以为大守。下曲阳，汉县，在今河北晋县西。坚守不下。光武至信都，谓光曰："伯卿，光字。今势力虚弱，欲俱入城头子路、东平人，姓爰，名曾，字路。与肥城刘诩，起兵卢城头，故号其兵为城头子路。寇掠河、济间，众至二十余万。更始立，曾遣使降。拜曾东莱大守，诩济南大守，皆行大将军事。是岁，曾为其将所杀。众推诩为主。更始封诩助国侯，令罢兵归本郡。肥城，汉县，今山东肥城县。卢，汉县，今山东沂水县西南。力子都兵中，力子都，东海人。起兵乡里，钞击徐、兖界，众六七万。更始立，遣使降。拜子都徐州牧。为其部曲所杀。余党复相众，与余贼会于檀乡。其渠帅董次仲，与五校合。建武二年，为吴汉所破，见下。《后汉书注》云：今兖州瑕丘县东北有檀乡。唐瑕丘县，在今山东滋阳县西。何如？"光曰："不可。"光武曰："卿兵少，何如？"光曰："可募发奔命，出攻旁县，若不降者，恣听掠之，人贪财物，则兵可招而致也。"时彤亦来会。议者多言可因信都兵自送，西还长安。彤言："明公既西，邯郸城民，不肯捐父母，背城主，而千里送公，其离散可必也。"乃拜彤为后大将军，光为左大将军，从。光多作檄文，曰："大司马刘公，将城头子路、力子都兵百万众从东方来，击诸反虏。"遣骑驰至巨鹿界中，吏民得檄，传相告语。光武遂与光等投暮入堂阳界。堂阳，汉县，今河北新河县西。使骑各持炬火，弥满泽中，光炎烛天地，举城震怖；彤亦先使晓譬吏民；其夜即降。王郎遣将攻信都，信都大姓马宠等开城内之。光武使任光救信都，光兵于道散降王郎。会更始遣将攻破信都，光武乃使信都都尉李忠还行大守事。收郡中大姓附邯郸者，诛杀数百人。时昌城人刘植，昌城，汉县，今河北栾县西南。宋子人耿纯，宋子，汉县，今河北赵县北。各率宗亲子弟，据其城邑，以奉光武。而真定王刘扬，起兵以附王郎，众十余万。光武遣植说扬，扬降。光武因留真定，纳郭后。后扬之甥，以此结之也。后扬复造作谶记以惑众，建武二年，遣耿纯诛之。于是北降下曲阳。众稍合，乐附者至数万人。复北击中山。所过发奔命，移檄边部，共击邯郸。郡县还复响应。南入赵界，攻王郎大将李育于柏人，汉县，见第二章第一节。不下。会上谷大守耿况、王莽改上谷为朔调，况为连率，以莽所置，不自安，使于弇诣更始求自固。道谒先武，留署门下吏。蓟乱，光武南驰，弇说况使寇恂东约彭宠，各发突骑二千匹，步兵千人，以佐光武。渔阳大守彭宠，宛人。父宏，哀帝时为渔阳大守。王莽居摄，遇害。宠少为郡吏。从王邑东拒汉军。到洛阳，闻同产弟在汉军中，惧诛，即与乡人吴汉亡至渔阳，抵父时吏。更始立，使谒者韩鸿持节徇北州，承制得专拜二千石以下。鸿至蓟，以宠、汉并乡间故人，相见欢甚，即拜宠偏将军，行渔阳大守事，汉安乐令。汉说宠从光武，耿况亦使寇恂至，宠乃发兵，与上谷兵合而南。安乐，今河北顺义县西。各遣其将吴汉、寇恂等将突骑来。更始亦遣尚书仆射谢躬讨郎。光武因大飨士卒，东围巨鹿。月余不下。耿纯说光武径攻邯郸。五月，拔之。王郎夜亡走，追杀之。收文书，得吏人与郎交关谤毁者数千章。光武不省，会诸将军烧之，曰："令反侧子自安。"案光武为客军，而王郎为河北豪桀，其势实不相敌。光武所以终克郎者，得渔阳、上谷之力实多，[1] 边兵强而内郡弱，其势防见于此矣。更始遣立光武为萧王，令罢兵，与诸将有功者还长安。遣苗曾为幽州牧，韦顺为上谷大守，蔡充为渔阳大守。耿弇说光武不可从。愿归幽州，益发精兵，以集大计。光武大悦。遂辞以河北未平，不就征。拜弇为大将军，与吴汉北发幽州十郡兵。弇到上谷，收韦顺、蔡充斩之。汉亦诛苗曾。于是悉发幽州兵，引而南。

时海内割据者众，而《后书》所云"别号诸贼铜马、大肜、高湖、重连、铁胫、大枪、尤来、上江、青犊、五校、檀乡、五幡、五楼、富平、获索等，各领部曲，众合数百万人，所在寇掠"者，为害尤巨。盖此辈皆流寇，略无规模，尚不足语于割据也。光武乃先定之。更始二年，秋，击铜马于鄡，汉县，今河北束鹿县东。绝其粮道。积月余日，贼食尽，夜遁去。追至馆陶，汉县，今山东馆陶县西南。大破之。受降未

---

① 兵：光武平王郎，多得渔阳上谷之力。凉州之强。

尽，而高湖、重连从东南来，与铜马余众合。光武复与大战于蒲阳，山名，在今河北完县西。悉破降之，封其渠帅为列侯。降者犹不自安。光武知其意，敕令各归营勒兵，乃自乘轻骑案行部陈。降者更相语曰："萧王推赤心置人腹中，安得不投死乎？"由是皆服。悉将降人分配诸将，众遂数十万。光武前此，实藉郡县归附，发其兵以事征讨，至此始自有大军矣。赤眉别帅与大肜、青犊十余万众在射犬。《耿纯传》云：青犊、上江、大肜、铁胫、五幡。射犬，聚名，在今河南沁阳县东北。光武进击，大破之。众皆散走。初，光武与谢躬相忌，光武尝请躬置酒高会，欲因以图之，不克，见《马武传》。虽俱在邯郸，遂分城而处。躬既而率兵数万，还屯于邺。光武南击青犊，谓躬曰："我追贼于射犬，必破之。尤来在山阳者，汉县，今河南修武县西北。必当惊走。以君威力，击此散虏，必成擒也。"躬曰：善。自率诸将军击之。穷寇死战，其锋不可当，躬遂大败。光武因躬在外，使吴汉、岑彭袭其城，杀躬。其众悉降。于是更始之力，不复及于河北矣。

时赤眉入函谷关攻更始。光武乃遣邓禹引兵而西，以乘其乱。更始使朱鲔、陈侨、李轶与河南大守武勃屯洛阳。光武将北徇燕、赵，以魏郡、河内，独不逢兵，城邑完，仓廪实，乃拜寇恂为河内大守，冯异为孟津将军，统二郡，军河上，与恂合势，以拒鲔等。明年，更始三年，而光武之建武元年也。光武北击尤来、大枪、五幡于元氏。汉县，今河北元氏县西北。追至右北平，连破之。又战于顺水北。乘胜轻进，反为所败。贼亦引去。大军复还，至安次，汉县，今河北安次县西北。与战，破之，贼入渔阳。遣吴汉穷追。贼散入辽西、东，或为乌桓、貉人所钞击，略尽。于是诸将议上尊号。六月，即帝位于鄗。改为高邑，今河北柏乡县北。初，李轶与光武首结谋约，加相亲爱。及更始立，反共陷伯升。虽知长安已危，欲降，又不自安。冯异遗轶书，说以转祸为福。轶亦报书，言思成断金，惟深达萧王。轶自后不复与异争锋。异得北攻天井关，在山西晋城

211

县南。拔上党两城，南下成皋以东十三县。武勃将万余人攻讨畔者，异度河破斩勃，轶又不救。异见其信效，具以奏闻。光武故宣露轶书，令朱鲔知之。鲔怒，使人刺杀轶。由是城中乖离，多有降者。光武既即位，使吴汉围鲔于洛阳。九月，赤眉入长安，更始奔高陵。光武封为淮南王。朱鲔等犹坚守不肯下。光武以岑彭尝为鲔校尉，令往说之。鲔曰："大司徒被害时，鲔与其谋，又谏更始无遣萧王北伐，诚自知罪深。"彭还具言。光武曰："夫建大事者不忌小怨。鲔今若降，官爵可保，况诛罚乎？河水在此，吾不食言。"彭复往告。鲔乃降。十月，光武入洛阳，遂定都焉。

第三节　光武平关中

邓禹之西也，破更始将樊参、王匡等，遂定河东，渡河入夏阳。汉县，今陕西韩城县南。赤眉入长安。是时三辅连覆败，赤眉所过残灭，百姓不知所归，闻禹乘胜独克，而师行有纪，皆望风相携负以迎军，降者日以千数，众号百万。诸将豪桀，皆劝禹径攻长安。禹曰："吾众虽多，能战者少。前无可仰之积，后无转馈之资。赤眉新拔长安，财富充实，锋锐未可当也。夫盗贼群居，无终日之计。上郡、北地、安定，土广人希，饶谷多畜。吾且休兵北道，就粮养士，以观其弊。"于是引军北至栒邑。汉县，今陕西栒邑县东北。禹所到击破赤眉别将。诸营保郡邑，皆开门归附。禹分遣将军别攻上郡诸县，更征兵引谷，归至大要。县名，属北地。遣冯愔、宗歆守栒邑。二人争机相攻。愔遂杀歆。因反击禹。禹遣使以闻。光武遣尚书宗广持节降之。

二年，春，赤眉西走，禹乃南至长安。与延岑战于蓝田，不克。复就谷云阳。汉中王刘嘉诣禹降。嘉相李宝，倨慢无礼，禹斩之。嘉，光武族兄，随更始征伐。尝击延岑，降之，更始以为汉中王，都南郑。建武二年，岑复反，攻汉中，嘉败走。岑进兵武都，为更始柱功侯李宝所破，而南郑亦为公孙述将侯丹所取：嘉以宝为相，南攻丹，不克。后遂诣邓禹于云阳。宝弟收宝部曲击禹，杀将军耿䜣。自冯愔反后，禹威稍损。又乏食，归附者离散。赤眉还入长安，禹与战，败走。至高陵，军士饥饿者皆食枣菜。帝乃征禹还，遣冯异代之。禹惭于受任而功不遂，数以饥卒徼战，辄不利。二年，春，引归。与异相遇，要异共攻赤眉，大为所败，与二十四骑还宜阳。汉县，今河南宜阳县西。异收散卒，招集诸营保数万人，破赤眉于崤底，降男女八万人。余众尚十余万，东走宜阳。光武闻，自将邀其走路。赤眉忽遇大军，惊震不知所为，乃遣刘恭乞降。积兵甲宜阳城西，与熊耳山齐焉。令樊崇等各与妻子居洛阳，赐宅人一区，田二顷。其夏，崇、逢安谋反，诛死。杨音与徐宣俱归乡里，卒于家。刘恭为更始报杀谢禄，自系狱，赦不诛。帝怜盆子，以为赵王郎中。后病失明，赐荥阳均输官地，以为列肆，使食其税终身焉。①

时赤眉虽降，众寇犹盛。延岑据蓝田，王歆据下邽，芳丹据新丰，蒋震据霸陵，汉县，今陕西长安县东。张邯据长安，公孙守据长陵，汉县，今陕西咸阳县东北。杨周据谷口，汉县，今陕西醴泉县东北。吕鲔据陈仓，汉县，今陕西宝鸡县东。角闳据汧、骆，汧，汉县，在今陕西陇县。骆谷，在陕西盩厔县西南。盖延据盩厔，任良据鄠，汉县，今陕西鄠县北。汝章据槐里，各称将军。拥兵多者万余，少者数千人。冯异且战且行，屯军上林苑中。九月，延岑大破赤眉于杜陵，欲据关中，引张邯、任良共攻异。异击破之。岑走攻析。异遣兵要击，又大破之。岑遂自武关走南阳。时百姓饥饿，人相食，军士悉以果实为粮。诏拜赵匡为右扶风，将兵助异。并送缣谷。异兵食渐盛，乃稍诛击豪桀不从令者，褒赏降附有功劳者，悉遣其渠

① 官室：列肆之税。

帅诣京师，散其众归本业。惟吕鲔、张邯、蒋震遣使降蜀，其余悉平。三年，延岑自武关出攻南阳。耿弇与战，破之。岑走与秦丰将合，又为朱祐所破，遂走归丰。四年，寇顺阳。汉县，在今河南淅川县东。为邓禹所破，奔汉中，后归于公孙述。

东方诸流寇：建武二年，正月，吴汉击檀乡于邺东，大破降之。八月，帝自将征五校，大破之于羛阳，聚名，在河南内黄县南。降之。十一月，铜马、青犊、尤来余贼共立孙登为天子于上郡。登将乐玄杀登，以其众五万余人降。三年，吴汉击青犊于轵西，轵，汉县，在今河南济源县东南。大破降之。四年，四月，吴汉击五校于箕山，在今山东濮县东。大破之。五年，汉击富平，获索于平原，汉郡，在今山东平原县南。大破降之。《后书》所谓别号诸贼略尽矣。

第四节　光武平群雄上

割据东方，形势最强者为刘永。永，梁王立子。更始即位绍封，都睢阳。闻更始政乱，遂据国起兵。招诸豪桀沛人周建等，并署为将帅。攻下济阴、山阳、沛、楚、淮阳、汝南，凡得二十八城。又使拜西防贼帅佼彊为将军。西防，县名，在今山东单县。是时东海人董宪，起兵据其郡，张步亦定齐地，永拜为将军，与共连兵，遂专据东方。及更始败，永自称天子。时建武元年十一月也。二年，夏，光武遣盖延等伐永。初，陈留人苏茂，为更始讨难将军，与朱鲔守洛阳。鲔既降，茂亦归命。光武使与延俱攻永。军中不相能，茂遂反，据广乐。城名，在今河南虞城县西。盖延围睢阳。数月，拔之。永将家属走虞。汉县，在虞城县西南。虞人反，杀其母及妻子。永与麾下数十人奔谯。苏茂、佼彊、周建合军救永，为延所败。茂奔还。强、建从永走保湖陵。汉县，今山东鱼台县东南。三年，春，永使立张步为齐王，董宪为海西王。初，更始遣王闳平阿侯谭子为琅邪大守，步拒之。闳为檄晓谕吏人，降赣榆等六县。赣榆，今江苏赣榆县。收兵数千人。与步战，不胜。及刘永拜步为将军，使督青、徐二州，征不从命者。步乃理兵于剧。汉县，今山东寿光县东南。遣将徇泰山、东莱、城阳、胶东、北海、济南诸郡，皆下之，拓地寝广，兵甲日盛。闳惧众散，乃诣步相见。步令关掌郡事。及是，光武遣伏隆持节使齐，拜步为东莱大守。永闻，乃驰遣立步为齐王。步即杀隆而受永命。吴汉等围苏茂于广乐。周建救茂。战败，弃城复还湖陵。而睢阳人反城迎永。吴汉与盖延等合军围之。城中食尽，永与茂、建走酂。汉县，今河南永城县西南。诸将追急，永将庆吾斩永首降。茂、建奔垂惠，聚名，今安徽蒙城县西北。立永子纡为梁王。佼强还保西防。四年，秋，遣马武、王霸围纡、建于垂惠。苏茂救之。纡，建亦出兵战，不克。建兄子诵反，闭城门拒之。建、茂、纡等皆走。建于道死。茂奔下邳，与董宪合。纡奔佼强。《本纪》：垂惠之拔，在五年二月。五年，遣杜茂攻西防。强与纡奔董宪。庞萌者，山阳人，初亡命在下江兵中。更始立，以为冀州牧。与谢躬共破王郎。躬败，萌降。与盖延共击董宪。诏书独下延，萌以为延谮己，遂反。袭破延。与董宪连和，屯桃乡北。桃乡，汉县，今山东汶上县东北。帝自将讨萌。宪闻，乃与纡等还兰陵。汉县，今山东峄县东。使茂、强助萌。合兵三万，急围桃城。帝驰赴师次。亲搏战，大破之。萌、茂、强夜弃辎重逃奔。宪与纡悉其兵数万人屯昌虑。汉县，今山东滕县东南。帝亲临攻，又大破之。遣吴汉追击。强降。茂奔张步。宪及萌入郯城。郯，汉县，今山东郯城县西南。汉等攻拔郯。宪、萌走保朐。汉县，今江苏东海县。刘纡不知所归，军士斩其首降。梁地悉平。吴汉进围朐。明年，城中谷尽，宪、萌潜出，袭取赣榆。琅邪大守陈俊攻之。宪、萌走泽中。会吴汉下朐城，获宪妻子。宪乃谢其将士，将数十骑夜去，欲从间道归降。汉校尉韩湛追斩宪于方与。汉县，今山东鱼台县北。方与人黔陵亦斩萌。初，刘永死，张步等欲立纡为天子，自为安汉公，置百官。王闳谏曰："梁王以奉本朝之故，山东颇能归之。今尊立天子，将疑众心。"乃止。五年，秋，遣耿弇讨张步。步以其将费邑为济南王，屯历下。今山东历城县。冬，弇破斩邑。进拔临菑。步以弇兵少远客；可一举而取，乃悉将其众攻弇于临菑。大败，还奔剧。帝自幸剧。步退保平寿。汉县，今山东平度县西南。苏茂将万余人来救之。帝乃遣使告步、茂：能相斩降者，封为列侯。步遂斩茂降。后与妻子俱居洛阳。王闳亦诣剧降。八年，夏，步将妻子逃奔临淮，汉郡，今安徽盱眙县西。与弟弘、蓝，欲招其故众，乘船入海。陈俊追斩之。案《张步传》言永自以更始所立，承制拜步，则永实奉承更始者。更观王闳谏张步之言，知谓永自称天子者必诬。苏茂之叛，盖亦非徒以与盖延不协。《庞萌传》言：光武即位，以为侍中。萌为人逊顺，甚见亲爱。帝尝称曰："可以托六尺之孤，寄百里之命者，庞萌是也。"及反，帝闻之，大怒。乃自将讨萌。与诸将书曰："吾常以庞萌社稷之臣，将军得毋笑其言乎？"萌之见亲信如此，岂以诏书独下盖延而遂自疑？萌殆深自韬晦，欲为谢躬报仇者邪？东汉人作史，不甚敢言更始之长，亦不甚敢着光武叛更始之迹，故其事之真不见。然蛛丝马迹，犹有可寻。观于归心者之多，而更始之为人可见矣。成败傥来之运，岂得以此定圣公与伯升、文叔之优劣哉。

擅命东南，其力亚于刘永者为李宪。宪，许昌人，王莽时为庐江属令。莽末，江贼王州公等起，众十余万，攻掠郡县。莽以宪为偏将军庐江连率，击破州公。莽败，宪据郡自守。更始元年，自称淮南王。建武三年，遂自立为天子。置公卿百官。拥九城众十余万。四年，秋，光武幸寿春，遣马成击宪，围舒。汉县，今安徽庐江县西。至六年，正月，拔之。宪亡走。其军士追斩宪降。宪余党淳于陵等聚众数千，屯潜山。汉县，今安徽潜山县。扬州牧欧阳歙遣兵攻之，不能克。帝议欲讨之。庐江人陈众为从事，白歙，往说而降之。

其跋扈于荆州者，则有秦丰、田戎等。丰，南郡人，据黎丘，今湖北宜城县北。自称楚黎王。略有十二县：董䜣起堵乡。䜣，堵乡人。建武二年，反宛，坚镡徇南阳诸县，䜣弃城，走还堵乡。见《镡传》。堵乡，即堵阳，汉县，今河南方城县东。许邯起杏。《注》云：南阳复阳县有杏聚。复阳，在今河南桐柏县东。又更始诸将，各拥兵据南阳诸城。帝遣吴汉伐之。汉军所过多侵暴。时破虏将军邓奉晨兄子。谒归新野，怒汉掠其乡里，遂反。击破汉军。屯据淯阳，与诸贼合从。二年，岑彭破杏，降邯。复遣八将军与彭并力讨奉。先击堵乡。奉将万余人救䜣。䜣、奉皆南阳精兵，彭等攻之，连月不克。三年，夏，帝自将南征。至堵阳，奉逃归淯阳。䜣降。追奉于小长安。帝率诸将亲战，大破之。奉迫急，乃降，斩之。车驾引还，令彭等三万余人南击丰。丰与其大将蔡宏拒彭等于邓，汉县，今湖北襄阳县北。数月不得进。帝怪，以让彭。彭惧，从川谷间伐木开道，直袭黎丘。丰驰归救。彭逆击之，丰败走。追斩蔡宏。丰相赵京等举宜城降。宜城，汉县，今湖北宜城县东。共围丰于黎丘。时田戎据夷陵。汉县，今湖北宜昌县。戎，西平人。西平，汉县，今河南西平县西。与同郡陈义，客夷陵，为群盗。更始元年，陷夷陵。及是，惧大兵至，欲降。戎妻兄辛臣谏，不听。四年，春，戎留辛臣守夷陵，自将兵沿江泝沔，止黎丘。刻期日当降，而辛臣盗戎珍宝，从间道先降于彭。戎疑必卖己，遂不敢降。反与丰合。彭出兵攻戎。数月，大破之。戎亡归夷陵。彭攻黎丘三岁，斩首九万余级。丰余兵裁千人。又城中食且尽。帝以丰转弱，十一月，令朱祐代彭守之。使彭与傅俊南击田戎。大破之。遂拔夷陵。追至秭归。汉县，今湖北秭归县。戎与数十骑亡入蜀。明年，夏，城中穷困，丰乃将母妻子九人降。槛车传送洛阳，斩之。俊因将兵徇江东，扬州悉定。岑彭之破田戎也，引兵屯津乡，汉县，今湖北江陵县东。喻告诸蛮夷，降者奏封其君长。初，彭与交阯牧邓让厚善，与让书，陈国家威德。又遣偏将军屈充移檄江南，班行诏命。于是让与江夏大守侯登、武陵大守王堂、长沙相韩福、桂阳大守张隆、零陵大守田翕、苍梧大守杜穆、交阯大守锡光等，相率遣使贡献。悉封为列侯。或遣子将兵，助彭征伐。于是江南之珍，始流通焉。《本纪》，见建武十一年。

拒命于北方者，有彭宠及卢芳。宠助光武平王郎，已见第二节。光武追铜马北至蓟，宠上谒，自负其功，意望甚高，光武接之不能满，以此怀不平。及即位，吴汉、王梁，宠之所遣，并为三公，而宠独无所加，愈怏怏。是时北州破散，而渔阳差完。有旧盐铁官，宠转以贸谷，积珍宝，益富强。朱浮为幽州牧，守蓟，与宠不相能，数谮构之。建武二年，春，诏征宠。宠意浮卖己，上疏愿与浮俱征。帝不许。益以自疑。遂反。自将二万人攻浮于蓟。分兵徇广阳、上谷、右北平。秋，帝使邓隆救蓟。宠大破隆军。明年，春，遂拔右北平、上谷。数遣使以美女、缯彩赂遗匈奴，要结和亲，单于使七八千骑往来为游兵以助宠。又南结张步及富平、获索诸豪桀，皆与交质连衡。遂攻拔蓟城，自立为燕王。五年，春，苍头子密等三人斩宠诣阙。其尚书韩立等共立宠子午为王国师韩利斩午首，诣祭遵降。夷其宗族。宠之叛也，涿郡大守张丰亦举兵反，与宠连兵。四年，五月，祭遵讨斩之。

卢芳，安定三水人。三水，汉县，在今甘肃固原县北。居左谷中。《续汉志》曰：三水县有左、右谷。王莽时，诈称武帝曾孙刘文伯。云曾祖母匈奴谷蠡浑邪王之姊，为武帝皇后，生三子。遭江充之乱，大子诛，皇后坐死。中子次卿亡之长陵，小子回卿逃于左谷。霍将军立次卿，迎回卿，回卿不出，因居左谷。生子孙卿。孙卿生文伯。莽末，乃与三水属国羌、胡起兵。更始至长安，征芳为骑都尉，使镇抚安定以西。更始败，三水豪桀共计议：以芳刘氏子孙，宜承宗庙，乃共立芳为上将军西平王。使使与西羌、匈奴结和亲。单于使句林王将数千骑迎芳。芳与兄禽、弟程俱入匈奴，单于遂立芳为汉帝。以程为中郎将，将胡骑还入安定。初，五原人李兴、随昱，朔方人田飒，代郡人石鲔、闵堪，各起兵自称将军。建武四年，单于遣无楼且渠王入五原塞，与李兴等和亲。告兴，欲令芳还汉地为帝。五年，李兴、闵堪引兵至单于庭迎芳。与俱入塞，都九原县。今绥远五原县。掠有五原、朔方、云中、定襄、雁门五郡，并置守令。与胡通兵，侵苦北边。芳后以事诛其五原大守李兴兄弟。其朔方大守田飒，云中大守桥扈惧，举郡降。光武令领职如故。七年冬。后吴汉、杜茂数击芳，并不克。事在九年、十年。十二年，芳与贾览共攻云中，久不下。其将随昱留守九原，欲胁芳降。芳知羽翼外附，心膂内离，遂弃辎重，与十余骑亡入匈奴。其众尽归随昱。昱随使者诣阙。拜为五原大守。十六年，芳复入居高柳，汉县，今山西阳高县北。与闵堪兄林使使请降。乃立芳为代王，堪为代相，林为代大傅。因使和集匈奴。其冬，芳入朝，有诏止令更朝明岁。芳忧恐，复叛。与闵堪、闵林相攻。匈奴迎芳及妻子出塞。芳留匈奴中十余年，病死。初，安定属国胡与芳为寇。及芳败，胡人还乡里。积苦县官徭役。其中有驳马少伯者，素刚壮。二十一年，遂率种人反叛，与匈奴连和，屯聚青山。《注》：青山在今庆州。案唐庆州，今甘肃庆阳县。遣将兵长史程诉击之。少伯降，迁于冀县。今甘肃甘谷县南。

第五节　光武平群雄下

新室之末，群雄割据者，惟隗嚣、公孙述少有规模。嚣起兵后，分遣诸将徇陇西、武都、金城、武威、张掖、酒泉、敦煌，皆下之。更始二年，遣使征嚣及崔、义等。至长安，以嚣为右将军，崔、义皆即旧号。其冬，崔、义谋欲叛归。嚣惧并祸，告之。崔、义诛死。更始感嚣忠，以为御史大夫。明年，夏，赤眉入关，三辅扰乱，流闻光武即位河北。嚣即说更始：归政于光武叔父国三老良。更始不听。更始使使者召嚣，嚣称疾不入。因令客王遵、周宗等勒兵自守。更始使执金吾邓晔将兵围嚣。嚣闭门拒守。至昏时，遂溃围，亡归天水。述，茂陵人。天凤中，为导江卒正，导江，蜀郡改。居临邛。汉县，今刚川邛崃县。更始立，豪桀各起其县以应汉。南阳人宗成略汉中。商人王岑，亦起兵于洛县，今四川广汉县。杀莽庸部牧以应成。述使迎成等。成等至成都，掳掠暴横。述攻破之。二年，秋，更始遣柱功侯李宝、益州刺史张忠徇蜀汉。述使其弟恢于绵竹击宝、忠，绵竹，汉县，今四川德阳县北。大破之。于是自立为蜀王。建武元年，四月，遂自立为天子，号成家。越巂任贵杀王莽大尹，据郡降述。述遂使将军侯丹北守南郑；任满下江州，汉县，今四川江北县。东据扞关；在今四川奉节县东。尽有益州之地。

隗嚣素谦恭爱士。更始败，三辅耆老士大夫皆奔归嚣。嚣倾身引接，为布衣交。由此名震西州，闻于山东。冯愔叛，西向天水，嚣逆击，破之。邓禹承制，命嚣为西州大将军，得专制凉州、朔方事。及赤眉去长安，欲西上陇，嚣又遣将军杨广逆击破之。建武三年，嚣乃上书诣阙。光武素闻其风声，报以殊礼。言称字，用敌国之仪。述使李育、程乌出陈仓，与吕鲔徇三辅。嚣遣兵佐冯异击走之。其后述数出兵汉中，遣使以大司马扶安王印绶授嚣。嚣斩其使，出兵击之，连破述军。以故蜀兵不复北出。时关中将帅，数上书言蜀可击之状。帝以示嚣，因使讨蜀。嚣乃遣长史上书，盛言三辅单弱，刘文伯在边，未宜谋蜀。帝知嚣欲持两端，不愿天下统一，于是稍黜其礼，正君臣之仪。

初，嚣与来歙、马援相善，故帝数使歙、援奉使往来，劝令入朝。五年，复遣歙说嚣遣子入侍。嚣闻刘永、彭宠皆已破灭，乃遣长子恂随歙诣阙。嚣将王元、王捷，常以为天下成败未可知，不愿专心内事。嚣心然其计。而延岑、田戎，亦皆为汉兵所败，亡入蜀。述以岑为大司马，封汝宁王，戎翼江王。六年，关东悉平。帝积苦兵间，以嚣子内侍，述远据边垂，乃谓诸将曰："且当置此两子于度外耳。"而述遣田戎与任满出江关，在今四川奉节县东。欲取荆州诸郡。乃诏嚣：当从天水伐蜀。嚣复多设支阂。帝知其终不为用，遂西幸长安，遣耿弇等七将军从陇道伐蜀。嚣使王元据陇坻。诸将与嚣战，大败，各引还。嚣因使王元、行巡侵三辅。冯异、祭遵等击破之。嚣乃上疏谢。帝使来歙至汧，赐嚣书曰："今若束手，复遣恂弟归阙庭者，则爵禄获全，有浩大之福矣。吾年垂四十，在兵中十岁，厌虚语浮辞。即不欲，勿报。"嚣知帝审其诈，遂遣使称臣于公孙述。明年，述以嚣为朔宁王。遣兵往来，为之援势。述骑都尉荆邯说述："发国内精兵，令田戎据江陵，传檄吴、楚；延岑出汉中，定三辅；如此，海内震摇，冀有大利。"蜀人及其弟光，以为不宜空国千里之外，决成败于一举，固争之。述乃止。延岑、田戎亦数请兵立功，述终不听。述性苛细，察于小事，敢诛杀，而不见大体。又立其两子为王，食犍为、广汉各数县。群臣多谏，以为成败未可知，戎士暴露，而遽王皇子，示无大志，伤战士心。述不听，惟公孙氏得任事，由此大臣皆怨。秋，嚣将步骑三万侵安定。至阴槃。县名，今陕西长武县西北。冯异率诸将拒之。嚣又令别将下陇，攻祭遵于汧。兵并无利，乃引还。八年，春，来歙从山道袭得略阳城。略阳，汉县，今甘肃秦安县东。嚣悉大众围歙。述亦遣其将李育、田弇助嚣。攻略阳，连月不下。帝乃率诸将西征之。数道上陇。嚣大将十三人，属县十六，众十余万皆降。王元入蜀求救。嚣将妻子奔西城从杨广，西城，汉县，今陕西安康县西北。而田弇、李育保上邽。诏告嚣曰："若束手自诣，父子相见，保无它也。"嚣终不降。于是诛其子恂。使吴汉、岑彭围西城，耿弇、盖延围上邽。李育军没。颍川盗贼起，寇没属县，河东守兵亦叛，京师骚动。帝自上邽晨夜东驰。九月，还宫。自征颍川，盗贼皆降。帝敕吴汉曰："诸郡甲卒，但坐费粮食，若有逃亡，则沮败众心，宜悉罢之。"汉等贪并力攻嚣，不能遣。粮食日少，吏士疲敝。数月，王元、行巡、周宗将蜀救兵五千余人至，汉遂退败。迎嚣归冀。安定、北地、天水、陇西复反为嚣。九年，春，嚣死。王元、周宗立嚣少子纯为王。明年，来歙、耿弇、盖延等攻破落门。聚名，在甘肃甘谷县西。周宗、行巡等将纯降。王元留为蜀将，蜀破，乃降。纯徙弘农。十八年，与宾客数十骑亡入胡。至武威，捕得，诛之。

　　王元之降蜀也，公孙述以为将军。建武九年，述使元与领军环安拒河池。汉县，今甘肃徽县西。又遗田戎、任满下江关，拔夷陵，据荆门。山名，在今湖北宜都县西北。十一年，岑彭攻破之。述将王政斩满降，田戎走保江州。彭以其食多，难卒拔，留冯骏守之，十二年，七月，拔之，获戎。自引兵至垫江。汉县，今四川合川县。帝与述书，陈言祸福，明丹青之信。述省书叹息。以示所亲大常常少、光禄勋张隆。隆、少皆劝降。述曰：“废兴命也，岂有降天子哉？”左右莫敢复言。来歙急攻王元、环安。安使客刺杀歙。述使延岑、吕鲔及其弟恢悉兵拒广汉及资中，汉县，今四川资阳县北。侯丹拒黄石。滩名，在今四川涪陵县。彭使臧宫拒岑等。自还江州。袭击侯丹，大破之。因倍道兼行，拔武阳。汉县，今四川彭山县东。使精骑驰广都，汉县，今四川华阳县东南。去成都数十里。蜀地震骇。述令客刺杀彭。会吴汉诉江上，并将其军。十二年，围武阳。述遣子婿史兴救之。汉迎击，尽殪其众。进拔广都。逼成都。述使谢丰、袁吉攻汉，汉破之，斩丰、吉，引还广都。自是战于广都、成都之间，八战八克。遂军于郭中。时臧宫已破延岑，降王元，拔绵竹，破涪城，涪，汉县，今四川绵阳县。斩述弟恢，攻拔繁、汉县，今四川新繁县东北。郫，汉县，今四川郫县。与汉会。述乃悉散金帛，募敢死士五千余人，以配延岑。遣步兵出吴汉军后，袭击破汉。汉堕水，缘马尾得出。十一月，臧宫军至咸门。《注》：成都北面有二门，其西者名咸门。述自将数万人攻汉，使延岑拒宫。大战。岑三合三胜。自旦及日中，军士不得食，并疲。汉因令壮士突之。述兵大乱。被刺洞胸堕马。左右舆入城。述以兵属延岑。其夜死。明旦，岑降。吴汉乃夷述妻子，尽灭公孙氏，并族延岑。遂放兵大掠，焚述宫室。汉前以军行侵暴，致邓奉之叛，破蜀又残虐如此，可谓暴矣。十八年，蜀郡守将史歆反，汉又率刘尚、臧宫讨平之。

陇、蜀既平，河西则以窦融故，不烦兵力而自服。融，平陵人。平陵，汉县，在今陕西咸阳县西北。七世祖广国，汉孝文皇后之弟。融，王莽时尝为军官。莽败，降更始大司马赵萌。萌以为校尉，甚重之。荐融为巨鹿大守。融见更始新立，东方尚扰，不欲出关。而高祖父尝为张掖大守，从祖父为护羌校尉，从弟亦为武威大守，累世在河西，知其土俗。独谓兄弟曰："天下安危未可知。河西殷富，带河为固；张掖属国，精兵万骑；一旦缓急，杜绝河津，足以自守；此遗种处也。"兄弟皆然之。融于是日往守候萌，辞让巨鹿，图出河西。萌为言更始，乃得为张掖属国都尉。融大喜。即将家属而西。既到，抚结雄桀，怀辑羌虏，甚得其欢心。河西翕然归之。是时酒泉大守梁统、金城大守库钧、张掖都尉史苞、酒泉都尉竺曾、敦煌都尉辛肜并州郡英俊，融皆与为厚善。及更始败，统等乃推融行河西五郡大将军事。武威大守马期、张掖大守任仲，并孤立无党。乃共移书告示之。二人即解印绶去。于是以梁统为武威大守，史苞为张掖大守，竺曾为酒泉大守，建武七年，曾以弟报怨杀人去，融以辛肜代之。辛肜为敦煌大守，库钧为金城大守。融居属国，领都尉职如故。置从事监察五郡。河西民俗质朴，融等政亦宽和，上下相亲，晏然富殖。修兵马，习战射，明烽燧之警。羌、胡犯塞，融辄自将，与诸郡相救，皆如符要。每辄自破之。其后匈奴惩艾，稀复侵寇，而保塞羌、胡，皆震服亲附。安定、北地、上郡流人避凶饥者，归之不绝。时隗嚣先称建武年号，融等从受正朔。嚣皆假其将军印绶。使辩士说河西，与陇、蜀合从。融等召豪桀及诸大守计议，决策东乡。建武五年，夏，遣长史刘钧奉书献马。先是帝闻河西完富，地接陇、蜀，常欲招之，以逼嚣、述，亦发使遗融书。遇钧于道，即与俱还。帝授融凉州牧。隗嚣叛，融与五郡大守上疏请师期。初，更始时，先零羌封何诸种杀金城大守，居其郡。隗嚣使使赂遗封何，与共结盟，欲发其众。融与诸郡击封何，大破之。八年，夏，车驾西征。融等与大军会高平第一。《注》：高平，今原州县。《郡国志》云：高平有第一城。案今甘肃固原县。及陇、蜀平，诏融与五郡大守奏事京师，以列侯奉朝请焉。据《梁统传》。

以上所言，皆新、汉间割据扰乱之较大者。其较小者：则《光武本纪》建武十六年云："郡国大姓及兵长群盗，处处并起。攻劫在所，杀害长吏。郡县追讨，到则解散，去复屯结。青、徐、幽、冀四州尤甚。冬，十月，遣使者下郡国，听群盗自相纠摘，五人共斩一人者除其罪。吏虽逗留、回避、故纵者皆勿问，听以禽讨为效。其牧、守、令、长，坐界内盗贼而不收捕者，又以畏懦捐城委守者，皆不以为负，但取获贼多少为殿最，惟蔽匿者乃罪之。于是更相追捕，贼并解散。徙其魁帅于他郡，赋田受禀，使安生业。自是牛马放牧，邑门不闭。"盖北方实至此而始平也。其南方：则海滨、江淮，多拥兵据土者。建武六年，以李忠为丹阳大守。忠到郡，招怀降附。其不服者悉诛之。旬月皆平。十七年，七月，妖巫李广等群起，据皖城。汉县，今安徽潜山县北。遣马援、段志讨破之。十九年，妖巫单臣、傅镇等反，据原武。汉县，今河南阳武县。臧官讨斩之。又更始败时，乐浪人王调，杀郡守刘宪，自称大将军乐浪大守。建武六年，光武遣大守王遵将兵击之。郡人王景等杀调迎遵。牂牁：公孙述时，大姓龙、傅尹、董氏与郡功曹谢暹保境为汉。遣使从番禺江奉贡。益州：大守文齐，固守拒险。述拘其妻子，许以封侯。齐遂不降。闻光武即位，乃间道遣使自闻。越巂：王莽时，郡守枚根，调邛人长贵，以为军侯。更始二年，长贵率种人攻杀枚根，自立为邛谷王，领大守事。又降于公孙述。述败，光武封长贵为邛谷王。建武十四年，长贵遣使上三年计。即授越巂大守印绶。十九年，刘尚击益州夷，路由越巂。长贵闻之，疑尚既定南边，威法必行，己不得放纵。即聚兵，起营台，招呼诸君长。多酿毒酒，欲先以劳军，因袭击尚。尚知其谋，即分兵先据邛都，遂掩长贵诛之。徙其家属于成都。长贵，《岑彭传》作任贵，入蜀时遣使迎降，《前书》亦作任贵。交阯：十六年，女子征侧及女弟征贰反。攻没其郡。九真、日南、合浦蛮夷皆应之。寇略岭外六十余城。侧自立为王。拜马援为伏波将军，督楼船将军段志等击之。军至合浦，志病卒，诏援并将其众，缘海而进。随山勘道千余里。至十九年正月，乃平之。斩征侧、征贰，传首洛阳焉。

第七章
后汉盛世

第一节　光武明章之治

　　凡旧劳于外之主，率能洞达民情，况兴于草泽者乎？《后汉书·循吏传》云："光武长于民间，颇达情伪。见稼穑艰难，百姓病害。至天下已定，务用安静。解王莽之繁密，还汉世之轻法。身衣大练，色无重采。耳不听郑、卫之音，手不持珠玉之玩。宫房无私爱，左右无偏恩。建武十三年，异国有献名马者，日行千里；又进宝剑，贾兼百金；诏以马驾鼓车，剑赐骑士。损上林池籞之官，废驰骋弋猎之事。其以手迹赐方国者，皆一札十行，^①细书成文。勤约之风，行于上下。数引公卿郎将，列于禁坐，广求民瘼，观纳风谣。故能内外匪懈，百姓宽息。自临宰邦邑者，竞能其官。然建武、永平之间，吏事刻深。亟以谣言单辞，转易守、长，^②故朱浮数上谏书，箴切峻政；钟离意等亦规讽殷勤，以长者为言，而不能得也。"浮、意之言，皆见《后汉书》本传。又《郑兴传》：兴亦因建武七年三月晦日食，上言今陛下高明，而群臣皇促，宜留思柔克之政。案《续汉书·百官志》言：世祖中兴，务从省约。并官省职，费减亿计。^③《郡国志》言：其所省者，郡国十，县、邑、道、侯国四百余所。《注》引应劭《汉官》曰："世祖中兴，海内人民，可得而数，裁十二三。边垂萧条，靡有孑遗。鄣塞破坏，亭队绝灭。建武二十一年，始遣中郎马援谒者

---

　　① 文具：光武一札十行。
　　② 文学：建武以谣言单辞更易守、长。
　　③ 职官：光武省官。

分筑烽候堡壁，稍兴立郡县，十余万户。或空置大守、令、长，招还人民。上笑曰：今边无人而设长吏治之，难如《春秋》素王矣，乃建立三营，屯田殖谷。弛刑谪徒，以充实之。"盖时海内凋敝已甚，不得不一出于节约也。本纪言帝在兵间久，厌武事，且知天下疲耗，思乐息肩。自陇、蜀平后，非儌急，未尝复言军旅。皇大子尝问攻战之事。帝曰："昔卫灵公问陈，孔子不对，此非尔所及。"每旦视朝，日侧乃罢。数引公卿郎将，讲论经理，夜分乃寐。皇大子谏。帝曰："我自乐此，不为疲也。"《皇后纪》言：光武中兴，斲雕为朴。六宫称号，惟皇后贵人。贵人金印紫绶，奉不过数十斛。又置美人、宫人、采女三等，并无爵秩。岁时赏赐，充给而已。其爱养元元之心，及其勤劳不怠之风，行过乎俭之意，自有足取者，故能开一代之治也。

其致治之术，实在以吏事责三公，而功臣不用。《贾复传》言：是时列侯公卿，参议国家大事者，惟商密、邓禹。固始、李通。胶东贾复。三侯而已。故复等亦能剽甲兵，敦儒学焉。《马武传》言：帝虽制御功臣，而每能回容，宥其小失。远方贡珍甘，必先遍赐列侯，而大官无余。有功辄增邑赏，不任以吏职。故皆保其福禄，无诛谴者。然《杜诗传》：诗上疏言："臣伏睹将帅之情，功臣之望，冀一休足于内郡，然后即戎出命，不敢有恨。诚宜虚缺数郡，以俟振旅之臣。重复厚赏，加于久役之士。"桓谭亦言："陛下用兵，诸所降下，既无重赏，以相思诱，或至虏掠，夺其财货。是以兵长渠帅，各生狐疑，党辈连结，岁月不解。"则光武于将士，御之未尝不严，且其待之颇薄。所云"高爵厚禄，允答元功"者，特在其功成身退之后而已。然寇、邓之高勋，耿、贾之鸿烈，分土不过大县数四，所加特进朝请而已。[①]《朱景王杜马刘傅坚马传赞》。而奉命莫不惟谨，军旅之事，贵于威克厥爱，信哉！

---

① 兵：光武不以功臣为郡，用兵又无重赏。

帝于文吏，督责尤严。《申屠刚传》云：时内外群官，多帝自选举。加以法理严察，职事过苦。尚书群臣，至乃箠扑牵曳于前。群臣莫敢正言。刚每极谏，帝不纳。为大司徒者：自邓禹而后，伏湛坐事策免。侯霸以荐阎杨，杨为帝所素嫌，几至不测。霸薨后，韩歆代之。以直言无隐讳，免归田里。复遣使宣诏责之。歆及子婴皆自杀。欧阳歙、戴涉继之，皆坐事下狱死。其后蔡茂、王况、冯勤虽得薨位，然史称帝贤勤，欲令以善自终，乃因燕见，从容戒之曰："朱浮上不忠于君，下陵同列，竟以中伤至今，死生吉凶未可知，岂不惜哉？人臣放逐受诛，虽复追加赏赐赙祭，不足以偿不訾之身"云云，则勤之处境亦危矣。其时大司农江冯上言，至欲令司隶校尉督察三公，见《陈元传》。其遇大臣寡恩如此。[①]《续书·百官志注》引《决录》云：故事，尚书郎以令史久缺补之。世祖始改用孝廉，以丁邯补焉。邯称疾不就。诏问实病？羞为郎乎？对曰："臣实不病，耻以孝廉为令史职耳。"[②]世祖怒，杖之数十。诏问欲为郎不？邯曰："能杀臣者陛下，不能为郎者臣。"中诏遣出，竟不为郎。其遇群臣之无礼又如此。《五行志》言：建武十六年，诸郡大守坐度田不实，世祖怒，杀十余人。皇子诸王招来文章谈说之士，有人奏诸王所招待者或真伪，杂受刑罚者子孙，宜可分别。上怒，诏捕诸王客，皆被以苛法，死者甚多。《后汉书·第五伦传》：伦上疏言："光武承王莽之余，颇以严猛为政。后代因之，遂成风化。郡国所举，类多辨职俗吏，殊未有宽博之选，以应上求。"则其用刑之不详，毒且流于后嗣矣。然犹能称后汉之治世者，则以其遇臣下虽严，而于小民颇宽也。《后书》本纪：建武二十六年，诏有司增百官奉。千石已上，减于西京。六百石已下，增于旧秩。则帝于小臣，亦颇能礼恤。与前世宽纵大臣、近臣，不恤小臣、远臣，怠于察吏，听其虐民者迥异。此其所以能下启永平，同称东京之

---

① 职官：光武待文臣严而寡恩，然权威横。光武实乃无礼，明帝沿之。

② 职官：令史为卑微。

治世欤？

汉世权戚，最称纵恣。西京陵替，职此之由。以光武之严明，似可以敛迹矣。然《酷吏传》言：董宣为江夏大守，外戚阴氏为郡都尉，宣轻慢之，坐免。后特征为洛阳令。时湖阳公主苍头白日杀人，因匿主家，吏不能得。及主出行，以奴参乘。宣于夏门亭候之。乃驻车叩马，以刀画地，大言数主之失。叱奴下车，因格杀之。主即还官诉帝。帝大怒。召宣，欲箠杀之。宣叩头曰："愿乞一言而死。"帝曰："欲何言？"宣曰："陛下圣德中兴，而纵奴杀良人，将何以理天下乎？臣不须箠，请得自杀。"即以头击楹，流血被面。帝令小黄门持之。使宣叩头谢主。宣不从。强使顿之。宣两手据地，终不肯俯。主曰："文叔为白衣时，藏亡匿死，吏不敢至门，今为天子，威不能行一令乎？"帝笑曰："天子不与白衣同。"因敕强项令出。赐钱三十万。此事昔时论史者，或转以为美谈，然去舜为天子，皋陶为士，瞽瞍杀人执之之义亦远矣。昔之持论者，多自托于孔、孟，如此等处，曷尝能折衷于六艺邪？《蔡茂传》：茂因宣事上书，言"顷者贵戚椒房之家，数因恩势，干犯吏禁，杀人不死，伤人不论"，可见坏法者之多。帝之所谓严明者安在哉？岂专施诸疏逖乎？然帝之时，权戚之纵恣，究较后世为愈。故《朱浮传》载浮上疏，言"陛下清明履约，率礼无违，自宗室诸王，外家后亲，皆奉遵绳墨，无党势之名，至或乘牛车，齐于编人"也。外戚中窦融最称恭谨，然以子孙纵诞，永平初卒遭谴谪。永平之政，多遵建武，夫固可以参观也。

光武之所委任者，为明习故事之臣，如伏湛、侯霸、冯勤，皆自尚书登相位是也。亦颇奖饰恬退之士，如卓茂与孔休、蔡勋、刘宣、龚胜、鲍宣六人，同志不仕王莽，名重当时，咸加褒显，或封其子孙是也。论者因称光武能奖厉名节，后世卒食其报。其实褒显不仕莽朝者，不过一姓之私；而汉末所谓名士者，亦徒气矜之隆，正如画饼充饥，不可得啖，即微党锢之祸，其徒咸获登用，亦未必能收澄清之效也。

《儒林列传》言：光武爱好经术，未及下车，先访儒雅。采求阙文，补缀漏逸。先是四方学士，多怀挟图书，遁逃林薮。自是莫不抱负坟策，云集京师。于是立《五经》博士，各以家法教授。建武五年，修起大学。中元元年，初建三雍。明帝即位，遂亲行其礼焉。此事读史者尤以为美谈。然秦、汉而后，所谓辟雍，已与教化无涉。《汉书·礼志》，已有微辞。光武亦非知礼乐之人，其勤于建立，或转以承新室之后，闻见所习耳。《三国魏志·袁涣传》：魏国初建，涣言于大祖曰：“今天下大难已除，文武并用，长久之道也。可大收篇籍，明先圣之教，以易民视听。”此所谓柔之之术，光武或亦有此志耳。偃武修文，诚为定乱后之亟务，然治以实不以名，与其隆辟雍，曷若兴庠序邪？①而后汉右文之主，始终虑不及此，可见其所谓右文者，仍不免徒饰观听，与先汉武帝同病也。辟雍之议，发自耿纯，而成于桓荣。建武三十年，纯又奏上宜封禅。中元元年，帝遂东巡岱宗焉。此又于教化何涉？况以当时海内之凋敝，而可为告成功之祭乎？《续汉书·祭祀志》云：建武三十年二月，群臣上言，即位三十年，宜封禅泰山。诏书云：“即位三十年，百姓怨气满腹，吾谁欺？欺天乎？曾谓泰山，不如林放？若郡县远遣吏上寿，盛称虚美，必髡，兼令屯田。”自此群臣不敢复言。三十二年，正月，上齐，夜读《河图会昌符》，曰：“赤刘之九，会命岱宗。不慎克用，何益于承？诚善用之，奸伪不萌。”感此文，乃诏梁松等案索《河》、《洛》谶文言九世封禅事者。松等列奏乃许焉。夫既能为三十年之诏，岂复有三十二年之求？若渭为图谶所惑，岂有躬创大业之人，没于迷信者？光武之信谶，殆亦欲以此愚民耳。②三年之间，而其自相矛盾若此，足见昔时史籍，称美帝王之言，多不免于虚诬也。

仁民之政，光武确亦有之。如建武五年，即复三十而一之税；十六年

① 学校：后汉始终饰辟雍，不兴庠序。
② 宗教：光武封禅信谶？愚民耳。

又复五铢钱；二年、六年、七年、十三年、十四年，屡诏免嫁妻、卖子及奴婢是也。其不肯用兵匈奴，及却西域都护之请，亦不失为度德量力。惟罢郡国都尉及轻车、骑士、材官、楼船，建武六年、七年。虽有休息之效，而使民兵之制，自兹而废，则亦未免昧于远大之讥焉。

光武郭皇后，真定恭王名普，景帝七世孙。女郭主之子。更始二年，春，光武击王郎，至真定，因纳后，已见前。及即位，以为贵人。建武元年，生皇子强。阴皇后，讳丽华，南阳新野人。初，光武适新野，闻后美，心悦之。后至长安，见执金吾车骑甚盛，因叹曰："仕宦当作执金吾，娶妻当得阴丽华。"更始元年，六月，遂纳后于宛当成里。即位，为贵人。欲崇以尊位。后以郭氏有子，终不肯当。建武二年，郭氏立为皇后。强为皇大子。后宠稍衰。十七年，废为中山王大后。时进后中子右翊公辅为中山王，二十年，徙沛，后为沛大后。立阴贵人为皇后。强戚戚不自安。数因左右及诸王，陈其恳诚，愿备蕃国。十九年，封为东海王。立阴后子庄为大子。中元元年，二月，世祖崩，大子即位，是为显宗孝明皇帝。时郭后已前卒。建武二十八年。广陵思王荆，亦阴后子。诈称后弟大鸿胪郭况书与强，言"君王无罪，猥被斥废，而兄弟至有束缚入牢狱者"。劝其举兵，"雪沈没之耻，报死母之仇"。强得书惶怖，即执其使，封书上之。显宗以荆母弟，秘其事。遣荆出止河南宫。时西羌反，荆不得志，冀天下因羌惊动有变，私迎能为星者与谋议。帝闻之，乃徙封荆广陵王，遣之国。后荆复呼相工，谓曰："我貌类先帝，先帝三十得天下，我今亦三十，可起兵未？"相者诣吏告之。荆皇恐，自系狱。帝复加恩，不考极其事，下诏不得臣属吏人，惟食租如故。使相、中尉谨宿卫之。荆犹不改，使巫祭祀祝诅。有司举奏，请诛之。荆自杀。永平十年。楚王英，许美人子。自显宗为大子时，英常独归附大子，大子特亲爱之。英少时好游侠，交通宾客。晚节更喜黄、老学，为浮屠斋戒祭祀。后遂大交通方士。作金龟玉鹤，刻文字以为符瑞。永平十三年，男子燕广告英与渔阳王平、颜忠等造作图书，有逆谋。事下案验。有司奏英招聚奸猾，造作图谶，擅相官秩，置诸侯、王、公、将军、二千石。大逆不道。请诛之。帝以亲亲，不忍，乃废英，徙丹阳泾县。今安徽泾县西。明年，至丹阳，自杀。郭后子济南安王康，在国不循法度，交通宾客。人上书告其招徕州郡奸猾渔阳颜忠、刘子产等。又多遗其缯帛，案图书，谋议不轨。有司举奏之。削五县。阜陵质王延，本王淮阳。永平中，有上书告延与姬兄谢弇及姊馆陶主婿驸马都尉韩光招奸猾，作图谶，祠祭祝诅。事下案验。光、弇被杀。辞所连及，死徙者甚众。延徙为阜陵王，食二县。建初中，复有告延与子男鲂造逆谋者。贬为阜陵侯，食一县。使谒者一人监护延国，不得与吏人通。章和元年，行幸九江，赐延书，与车驾会寿春，乃复为阜陵王，增封四县，并前为五县焉。楚狱连系者数千人。显宗怒甚，吏皆惶恐，一切陷入，无敢以情恕者。迫痛自诬死者甚众，见寒朗及袁安《传》。《安传》言帝以安奏，感悟，得出者四百余家。然《杨终传》言广陵、楚、淮阳、济南之狱，徙者万数，则感悟释出者，曾不及十之一耳。

《钟离意传》言：明帝性褊察，好以耳目隐发为明。公卿大臣，数被诋毁。近臣尚书以下，至见提拽。尝以事怒郎药崧，以杖撞之。崧走入床下。帝怒甚，疾言曰："郎出郎出。"崧曰："天子穆穆，诸侯皇皇，未闻人君，自起撞郎。"帝赦之。《左雄传》：大司农刘据，以职事被谴，召诣尚书，传呼促步，又加以捶扑。雄上言："九卿位亚三事，班在大臣。行有佩玉之节，动有庠序之仪。孝明皇帝始有扑罚，皆非古典。"顺帝从而改之。其后九卿无复捶扑者。朝廷莫不悚栗。争为严切，以避诛责。惟意独敢谏争，数封还诏书。臣下过失，辄救解之。会连有变异，意复上疏，咎群臣以苛刻为俗，吏杀良人，继踵不绝，感逆和气，以致天灾。以此不得久留，出为鲁相。卒官。复遗言上书陈升平之世，难以急化，宜少宽假。《宋均传》：均性宽和，不喜文法。常以为吏能弘厚，虽贪污放纵，犹无所害。至于苛察之人，^①身或廉法，而巧黠刻削，毒加百姓，灾害流亡，所由而作。及在尚书，恒欲叩头争之。以时方严切，遂不敢陈。盖建武刻急之治，至永平，几于变本加厉矣。

明帝在位十八年崩，子炟立，是为肃宗孝章皇帝。帝少宽容，好儒术。《后书》本纪论曰："明帝善刑理，法令分明。日晏坐朝，幽枉必达。内外无幸曲之私，在上无矜大之色。断狱得情，号居前代十二。故后之言事者，莫不先建武、永平之政。而钟离意、宋均之徒，常以察慧为言。夫岂弘人之度量未优乎？"又云："魏文帝称明帝察察，章帝长者。章帝素知人，厌明帝苛切，事从宽厚。感陈宠之义，除惨狱之科。《宠传》：肃宗初为尚书。是时承永平故事，吏政尚严切。尚书决事，率近于重。宠以帝新即位，宜改前世旧俗。乃上疏。帝敬纳宠言，每事务于宽厚。其后遂诏有司，绝钻●诸惨酷之科，解妖恶之禁，除文致之请。谳五十余事，定著于令。著胎养之令。元和二年诏曰："令云：人有产子者，复勿算三岁。今诸怀妊者，赐胎养谷人三斛，复其夫勿算一岁，著为令。"平徭简赋，人赖其庆。"盖明帝之为人，颇类前汉宣帝，而章帝则颇类元帝也。然外戚之祸，遂萌芽于章帝之时。则甚矣，为人君者之不可以不知法术也。

明帝马皇后，援之小女。援卒后家失势，数为权贵所侵侮。后从兄严，不胜忧愤。白大夫人，绝婚窦氏，求进女掖庭。由是选入大子官。显宗即位，以后为贵人。时后前母姊女贾氏，亦以选入，生肃宗。帝以后无子，命养之。永平三年，立为皇后。后能诵《易》。好读《春秋》、《楚辞》。尤善《周官》、董仲舒书。常衣大练，裙不加缘。建初元年，章帝欲封爵诸舅。大后不听。明年，夏，大旱。言事者以为不封外戚之故。有司因此上奏，宜依旧典。帝复重请之。大后卒不许。四年，天下丰稔，方垂无事，帝遂封三舅廖、防、光为列侯。大后以为恨。廖等不得已，受封

---

① 政治：苛察者身或廉法，而流毒百姓。

爵而退位归第。是岁，大后崩。八年，廖子步兵校尉豫，投书怨诽。有司奏免豫，遣廖、防、光就封。[①] 豫随廖归国，考击物故。后诏还廖京师。史言廖性宽缓，不能教勒子孙，而防、光奢侈，好树党羽，一似罪专在防、光者。然《第五伦传》：伦以肃宗初为司空，上疏言："近代光烈皇后，虽友爱天至，而卒使阴就归国，徙废阴兴宾客。其后梁、窦之家，互有非法，明帝即位，竟多诛之。自是洛中无复权戚，书记请托，一皆断绝。而今之议者，复以马氏为言，窃闻卫尉廖，以布三千匹，城门校尉防，以钱二百万，私赠三辅衣冠。知与不知，莫不毕给。又闻腊日，亦遗其在洛中者钱各五千。越骑校尉光，腊用羊三百头，米四百斛，肉五千斤。"则廖亦未尝不奢侈，好树党与也。后马防为车骑将军，当出征西羌，伦又上疏，言："闻防请杜笃为从事中郎，多赐财帛。笃为乡里所废，客居美阳。女弟为马氏妻，恃此交通。在所县令，苦其不法，收系论之。今来防所，议者咸致疑怪。况乃以为从事？将恐议及朝廷。今宜为选贤能以辅助之，不可复令防自请人，有损事望。"不见省用。则大后之裁抑外家，亦徒有其名而已。《援传》言："帝数加谴敕，所以禁遏甚备。由是权势稍损，宾客亦衰。"其事盖在马后崩后。然犹历四年，乃遣归国，则章帝之制驭外戚，不如明帝远矣。然马氏究尤为贤者。至窦后，专宠官闱，而害和帝之母，遂为东京外戚之祸之始焉。

第二节　匈奴分裂降附

前汉之末，北边形势，颇为完固。盖自武帝以来，仍世出兵征讨，威悛远澹，而边塞之修起，亦非一日之功，故其势屹然不可犯也。侯应议

___
① 史事：马氏非不纵恣，此见信史之少，盖徒据传者书之。

罢边备塞吏卒云:"起塞以来,百有余年,非皆以土垣也。或因山岩石,木柴僵落,谿谷水门,稍稍平之。卒徒作治,功费久远,不可胜计。"可见前汉边备,颇为整饬。《汉书·匈奴传》叙昭帝时事曰"是时汉边郡烽火候望精明,匈奴为边寇者少利,希复犯塞",非偶然也。新莽抚御失宜,四夷俱叛。徒集大兵,不能出塞,而蛮夷入犯,且无以遏之,遂至边民荡析离居,障塞破坏,守备空虚,而东汉以凋敝之局承其后,盖岌岌乎其可危矣。然未几即转危为安,抑且威行朔漠,有非前世所敢望者,则匈奴之分裂实为之,不可谓非天幸也。

王莽拜须卜当为单于,欲出兵辅立之,已见前。后当病死。汉兵诛莽,云及大且渠奢亦死。更始二年冬,汉遣中郎将归德侯飒、大司马护军陈遵使匈奴,授单于汉旧制玺绶。单于舆骄,谓遵、飒曰:匈奴本与汉为兄弟。孝宣皇帝辅立呼韩邪单于,故称臣以尊汉。今汉亦大乱,为王莽所篡,匈奴亦出兵击莽,空其边境,令天下骚动思汉,莽卒以败,而汉复兴,亦我力也当复尊我。遵与相掌拒,单于终持此言。光武六年,始与匈奴通好。单于骄倨,自比冒顿。帝待之如初。而匈奴数与卢芳共侵北边。帝但严兵防之。事见苏竟、郭伋、杜茂、王霸、马成、张堪等传。而徙幽、并边人于常山关、居庸关以东。匈奴遂复转居塞内。而乌桓、鲜卑,又为所慑服。

乌桓、鲜卑,《后汉书》云:"本东胡,汉初冒顿灭其国,余类分保此二山,因号焉。"二山当在今蒙古东境。盖其西上谷之北,为匈奴左方王将,其东松花江畔,则为夫余矣。乌桓邑落各有小帅,数百千落,自为一部,有勇健能理决斗讼者,推为大人,无世业相继。鲜卑习俗与乌桓同。盖尚如战国以前之匈奴,未能统一也。乌桓自为冒顿所破,常臣伏匈奴。武帝遣霍去病击破匈奴左地,因徙乌桓于上谷、渔阳、右北平、辽西、辽东五郡塞外,为汉侦察匈奴动静。其大人岁一朝见。置护乌桓校尉监领之,使不得与匈奴交通。昭帝时,范明友击乌桓。乌桓由是寇幽州。见第三章第十六节。宣帝时，乃稍保塞降附。王莽篡位，欲击匈奴，兴十二部军，使严尤领乌桓、丁零兵屯代郡，皆质其妻子于郡县。乌桓不便水土，求去，莽不肯遣，遂自亡畔，还为钞盗。诸郡尽杀其质，由是结怨。匈奴因诱其豪帅以为吏，余皆羁縻属之。光武初，与匈奴连兵为寇。居止近塞，朝发穹庐，暮至城郭，五郡民庶，家受其辜。鲜卑之祸，则中于辽东。建武十七年，蔡彤守辽东。招鲜卑大都护偏何，使攻匈奴及赤山乌桓。《乌桓传》云：赤山在辽东西北数千里。玄菟及乐浪胡夷，亦来内附。然其事已在永平后矣。

　匈奴单于舆弟右谷蠡王伊屠知牙斯，王昭君子。以次当为左贤王。单于欲传其子，遂杀知牙师。乌珠留若鞮单于子比，为右薁鞮日逐王，部领南边及乌桓。内怀猜惧，庭会希阔。单于疑之。乃遣两骨都侯监领比所部兵。建武二十二年，单于舆死，子左贤王乌达鞮侯立。复死，弟左贤王蒲奴立。比不得立，既怀愤恨，而匈奴中连年旱蝗，赤地数千里，人畜饥疫，死耗大半。单于畏汉乘其敝，乃遣使诣渔阳求和亲。于是遣中郎将李茂报命。而比密遣汉人郭衡奉匈奴地图，二十三年，诣西河太守求内附。两骨都侯颇觉其意，白单于欲诛之。二十四年，八部大人共议，立比为呼韩邪单于。以其大父尝依汉得安，故欲袭其号。款五原塞，愿永为蕃蔽，扞御北虏。事下公卿。议者皆以为天下初定，中国空虚，夷狄情伪难知，不可许。惟五官中郎将耿国谓宜如孝宣故事，受令东扞鲜卑，北拒匈奴。帝从其议。遂立比为南单于。此处采《耿弇传》，谓许其为南单于，与北单于对立也。《南匈奴传》云："其冬，比自立为呼韩邪单于。"《本纪》云："比自立为南单于。"比之自立，实在求附之时，亦不得以南单于自号也。二十五年，春，遣弟左贤王莫击北单于弟薁鞮左贤王，生获之。又破北单于帐下。北单于震怖，却地千里。二十六年，遣中郎将段郴、副校尉王郁使南单于。立其庭去五原西部塞八十里。单于乃延迎使者。使者曰："单于当伏拜受诏。"单于顾望有顷，乃伏称臣。郴等反命。诏乃听南单于入居云中。令中郎将置安集掾史，将弛刑五千人，持兵弩，随单于所处，参辞讼，察动静。单于岁尽辄遣奉奏，送侍子入朝，中郎将从事一人将领诣阙。汉遣谒者送前侍子还单于庭，交会道路。冬，复诏单于徙居西河美稷。汉县，在今绥远境内鄂尔多斯左翼前旗。因使段郴、王郁留西河拥护之，为设官府从事掾史。令西河长史岁将骑二千、弛刑五百人助中郎将卫护单于，冬屯夏罢。自后以为常。于是云中、五原、朔方、北地、定襄、雁门、上谷、代八部之民，归于本土。据本纪。《赵憙传》：二十七年，拜大尉。时南单于称臣，乌桓、鲜卑并来入朝，帝令憙典边事，思为久长。憙上复缘边诸郡。幽、并二州，由是大定。案徙诸郡民于内地，事见《本纪》建武九年、十年、十五年、二十年。南单于亦列置诸部王，助为扞戍。使韩氏骨都侯屯北地，右贤王屯朔方，当于骨都侯屯五原，呼衍骨都侯屯云中，郎氏骨都侯屯定襄，左南将军屯雁门，粟籍骨都侯屯代郡。皆领部众，为郡县侦罗耳目。

二十七年，北单于遣使诣武威求和亲。天子召公卿廷议，不决。皇大子言恐南单于将有二心；北虏降者，且不复来矣。帝然之。告武威大守，勿受其使。二十八年，北匈奴复遣使诣阙。帝下三府，议酬答之宜。司徒掾班彪谓可颇加赏赐，略与所献相当。明加晓告以前世呼韩邪、郅支行事。帝从之。《臧宫传》云：匈奴饥疫，自相分争。帝以问宫。宫曰："愿得五千骑以立功。"帝笑曰："常胜之家，难与虑敌。吾方自思之。"二十七年，宫与马武上书，言："福不再来，时或易失，岂宜固守文德，而堕武事？"诏报曰："百姓人不自保，传闻恒多失实。诚能举天下之半，以灭大寇，岂非至愿？苟非其人，不如息民。"[①]自是诸将莫敢复言兵事者。敌不可尽，徒滋劳扰，光武之计，固不可谓非持重也。

匈奴既定，乌桓、鲜卑皆随之降附，北边遂获安宁。建武二十二年，匈奴乱，乌桓承弱击破之。匈奴北徙数千里，漠南地空。据《乌

---

① 兵：光武不伐匈奴为名言。

桓传》。本纪同。帝乃以币帛赂乌桓。①二十五年，辽西乌桓大人郝旦等九百二十二人率众乡化，诣阙朝贡。封其渠帅为侯、王、君长者八十一人。皆居塞内，布于缘边诸郡。令招来种人，给其衣食。遂为汉侦候，助击匈奴、鲜卑。司徒掾班彪以为宜复置乌桓校尉，从之。置于上谷宁城，汉宁县，在今察哈尔宣化县西北。开营府，并领鲜卑赏赐质子，岁时互市焉。鲜卑：二十五年，始通译使。其后偏何等诣祭彤求自效。出兵击北虏，还辄持首级诣辽东受赏赐。三十年，鲜卑大人于仇贲、满头等率种人诣阙朝贡，慕义内属。帝封于仇贲为王，满头为侯。永平元年，鲜卑大人皆来归附。并诣辽东受赏赐。青、徐二州给钱岁二亿七千万为常。

南匈奴呼韩邪单于㙠，弟丘浮尤鞮单于莫，中元元年立。凡《后汉书》言南匈奴单于某年立者，皆其先单于㙠之明年。㙠，弟伊伐于虑鞮单于汗，中元元年立。㙠，单于比之子醢僮尸逐侯鞮单于适，永平二年立。㙠，单于莫之子丘除车林鞮单于苏，永平四年立。数月㙠。单于适之弟胡邪尸逐侯鞮单于长，永平六年立。时北匈奴犹盛，数寇边，朝廷以为忧。会北单于欲合市，遣使求和亲。显宗冀其不复为寇，许之。八年，遣越骑司马郑众北使报命。而南部须卜骨都侯等欲畔，密因北使，令遣兵迎之。众伺侯得，上言宜更置大将，以防二虏交通。由是始置度辽营，屯五原曼柏。双县，在今绥远境内蒙古乌喇特旗黄河北。又遣兵屯美稷。北虏复寇钞边郡，河西城门昼闭。帝患之。十六年，乃大发缘边兵及羌、胡、南单于、鲜卑兵，使窦固、耿忠出酒泉，耿秉、秦彭出居延，祭彤、吴棠出高阙，来苗、文穆出乎城塞。固、忠至天山。《注》云：在西州交河县东北。唐交河县，在今新疆吐鲁番县西。击呼衍王，斩首千余级。呼衍王走，追至蒲类海。留吏士屯伊吾卢城。今新疆哈密县。耿秉、秦彭绝漠六百余里，至三木楼山。来苗、文穆至匈奴河水上，虏皆奔走，无所获。祭彤、吴棠坐不

---

① 通商：汉以钱鲜卑，必以求华物，是发出钱以旺商务也。

至涿邪山，免为庶人。据《窦融传》。章帝元和二年，时北虏衰耗，党众离畔，南部攻其前，丁零寇其后，鲜卑击其左，西域侵其右，不复自立，乃远引而去。案前一年，北单于尚遣驱牛马至武威与汉贾客交易，则此所谓远引而去者，当谓去武威塞外。单于长薨。是岁，单于汗之子伊屠于闾鞮单于宣立。章和元年，鲜卑入左地，击北匈奴，大破之，斩优留单于。案《陈禅传》禅以安帝永宁元年拜辽东大守，使晓慰北匈奴，单于随使还郡，则北匈奴西徙后，其左地有自号单于者。此优留单于，亦必非北匈奴之大单于也。是岁，单于宣薨，单于长之弟休兰尸逐侯鞮单于屯屠何立。时北虏大乱，加以饥馑，降者前后而至。南单于将并北庭。会肃宗崩，窦大后临朝。其年七月，单于上言："新降虚渠等诣臣自言：去岁三月中发虏庭。北单于创艾南兵，又畏丁令、鲜卑，遁逃远去，依安候河西。此当系前所谓远引而去者。今年正月，骨都侯等复共立单于异母兄右贤王为单于。其人以兄弟争立，并各离散。"求出兵讨伐，破北成南，并为一国。且言"今年不往，恐复并壹"。大后以示耿秉，秉言可许。会大后兄宪有罪，惧诛，求击匈奴以赎死。乃拜宪车骑将军，秉为副。和帝永元元年，宪与秉各将四千骑，及南匈奴左谷蠡王师子万骑出朔方鸡鹿塞。在窳浑县北。汉窳浑县，在今绥远境内阿尔坦山之南腾格里湖侧。南单于将万余骑出满夷谷。度辽将军邓鸿及缘边义从羌、胡八千骑，与左贤王安国万骑出稒阳塞。汉稒阳县，在今陕西神木县南。皆会涿邪山。宪分遣副校尉阎盘，司马耿夔、耿谭将左谷蠡王师子、右呼衍王须訾等精骑万余，与北单于战于稽落山，大破之。虏众崩溃，单于遁走。追击诸部，遂临私渠北鞮海。降者前后二十余万人。宪、秉遂登燕然山，去塞三千余里。刻石勒功，纪汉威德。遣军司马吴氾、梁讽奉金帛遗北单于，宣明国威，而兵随其后。及单于于西海上。单于将其众与讽俱还。到私渠海，闻汉军已入塞，乃遣弟右温禺鞮王奉贡入侍，随讽诣阙。宪以单于不身到，奏还其侍弟。诏即五原拜宪为大将军。明年，宪将兵出镇凉州。北单于以汉还侍弟，复遣款居延塞，欲入朝见，愿请大使。宪上遣班固行中郎将，与梁讽迎之。南单于复上书求并北庭。于是遣左谷蠡王师子将左右部八千骑出鸡鹿塞，中郎将耿谭遣从事将护之。至涿邪山，乃留辎重，分为二部，各引轻兵两道袭之。左部北过西海，至河云北。右部从匈奴河水西，绕天山，南至甘微河。二军俱会，夜围北单于。单于大惊，率精兵千余人合战。单于被创，堕马复上，将轻骑数十遁去。固至私渠海而还。宪以北虏微弱，欲遂灭之。明年，复遣耿夔等将精骑八百直奔北单于庭于金微山。单于与数骑脱亡。去塞五千余里，自汉出师，所未尝至也。北单于逃亡，不知所在。*此据《南匈奴传》。《袁安传》云：遁走乌孙。*余部不知所属。宪上"立降者左鹿蠡王阿佟为北单于，置中郎将领护，如南单于故事"。事下公卿议。大尉宋由、大常丁鸿、光禄大夫耿秉等十人议可许。司徒袁安、司空任隗，以为宜令南单于反其北庭，无缘复立阿佟，以增国费。宗正刘方、大司农尹睦同安议。事奏，未以时定，安复独上书事言之。*《袁安传》。*而单于弟右谷蠡王于除鞬自立为单于，将众数千人止蒲类海，遣使款塞。宪上立为北单于。朝廷从之。四年，遣耿夔即授玺绶。中郎将任尚持节卫护，屯伊吾，如南单于故事。方欲辅归北庭，会窦宪被诛，五年，于除鞬自畔还北。帝遣将兵长史王辅以千余骑与任尚共追诱，将还斩之。破灭其众。十六年，北单于遣使诣阙贡献。愿和亲，修呼韩邪故约。帝以其旧礼不备，未许。元兴元年，重遣使诣敦煌贡献。辞以国贫，未能备礼，愿请大使，当遣子入侍。时邓大后临朝，亦不答其使，但加赐而已。*《鲜卑传》云：永元中，耿夔击破匈奴，北单于逃走，鲜卑因此转徙据其地。匈奴余种留者，尚有十余万落，皆自号鲜卑。鲜卑由此转盛。《宋均传》：章和二年，鲜卑击破北匈奴，而南单于乘此请兵北伐，因欲还归旧庭。时窦大后临朝，议欲从之。均族子意上疏曰：*"自汉兴以来，征伐数矣，其所克获，曾不补害。今鲜卑奉顺，斩获万数。中国坐享大功，而百姓不知其劳。汉兴功烈，于斯为盛。所以然者，夷虏相攻，无损汉兵也。臣察鲜卑侵伐匈奴，正是利其钞掠，及归功圣朝，实由贪得重赏。今若听南虏还归北庭，则不得不禁制鲜卑，鲜卑外失暴掠之愿，内无功劳之赏，豺狼贪婪，必为边患。今北虏西遁，请求和亲。宜因其归附，以为外扞。若引兵费赋，以顺南虏，则坐失上略，去安即危矣。"会南单于竟不北徙。意策未尝非是，然其后，汉未能遏鲜卑于方兴，听其坐大，亦一失也。北匈奴破败后，仍时与汉争车师，事见下节。

南匈奴单于屯屠何薨，单于宣弟安国，永元五年立。安国初为左贤王，而无称誉。左谷蠡王师子素勇黠多知。前单于宣及屯屠何，皆爱其气决。故数遣将兵出塞，掩击北庭。还受赏赐，天子亦加殊异。国中尽敬师子而不附安国。安国由是疾师子，欲杀之。其诸新降胡，旧在塞外，数为师子所驱掠，多怨之。安国因是委计降者，与同谋议。安国既立为单于，师子以次转为左贤王。觉单于与新降者有谋，乃别居五原界。单于每龙会议事，师子辄称病不往。行度辽将军皇甫棱知之，亦拥护不遣。单于怀愤益甚。六年，春，皇甫棱免，以朱徽行度辽将军。时单于与中郎将杜崇不相平，乃上书告崇。崇讽西河大守，令断单于章，无由上闻。崇因与朱徽上言："安国疏远故胡，亲近新降，欲杀左贤王师子及左台且渠刘利等。又右部降者，谋共迫胁安国，起兵背叛西河。请上郡、安定，为之徼备。"和帝下公卿议。皆以为宜遣有方略使者之单于庭，与杜崇、朱徽及西河大守，并力观其动静。帝从之。徽、崇遂发兵造其庭。安国夜闻汉军至，大惊，弃帐而去。因举兵，及将新降者，欲诛师子。师子先知，乃悉将庐落入曼柏城。安国追到城下，门闭不得入。朱徽遣吏晓譬和之。安国不听，引兵屯五原。崇、徽因发诸郡骑追赴之。急，安国舅骨都侯喜为等虑并被诛，乃格杀安国。单于适之子师子，永元六年立，是为亭独尸逐侯鞮单于。降胡五六百人夜袭师子。安集掾王恬将卫护士与战，破之。新降胡遂相惊动，十五部二十余万人皆反。胁立屯屠何子薁鞬日逐王逢侯为单于。遂杀略吏民，燔烧邮亭庐帐，将军重向朔方，欲度漠北。于是遣行车骑将军邓鸿，越骑校尉冯柱及徽，将左右羽林、北军五校士及郡国积射缘边兵，乌桓校尉任尚将乌桓、鲜卑合四万人讨之。逢侯遂率众出塞,汉兵不能追。七年,帝知徽、崇失胡和,又禁其上书,以致反叛,皆征,下狱死。以庞奋行度辽将军。逢侯于塞外分为二部:自领右部,屯涿邪山下,左部屯朔方西北,相去数百里。八年,冬,左部胡自相疑,畔还入朔方。塞庞奋迎受慰纳。之其胜兵四千,人弱小万余口悉。降以分处北边诸部。南单于以其右温禺犊王乌居战始与安国同谋,欲考问之。乌居战将数千人畔。出塞外山谷间,为吏民害。时冯柱将虎牙营留屯五原。奋、柱与诸郡兵击乌居战,其众降。及诸还降者二万余人徙安定、北地。柱还。逢侯部众饥穷,又为鲜卑所击,无所归,窜逃去塞者,络绎不绝。师子薨,单于长之子檀,永元十年立,是为万氏尸逐鞮单于。十二年,庞奋迁河南尹,以王彪行度辽将军。南单于岁遣兵击逢侯,多所虏获。收还生口,前后以千数。逢侯转困迫。安帝永初三年,夏,汉人韩琮随南单于入朝。既还,说南单于云:"关东水潦,人民饥饿,死尽,可击也。"单于信其言,遂起兵反畔。四年,以梁懂行度辽将军,与辽东大守耿夔,将鲜卑。击破之。单于降。脱帽徒跣,对雄等拜,陈道死罪。于是赦之,遇待如初。元初四年,逢侯为鲜卑所破,部众分散,皆归北虏。五年,逢侯将百余骑亡还,诣朔方塞降,度辽将军邓遵奏徙逢侯于颍川郡。案纳降最难,北虏虽亡,南虏亦扰攘至此然后安定也。

第三节　后汉定西域

汉时西域诸国,或居天山之麓,或处沙漠之中,往来甚难,不利兼并,故无大国兴起。然阅时既久,亦终必有炎焉思启者,特为汉所临制耳。临制之力一衰,则并兼之谋获逞矣。此事成于东汉之末,[①]而西汉之末

---

① 四夷:西域诸国互相兼并,始于汉末,其吞并。

已启其机，莎车、于阗之称霸其选也。

王莽时，西域怨叛，并复役属匈奴。匈奴敛税重刻，诸国不堪命。[①]莎车王延，元帝时尝为侍子，长于京师，慕乐中国，亦复参其典法。匈奴略有西域，惟延不肯附属。天凤五年，延死，谥忠武王。子康代立。光武初，康率旁国拒匈奴。拥卫故都护吏士妻子千余口。檄书河西，问中国动静，自陈思慕汉家。建武五年，窦融承制立康为汉莎车建功怀德王、西域大都尉。五十五国皆属焉。九年，康死，谥宣成王。弟贤代立。十四年，攻破拘弥、西夜国。皆杀其王，而立其兄康两子。十四年，贤与鄯善王安并遣使诣阙贡献，西域始通。葱岭以东诸国皆属贤。十七年，贤复遣使奉献，请都护。天子以问大司空窦融。融以为贤父子兄弟，相约事汉。款诚又至，宜加位号，以镇安之。帝乃因其使，赐贤西域都护印绶。敦煌大守裴遵上言："夷狄不可假以大权。又令诸国失望。"诏书收还印绶，更赐贤以汉大将军印绶。其使不肯易，遵迫夺之。贤由是始恨。而犹诈称大都护，移书诸国。诸国悉服属焉，号贤为单于。贤浸以骄横。重求赋税。数攻龟兹诸国。诸国愁惧。二十一年，冬，车师前王、鄯善、焉耆等十八国俱遣子入侍。流涕稽首，愿得都护。天子以中国初定，北边未服，皆还其侍子。厚赏赐之。诸国忧恐。与敦煌大守檄：愿留侍子，以示莎车，言都护寻出，冀且息其兵。裴遵以状闻。许之。二十二年，贤知都护不至，遂遗鄯善王安书，令绝通汉道。安杀其使。贤大怒。发兵攻鄯善。安迎战。兵败，亡入山中。贤杀掠千余人而去。其冬，贤复攻杀龟兹王，遂兼其国。鄯善、焉耆诸国侍子，久留敦煌，愁思，皆亡归。鄯善王上书："愿复遣子入侍，更请都护。都护不出，诚迫于匈奴。"天子报曰："今使者大兵，未能得出。如诸国力不从心，东西南北自在也。"于是鄯善、车师复附匈奴。而贤益横。妫塞王自以国远，遂杀贤使者，贤击灭

---

① 封建：多灭国而立所欲立之人王，莎车王贤则其例。

之，立其国贵人驷鞬。贤又自立其子则罗为龟兹王。贤以则罗年少，乃分龟兹为乌垒国，徙驷鞬为乌垒王。又更以贵人为妫塞王。数岁，龟兹贵人共杀则罗、驷鞬，而遣使匈奴，更请立王。匈奴立贵人身毒为龟兹王。龟兹由是属匈奴。贤以大宛贡税减少，自将诸国兵数万人攻大宛。大宛王延留迎降。贤因将还国。徙拘弥王桥塞提为大宛王。而康居数攻之。岁余，桥塞提亡归。贤复以为拘弥王，而遣延留还大宛，使贡献如常。又徙于寘王俞林为骊归王，立其弟位侍为于寘王。岁余，贤疑诸国欲畔，召位侍及拘弥、姑墨、子合王尽杀之。不复置王，但遣将镇守其国。以上皆光武建武二十二年以后，明帝永平二年以前十四年间事也。为所破者，既有八国矣。

莎车将君得在于寘暴虐，百姓患之。永平三年，其大人都末与其兄弟共杀君得。而大人休莫霸，复与汉人韩融等杀都末兄弟，自立为于寘王。复与拘弥国人攻杀莎车将在皮山者。贤遣其大子、国相将诸国兵二万人击休莫霸，败走。贤复发诸国兵数万，自将击休莫霸。霸复破之，斩杀过半。贤脱身走归国。休莫霸进围莎车，中流矢死，兵乃退。休莫霸兄子广德立。匈奴与龟兹诸国共攻莎车，不能下。广德承莎车之敝，复使攻之。贤连被兵革，乃遣使与广德和。先是广德父拘在莎车数岁，于时贤归其父，而以女妻之，结为昆弟。广德引兵去。明年，莎车相且运等患贤骄暴，密谋反城降于寘。广德乃将诸国兵三万攻莎车。诱贤与盟，执之，而并其国。锁贤将归，岁余杀之。匈奴闻广德灭莎车，遣五将发焉耆、尉黎、龟兹十五国兵三万余人围于寘。广德乞降。以其大子为质，约岁给罽絮。匈奴复遣兵将贤质子不居征立为莎车王。广德又攻杀之，更立其弟齐黎。其国转盛，从精绝西北至疏勒十三国皆服从。

而鄯善王亦始强盛。自是南道自葱岭以东，惟此二国为大。《后汉书·西域传序》云：贤死之后，遂更相攻伐。小宛、精绝、戎卢、且末为鄯善所并；渠勒、皮山为于寘所统；皆悉有其地。郁立、单桓、孤胡、乌贪訾离为车师所灭。后其国皆复立。盖汉人复通西域后，不容其互相兼并，乃为之兴灭继绝也。

永平中，北虏胁诸国共寇河西，郡县城门昼闭。十六年，奉车都尉窦固出击匈奴，取伊吾卢地，置宜禾都尉以屯田，车师始复内属。固以班超为假司马，与从事郭恂俱使西域。超到鄯善，与吏士三十六人攻杀匈奴使者。鄯善王广纳子为质。还奏固。固大喜。上超功效。帝以超为军司马，令遂前功。超与所属三十六人俱至于阗。是时于阗王广德，新攻破莎车，遂雄张南道，而匈奴遣使监护其国。超诛其巫。巫言神怒，何故欲乡汉？广德皇恐，攻杀匈奴使者降。龟兹王建为匈奴所立，倚恃虏威，据有北道。攻破疏勒，杀其王成，自以龟兹左侯兜题为疏勒王。明年，超从间道至疏勒。敕吏田虑先往，劫缚兜题，而自往立其故王兄子忠。于是于阗诸国皆遣子入侍，西域绝六十五载复通焉。是年，诏耿秉、窦固出白山击车师前后王，降之。始置西域都护、戊己校尉。以耿恭为戊校尉，屯后王都金蒲城。即务涂谷，见第三章第四节。关宠为己校尉，屯前王柳中城。今新疆鄯善县鲁克察克。恭至部，移檄乌孙，示汉威德。大昆弥以下皆欢喜，遣使献名马，及奉宣帝时所赐公主博具愿遣子入侍。恭乃发使赍金帛迎其侍子。明年，三月，匈奴破杀后王安得，而攻金蒲城。恭击却之。恭以疏勒城旁有涧水可固，五月，乃引兵据其城。七月，匈奴复来攻恭。于城下拥绝涧水。恭于城中穿井十五丈，不得水。吏士渴乏，笮马粪汁而饮之。恭整衣服乡井再拜。有顷，水泉奔出。乃令扬水以示虏。虏以为神明，遂引去。时焉耆、龟兹攻没都护陈睦，北虏亦围关宠于柳中。会显宗崩，救兵不至。车师复畔，与匈奴攻恭。数月，恭才余数十人。初，关宠上书求救。时肃宗新即位，乃诏公卿会议。司空第五伦以为不宜救。司徒鲍昱议曰："今使人于危难之地，急而弃之，匈奴如复为寇，陛下将何以使将？"乃遣耿秉屯酒泉，行大守事。遣秦彭与谒者王蒙、皇甫援发张掖、酒泉、敦煌三郡及鄯善兵，合七千余人。建初元年，正月，会柳中。击车师，北虏惊走，车师复降。会关宠已殁，蒙等闻之，便欲引兵还。先是恭遣军吏范羌至敦煌迎兵士冬服，羌因随军俱出塞。乃分兵二千人与羌，从山北迎恭。遇大雪丈余，军仅能至。遂相随俱归。虏兵追之，且战且行。发疏勒时，尚有二十六人，三月至玉门，惟余十三人而已。时大旱谷贵。郎杨终上疏请罢事西域，帝从之，不复遣都护。二年，复罢屯田伊吾。匈奴因遣兵守伊吾地。时龟兹、姑墨数发兵攻疏勒。班超守槃橐城，与疏勒王忠为首尾，士吏单少。拒守岁余，肃宗恐超单危不能自立，下诏征超。超发还，疏勒举国忧恐。至于寘，王侯以下皆号泣，互抱超马脚不得行。此等盖皆超请留之辞，不必实。超乃更还疏勒。疏勒两城，自超去后，复降龟兹，而与尉头连兵。超捕斩反者，击破尉头，疏勒复安。三年，超率疏勒、康居、于寘、拘弥兵一万人攻姑墨石城，破之。欲因此遂平诸国。乃上疏请兵。平陵人徐干上疏，愿奋身佐超。五年，遂以干为假司马，将弛刑及义从千人就超。先是莎车以为汉兵未能出，遂降于龟兹，而疏勒都尉番辰亦复畔。超与干击番辰，大破之。欲进攻龟兹，以乌孙兵强，宜因其力，上言可遣使招慰。帝纳之。八年，拜超为将兵长史，以徐干为军司马。元和元年，复遣假司马和恭等四人将兵八百诣超。超因发疏勒、于寘兵击莎车。莎车阴通使疏勒王忠，啖以重利，忠遂反从之，西保乌即城。超乃更立其府丞成大为疏勒王，悉发其不反者以攻忠。积半岁，而康居遣精兵救之，超不能下。是时月氏新与康居昏，相亲。超乃使使多赍锦帛遗月氏王，令晓示康居。康居王乃罢兵。执忠以归其国。乌即城遂降于超。后三年，忠说康居王，借兵还据损中。《注》云："损中未详。《东观记》作顿中，《续汉》及华峤《书》并作损中，本或作植，未知孰是也。"密与龟兹谋，遣使伪降。超斩之。因击破其众。南道遂通。明年，超发于寘诸国兵二万五千人复击莎车。龟兹王遣大将军发温宿、姑墨、尉头，合五万人救之。超击破之。莎车遂降。自是威震西域。初，月氏尝助汉击车师有功。是岁，贡奉珍宝、符拔、师子，因求汉公主。超拒还其使。由是怨恨。和帝永元二年，其副王谢将兵七万攻超。超坚守不下。钞掠无所得。使赂龟兹求救。超伏兵遮击，尽杀之。谢使请罪，愿得生归。超纵遣之。月氏由是大震，岁奉贡献。是年，窦宪破匈奴。遣副校尉阎槃击伊吾，破之。车师前后王各遣子奉贡入侍。明年，龟兹、姑墨、温宿皆降。乃以超为都护，居龟兹。徐干为长史。复置戊校尉，领兵五百人，居车师前部高昌壁。在新疆吐鲁番县东。又置戊部候，居车师后部候城。相去五百里。拜白霸龟兹侍子。为龟兹王，遣司马姚光送之。超与光共胁龟兹，废其王尤利多而立白霸。使光将尤利多还诣京师。超居龟兹它干城，徐干屯疏勒。西域惟焉耆、危须、尉黎、山国，以前杀都护怀二心，其余悉定。六年，秋，超遂发龟兹、鄯善等八国兵，合七万人，及吏士、贾客千四百人讨焉耆。焉耆王广、尉黎王泛诣超，超收，于陈睦故城斩之。更立焉耆左侯元孟为王。于是西域五十余国，悉皆纳质内属焉。明年，下诏封超为定远侯。超至永元十四年乃还，在西域凡三十一年。

《班超传》云：超被征，以戊己校尉任尚为都护。与超交代，尚谓超曰："君侯在外国三十余年，而小人猥承君后，任重虑浅，宜有以诲之。"超曰："塞外吏士，本非孝子顺孙。皆以罪过，徙补边屯。而蛮夷怀鸟兽之心，难养易败。今君性严急。水清无大鱼，察政不得下和。宜荡佚简易，宽小过，总大纲而已。"超去后，尚私谓所亲曰："我以班君，当有奇策。今所言平平耳。"尚至数年，而西域反乱，以罪被征，如超所戒。案《李恂传》言：恂征拜谒者，使持节领西域副校尉。北匈奴数断西域车师、伊吾。陇沙以西，《注》：《广志》曰：流沙在玉门关外，东西数百里，有三断，名日三陇也。使命不得通。恂设购赏，遂斩虏帅，县首军门。自是道路夷清。恂领西域副校尉，不能确知其在何年，然必在和帝之世。则匈奴窥伺西域久矣。诸国从汉，本非心服；汉亦无大兵力，徒恃纵横捭阖之策以御之，岂能持久？西域之复叛，亦不尽由任尚之严急也。① 殇帝延平元年，梁懂拜西域副校尉。行至河西，会西域诸国反叛，攻任尚于疏勒。尚上书求救。诏懂将河西四郡羌、胡五千骑驰赴之。未至，尚已得解。令征尚还。以骑都尉段禧为都护，西域长史赵博为骑都尉。禧、博守它乾城，城小，懂以为不可固，乃谲说龟兹王白霸，欲入共保其城，白霸许之。而吏人并叛其王，与温宿、姑墨共围城。懂等出战，大破之。龟兹乃定。而道路尚隔，檄书不通。公卿议者，以为西域阻远，数有背叛。吏士屯田，其费无已。安帝永初元年，遂罢都护，迎懂、禧、博还。北匈奴即复收属诸国，共为边寇。元初六年，敦煌大守曹宗，上遣行长史索班将千余人屯伊吾以招抚之。于是车师前王及鄯善王来降。数月，北匈奴复率车师后部王共攻没班等。遂击走前王，略有北道。鄯善王急，求救于曹宗。宗请出兵击匈奴，复取西域。班超少子勇上议，以为"府藏未充，师无后继，不可许。旧敦煌郡有营兵三百人，今宜复之。复置护西域副校尉，居于敦煌，如永元故事。又宜遣西域长史将五百人屯楼兰。西当焉耆、龟兹经路，南强鄯善、于寘心胆，北扞匈奴，东近敦煌"。邓大后从勇议，复敦煌营兵，置西域副校尉，羁縻而已。其后北虏连与车师入寇河西，朝廷不能禁。议者因欲闭玉门、阳关，以绝其患。延光二年，敦煌大守张珰上书，以为"北虏呼衍王，常展转蒲类、秦海之间，藩类海，今巴里坤湖。秦海，《注》曰：大秦国在西海西，故曰秦海也。大误。丁谦《西域传考证》云：当指乌鲁木齐西北阿雅尔泊。专制西域，共为寇钞。今以酒泉属国吏士二千余人，集昆仑塞，《注》：《前书》敦煌郡广至有昆仑障。广至故城，在今瓜州常乐县东。案唐常乐县，在今甘肃安西县西。先击呼衍王，绝其根本；因发鄯善兵五千人，胁车师后部；此上计也。若不能出兵，可置军司马，将士五百人，四郡供其犁牛谷食，出据柳中，此中计也。如又不能，则宜

---

①　四夷：西域之畔，不尽由任尚严急。

弃交河城，收鄯善等悉使入塞，此下计也"。朝廷下其议。尚书陈忠上疏曰："今北虏已破车师，势必南攻鄯善。弃而不救，则诸国从矣。若然，则虏财贿益增，胆势益殖。威临南羌，与之交连。如此，河西四郡危矣。河西既危，不得不救，则百倍之役兴，不赀之费发矣。"帝纳之。乃以班勇为西域长史。将弛刑士五百人，西屯柳中。明年，正月，至楼兰。开示恩信。龟兹王白英率姑墨、温宿降。因发其兵，到车师前王庭，击走匈奴伊蠡王。前部复通。还屯田柳中。四年，秋，勇发敦煌、张掖、酒泉六千骑，及鄯善、疏勒、车师前部兵击后部，大破之。捕得其王军就及匈奴持节使者，将至索班没处斩之。顺帝永建元年，勇率后部故王子加特奴、八滑等发精兵击北虏呼衍王，破之。上立加特奴为后王，八滑为后部亲汉侯。又使别校诛斩东且弥王，立其种人为王。于是车师六国悉平。其冬，勇发诸国兵击匈奴呼衍王。呼衍王亡走。捕得单于从兄，勇使加特奴手斩之，以结车师、匈奴之隙。北单于自将万骑入后部。勇使司马曹俊驰救之，单于引去。于是呼衍王徙居枯梧河上。是后车师无复虏迹，城郭皆安。惟焉耆王元孟与尉黎、危须不降。二年，勇上请攻元孟。遣敦煌大守张朗将河西四郡兵三千人配勇。因发诸国兵四万余人，分为两道击之。朗先有罪，欲徼功自赎，先期至。元孟降。勇以后期征，下狱免。于是龟兹、疏勒、于寘、莎车等十七国皆来服从，而乌孙与葱岭以西遂绝。六年，复令伊吾开设屯田，如永元时事，置司马一人。案自漠南北入西域，其势甚易。班勇上议，谓"北虏遣责诸国，备其逋租，高其价值，严以期会。若西域望绝，屈就北虏，因其租入之饶，兵马之众，以扰动缘边，是为富仇雠之财，增暴夷之势。河西城门，必复昼闭。中国之费，不止千亿"。则后汉之事车师，殊不能与前汉之通乌孙连类而并讥之矣。中叶以后，西北有羌患而无匈奴之忧，未始非安、顺间绥定之效也。班氏父子之功，亦伟矣哉！

第四节　汉与西南洋交通

世界之交通，塞于陆而通于海。亚洲之东方与西方，中间以重山及沙漠，故其阻隔尤甚。[①]张骞之通西域，史家称为凿空，可见汉朝是时，与天山南路，尚绝无往还。然邛竹杖、蜀布，业经身毒以至大夏者？《史记·大宛列传》言：武帝使张骞发问使出駹、冉、徙、邛、僰，以求大夏。其北方闭氐、筰，南方闭巂、昆明，终莫得通。然传闻其西可千余里有乘象国，名曰滇越，而蜀贾奸出物者或至焉。参看第三章第四节。此乘象国，当在今缅甸境。邛竹杖、蜀布之入身毒，疑自此途。昆明之属无君长，善寇盗，辄杀略汉使，此固汉使之所畏，而非商贾之所畏也。然则自蜀通印、缅海口之道，其开通，固早于自秦、陇通西北之道矣。至交、广之域，则海道交通尤畅。《货殖列传》言：番禺为珠玑、犀、玳瑁、果、布之凑。珠玑、犀、玳瑁、果品等，为南海所饶，固不俟论。布疑即木棉所织。赵佗遗汉白璧一双，翠鸟千，犀角十，紫贝五百，桂蠹一器，生翠四十双，孔雀二双，固亦海外之珍奇，非陆梁之土产也。

《汉书·地理志》言："自日南障塞徐闻、汉县，今广东海康县。合浦汉县，今广东合浦县东北。船行。可五月，有都元国。又船行。可四月，有邑卢没国。又船行。可二十余日，有谌离国。步行。可十余日，有夫甘都卢国。自夫甘都卢国船行。可二月余，有黄支国。民俗略与珠崖相类。其州广大，户口多，多异物。自武帝以来皆献见。有译长属黄门，与应募者俱入海，市明珠、璧流离、奇石、异物。赍黄金杂缯而往。所至国皆禀食为耦，蛮夷贾船转送致之。亦利交易，剽杀人。又苦逢风波溺死。不者，数

---

① 四夷：古与西南交通。

年来还，大珠至围二寸以下。自黄支船行。可八月，到皮宗。船行。可二月，到日南象林界云。黄支之南，有己程不国。汉之译使，自此还矣。"都元，日本藤田丰八谓即《通典》之都昆或都军，在今马来半岛。邑卢没，即《新唐书·南蛮传》之拘蒌密，在缅甸缘岸。谌离，即贾耽《入四夷道里》中之骠国悉利城。夫甘都卢，即缅之蒲甘城。黄支，即《西域记》达罗荼毗之都建志补罗。据冯承钧《中国南洋交通史》。其说当大致不误。据此，先汉译使，已至印度矣。《后汉书·西南夷传》云：永元九年，徼外蛮及掸国王雍由调遣重译奉国珍宝。《纪》云：永昌徼外蛮夷及掸国重译奉贡。永宁元年，掸国王雍由调复遣使者诣阙朝贺。献乐及幻人。能变化，吐火，自支解，易牛马头。又善跳丸，数乃至千。自言我海西人。海西即大秦也，掸国西南通大秦。《纪》云：永昌徼外掸国遣使贡献。案其事亦见《陈禅传》。禅言掸国越流沙，逾县度，掸国之来，未必由此，盖指海西人言之也。《顺帝纪》：永建六年，日南徼外叶调国、掸国遣使贡献。叶调，冯承钧谓即爪哇。掸，《东观记》作擅。《后汉书·和帝纪》及《西南夷传注》。今暹罗人自号其国曰泰，其种族之名则曰暹。说者谓泰即氐，暹即蜀，亦曰賨曰叟，亦即掸也。暹罗之称，由暹与罗斛合并而得。罗斛即古之獠，今之犵猺云。案后汉时之哀牢夷，本系越族，而文明程度颇高。见第六节。可见汉世西南夷，近海者开通，在内地者闭塞，掸国殆亦在今缅甸境，而由海道与西南诸国交通者也。

《史记·大宛列传》言："张骞身所至者，大宛、大月氏、大夏、康居，而传闻其旁大国五六。"下文除此诸国外，又述乌孙、奄蔡、安息、条枝、犁轩、身毒，凡六国，盖即其所传闻。奄蔡临大泽无涯，盖即黑海。条枝在安息西数千里，临西海，盖即波斯湾。犁轩，或云即亚历山大城，或云指叙利亚，未能定，要必大秦重镇，而大秦之即罗马，则似无可疑也。《大宛列传》又言："骞之使乌孙，分遣副使使大宛、康居、大月氏、大夏、安息、身毒、于寘、扜罙及诸旁国，后颇与其人俱来。"又云："汉使至安息，安息王令将二万骑迎于东界。东界去王都数千里，行比至，所过数十城，人民相属甚多。汉使还，而后发使随汉使来，观汉广大，以大鸟卵及黎轩善眩人献于汉。及宛西小国驩潜大益，宛东姑师、扜罙、苏薤之属，皆随汉使献见天子。伐宛之后，汉发使十余辈至宛西诸外国求奇物。"此先汉之世与西域陆路交通情形也。《大宛列传》云："安息长老传闻条枝有弱水、西王母而未尝见。"①《汉书·西域传》同。又云："自条支乘水西行，可百余日，近日所入云。"《后汉书·西域传》云："或云大秦国西有弱水、流沙，近西王母所居处，几于日所入也。《汉书》云：从条支西行二百余日，近日所入，则与今异矣。前世汉使皆自乌弋以还，莫有至条支者也。"盖汉时流俗，习以流沙、西王母为极西之地，随所知之极西，则以为更在其表，此可见汉初通西域时，尚未知有大秦也。②《后书》云："大秦国一名犁鞬。以在海西，亦云海西国。"犁鞬即犁轩，《汉书》作犁轩，并无大秦之名，而《后书》忽有之，似非即大秦之都，特属于大秦而已。《后书》又云："自安息西行，三千四百里至阿蛮国。从阿蛮西行，三千六百里至斯宾国。从斯宾南行，度河，又西南至于罗国，九百六十里。安息西界极矣。自此南乘海，乃通大秦。和帝永元九年，都护班超遣甘英使大秦。抵条支，临大海欲度。安息西界船人谓英曰：海水广大，往来者逢善风，三月乃得渡。若还迟风，亦有二岁者。故入海人皆赍三岁粮。海中善使人思土恋慕，数有死亡者。英闻之，乃还。"此即总叙所云"班超遣掾甘英穷临西海而还"者，其为《史记》所云条枝临西海之西海可知也。《后书》又云："大秦王尝欲通使于汉，而安息欲以汉缯采与之交市，故遮阂不得自达。至桓帝延熹九年，大秦王安敦 MarcusAurelius Antoninus，*生于西元百二十一年，殁于百八十年，约自后汉安帝建光元年至灵帝光和三年。*遣使自日南徼外献象牙、犀角、玳瑁，始乃一通

---

① 四夷：古以极西境为弱水、西王母。
② 四夷：汉初通西域时，未知有大秦，则犁轩非大秦都。

焉。"盖陆路之隔阂如此。然汉张掖有骊靬县。《说文·革部》靬下云：武威有丽靬县。严可均云："《两汉志》，骊靬属张掖，《晋志》属武威。此亦云武威者？《武纪》：元鼎六年，分武威、酒泉地，置张掖、敦煌郡。许或据未分时图籍。不则校者依《字林》改也。"案许无据未分时图籍理。谓后人以《字林》改《说文》，亦近億测。盖《许书》说解，原系裒录旧文，此所据者，尚系元鼎六年以前之旧说也。然则犁轩人之东来旧矣。[①]合邛竹杖、蜀布之事观之，可见国家信使之往还，实远较民间之交通为后也。《尔雅·释兽》：赞，有力。《注》云："出西海大秦国。有养者。似狗，多力，犷恶。"大秦之兽，中华至有养者，可见来者非少。《后书》又言：远国蒙奇、兜勒皆来归服，遣使贡献。其事亦见《和帝纪》永元九年。两国皆无地理、事迹，无由考其所在，然亦必在安息之表也。

《后书·天竺传》云："和帝时，数遣使贡献，及西域反畔，乃绝。至桓帝延熹二年、四年，频从日南徼外来献。"则西域未绝时，印度亦自陆路通中国也。

第五节　后汉平西羌

王莽之开西海郡也，筑五县边海，亭燧相望。莽败，诸羌还据西海为寇。更始、赤眉之际，羌遂放纵，寇金城、陇西。隗嚣不能讨，乃就慰纳。因发其众，与汉相距。嚣死，以司徒掾班彪言，复置护羌校尉。建武九年。以牛邯为之。邯卒而职省。建武十年，先零豪与诸种相结，复寇金城、陇西，遣中郎将来歙等击破之。十一年，先零种复寇临洮。陇西大守马援破降之。后悉归服。徙置天水、陇西、扶风三郡。是为汉徙羌人入

---

① 四夷：犁轩人东来甚早。

塞之始。《援传》云：自王莽末，西羌寇边，遂入居塞内。金城属县，多为虏有。是时朝臣以金城、破羌以西，破羌，汉县，在今碾伯县西。涂远多寇，议欲弃之。援上言："破羌以西，城多完牢，易可依固。其田土肥壤，灌溉流通。如令羌在湟中，则为害不休，不可弃也。"帝然之。诏武威大守：令悉还金城客民，归者三千余口。使各反旧邑。援奏为置长吏，缮城郭，起坞候。开道水田，劝以耕牧。郡中乐业。盖弃地之议，后汉初年已有倡之者矣。

爱剑玄孙研之后为研种，已见第三章第五节。研十三世孙烧当，复豪健，其子孙更以烧当为种号。自烧当至玄孙滇良，世居河北大允谷，《水经注》：河水入塞，又东径允川，历大、小榆谷。丁谦《西羌传考证》云：允川即大允谷所出之水，在今青海巴燕县西北。大允谷在西宁县境。大、小榆谷在黄河之南循化县境。种小人贫。而先零、卑浦，并皆强富。数侵犯之。滇良父子，据《后书·羌传》：①烧当种世系可考者：滇良子滇吾、滇岸。滇吾子东吾、迷吾、号吾。东吾子东号。迷吾子迷唐。东号子麻奴、犀苦。而据《晋书》载记，则姚弋仲之先填虞，为烧当七世孙。汉中元末，寇扰西州，为马武所败，徙出塞。虞九世孙迁那，率种人内附，处于南安之赤亭。迁那玄孙柯回，则弋仲之父也。积见陵易，愤怒，而素有恩信于种中。于是即会附落，及诸杂种，掩击先零、卑湳，大破之。夺居其地大榆中。由是始强。子滇吾立。附落转盛，常雄诸羌。每欲侵边者，滇吾转教以方略，为其渠帅。明帝永平元年，遣中郎将窦固、捕虏将军马武等击滇吾于西邯，《马武传注》："《水经注》曰：邯川城左右有水，自此出，南经邯亭，注于河。盖以此水分流，谓之东、西邯也。在今廓州化阴县东。"《西羌传注》云："邯，水名。邯分流左右，在今廓州。"案唐廓州治广威，在今巴燕县境，黄河北岸。大破之。滇吾远引去。余悉散降。徙七千口置三辅。以谒者窦林领护羌校尉，居狄道。汉

---

① 四夷：羌当种世系。

县，今甘肃临洮县西南。林为诸羌所信，滇岸遂诣林降。明年，滇吾复降。滇吾子东吾，以父降汉，入居塞内，谨愿自守，而诸弟迷吾等数为寇盗。肃宗建初元年，拜吴棠领护羌校尉，居安夷。汉县，在今西宁县东。二年，迷吾叛。棠不能制。坐征免。傅育代为校尉，居临羌。汉县，今西宁县西。迷吾与封养种豪布桥等寇陇西、汉阳，遣马防、耿恭讨破之。迷吾降。防乃筑索西城，《注》：“故城在今洮州。”唐洮州，在今甘肃临潭县西。徙陇西南部都尉戍之。悉复诸亭候。元和三年，迷吾复与弟号吾诸杂种反畔。章和元年，傅育击之，战死。张纡代为校尉。迷吾入金城塞。纡遣从事司马防败之。迷吾降。纡设兵大会，施毒酒中。羌饮醉，伏兵起，杀酋豪八百余人。斩迷吾等五人头，以祭育冢。迷吾子迷唐及其种人，乡塞号哭。与诸种解仇交质，寇陇西塞。大守寇纡与战白石，县名，今甘肃导河县西南。迷唐不利，引还大、小榆谷。北招属国诸胡，会集附落，种众炽盛，张纡不能讨。和帝永元元年，纡坐征。邓训代为校尉。稍以赏赂离间之。由是诸种少解。号吾降。此据《西羌传》。《邓训传》作迷吾。训遣兵击迷唐。迷唐去大、小榆谷，徙居颇岩谷。四年，训卒，聂尚代为校尉。欲以文德服之。招迷唐还居大、小榆谷。迷唐复叛。五年，尚坐征免。贯友代为校尉。遣译使构离诸种，诱以财货。由是解散。乃夹逢留大河筑城邬，作大航，造河桥，渡河击迷唐。迷唐乃率部落远依赐支河曲。见第三章第五节。八年，友病卒。史充代为校尉。发湟中羌、胡出塞。羌迎败充兵。明年，充坐征。吴祉代为校尉。其秋，迷唐率八千人寇陇西，杀数百人。乘胜深入，胁塞内诸种羌，共为寇盗，众羌复悉与相应。遣刘尚、赵代讨之。迷唐惧，引去。明年，尚、代并坐畏懦征，下狱免。谒者王信领尚营屯袍罕耿谭领代营屯白石。谭设购赏诸种颇来内附。迷唐恐，乃请降。信、谭遂受降罢兵。遣迷唐诣阙。其余种人，不满二千，饥窘不立，入居金城。和帝令迷唐将其种人还大、小榆谷。迷唐以为汉作河桥，兵来无常，故地不可复居。辞以种人饥饿，不肯远出。吴祉等乃多赐迷唐金帛，令籴谷市畜，促使出塞。种人更怀猜惊。十二年，遂复背叛。胁将湟中诸胡，寇钞而去，信、谭、社皆坐征。周鲔代为校尉。明年，迷唐复还赐支河曲。初，累姐种附汉，迷唐怨之，遂击杀其酋豪。由是与诸种为仇，党援益疏。其秋，迷唐复将兵向塞。周鲔合诸郡兵，属国羌、胡三万人出塞。至允川，与迷唐战，羌众折伤，种人瓦解。降者六千余口。分徙汉阳、安定、陇西。迷唐遂弱，种众不满千人，远逾赐支河首，依发羌居。后病死，有一子来降，时西海及大、小榆谷左右，无复羌寇。隃麋相曹凤上言：隃麋，后汉侯国，在今陕西汧阳县东。"自建武以来，犯法者常从烧当种起。以其居大，小榆谷，土地肥美，又近塞内诸种，易以为非。南得钟存，以广其众。北阻大河，因以为固。又有西海鱼盐之利。缘山滨水，以广田畜。故能强大，常雄诸种。宜及此时，建复西海郡县，规固二榆，广设屯田。"于是拜凤为金城西部都尉，将徙士屯龙耆。《注》："龙耆，即龙支也，今鄯州县。"案唐龙支，在今青海乐都县南。后金城长史上官鸿上开置归义、建威屯田二十七部；护羌校尉侯霸复上置东西邯屯田五部，增留逄二部。帝皆从之。列屯夹河，合三十四部。其功垂立。至永初中，诸羌叛，乃罢。《和帝纪》：永元十四年，二月，缮修故西海郡，徙金城西部都尉以戍之。

第六节　后汉开拓西南

交州开为郡县后，其地之人民，一时未能与华同化，而与西南洋颇有交往，珍奇之品颇多，官其地者率多贪暴，遂至激而生变，其后终以是丧安南焉。在后汉之初，则有征侧及其妹征贰之变。征侧者，麊泠县洛将之女。麊泠，《晋书·地理志》作麋泠，在今越南北境。嫁为朱䳒人诗索妻。朱䳒，汉县，《晋志》作朱鸢，在今越南河内东南。甚雄勇。交阯大守苏定以法绳之，侧忿，故反。时在光武建武十六年二月。九真、日南、合浦蛮里皆应之。凡略六十五城。自立为王。《马援传注》引《越志》云：都麓泠。光武诏长沙、合浦、交阯具车船，修道桥，通郫谿，储粮谷。十八年，遣马援、段志发长沙、桂阳、零陵、苍梧兵万余人讨之。至合浦，志病卒。援并将其兵，缘海而进。随山勘道千余里。明年，四月，破交阯。斩征侧、征贰等，余皆降散。进击九真贼都阳等，破降之。岭表悉平。光武此役，用兵盖极谨慎；马援亦良将；然至二十年秋振旅，军吏死者犹十四五焉，可见用兵南方之不易也。

后汉时南方诸国，通贡献若内属者颇多。有极野蛮者，如乌浒人是。《后汉书·南蛮传》云："《礼记》称南方日蛮，雕题交阯。其俗男女同川而浴，故曰交阯。其西有噉人国。生首子，辄解而食之，谓之宜弟。味旨则以遗其君，君喜而赏其父。取妻美则让其兄。今乌浒人是也。"《注》引万震《南州异物志》曰："乌浒，地名也。在广州之南，交州之北。恒出道间，伺候行旅，辄出击之。利得人食之，不贪其财货。并以其肉为肴菹。又取其髑髅破之以饮酒。以人掌趾为珍异，以食老也。"《传》云：灵帝建宁三年，郁林大守谷永以恩信招降乌浒人十余万内属。皆受冠带。开置七县。光和元年，交阯、合浦、乌浒蛮反叛。招诱九真、日南，合数万人，攻没郡县。四年，刺史朱俊击破之。案其事亦见本纪。本纪建宁三年《注》引《广州记》曰："其俗食人。以鼻饮水，口中进噉如故。"有较文明者，如掸国是。《后书·西南夷传》曰："哀牢夷者：其先有妇人名沙壹，居于牢山。尝捕鱼水中，触沈木，若有感，因怀妊。十月，产子男十人。后沈木化为龙，出水上。沙壹忽闻龙语曰：若为我生子，今悉何在？九子见龙惊走。独小子不能去，背龙而坐。龙因舐之。其母鸟语，谓背为九，谓坐为隆，因名子曰九隆。及后长大，诸兄以九隆能为父所舐而黠，遂共推以为王。后牢山下有一夫一妇，复生十女子。九隆兄弟，皆娶以为妻。后渐相滋长。种人皆刻画其身，象龙文，衣着尾。"《注》：自此以上，并见《风俗通》也。又云："哀牢人皆穿鼻儋耳。其渠帅自谓王者，耳皆下肩三寸，庶人则至肩而已。"观其传说及其习俗，其为越族之临水而居者可知也。然《传》又云："土地沃美，宜五谷、蚕桑。知染采、文绣、罽、毲、帛叠、兰干、细布，织成文章如绫锦。有梧桐木华，绩以为布。幅广五尺，洁白不受垢污。出铜、铁、铅、锡、金、银、光珠、虎魄、水精、瑠璃、轲虫、蚌珠、孔雀、翡翠、犀、象、猩猩、貊兽。"观其物产多南方珍品，而知其文明来自海表也。《传》又云："九隆死，世世相继。《注》：《哀牢传》曰：九隆代代相继，名号不可得而数。至于禁高，乃可记知。禁高死，子吸代。吸死，子建非代。建非死，子哀牢代。哀牢死，子桑藕代。桑藕死，子柳承代。柳承死，子柳貌代。柳貌死，予扈栗代。乃分置小王，往往邑居，散在谿谷。绝域荒外，山川阻深，生人以来，未尝交通中国。建武二十三年，其王贤栗遣兵乘箄船南下江、汉，击附塞夷鹿㝾。《注》：其种今见在。鹿㝾人弱，为所擒获。于是震雷疾雨，南风飘起，水为逆流，翻涌二百余里，箄船沉没，哀牢之众，溺死数千人。贤栗复遣其六王将万人以攻鹿㝾。鹿㝾王与战，杀其六王。哀牢耆老共埋六王。夜，虎复出其尸而食之。余众惊怖引去。贤栗皇恐，谓其耆老曰：'我曹入边塞，自古有之。今攻鹿㝾，辄被天诛。中国其有圣人乎？天祐助之，何其明也？'此事盖中国人所附会。二十七年，贤栗等遂率种人诣越巂大守郑鸿降，求内属。光武封贤栗等为君长。自是岁来朝贡。永平十二年，哀牢王柳貌遣子率种人内属。其称邑王者七十七人。显宗以其地置哀牢、博南二县。哀牢，今云南保山县东。博南，今云南永平县东。割益州郡西部都尉所领六县，合为永昌郡。始通博南山，度兰仓水。行者苦之，歌曰：'汉德广，开不宾。度博南，越兰津。度兰仓，为它人。'"一时虽不免劳费，然云南西境，自此遂为中国之地矣。

永平中，益州刺史梁国朱辅，好立功名。在州数岁。宣示汉德，威怀远夷。自汶山以西，前世所不至，正朔所未加，白狼、槃木、唐菆等百余国，举种奉贡。辅上其乐诗，皆夷人本语。今其诗犹存于《后汉书·西南夷传》中，而章怀并录《东观记》所载夷言，以为注焉。《明帝纪》：永平十七年，西南夷哀牢、儋耳、僬侥、槃木、白狼、动黏诸种，前后慕义贡献。辅卒后，遂绝。顺帝后，种暠为益州刺史。在职三年，宣恩远夷，开晓殊俗。岷山杂落，皆怀服汉德。其白狼、槃木、唐菆、邛、僰诸国，复举种乡化。《暠传》。

汉时，中国良吏，能化导南夷者不少。《马援传》言：援征交阯，所过辄为郡县治城郭。穿渠灌溉，以利其民。条奏越律与汉律驳者十余事，与越人申明旧制，以约束之，自后骆越奉行马将军故事。《循吏传》云：含洭、今广东英德县西。浈阳、英德县东。曲江今广东曲江县西。三县，越之故地。武帝平之，内属桂阳。民居深山，滨溪谷，习其风土，不出田租。去郡远者，或且千里。吏事往来，辄发民乘船，名曰传役。每一吏出，徭及数家，百姓苦之。飒乃凿山通道，五百余里。列亭传，置邮驿。于是役省劳息，奸吏杜绝。流民稍还，渐成聚邑。使输租赋，同之平民。又云：许荆，和帝时稍迁桂阳大守。郡滨南州，风俗脆薄，不识学义。荆为设丧纪、昏姻制度，使知礼禁。《南蛮传》云：凡交阯所统，虽置郡县，而言语各异，重译乃通。人如禽兽，长幼无别。项髻徒跣，以布贯头而着之。《续汉书·郡国志注》引《博物记》曰：日南有野女，群行不见夫。[①]其状晶且白，裸袒无衣襦。后颇徙中国罪人，使杂居其间，乃稍知言语，渐见礼化。光武中兴，锡光为交阯，任延守九真，于是教其耕稼，制为冠履；初设媒娉，始知姻娶；建立学校，道之礼义。《循吏传》曰：九真俗以射猎为业，不知牛耕，民常告籴交阯每致困乏。延乃令铸作田器，教之垦辟。田畴岁岁开广，百姓充给。又骆越之民，无嫁娶礼法。各因淫好，无适对匹。不识父子之姓，夫妇之道，延乃移书属县：各使男年

---

① 社会："日南有野女，群行不见夫"，盖女子自为群。

二十至五十，女年十五至四十，皆以年齿相配。其贫无礼聘，令长吏以下，各省俸禄，以振助之。此安能给？故知史多溢美之辞。同时相娶者二千余人。其产子者始知种姓，咸曰：使我有是子者任君也。多名子为任。此辞亦必不实。初，平帝时，汉中锡光为交阯大守。教道民夷，渐以礼义。化声侔于延。王莽末，闭境拒守。建武初，遣使贡献。封盐水侯。领南华风，始于二守焉。《西南夷传》云：肃宗元和中，蜀郡王追为益州大守，政化尤异。始兴起学校，渐迁其俗。又云：桓帝时牂牁尹珍，自以生于荒裔，不知礼义，乃从汝南许慎、应奉受经书、图纬。学成，还乡里教授。于是南域始有学焉。凿浑沌之七窍者，不必为浑沌之利，此义非当时之人所知。勤勤恳恳，俾夷为华，要不可谓非一时豪桀之士也。

第七节　后汉时东北诸族

汉世东北诸族：曰夫余，曰高句骊，曰沃沮，曰濊貉，皆古之貉人。曰挹娄，即古之肃慎，后世之女真。曰三韩，其种族盖与倭相杂。曰倭，即今之日本也。夫余在玄菟北千里。南与高句骊、东与挹娄、西与鲜卑接。北有弱水，地方二千里。于东夷之域，最为平敞。盖今吉林西境。弱水，今松花江也。高句骊在辽东之东千里。南与朝鲜、濊貉，东与沃沮，北与夫余接。地方二千里。多大山深谷，人随而为居。盖跨鸭绿江上游两岸，今辽宁东南境，朝鲜平安道北境也。东沃沮，在高句骊盖马大山之东。东滨大海。北与挹娄、夫余，南与濊貉接。其地东西狭，南北长，折方可千里。土肥美，背山乡海。盖在今咸镜道境。盖马大山，盖平安、咸镜两道间之山也。北沃沮，一名置沟娄。去南沃沮八百余里。界南接挹娄。盖在今咸镜道北境。涉，北与高句骊、沃沮，南与辰韩接。东穷大海。西至乐浪。今江原道之地。挹娄，在夫余东北千余里。东滨大海。南与北沃沮接。不知其北所极。在今吉林东境，包括俄领缘海州。三韩：马韩在西。北与乐浪、南与倭接。为今忠清道地。辰韩在东，弁辰在辰韩之南，皆今庆尚道地也。

《后汉书》述夫余缘起云：初，北夷索离国王出行，其侍儿于后妊身。王还，欲杀之。侍儿曰：前见天上有气，大如鸡子，来降我，因以有身。王囚之。后遂生男。王令置于豕牢，豕以口气嘘之，不死。复徙于马阑，马亦如之。王以为神，乃听母收养。名曰东明。东明长而善射，王忌其猛，复欲杀之。东明奔走。南至掩㴲水，以弓击水，鱼鳖皆聚浮水上，东明乘之得度。因至夫余而王之焉。《后书》此文，本于《魏略》，见《三国志·夫余传注》引。索离作橐离，掩㴲水作施掩水。《后书》注云：索或作橐。疑索为藁之误，橐又蘽之讹。此与《魏书》所述高句丽始祖朱蒙缘起，明系一事。《魏书》云：高句丽者，出于夫余。自言先祖朱蒙。朱蒙母河伯女。为夫余王闭于室中。为日所照。引身避之，日景又逐。既而有孕。生一卵，大如五升。夫余王弃之与犬，犬不食。弃之与豕，豕又不食。弃之于路，牛马避之。后弃之野，众鸟以毛茹之。夫余王割剖之，不能破。遂还其母。其母以物裹之，置于暖处。有一男，破壳而出。及其长也，字之曰朱蒙。其俗言朱蒙者善射也。夫余人以朱蒙非人所生，将有异志，请除之。王不听。命之养马。朱蒙每私试，知有善恶。骏者减食令瘦，驽者善养令肥。夫余王以肥者自乘，以瘦者给朱蒙。后狩于田，以朱蒙善射，限之一矢。朱蒙虽矢少，殪兽甚多。夫余之臣，又谋杀之。朱蒙母阴知，告朱蒙曰：国将害汝。以汝才略，宜远适异方。朱蒙乃与乌引、乌违等二人弃夫余东南走。中道，遇一大水。欲济无梁。夫余人追之甚急。朱蒙告水曰：我是日子，河伯外孙。今日逃走，追兵垂及，如何得济？于是鱼鳖并浮，为之成桥。朱蒙得渡，鱼鳖乃解。追骑不得渡。朱蒙遂至普述水，遇见三人：其一人着麻衣，一人着衲衣，一人着水藻衣。与朱蒙至纥升骨城，遂居焉。号曰高句丽，因以为氏焉。《魏书》谓句丽出于夫余，乃因夫余在塞外，建国较早云然。原其部落，固不得云有先后也。此事又与《博物

志》所载徐偃王事相类，已见《先秦史》第八章第一节。契之生，固由简
狄吞玄鸟卵；见《先秦史》第六章第二节。即《生民》之诗，所谓"不坼不
副"者，疑亦如《魏书》所言朱蒙卵生，夫余王割剖之不能破；貉本东南
部族，播迁而至东北，似无足疑。《后书·高句骊传》云"东夷相传，以
为夫余别种，故言语法则多同"；《涉传》云："耆老自谓与句骊同种，言
语法俗，大抵相类"；《沃沮传》云"言语，饮食，居处，衣服，有似句
骊"；可见此族蔓延之广。《挹娄传》云"人形似夫余，而言语各异"，则
知其确为异族。知挹娄即古肃慎者？《传》言其弓长四尺，力如弩。矢用
楛，长一尺八寸。青石为镞。镞皆施毒，中人即死。肃慎在古代，固曾
以楛矢石砮为贡也。亦见《先秦史》第八章第一节。《韩传》云：马韩，"其
南界近倭，亦有文身者"。弁辰，"其国近倭，故颇有文身者"。近倭者文
身，远倭者则否，知韩自为大陆民族，特与倭相杂耳。[①] 倭男子皆黥面文
身。衣横幅，结束相连。女人被发屈紒，衣如单被，贯头而着之。并丹朱
坋身，如中国之用粉也。与朱崖、儋耳相近，故其法俗多同。其为越族无
疑矣。

诸国文化，高低不等。貉族皆能勤稼穑，祭天及鬼神。有城郭宫
室。或冠弁衣锦，器用俎豆。《汉书》《地理志》。及《后汉书》，《东夷传
论》。皆称其风俗醇厚，归功于箕子之教。此亦未必然。要之南方开化
早，北方开化迟，貉本东南之民，故其法俗，与挹娄、韩、倭迥乎不同
耳。马韩无城郭。作土室，形如冢，开户乡上。不贵金、银、锦、罽。不
知骑乘牛马。惟重璎珠，以缀衣为饰，及县颈垂耳。挹娄亦穴居。冬以
豕膏涂身。夏则裸袒，以尺布蔽其前后。臭秽不洁。作厕于中，圜之而
居。东夷饮食皆用俎豆，惟此独无。法俗最无纲纪。则皆不足观矣。

夫余至后汉始通中国，而其建国则远在西汉之世。[②]《汉书·王莽

---

① 四夷：韩为大陆民族，特与倭杂。
② 四夷：夫余西汉时已建国。

传》：莽篡位，使五威将四出。东出者至玄菟、乐浪、高句骊、夫余。及高句骊亡出塞，州郡归咎于高句骊侯驺，严尤言被以大罪，恐其遂畔，夫余之属，必有和者。参看第五章第四节。则当先汉之末，业已崭然见头角矣。光武建武二十五年，夫余王始遣使奉贡。光武厚报答之。于是使命岁通。其后虽间或犯塞，然大体服从。顺帝永和元年，其王曾来朝京师，挹娄自汉兴以后，臣属夫余，故未尝自通于汉云。

高句骊本玄菟属县。玄菟初治沃沮，昭帝时徙治高句骊。自单单大岭以东，沃沮、涉貊，悉属乐浪。后以境土广远，复分岭东七县置乐浪东部都尉。已见第三章第六节。故夫余为塞外之地，句骊、沃沮、涉，则皆在邦域之中也。高句骊凡有五族：有消奴部、绝奴部、顺奴部、灌奴部、桂娄部。本消奴部为主，稍微弱，后桂娄部代之。王莽时事，已见第四章第四节。建武八年，高句骊遣使朝贡。光武复其王号。二十五年，春，句骊寇右北平、渔阳、上谷、大原。辽东大守祭肜以恩信招之，皆复款塞。后句骊王宫，生而开目能视，国人怀之。及长，勇壮。数犯边境。安帝永初五年，官遣使贡献。求属玄菟。元初五年，复与涉貊寇玄菟，攻华丽城。华丽，汉县，属乐浪郡。建光元年，幽州刺史冯焕，玄菟大守姚光，辽东大守蔡讽等将兵出塞击之。官遣嗣子遂成诈降，据险厄以遮大军，而潜遣三千人攻玄菟、辽东，焚城郭，杀伤二千余人。于是发广阳、渔阳、右北平、涿郡属国三千余骑同救之。而貊人已去。夏，复与辽东鲜卑八千余人攻辽队，汉县，今辽宁海城县西。杀掠吏民。蔡讽等追击于新昌，汉县，今海城县东。战没。秋，官遂率马韩、涉貊数千骑围玄菟。夫余王遣子尉仇台将二万余人与州郡并力讨破之。是岁，宫死，子遂成立。姚光上言：欲因其丧击之。尚书陈忠谓宜遣吊问，因责让前罪，赦不加诛，取其后善。安帝从之。明年，遂成诣玄菟降。遂成死，子伯固立。顺帝阳嘉元年，置玄菟郡屯田六部。质、桓之间，复犯辽东西安平。汉县，在今辽宁辽阳县东。杀带方令。带方县，在今朝鲜平壤西南。掠得乐浪大守妻子。建宁二年，玄菟大守耿临讨之，斩首数百级。伯固降伏，乞属玄菟云。

三韩：《后书》云：马韩最大，共立其种为辰王，都目支国，尽王三韩之地。其诸国王，先皆是马韩种人焉。又云：初，朝鲜王准为卫满所破，乃将其余众数千人走入海。攻马韩，破之。自立为韩王。准后灭绝，马韩人复自立为辰王。案自三韩以前，辰为一统之国，[①]已见第三章第六节。马韩最大，故其种皆称王，而箕氏亡后，辰王之位，亦仍为马韩所据也。《后书》又云：辰韩耆老，自言秦之亡人，避苦役适韩国。马韩割东界地与之。其名国为邦，弓为弧，贼为寇，行酒为行觞，相呼为徒，有似秦语，故或名之为秦韩。辰韩仅诸小别邑各有渠帅，盖皆不足称王。然有城郭屋室。知乘驾牛马。国出铁，涉、倭、马韩，并从市之。凡诸贸易，皆以铁为货。与马韩之无城郭，作土室，不知骑乘，惟重缨珠者大异矣。弁辰与辰韩杂居，言语风俗有异，而城郭、衣服皆同。甚矣，文明之易于传播也。建武二十年，韩人廉斯人苏马諟等诣乐浪贡献。光武封苏马諟为汉廉斯邑君。使属乐浪郡，四时朝谒。

《后汉书，倭传》云：倭凡百余国。自武帝灭朝鲜，使驿当作译。通于汉者三十许国。国皆称王。其大倭王居邪马台国。建武中元二年，倭奴国奉贡朝贺。使人自称大夫。倭国之极南界也。光武赐以印绶。《本纪》：东夷倭奴国王遣使奉献。安帝永初元年，倭国王帅升等献生口百六十人，愿请见。《本纪》：倭国遣使奉献。案《后书》记倭事，略同《国志》，而不如《国志》之详。《国志》述自带方至倭道里云：从郡至倭：带方，后汉末公孙康改为郡。循海岸水行，历韩国，乍南乍东，到其北岸狗邪韩国，七千余里。始度一海，千余里，至对马国。又南，渡一海，千余里，命曰瀚海，至一大国。又渡一海，千余里，至末卢国。东南陆行，五百里到伊都国。东南至奴国百里。东行至不弥国百里。南至投马国，水行二十日。南

———
① 四夷：三韩以前，辰为一统之国。

至邪马台国，女王之所都，水行十日，陆行一月。日本木官泰彦《中日交通史》谓：狗邪韩即迦罗。对马即今对马。一大，当依《北史》作一支，今壹岐。末卢今肥前之松浦，伊都今筑前之怡土。奴即筑前之傩。不弥，筑前之宇弥。投马，筑后之三潴。又其国博士内藤氏之说云：北宋本《通典》有倭面土国王师升。日本古本《后汉书》有倭面土国王师升、倭面国王师升。异称《日本传》引《通典》有倭面土地王师升。盖本作倭面土国王，后省称倭面国王，又省为倭国王，或误为倭面土地王。倭面土当读为セマト，即大和国，邪马台亦即此三字之异译也。据陈捷译本。商务印书馆本。日本天明四年，筑前那珂人掘地，得一石室。上覆巨石，下以小石为柱。中有金印一，蛇纽，方寸，文曰汉委奴国王。黄遵宪尝于博览会中亲见之。见遵宪所著《日本国志·邻交志》。案《国志》又云：自女王国以北，其户数道里可略载。其余旁国，绝远，不可得详。次有斯马国。次有己百支国。次有伊邪国。次有都支国。次有弥奴国。次有好古都国。次有不呼国。次有姐奴国。次有对苏国。次有苏奴国。次有呼邑国。次有华奴苏奴国。次有鬼国。次有为吾国。次有鬼奴国。次有祁马国。次有躬臣国。次有巴利国。次有支惟国。次有乌奴国。次有奴国。此女王境界所尽。其南有狗奴国，男子为王。建武、中元之时，倭之极南界，虽不可知，似不能逮女王时。三国时可详知者，尚仅限于女王国以北，则倭奴或即邪马台之大酋，亦未可知。即谓不然，而帅升与后来之女王，必即其大酋，则无疑矣。日本史家，每谰言受封于我者，为彼之小酋，只见其褊浅耳。《国志》云：旧百余国，汉时有朝见者。今使译所通三十国。则三十国之通实三国时事，疑后汉尚未逮此。[1] 而《后书》云：自武帝灭朝鲜，使驿通于汉者三十许国，一似自武帝时即然者，措辞似亦未审也。

---

[1] 四夷：倭使所通卅国，似三国时事，史所举名或即逮州。

第八章
后汉衰乱

第一节　后汉外戚宦官之祸上

后汉外戚之祸，始自章帝时。帝后窦氏，融之曾孙。父勋，尚东海恭王女沘阳公主。永平中，融年老，子孙纵诞，多不法，勋坐事死洛阳狱。建初二年，后与女弟俱入掖庭。明年，立为皇后。妹为贵人。后宠幸殊特，专固后宫。宋贵人者，昌八世孙，父杨，杨之姑，明德马后之外祖母也。杨二女，永平末，选入大子宫，甚有宠。肃宗即位，并为贵人。建初三年，大贵人生庆。明年，立为皇大子。梁贵人者，竦女。竦，统子。少失母，为伯母舞阴公主所养。舞阴公主，光武女，下嫁统子松。建初二年，亦与中姊俱选入掖庭，为贵人。四年，生肇，后养为己子。后诬宋贵人欲作蛊道咒诅。七年，帝遂废庆为清河王而立肇。出贵人姊妹置丙舍，使小黄门蔡伦考实之。皆承风旨，傅致其事。乃载送暴室。二贵人同时饮药自杀。后欲专名外家，而忌梁氏。八年，乃作飞书陷竦，死狱中。家属徙九真。辞语连舞阴公主，坐徙新城，汉新成县，《后汉》作新城，在今河南洛阳县南。使者护守。贵人姊妹以忧卒。宫省事密，莫有知和帝梁氏生者。章和二年，正月，章帝崩。肇即位，是为和帝。案章帝即位，年仅十九，建初四年，年二十四耳，中宫无子，理宜待之，何必亟亟立庆为大子？[①] 则知帝乃好色之徒，燕溺而不能持正，宜其肇后汉官闱之祸也。

和帝即位，年十岁。尊皇后日皇大后。大后临朝。兄宪，以侍中内

---

① 史事：章帝立庆为大子，盖出好色。

干机事，出宣诏命。弟笃，肃宗遗诏以为虎贲中郎将。笃弟景、瓌，并中常侍。宪以前大尉邓彪，仁厚委随，以为大傅，令百官总己以听。屯骑校尉桓郁，累世帝师，而性和退自守，令授经禁中。内外协附，莫生疑异。宪性果急。睚眦之怨，莫不报复。谒者韩纡，尝考勋狱，宪遂令客斩纡子，以首祭勋冢。齐殇王子都乡侯畅，殇王名石，武王演孙，哀王章子。来吊国忧，得幸大后。宪惧其见幸，分宫省之权，遣客刺杀畅于屯卫之中。何敞辟大尉宋由府，请独奏案，由许焉。二府皆遣主者随之。推举具得事实。大后怒，闭宪于内宫。宪惧诛，求击匈奴以赎死。于是有永元元年北伐之役。既克，诏即五原拜宪为大将军。是时笃为卫尉，景、瓌壤皆侍中、奉车、驸马都尉。四家竞修第宅，穷极工匠。明年，宪将兵出镇梁州。以侍中邓叠行征西将军事为副。又明年，遣耿夔等击北虏于金微山。既平匈奴，威名大盛。尚书仆射郅寿、乐恢，并以忤意，相继自杀。何敞拜为尚书，以切谏，出为济南大傅。虽司徒袁安，司空任隗，并不之附，且数举劾，并及其党，不能正也。笃进位特进，得举吏，见礼依三公。景为执金吾。瓌光禄勋。权贵显赫，倾动京都。虽俱骄纵，而景为尤甚。奴客缇骑，依倚形势，侵陵小民，强夺财货，篡取罪人，妻略妇女，商贾闭塞，如避寇仇。大后闻之，使谒者策免景官，以特进就朝位。瓌少好经书，节约自修。出为魏郡，迁颍川大守。窦氏父子兄弟，并居列位，充满朝廷。宪既负重劳，陵肆滋甚。其年，封邓叠为穰侯。叠与其弟步兵校尉磊，及母元，又宪女婿射声校尉郭举，举父长乐少府璜，皆相交结。元、举并出入禁中。举得幸大后。遂共图为杀害。帝阴知其谋，乃与中常侍郑众定议诛之。以宪在外，虑其惧祸为乱，忍而未发。会宪及邓叠班师还京师。司徒丁鸿因日食上封事。帝以鸿行大尉，兼卫尉。幸北宫。诏执金吾、五校尉勒兵屯卫南北宫。闭城门。收捕叠、磊、璜、举，皆下狱诛。家属徙合浦。收宪大将军印绶，更封为冠军侯。及笃、景瓌皆遣就国。帝以大后故，不欲名诛宪，为选严能相督察之。宪、笃、景到国，皆迫令自杀。宗族宾客，以宪为官者，皆免归本郡。瓌以素自修，不被逼迫。明年，坐禀假贫人，徙封罗侯，不得臣吏人。初，窦后之谮梁氏，宪等豫有谋焉。永元十年，梁棠竦子。兄弟徙九真还，路由长沙，逼瓌令自杀。郑众以功迁大长秋，由是常与议事，中官用权，自众始焉。十四年，封为鄛侯，食邑千五百户。

和帝阴皇后，光烈皇后兄识之曾孙。永元四年，选入掖庭。以先后近属，得为贵人。有殊宠。八年，立为皇后。是年，和熹邓皇后入宫，爱宠稍衰，数有恚恨。十四年，以巫蛊废。邓后立。后禹之孙，父训，母阴氏，光烈皇后从弟女也。元兴元年，帝崩。《后纪》云：长子平原王有疾，而诸皇子夭殁，前后十数，后生者辄隐秘，养于民间。殇帝名隆。生始百日，后乃迎立之。[①] 尊皇后为皇大后。大后临朝。明年，延平元年。八月，殇帝崩。大后与兄车骑将军骘定策禁中，迎立清河孝王庆之子祐，是为恭宗孝安皇帝。年十三。大后犹临朝。明年，永初元年，十一月，司空周章密谋废立，策免，自杀。《章传》云：是时中常侍郑众、蔡伦等皆秉势执政，章数进直言。初，和帝崩，邓大后以皇子胜有痼疾，不可奉承宗庙，贪殇帝孩抱，养为己子，故立之。以胜为平原王。及殇帝崩，群臣以胜疾非痼，意咸归之。大后以前既不立，恐后为怨，乃立安帝。章以众心不附，遂密谋闭官门，诛邓骘兄弟及郑众、蔡伦，劫尚书，废大后于南宫，封帝为远国王，而立平原王。事觉，胜策免，章自杀。说与《后纪》绝异。《续汉书·五行志》：永初二年汉阳、河阳失火条，略与《章传》同。其元兴元年郡国四冬雷一条，则又同《后纪》。盖史故有此两文，司马氏、范氏皆兼采之也。《后纪》云：皇子后生者辄隐秘，养于民间，似其数不在少；而《五行志》云：和帝崩，有皇子二人，一胜，一即殇帝，则又似仅此二子者。其说既不符会，而殇帝既迎自民间，所生母又

———————
① 史事：邓后立殇帝、安帝。

无考，其究为安帝之子与否，又可疑也。《清河王传》云：邓大后以殇帝
褓抱，远虑不虞，留庆长子祐与适母耿姬居清河邸，至秋，帝崩，遂立祐
为嗣，为和帝嗣。则排胜之计，大后虑之夙矣。

《邓后纪》云：后六岁能史书，十二通《诗》、《论语》。诸兄每读
经传，辄下意难问。志在典籍，不问居家之事，家人号曰诸生。自入官
掖，从曹大家受经书。兼天文、算数。昼省王政，夜则诵读。其人盖
颇知学问，故所为究异于常人。纪言其临朝时，以鬼神难征，淫祀无
福，乃诏有司，罢诸祠官不合典礼者。又诏赦除建武以来诸犯妖恶，及
马、窦家属所被禁锢者，皆复之为平民。减大官、导官、尚方、内者服
御、珍膳，靡丽难成之物。自非供陵庙，稻粱米不得导择。朝夕一肉饭而
已。旧大官、汤官经用，岁且二万万，大后敕止日杀，有珍费，自是裁数
千万。及郡国所贡，皆减其过半。悉斥卖上林鹰犬。其蜀汉钿器，九带佩
刀，并不复调。止画工三十九种。又御府、尚方、织室锦绣、冰纨、绮
縠、金、银、珠、玉、犀、象、玳瑁、雕镂、玩弄之物，皆绝不作。离官
别馆，储峙米糒薪炭，悉令省之。又诏诸园贵人：其宫人有宗室同族，若
羸老不任使者，令园监实核上名。自御北宫增喜观阅问之。恣其去留。即
日免遣者五六百人。殇帝康陵方中秘藏，及诸工作，事事减约，十分居
一。旧事，岁终当飨遣卫士，大傩逐疫，大后以阴阳不和，军旅数兴，诏
飨会勿设戏作乐，减逐疫侲子之半，悉罢象橐驰之属，丰年复故。自后临
朝，水旱十载，四夷外侵，盗贼内起，每闻民饥，或达旦不寐，而躬自减
彻，以救灾阨，故天下复平，岁还丰穰。其辞诚不免溢美，然较诸淫侈之
主，则自贤矣。尝学问者，究与恒人不同也。

后兄弟五人：骘、京、悝、弘、阊。惟京先后临朝卒。骘，延平元年
拜车骑将军。悝虎贲中郎将。弘、阊皆侍中。安帝立，悝迁城门校尉。弘
虎贲中郎将。自和帝崩后，骘兄弟常居禁中。骘谦逊，不欲久在内，连求
还第。岁余，大后乃许之。骘后征羌无功，征还，仍迎拜为大将军。永初

四年，母新野君薨。骘等并乞身行服。服阕，诏谕骘还朝辅政。骘等固让。于是并奉朝请，有大议，乃诣朝堂与公卿参谋。元初二年，弘卒。五年，悝、阊相继并卒。建光元年，大后崩。帝少号聪敏，及长，多不德。而乳母王圣，见大后久不归政，虑有废置，常与中黄门李闰，候伺左右。及大后崩，官人先有受罚者，诬告悝、弘、阊先从尚书邓访取废帝故事，谋立平原王得。平原王胜无嗣，邓大后立乐安夷王宠子得为平原王。宠，章帝子千乘贞王伉之子也。帝闻，追怒。令有司奏悝等大逆无道。废京子珍，悝子广宗，弘子广德、甫德，阊子忠，皆为庶人。骘以不与谋，但免特进，遣就国。宗族皆免官归故郡。没入骘等赀财田宅。徙邓访及家属于远郡。郡县逼迫，广宗及忠皆自杀。又徙封骘为罗侯。本上蔡侯。骘与子凤并不食而死。骘从弟河南尹豹，度辽将军舞阳侯遵，将作大匠畅皆自杀。惟广德兄弟以母阎后戚属，得留京师。案邓氏在东京外戚中，犹称谨敕，然邓后专权固政大久，故卒不免身后之祸也。《杜根传》：永初元年，举孝廉，为郎中。根以安帝年长，宜亲政事，乃与同时郎上书直谏。大后大怒。收执根等令盛以缣囊，于殿上扑杀之。执法者以根知名，私语行事人，使不加力。既而载出城外，根得苏。大后使人检视。根遂诈死。三日，目中生蛆。因得逃窜。为宜城山中酒家保，积十五年。及邓氏诛，左右皆言根等之忠。帝谓根已死，乃下诏布告天下，录其子孙，根方归乡里。征诣公车，拜侍御史。初，平原郡吏成翊世亦谏大后归政，坐抵罪。与根俱征，擢为尚书郎。《宦者传》曰："中兴之初，宦官悉用阉人，不复杂调他士。至永平中，始置员数，中常侍四人，小黄门十人。和帝即阼幼弱，而窦宪兄弟专总权威，内外臣僚，莫由亲接，所与居者，惟阉宦而已。[1]故郑众得专谋禁中，终除大憝。遂享分土之封，超登公卿之位。于是中官始盛焉。自明帝以后，迄乎延平，委用渐大。而其员稍增，中常侍至有十人，小黄门二十人。改以金珰右貂，兼

---

① 职官：后汉之任阉人。

领卿署之职。邓后以女主临政。朝臣国议，无由参断帷幄。称制下令，不出房闱之间，不得不委用刑人，寄之国命。手握王爵，口含天宪，非复掖庭永巷之职，闺牖房闼之任也。其后孙程定立顺之功，曹腾参建桓之策，续以五侯合谋，梁冀受钺，迹因公正，恩固主心，故中外服从，上下屏气，汉之纲纪大乱矣。"然则宦官之祸，虽日诒谋之不臧，后嗣之昏乱，邓后亦不能辞其责也。后从兄康，为越骑校尉。以后久临朝政，宗门盛满，数上书长乐官谏诤：宜崇公室，自损私权。言甚切至。大后不从。康心怀畏惧。永宁元年，遂谢病不朝。大后使内侍者问之。时官人出入，多能有所毁誉。其中耆宿，皆称中大人。所使者乃康家先婢，亦自通中大人。康闻，诟之曰："汝我家出，亦敢尔邪？"婢怨恚，还说康诈疾而言不逊。大后大怒，遂免康官，遣归国，绝属籍。此事见本传，亦见后《纪》。可见后之昵于近习矣。

邓大后崩，安帝始亲政。后兄阎显及弟景、耀、晏，并为卿校，典禁兵。舅耿宝，弇弟舒之孙。监羽林左骑，位至大将军。李闰封雍乡侯。又小黄门江京，以谗谄进，初迎帝于邸，以功封都乡侯。闰、京并迁中常侍。京兼大长秋。与中常侍樊丰、黄门令刘安、钩盾令陈达及王圣、圣女伯荣，扇动内外，竞为侈虐。耿宝、阎显更相阿党。司徒杨震上疏，不省。延光二年，震代刘恺为大尉。时诏遣使大为阿母修第。樊丰及侍中周广、谢恽等，更相扇动，倾摇朝廷。震复上疏。丰、恽等见震连切谏不从，无所顾忌。遂诈作诏书，调发司农钱谷，大匠见徒、材木，各起家舍。园池庐观，役费无数。震因地震，复上疏。三年，春，东巡岱宗。樊丰等因乘舆在外，竞修第宅。震部掾高舒召大匠令史考校之。得丰等所诈下诏书，具奏，须行还上之。丰等闻，惶怖，遂共谮震："邓氏故吏，有恚恨之心。"及车驾行还，便时大学，夜遣使者策收震大尉印绶。于是柴门绝宾客。丰等复恶之。乃请耿宝奏震大臣不服罪，怀恚望。有诏遣归本郡。行至城西夕阳亭，饮鸩而卒。时年七十余。弘农大守移良，承樊丰等旨，遣吏于陕县留停震丧，露棺道侧，谪震诸子代邮行书。道路皆为陨涕。时帝数遣黄门、常侍及中使伯荣往来甘陵。陈忠上疏，言"使者所过，威权翕赫，震动郡县。王侯二千石，至为伯荣独拜车下。长吏惶怖谴责，或邪谄自媚。发民修道，缮理亭传，多设储跱，征役无度。老弱相随，动有万计。赂遗仆从，人数百匹。顿踣呼嗟，莫不叩心"。其暴横如此。《翟酺传》：安帝始亲政事，追感祖母宋贵人，悉封其家。又耿宝及阎显等，并用威权。酺上疏谏曰："今自初政已来，日月未久，费用赏赐，已不可算。敛天下之财，积无功之家。帑藏单尽，民物凋伤。卒有不虞，复当重赋百姓。怨叛既生，危乱可待也。"邓后虽好专权，颇存节俭，至是则遗规荡然矣。

阎后专房妒忌。帝幸宫人李氏，生子保，遂鸩杀李氏。永宁元年，保立为皇大子。延光三年，大子惊病不安，避幸王圣舍。大子乳母王男、厨监邴吉等，以为圣舍新缮修，犯土禁，不可久御。与圣及其女永、江京、樊丰，互相是非。圣、永遂诬谮男、吉，皆幽囚死。大子思男等，数为叹息。京、丰惧有后害，构谗大子及东宫官属。帝怒。召公卿以下会议废立。耿宝等承旨，皆以为当废。遂废为济阴王。见《来歙传》。四年春，后从帝幸章陵。帝道疾，崩于叶。后、显及江京、樊丰谋。伪云帝疾甚，徙御卧车驱驰还宫，乃发丧。尊皇后曰皇大后。大后临朝。以显为车骑将军、仪同三司。大后与显等定策禁中，迎立济北惠王寿章帝子。子北乡侯懿。显风有司，奏耿宝及其党与中常侍樊丰，虎贲中郎将谢恽，恽弟侍中笃，笃弟大将军长史宓，侍中周广，阿母野王君王圣，圣女永，永婿黄门侍郎樊严等，更相阿党，互作威福，探刺禁省，更为唱和，皆大不道。丰、恽、广皆下狱死。家属徙比景。汉县，属日南郡，在今越南南境。宓、严减死髡钳。贬宝为则亭侯，造就国，自杀。王圣母子徙雁门。于是景为卫尉，耀城门校尉，晏执金吾。兄弟权要，威福自由。少帝立二百余日而疾笃。初，崔瑗辟阎显府，知显将败，因长史陈禅，欲共说显，白大后收江京等，废少帝，引立济阴王。禅犹豫未敢从。及是，京语显曰："北乡侯病不解，国嗣宜时有定。前不用济阴王，今若立之，后必当怨。何不早征诸王子，简所置乎？"显以为然。及少帝薨，京白大后，征济北、河间王子。济北、河间，皆章帝子封国。未至。中黄门孙程等十九人谋，夜入章台门，斩江京、刘安、陈达。胁李闰，迎立济阴王。是为顺帝。阎显时在禁中，忧迫不知所为。小黄门樊登劝显发兵。以大后诏召越骑校尉冯诗，虎贲中郎将阎崇屯朔平门，以御程等。显以诗所将众少，使与登迎吏士于左掖门外。诗因格杀登，归营屯守。景还外府收兵。至盛德门，程传召诸尚书使收景。尚书郭镇率直宿羽林出南止车门，逢景，禽之，送廷尉狱，即夜死。旦日，会侍御史收显、耀、晏，并下狱诛。家属徙比景。迁大后于离宫，明年崩。程等十九人皆封侯。孙程、王康、王国、黄龙、彭恺、孟叔、李建、王成、张贤、史泛、马国、王道、李元、杨佗、陈予、赵封、李刚、魏猛、苗光。拜程骑都尉。时司徒李郃，亦与少府陶范、步兵校尉赵直谋立顺帝，会孙程事先成，后亦录阴谋功封侯，固辞不受。

时中常侍张防，特用权势。虞诩为司隶校尉，每请托受取，辄案之而屡寝不报。诩不胜愤，乃自系廷尉，奏言不忍与防同朝。防流涕诉帝。诩坐论输左校。防必欲害之，二日之中，传考四狱。孙程、张贤等乞见。请急收防送狱，以塞天变。时防立在帝后，程乃叱防曰："奸臣张防，何不下殿？"防不得已，趋就东箱。程曰："陛下急收防，无令从阿母求请。"阿母，宋娥也。帝问诸尚书。尚书贾朗，素与防善，证诩之罪。帝疑焉。谓程曰："且出，吾方思之。"于是诩子顗，与门生百余人，举幡候中常侍高梵车，叩头流血，诉言枉状。梵乃入言之。防坐徙边。贾朗等六人，或死或黜。即日赦出诩。程复上书陈诩有大功，语甚切激。帝感悟。复征拜议郎。数日迁尚书仆射。然程亦以呵叱左右免官，因遣十九侯悉就国。观此，知顺帝之漫无别白矣。诩荐议郎左雄，拜为尚书，再迁尚书令。上疏言"俗浸凋敝，巧伪滋萌。下饰其诈，上肆其残。典城百里，转动无常。各怀一切，莫虑长久。谓杀害不辜为威风，聚敛整辨为贤能。以理己安民为劣弱，以奉法循理为不化。髡钳之戮，生于睚眦。覆尸之祸，成于喜怒。视民如寇仇，税之如豺虎。监司项背相望，与同疾疢，见非不举，闻恶不察。观政于亭传，责成于期月。言善不称德，论功不据实。虚诞者获誉，拘检者离毁。或因罪而引高，或色斯以求名；州宰不覆，竞共辟召；踊跃升腾，超等逾匹。或考奏捕案，亡不受罪；会赦行赂，复见洗涤。朱紫同色，清浊不分。故使奸滑枉滥，轻忽去就。拜除如流，缺动百数。乡官部吏，职斯禄薄，车马衣服，一出于民。廉者取足，贪者充家。特选横调，纷纷不绝。送迎烦费，损政伤民。和气未洽，灾眚不消，咎皆在此"。可见当时吏治之坏。史言雄所言皆明达政体，而宦官擅权，终不能用。阳嘉二年，李固对策，言"今之进者，惟财与力。伏闻诏书：务求宽博，疾恶严暴。而今长吏多杀伐、致声名者，必加迁赏；其存宽和，无党援者，辄见斥逐。又诏书所以禁侍中、尚书、中臣子弟不得为吏察孝廉者，以其秉威权、容请托故也。[①] 而中常侍在日月之侧，声势振天下，子弟禄仕，曾无限极。虽外托谦默，不干州郡，而谄伪之徒，望风选举。今可设为常禁，同之中臣。又宜罢退宦官，去其权重。裁置常侍二人，方直有德者，省事左右；小黄门五人，才智闲雅者，给事殿中"。帝览其对，多所纳用。即时出阿母还舍。诸常侍悉叩头请罪。朝廷肃然。以固为议郎。而阿母、宦者疾固言直，因诈飞章，以陷其罪。事从中下。大司农黄向等请之于大将军梁商。又仆射黄琼，救明固事。久乃得拜议郎。大尉王龚，深疾宦官专权，上书极言其状，请加放斥。诸黄门恐惧，各使宾客诬奏龚罪。帝令亟自实。前掾李固，时为大将军梁商从事中郎，奏记于商。商言之于帝，事乃得释。汉安元年，遣杜

---

① 选举：顺帝时禁中臣子弟不得察孝廉，中常侍则否。养子许为后。

乔、周举、郭遵、冯羡、栾巴、张纲、周栩、刘班等八人分行州郡，班宣风化，举实臧否。多所劾奏，其中并是宦者亲属，辄为请乞，帝遂令勿考。李固为大司农，与廷尉吴雄上疏，帝乃更下免八使所举刺史二千石。襄楷言宦官至顺帝而益繁炽，信不诬也。

第二节　后汉外戚宦官之祸下

顺帝梁皇后，统曾孙商之女。以阳嘉元年立。三年，以商为大将军，固称疾不起。四年，使大常桓焉奉策就第即拜，商乃诣阙受命。商自以戚属居大位，每存谦柔。虚己进贤，检御门族，未尝以权盛干法。而性慎弱，无威断。颇溺于内竖。以小黄门曹节等用事于中，遂遣子冀、不疑与为交友。然宦者忌商宠任，反欲害之。永和四年，中常侍张逵、蘧政，内者令石光，尚方令傅福，冗从仆射杜永连谋，共谮商及中常侍曹腾、孟贲，云欲征诸王子，图议废立。请收商等案罪。帝曰："大将军父子我所亲，腾、贲我所爱，必无是。但汝曹共妒之耳。"逵等知言不用，惧。遂出，矫诏收缚腾、贲于省中。帝闻，震怒。敕宦者李歆急呼腾、贲释之。收逵等悉伏诛。顺帝时宦官之横，亦可见已。六年，商卒。未葬，即拜冀大将军，不疑河南尹。冀少为贵戚，逸游自恣，多不法。汉安元年，遣八使徇行风俗，余人受命之部，张纲独埋其车轮于洛阳都亭，曰："豺狼当道，安问狐狸？"遂奏冀、不疑无君之心十五事。帝知纲言直，终不忍用。

建康元年，七月，帝崩。虞贵人子炳立，是为冲帝。年二岁。诏冀与大傅赵峻、大尉李固参录尚书事。明年，永嘉元年。正月，帝崩。初，清河孝王庆卒，子愍王虎威嗣。无子。邓大后立乐安夷王宠子延平为清河王，是为恭王。卒，子蒜嗣。及是，征至京师。李固以其年长有德，欲立之。冀不从。乃立乐安夷王之孙瓒。父渤海孝王鸿。是为质帝。年八岁。大后以比遭不造，委任宰辅。固所匡正，每辄从用。黄门宦者，一皆斥遣。天下咸望遂平。而梁冀猜专，每相忌疾。初，顺帝时，诸所除官，多不以次，及固任事，奏免百余人。此等既怨，又希望冀旨，遂共作飞章，虚诬固罪。书奏，冀以白大后，使下其事。大后不听，得免。帝少而聪慧。知冀骄横。尝朝群臣，目冀曰："此跋扈将军也。"冀闻，深恶之。遂令左右进鸩，加煮饼。帝即日崩。时本初元年闰六月。李固伏尸号哭，推举侍医。冀虑事泄，大恶之。因议立嗣。固与司徒胡广、司空赵戒及大鸿胪杜乔，皆以清河王明德著闻，又属最尊亲，欲立之。初，中常侍曹腾谒蒜，蒜不为礼，宦者由此恶之。腾等夜往说冀。明日，重会公卿。冀意气凶凶，而言辞激切。自胡广、赵戒以下，莫不慑惮之。皆曰："准大将军令。"独固与乔坚守本议。冀厉声曰："罢会。"固复以书劝。冀愈激怒。乃说大后，先策免固。竟立蠡吾侯志，祖父河间孝王开'章帝子。父蠡吾侯翼。是为桓帝。时年十五。建和元年，甘陵人刘文与南梁《梁冀传》作魏郡。妖贼刘鲔谋立蒜，事觉，诛。有司因劾奏蒜。坐贬为尉氏侯，徙桂阳。自杀。冀因讽有司，劾固与文、鲔等交通，杀之。益封冀万三千户。增大将军府举高第茂才，官属倍于三公。又封不疑为颍阳侯，不疑弟蒙西平侯，冀子胤襄邑侯，各万户。和平元年，重增冀封万户，并前所袭合三万户。妻孙寿为襄城君。兼食阳翟租，岁入五千万。加赐赤绂，比长公主。寿性钳忌，能制御冀，冀甚宠惮之。冀爱监奴秦官，官至大仓令。得出入寿所。寿因与私焉。官内外兼宠。刺史二千石皆谒辞之。冀用寿言，多斥夺诸梁在位者。外以谦让，而实崇孙氏。宗亲冒名而为侍中、卿、校、郡守、长吏者千余人。皆贪叨凶淫。各遣私客，籍属县富人，被以它罪，闭狱掠考，使出钱自赎。赀物少者，至于死徙。其四方调发，岁时贡献，皆先输上第于冀，乘舆乃其次焉。吏人赍货求官请罪者，道路相望。冀又遣客出塞，交通外国，广求异物。因行道路，发取妓女御者。而使人复乘势横暴，妻略妇女，欧击吏卒，所在怨毒。冀乃大起第舍。寿亦对街为宅。殚极土木，互相夸竞。又多拓林苑，禁同王家。西至弘农，东界荥阳，南极鲁阳，见第六章第二节。北达河、淇。周旋封域，殆将千里。又起菟苑于河南城西，经亘数十里。发属县卒徒，缮修楼观，数年乃成，移檄所在，调发生菟，刻其毛以为识。人有犯者，罪至刑死。又起别第于城西，以纳奸亡。或取良人为奴婢，至数千人，名曰自卖人。[①]元嘉元年，帝以冀有援立之功，欲崇殊典，乃大会公卿，共议其礼。于是有司奏冀入朝不趋，剑履上殿，谒赞不名，礼仪比萧何。悉以定陶、阳成余户增封，为四县，比邓禹。赏赐金钱、奴婢、采帛、车马、衣服、甲第比霍光。每朝会，与三公绝席。十日一入。平尚书奏事。宣布天下，为万世法。冀犹以所奏礼薄，意不说。专擅威柄，凶恣日积。机事大小，莫不咨决之。宫卫近侍，并所亲树，禁省起居，纤微必知。百官迁召，皆先到冀门，笺檄谢恩，然后敢诣尚书。下邳吴树为宛令，诛杀冀客为民害者数十人。后为荆州刺史，辞冀，冀为设酒，因鸩之，树出死车上。辽东大守侯猛，初拜不谒冀，托以他事要斩之。郎中汝南袁著，诣阙上书，言大将军宜遵县车之礼。冀密遣掩捕。著乃变易姓名。后托病伪死，结蒲为人，市棺殡送。冀廉问，知其诈，阴求得，笞杀之。隐蔽其事。学生桂阳刘常，当世名儒，素善著，冀召补令史以辱之。大原郝洁、胡武，皆危言高论，与著友善。先是洁等连名，奏记三府，荐海内高士，而不诣冀，冀追怒之，又疑为著党，敕中都官移檄捕前奏记者，并杀之。遂诛武家，死者六十余人。洁初逃亡。知不得免，因舆榇奏书冀门。书入，仰药而死。家乃得全。冀诸忍忌，皆此类也。不疑好经书，善待士，冀阴疾之，因中常侍白帝，转为光禄勋。不疑耻兄弟有隙，遂让位归第，与弟蒙闭门自守。冀不欲令与宾客交通，阴使人变服

---

① 选举：顺帝时禁中臣子弟不得察孝廉，中常侍则否。养子许为后。

至门，记往来者。南郡大守马融，江夏大守田明，初除过谒不疑，冀讽州郡，以他事陷之，皆髡笞徒朔方。融自刺不殊。明遂死于路。永兴二年，封不疑子马为颍阴侯，胤子桃为城父侯。冀一门：前后七封侯，三皇后，六贵人，二大将军，夫人、女食邑称君者七人，尚公主三人，其余卿、将、尹、校五十七人。在位二十余年，穷极满盛。威行内外，百僚侧目，莫敢违命。天子恭己，不得有所亲豫，恒不平，恐言泄，不敢谋之。后梁氏，顺烈皇后女弟也。藉姊兄荫势，恣极奢靡。官幄雕丽，服御珍华，巧饰制度，兼倍前世。及皇大后崩，和平元年。恩爱稍衰。后既无子，潜怀怨忌。官人孕育，鲜得全者。帝虽迫畏冀，不敢谴怒，然见御转希。延熹二年，后以忧恚崩。帝因如厕，独呼小黄门史唐衡，问左右与外舍不相得者谁乎？衡对曰："单超、中常侍。左倌，小黄门史。前诣河南尹不疑，礼敬小简，不疑收其兄弟送洛阳狱，二人诣门谢，乃得解。徐璜、具瑗，皆中常侍。常私忿疾外舍放横，口不敢道。"初，掖庭人邓香妻宣生女猛。香卒，宣更适梁纪。梁纪者，冀妻寿之舅也。寿引进猛入掖庭。见幸，为贵人。冀因欲切猛为其女以自固，乃易猛姓为梁。时猛姊婿邴尊为议郎。冀恐尊沮败宣意，乃结刺客，于偃城刺杀尊。又欲杀宣。宣驰白帝。帝大怒。乃与超等五人定议。帝啮超臂出血为盟。使尚书令尹勋持节勒丞郎以下，皆操兵守省阁阀。敛诸符节送省中。使黄门令具瑗将左右厩驺、虎贲、羽林都候，剑戟士合千余人，与司隶校尉张彪共围冀第。使光禄勋袁盱持节收冀大将军印绶。徙封比景都乡侯。冀及妻寿即日皆自杀。悉收诸梁及孙氏中外宗亲送诏狱。无长少皆弃市。不疑、蒙先卒。它所连及，公卿、列校、刺史、二千石，死者数十人。故吏、宾客，免黜者三百余人。朝廷为空。惟尹勋、袁盱及廷尉邯郸义在焉。是时事卒从中发，使者交驰，公卿失其度，官府市里鼎沸，数日乃定。百姓莫不称庆。收冀财货，县官斥卖，合三十余万万。以充王府用，减天下税租之半。散其苑囿，以业穷民。录诛冀功，封尹勋以下数十人。单超、徐瑨、具瑗、左悺、唐衡同日封，世谓之五侯。又封小黄门刘普、赵忠等八人为乡侯。

梁冀之骄横，固前此外戚所无，而桓帝时之宦官，亦非顺帝时比矣。顺帝所封十九侯：王康、王国、彭恺、王成、赵封、魏猛六人早卒。黄龙、杨佗、孟叔、李建、张贤、史泛、王道、李元、李刚九人，与阿母山阳君宋娥，更相货赂，求高官增邑，又诬罔中常侍曹腾、孟贲等，发觉，遣就国，减租四分之一。宋娥夺爵归田舍。唯马国、陈予、苗光保全封邑。初，帝见废，监太子家小黄门籍建，傅高梵，长秋长赵熹，丞良贺，药长夏珍，皆以无过获罪。及帝即位，并擢为中常侍。建后封东乡侯。其中惟梵坐臧罪，而贺清俭退厚，位至大长秋。阳嘉中，诏九卿举武猛，贺独无所荐。帝引问其故。对曰："昔卫鞅因景监以见，有识者知其不终。得臣举者，匪荣伊辱。"而孙程、张贤、孟叔、马国等，亦能为虞诩讼罪。则知顺帝时宦官，尚非尽恶人也。桓帝时则不然。黄琼疾笃上疏，言"黄门协邪，群辈相党。自冀兴盛，腹背相亲。朝夕图谋，共构奸轨。临冀当诛，无可设巧，复记其恶，以要爵赏"。则当时宦官，本冀党类，复以私怨相图，而帝引为心腹，设更倾仄，岂不殆哉？五侯惟单超于受封之明年即死，而四侯转横。皆竞起第宅，楼观壮丽，穷极伎巧。金银罽氎，施于犬马。多取良人美女，以为姬妾，皆珍饰华侈，拟则官人。其仆从皆乘牛车，而从列骑。[1]又养其疏属，或乞嗣异姓，或买苍头为子，并以传国袭封。顺帝阳嘉四年，诏宦官养子，悉听得为后袭封爵，定著于令。见《本纪》及《宦者孙程传》。兄弟姻戚，皆宰州临郡，辜较百姓，与盗贼无异。延熹七年，衡、瑨皆死。明年，司隶校尉韩演奏悺及其兄大仆南乡侯称罪恶，皆自杀。又奏瑗兄沛相恭臧罪。征诣廷尉。瑗诣狱谢，上还东武侯印绶。诏贬为都乡侯。侯览者，桓帝初为中常侍。以佞猾

---

[1] 交通：四侯仆从皆乘牛车，从列骑。

进，倚势贪放，受纳货遗，以巨万计。延熹中，连岁征伐，府帑空虚，乃假百官俸禄，王侯租税，览亦上缣五千匹，赐爵关内侯。又托以与议诛梁冀功，进封高乡侯。小黄门段珪，家在济阴，见第六章第四节。与览并立田业，近济北界。仆从宾客，侵犯百姓，劫掠行旅。济北相滕延，一切收捕，杀数十人，陈尸路衢。览、珪大怨，以事诉帝。延坐多杀无辜，征诣廷尉免。览等得此，愈放纵。览兄参，为益州刺史。民有丰富者，辄诬以大逆，皆诛灭之，没入财物，前后累亿计，大尉杨秉奏参，槛车征，于道自杀。京兆尹袁逢于旅舍阅参车，三百余两，皆金银锦帛珍玩，不可胜数。览坐免。旋复复官。建宁二年，丧母还家大起茔冢。督邮张俭，因举奏览贪侈奢纵，前后请夺人宅三百八十一所，田百一十八顷，起立第宅十有六区，皆有高楼池苑，堂阁相望饰以绮画丹漆之属制度重深僭类宫省；又豫作寿冢，石椁双阙，高庑百尺，破人居室，发掘坟墓，虏夺良人，妻略妇女，及诸罪衅，请诛之。而览伺候遮截，章竟不上。俭遂破览冢宅，藉没资财，具言罪状。又奏览母生时交通宾客，干乱郡国。复不得御。览遂诬俭为钩党，及故长乐少府李膺、大仆杜密等，皆夷灭之，遂代曹节领长乐大仆。熹平元年，有司举奏览专权骄奢，策收印绶，自杀。

梁冀被诛，黄琼首居公位，时大尉胡广、司徒韩缤、司空孙朗皆坐阿附免废。拜琼为大尉。举奏州郡贪污，至死徙者十余人，海内翕然望之。寻而五侯擅权，倾动内外，自度力不能匡，乃称疾不起。时又立掖庭民女毫氏为皇后，数月间，后家封者四人，赏赐钜万。白马令李云，露布上书，移副三府。帝震怒，下有司逮云，送黄门北寺狱，使中常侍管霸与御史、廷尉杂考之。弘农五官掾杜众上书，愿与云同日死。帝愈怒，遂并下廷尉。大鸿胪陈蕃，大常杨秉，洛阳市长沐茂，郎中上官资并上疏请云。诏切责蕃、秉，免归田里。茂、资贬秩二等。管霸奏云等事，诡言曰："李云野泽愚儒，杜众郡中小吏，出于狂赣，不足加罪。"帝恚曰："帝欲不谛，云书曰：孔子曰：帝者谛也。今官位错乱，小人谄进，财货公行，政化日损，尺一拜用，不经御省，是帝欲不谛乎？是何等语？而常侍欲原之邪？"顾使小黄门可其奏。云、众皆死狱中。其愎谏如此。延熹五年，冬，杨秉为大尉。六年，周景为司空。是时宦官方炽，任人及子弟为官，布满天下，竞为贪淫。秉、景奏诸奸猾，自将军、牧、守以下五十余人，或死或免。连及侯览、具瑗，皆坐黜。八年，陈蕃代秉为大尉。中常侍苏康、管霸等复被任。大司农刘祐，廷尉冯绲，河南尹李膺，皆以忤旨抵罪。蕃因朝会，固理膺等。帝不听。时小黄门赵津，南阳大猾张汜等奉事中官，乘势犯法。二郡大守刘瓆、成缙考案其罪。虽经赦令，并竟考杀。成缙、刘瓆事《后书》附《陈蕃传》，又见《襄楷传注》引《东观记》。王允时为瓆吏，岑晊为缙功曹，并见其传。宦官怨恚。有司承旨，遂奏瓆、缙罪当弃市。又山阳大守翟超，没入中常侍侯览财产，东海相黄浮，诛杀下邳令徐宣。徐璜兄子。并坐髡钳，输作左校。蕃与司徒刘矩、司空刘茂谏请。帝不说。有司劾奏之。矩、茂不敢复言。蕃独上疏。帝愈怒，竟无所纳。初，李膺与冯绲、刘祐得罪输作。司隶校尉应奉上疏理膺等，乃悉免其刑。膺再迁，复拜司隶校尉。时张让桓帝时为小黄门。弟朔为野王令，贪残无道，至乃杀孕妇。闻膺厉威严，惧罪，逃还京师。因匿让舍，藏合柱中。膺知其状，率将吏卒，破柱取朔，付洛阳狱。受辞毕，即杀之。让诉冤于帝。诏膺入殿，御亲临轩，诘以不先请便加诛辟之意。膺对特乞留五日，剋殄元恶，退就鼎镬。帝无复言，遣出之。自此诸黄门常侍皆鞠躬屏气，休沐不敢复出宫省。是时朝廷日乱，纲纪颓弛，膺独持风裁，以声名自高。士有被其容接者，名为登龙门。及遭党事，当考实膺等。案经三府，陈蕃不肯平署。帝愈怒。遂下膺等于黄门北寺狱。膺等颇引宦官子弟。宦官多惧，清帝以天时宜赦。于是大赦天下。膺免归田里。蕃因上疏极谏。帝讳其言切，托以辟召非人，策免之。时又有兖州刺史第五种、冀州刺史朱穆、沛相荀昱、广陵大守荀昙、河东大守史弼、彭城令魏朗、扬州刺史陈翔、大山大守范康，皆以治宦官亲党获罪。甚至如赵岐，徒以与从兄袭贬议唐衡兄玹，玹为京兆尹，遂收岐家属宗亲，陷以重法，尽杀之。岐逃难四方，藏安丘汉县，今山东安丘县西南。孙嵩复壁中数年，诸唐死灭，因赦乃出。宦官之专横，可谓极矣。

梁冀既诛，桓帝立邓香女为皇后。帝多内幸，博采宫女，数至五六千人，及驱役从使，复兼倍于此。荀淑对策，讥其"冬夏衣服，朝夕禀粮，耗费缣帛，空竭府藏。空赋不辜之民，以供无用之女"。陈蕃亦言"采女数千，食肉衣绮，脂油粉黛，不可胜计"。帝之恶德，可谓多矣。邓后恃尊骄忌。与帝所幸郭贵人，更相谮诉。延熹八年，诏废后送暴室，以忧死。桓思窦皇后立。章德窦皇后从祖弟之孙女也。御见甚希。帝所宠惟采女田圣等。永康元年，冬，帝寝疾。遂以圣等九女皆为贵人。十一月，帝崩。无嗣。后为皇大后，大后临朝。后与父城门校尉武定策禁中，立解渎亭侯宏，曾祖河间孝王，祖淑，父苌，世封解渎亭侯。是为灵帝。年十二。以武为大将军。陈蕃为大傅，与武及司徒胡广参录尚书事。大后素忍忌，积怒田圣等，桓帝梓官尚在前殿，遂杀圣。又欲尽诛诸贵人，中常侍苏康、管霸苦谏，乃止。初，桓帝欲立圣为后，陈蕃以田氏卑微，窦族良家，争之甚固，帝不得已，乃立窦后，故后委用于蕃。与武同心尽力。征用名贤，共参政事。而帝乳母赵娆，旦夕在大后侧。中常侍曹节、王甫等，与共交构。谄事大后。大后信之。蕃、武共谋诛之。武于是引同志尹勋为尚书令，刘瑜为侍中，冯述为屯骑校尉。又征天下名士废黜者，前司隶李膺、宗正刘猛、大仆杜密、庐江大守朱寓等，列于朝廷。请前越巂大守荀昱为从事中郎，辟颍川陈寔为属，共定计策。五月，日食，蕃说武斥罢宦官，大后不肯。时中常侍管霸，颇有才略，专制省内。武先白诛霸及苏康等，竟死。复数白诛曹节等。大后冗豫未忍，故事久不发。至八月，大白出西方。刘瑜素善天官，恶之。与武、蕃书，言宜速断大计。于是以朱寓为司隶校尉，刘祐为河南尹，虞祁为洛阳令。武乃奏免黄门令魏彪，以所亲小黄门山冰代之。使冰奏素狡猾尤无状者长乐尚书郑飒送北寺狱。令冰与尹勋、侍御史祝瑨杂考飒。辞连曹节、王甫。勋、冰即奏收节等，使刘瑜内奏。时武出宿归府。典中书者先以告长乐五官史朱瑀。瑀盗发武奏，骂曰："中官放纵者，自可诛耳，我曹何罪，用当尽见族灭？"因呼曰："陈蕃、窦武奏白大后废帝，为大逆。"乃夜召素所亲壮健者长乐从官史共普、张亮等十七人，唶血共盟诛武等。曹节闻之，惊起。白帝曰："外间切切，请出御德阳前殿。"令帝拔剑踊跃。赵娆等拥卫左右。取繁信闭诸禁门。召尚书官属，胁以白刃，使作诏板。拜王甫为黄门令持节至北寺狱收尹勋、山冰。冰疑不受诏。甫格杀之。遂害勋，出郑飒。还，共劫大后，夺玺书。令中谒者守南宫，闭门绝复道。使郑飒持节，及侍御史、谒者捕收武等。武不受诏。驰入步兵营，与兄子绍共射杀使者，召会北军五校士数千人屯都亭下。令军士曰："黄门常侍反，尽力者封侯重赏。"诏以少府周靖行车骑将军，加节，与护匈奴中郎将张奂率五营士讨武。夜漏尽，王甫将虎贲、羽林、厩驺都候、剑戟士合千余人，出屯朱雀掖门，与奂等合。明旦，悉军阙下，与武对陈。甫兵渐盛。使其士大呼武军曰："窦武反，汝皆禁兵，当宿卫官省，何故随反者乎？先降有赏。"营府素畏服中官，于是武军稍稍归甫。自旦至食时，兵降略尽。武、绍走，诸军追围之，皆自杀。枭首洛阳都亭。收捕宗亲、宾客、姻属悉诛之，及刘瑜、冯述，皆夷其族。徙武家属日南。迁大后于云台。陈蕃闻难作，将官属、诸生八十余人，并拔刃，突入承明门。攘臂呼曰："大将军忠以卫国，黄门反逆，何云窦氏不道邪？"王甫时出，与蕃相迕。让蕃曰："先帝新弃天下，山陵未成，窦武何功，兄弟父子，一门三侯？又多取掖庭官人，作乐饮燕。旬月之间，赀财亿计。大臣若此，是为道邪？"遂令收蕃。蕃拔剑叱甫。甫兵不敢近。乃益人，围之数十重。遂执蕃送黄门北寺狱。黄门从官驺蹋踧蕃曰："死老魅，复能损我曹员数，夺我曹禀假不？"即日害之。徙其家属于比景。宗族、门生、故吏皆斥免禁锢。

曹节迁长乐卫尉，封育阳侯，增邑三千户，甫迁中常侍，黄门令如故。瑀封都乡侯，千五百户。普亮等五人各三百户。余十一人皆为关内侯，岁食租二千斛。张奂新征，奂时督幽、并、凉三州，击匈奴、乌桓、鲜卑、东羌。不知本谋，深病为节所卖，固让封爵。明年，上疏请改葬武、蕃，徙还家属。荐王畅、李膺。司隶校尉王寓，出于宦官，欲借宠公卿，以求荐举，奂独拒之。遂陷以党罪，禁锢。案后来袁绍说何进，谓五营士生长京师，服畏中人，而窦氏反用其锋，遂叛走归黄门，自取破灭，《三国志·绍传注》引《九州春秋》。此武之所以败也。《武传》称其清身疾恶，礼赂不通，妻子衣食，裁足而已。得两宫赏赐，悉散与大学诸生，及载看粮于路，匀施贫民。兄子绍为虎贲中郎将，性疏简奢侈，武数切厉，独不觉悟，乃上书求退绍位。①此固不免矫激，然矫激者必重惜名誉，岂有多取宫人，作乐燕饮，旬月之间，赀财亿计者邪？此宦官诬罔之辞，而读史者或以之议武，过矣。

窦氏虽诛，灵帝犹以大后有援立之功，建宁四年，十月朔，率群臣朝于南官，亲馈上寿。黄门令董萌，因此数为大后诉怨。帝深纳之，供养资奉，有加于前。曹节、王甫疾萌附助大后，诬以谤讪永乐宫，灵帝母所居。萌坐下狱死。熹平元年，大后母卒于比景，后感疾而崩。宦者积怨窦氏，遂以衣车载后尸，置城南市舍数日。曹节、王甫欲用贵人礼殡。帝曰："大后亲立朕躬，统承大业。《诗》云：无德不报，无言不酬，岂宜以贵人礼终乎？"于是发丧成礼。及将葬，节等复欲别葬大后，而以冯贵人配。大尉李咸、廷尉阳球力争，乃已。于是有何人书朱雀阙，言天下大乱，曹节、王甫幽杀大后，侯览多杀党人，公卿皆尸禄，无有忠言者。诏司隶校尉刘猛逐捕。猛以诽书言直，不肯急捕，月余，主名不立。猛坐左转为谏议大夫。以御史中丞段颎代猛。乃四出逐捕，及大学游生系者千余

---

① 史事：王甫言窦武奢侈之诬。云阳球奴事甫父子亦诬。

人。节等怨猛不已，使颍以他事奏猛抵罪，输左校。节遂与王甫等诬奏桓帝弟渤海王悝谋反，诛之。悝本袭封蠡吾侯。后改封，以奉渤海孝王祀。桓帝延熹八年，以谋为不道，贬为瘿陶王。因王甫求复国，许谢钱五千万。帝临崩，遗诏立为渤海王。悝知非甫功，不肯还谢钱。甫怒，阴求其过。初，迎立灵帝，道路流言：悝恨不得立，欲钞征书。而中常侍郑飒，中黄门董腾，并任侠剽轻，数与悝交通。王甫伺察，以为有奸。密告司隶校尉段颍。熹平元年，遂收飒送北寺狱。迫责悝，悝自杀。妃妾十一人，子女七十人，伎女二十四人，皆死狱中。傅相以下，以辅道王不忠，悉伏诛。其惨毒如此。以功封者十二人。甫封冠军侯。节亦增邑四千六百户，并前七千六百户。父兄子弟，皆为公、卿、列校、牧、守、令、长，布满天下。光和二年，阳球为司隶校尉，奏收甫及中常侍淳于登、袁赦、封𦊆，中黄门刘毅，小黄门庞训、朱禹、齐盛等及子弟为守令者，奸猾纵恣，罪合灭族。大尉段颍，谄附佞幸，宜并诛戮。于是悉收甫、颍等送洛阳狱，及甫子永乐少府萌、沛相吉。球自临考甫等，五毒备极。萌谓球曰："父子既当伏诛，少以楚毒假借老父。"球曰："若罪恶无状，死不灭责，乃欲球假借邪？"萌乃骂曰："尔前事吾父子如奴，奴敢反汝主乎？"案阳球《后汉书》列《酷吏传》，其为人刚决尚气，安有奴事甫父子之理？此盖明知必死，乃为是诬词耳。球使以土室萌口，箠朴交至，父子悉死杖下。颍亦自杀。乃僵磔甫尸于夏城门，大署榜曰贼臣王甫。尽没入财产。妻子皆徙比景。《杨震传》：曾孙彪，为京兆尹，王甫使门生于郡界辜榷官财物七千余万。彪发其奸，言之司隶。司隶校尉阳球因此奏诛甫。天下莫不惬心。时顺帝虞贵人葬，百官会丧还。曹节见磔甫尸道次，慨然拉泪。入白帝，言阳球故酷暴吏，不宜使在司隶。帝乃徙球为卫尉。时连有灾异。郎中梁人审忠上书请诛朱瑀，不报。初，侍中刘儵，与窦武同谋俱死。儵弟郃为司徒，与永乐少府陈球相结，谋诛宦官。球劝郃徙阳球为司隶。尚书刘纳，以正直忤宦官，出为步兵校尉，亦深劝郃。陈球小妻，程璜之女。璜用事宫中，所谓程大人也。节等颇得闻知，乃重赂于璜，且胁之。璜惧迫，以球谋告节。节因诬郃等与藩国交通，谋为不轨。郃与陈球、阳球、刘纳皆下狱死。节遂领尚书令，四年，卒。后瑀亦病卒。而张让、赵忠及夏恽、郭胜、孙璋、毕岚、栗嵩、段珪、高望、张恭、韩悝、宋典十二人，复封侯贵宠。

第三节　后汉羌乱

祸莫大于纵弛。后汉政治之宽纵，盖自章帝以来。邓后女主，虽知诗书，颇存俭德，而督责之术，非其所知。降羌隐患，遂以决裂，几至不可收拾焉。羌兵不若匈奴之强，众不逮鲜卑之盛，而患转甚于匈奴、鲜卑者，以其居塞内故也。故东汉羌乱，实晋代五胡之乱之先声也。

安置降种，使居塞内，俾夷为华，盛事也。然同化非旦夕可几，而吏民或乘战胜之威，加之刻虐，则激而思变矣。班彪之请立护羌校尉也，曰："今凉州部皆有降羌。羌、胡被发左衽，而与汉人杂处。习俗既异，言语不通。数为小吏黠民，所见侵夺。穷恚无聊，故致反叛。蛮夷寇乱，皆为此也。"可谓知其本矣。然则历代降夷之乱，虽谓其过多在汉人可也。[①]安帝永初元年，夏，遣骑都尉王弘发金城、陇西、汉阳羌数百千骑征西域。弘迫促发遣，群羌惧远屯不还，行到酒泉，多有散叛。诸郡各发兵徼遮，或覆其庐落。勒姐、当煎大豪东岸等愈惊，遂同时奔溃。东号子麻奴，初随父降，居安定，因此与种人俱西出塞。先零别种滇零，与钟羌诸种，大为寇掠，断陇道。时羌归附既久，无复器甲；[②]或持竹竿木枝，以代戈矛；或负板案以为楯；或执铜镜以象兵；而郡县畏懦不能制。遣车骑将军邓骘、征西校尉任尚讨之，败绩。明年，冬，滇

---

① 四夷：降夷之乱，其过多在汉人。

② 兵：羌无器甲。

零遂自称天子于北地。招集武都、参狼、上郡、西河诸杂种，众遂大盛。东犯赵、魏，南入益州，寇钞三辅，断陇道。湟中诸县，粟石万钱。百姓死亡，不可胜数。时左校令庞参，坐法输作若卢，使其子俊上书，言"百姓力屈，不复堪命。万里运粮，远就羌戎，不若总兵养众，以待其疲。车骑宜且振旅，留征西使督凉州士民，转居三辅。休徭役以助其时，止烦赋以益其财。令男得耕种，女得织纴。然后畜精锐，乘懈沮，出其不意，攻其不备"。邓大后纳其言。即擢参于徒中，召拜谒者，使西督三辅诸军屯，而征邓骘还，留任尚屯汉阳，为诸军节度。三年，复遣骑都尉任仁督诸郡屯兵救三辅。仁每战不利。四年，以军营久出无功，有废农桑，诏任尚将吏兵还屯长安。庞参奏记邓骘，言宜徙边郡不能自存者，入居诸陵，田成故县，孤城绝郡，以权徙之。骘及公卿，以国用不足，欲从参议。郎中虞诩说大尉李脩曰："凉州既弃，即以三辅为塞；三辅为塞，则园陵单外；此不可之甚者也。谚曰：关西出将，关东出相。观其习兵壮勇，实过余州。今羌、胡所以不敢入据三辅，为心腹之害者，以凉州在后故也。其土人所以推锋执锐，无反顾之心者，为臣属于汉故也。若弃其境域，徙其人庶，安土重迁，必生异志。如使豪雄相聚，席卷而东，虽贲、育为卒，大公为将，犹恐不足当御。议者喻以补衣犹有所完，邓骘言：譬若衣败，一以相补犹有所完。若不如此，将两无所保。诩恐其疽食侵淫而无限极。弃之非计。"脩曰："微子之言，几败国事。计当安出？"诩曰："今凉土扰动，人情不安，窃忧卒然有非常之变。诚宜令四府九卿，各辟彼州数人。其牧、守、令、长子弟，皆除为冗官。外以劝厉，答其功勤内以拘致，防其邪计。"脩善其言。更集四府。皆从诩议。于是辟西州豪杰为掾属，拜牧、守、长吏子弟为郎，以安慰之。案羌乱情形，详见王符《潜夫论·劝将》、《救边》、《边议》、《实边》诸篇。《救边篇》言："前羌始反，公卿师尹，成欲捐弃凉州，却保三辅，朝廷不听，后羌遂侵，论者多恨不从或议。"此篇作于羌乱既起九年之后，犹有持是论者，可见公卿之怯懦。然《庞参传》谓鹭及公卿，欲从参议，以众多不同而止，可见持是论者实不多也。是时羌既转盛，而二千石令长，多内郡人，并无战守意，争上徙郡县，以避寇难。是年，三月，既徙金城郡居襄武。县名，属陇西，在今甘肃陇西县西南。明年，春，任尚坐无功征免。羌遂入寇河东，至河内。使北军中候朱宠将五营士屯孟津。诏魏郡、赵国、常山、中山缮作坞候六百一十六所。复移陇西徙襄武，安定徙美阳，县属右扶风，今陕西武功县东南。北地徙池阳，县属左冯翊，今陕西泾阳县西北。上郡徙衙。县属左冯翊，今陕西白水县东北。盖已几弃凉州矣。《潜夫论·实边篇》言："民之于徙，甚于伏法。①伏法不过家一人死耳。诸亡失财货，夺土远移，不习风俗，不便水土，类多灭门，少能还者。边民谨顿，尤恶内留。大守、令、长，畏恶军事，至遣吏兵，发民禾稼，发彻屋室，夷其营壁，破其生业。强劫驱掠，与其内入。捐弃羸弱，使死其处。当此之时，万民怒痛，泣血叫号，诚愁鬼神而感天心。民既夺土失业，又遭蝗旱饥遣，逐道东走，流离分散。幽、冀、兖、豫、荆、扬、蜀、汉，饥饿死亡，复失大半。边地遂以兵荒，至今无人。"弃地之祸，可谓烈矣。其秋，汉阳人杜琦及弟季贡、同郡王信等，与羌通谋，聚众入上邽。汉县，今甘肃天水县西南。汉阳大守赵博遣客刺杀琦。侍御史唐喜领诸郡兵讨斩信。杜季贡亡从滇零。六年，滇零死，子零昌代立。年幼，同种狼莫，为其计策。以杜季贡为将军，别居丁奚城。在今宁夏灵武县境。元初元年，遣兵屯河内。通谷冲要三十三所，皆作坞壁，设鸣鼓。零昌遣兵寇雍城。又号多与当煎、勒姐大豪共胁诸种，分兵钞掠武都、汉中。巴郡板楯蛮救之。号多退走，断陇道，与零昌通谋。庞参为校尉，以恩信招诱。二年，春，号多诣参降。参始还居令居，通河西道。而零昌种复

_____
① 移民：王符言迁者多灭门。

寇益州。秋，蜀人陈省、罗横应募刺杀零昌党吕叔都。又使屯骑校尉左雄屯三辅。左冯翊司马钧行征西将军，与庞参分道击零昌，不克。以马贤代领校尉。后遣任尚为中郎将，代班雄屯三辅。怀令虞诩说尚曰："兵法：弱不攻强，走不逐飞，自然之势也。今虏皆马骑，以步追之，势不相及，所以旷而无功。三州屯兵，二十余万，弃农桑，疲苦徭役，劳费日滋。为使君计：莫如罢诸郡兵，各令出钱数千，二十人共市一马。以万骑之众，逐数千之虏，追尾掩截，其道自穷。"尚上用其计。四年，尚遣当阗种榆鬼等五人刺杀杜季贡。复募效功种号封刺杀零昌。与校尉马贤破狼莫于北地。五年，度辽将军邓遵募上郡全无种羌雕何等刺杀狼莫。任尚与遵争功；又诈增首级，受赇枉法，臧千万以上；征弃市。自零昌、狼莫死后，诸羌瓦解，三辅、益州，无复寇徼。延光三年，陇西郡始还狄道。顺帝永建元年，凉州无事。四年，尚书仆射虞诩上复三郡。使谒者郭璜督促徙者，各归旧县。缮城郭，置候驿。既而激河浚渠，为屯田，省内郡费岁一亿计。初，当煎种大豪忍良结麻奴寇湟中、金城，南还湟中，建光元年。马贤追破之。麻奴诣汉阳降。弟犀苦立。延光元年。贤以犀苦兄弟数背叛，因系质于令居。是冬，贤坐征免，韩皓代为校尉。明年，犀苦诣皓自言，求归故地。皓复不遣。因转湟中屯田置两河间，以逼群羌。皓复坐征，马续代为校尉。两河间羌以屯田近之，恐必见图，乃解仇诅盟，各自儆备。续欲先示恩信，上移屯田还湟中，羌意乃安。阳嘉元年，以湟中地广，更增置屯田五部，并为十部。二年，夏，复置陇西南部都尉，如旧制。治临洮。羌事至此小定。永和元年，马续迁度辽将军，复以贤代为校尉。四年，贤征，以来机为并州刺史，刘秉为凉州刺史。机等天性虐刻，到州之日，多所扰发。五年，夏，且冻、傅难等遂反叛。攻金城。与西塞及湟中杂种羌、胡大寇三辅，杀害长吏。机秉并坐征。发京师近郡及诸州兵讨之。拜马贤为征西将军，以骑都尉耿叔副，将十万人屯汉阳。又于扶风、汉阳、陇道作坞壁三百所，置屯兵以保聚百姓。六年，马贤及二子皆战殁。东西羌遂大合。复徙安定居扶风，北地居冯翊。汉安元年，以赵冲为护羌校尉。建康元年，战殁。冲虽死，而前后多所斩获，羌由是衰耗。冲帝永嘉元年，张贡代为校尉，稍以恩信招诱，陇右复平。

桓帝延熹二年，羌乱复起。烧当、烧何、当煎、勒姐等八种寇陇西、金城塞。时段颎为护羌校尉，击破之。追讨，南渡河，破之罗亭。《本纪》。《注》：《东观记》曰：追到积石山，即与罗亭相近，在今鄯州也。唐鄯州，今青海乐都县。明年，春，余羌复与烧何大豪寇张掖。颎追至河首积石山，出塞二千余里。《本纪》。《注》：积石山，在今鄯州龙支县南。龙支，见第七章第四节。冬，勒姐、零吾种围允街。汉县，在今甘肃永登县南。颎击破之。四年，六月，零吾羌与先零诸种并叛，寇三辅。冬，上郡沈氏、陇西牢姐、乌吾诸种共寇并、凉二州。颎将湟中义从讨之。凉州刺史郭闳贪共其功，稽固颎军，使不得进。义从役久，皆悉反叛。郭闳归罪于颎。颎坐征下狱，输作左校。以胡闳为校尉。闳无威略，羌遂陆梁。覆没营坞，唐突诸郡。大山大守皇甫规上疏求自效。冬，三公举规为中郎将，持节监关西兵。讨零吾等，破之。先零诸种慕规威信，相劝降者十余万。明年，规因发其骑兵，共讨陇右。东羌遣使乞降。凉州复通。先是安定大守孙俊，受取狼藉。属国都尉李翕，督军御史张禀，多杀降羌。凉州刺史郭闳，汉阳大守赵熹，并老弱不堪任职。而皆倚恃权贵，不遵法度。规到州界，悉条奏其罪，或免或诛。羌人闻之，翕然反善。沈氏大豪滇昌、饥恬等十余万口复诣规降。规出身数年，持节为将，拥众立功，还督乡里，规，安定朝那人。朝那，汉县，见第二章第三节。既无他私惠，而多所举奏，又恶绝宦官，不与交通，于是中外并怨。遂共诬规货赂群羌，令其文降。天子玺书诮让相属。规惧不免，上书自讼。其冬，征还，拜议郎。论功当封，而中常侍徐璜、左悺欲从求货，数遣宾客，就问功状。规终不答。璜等忿怒，陷以前事，下之于吏。官属欲赋敛请谢，规誓而不听。遂以余寇不绝，坐系廷尉，论输左校。诸公及大学生张凤等三百余人诣阙讼之，会赦归家。六年，冬，复以段颎为护羌校尉乘驿之职。明年，羌封僇、良多、滇那等酋豪三百五十五人率三千落诣颎降。当煎、勒姐等，犹自屯结。冬，颎将万余人击破之。八年，春，破勒姐种。夏，进军击当煎种，破之湟中。颎遂穷追，自春及秋，无日不战。虏遂饥困败散。永康元年，当煎诸种复反，欲攻武威，颎复破之。西羌于此弭定。桓帝诏问，欲颎移兵东讨。颎因上言："东种所余，三万余落。居近塞内，路无险折。久乱并、掠，累侵三辅。西河、上郡，已各内徙。安定、北地，复至单危。自云中、五原西至汉阳，二千余里，匈奴、种羌，并擅其地，是为痈疽伏疾，留滞胁下。今若以骑五千，步万人，车三千两，三冬二夏，足以破之。无虑用费为钱五十四亿。如此，可令群羌破尽，匈奴长服。内徙郡县，得反本土。"帝许之，悉听如所上。灵帝建宁元年，春，颎破先零诸种于高平。见第六章第四节。夏，追羌至泾阳。汉县，今甘肃平凉县西。余寇四千落，悉散汉阳山谷间。汉阳，前汉天水郡改名。治冀，今甘肃甘谷县。时张奂上言："东羌虽破，余种难尽。颎性轻果，虑负败难常。宜且以恩降，可无后悔。"诏书下颎。颎复上言："昔先零作寇，赵充国徙令居内；煎当乱边，马援迁之三辅；始服终叛，至今为鲠。今旁郡户口单少，数为羌所创毒，而欲令降徙，与之杂居，是犹种枳棘于良田，养虺蛇于室内也。故臣欲绝其本根，不使能殖。每奉诏书，军不内御，愿卒斯言，一以任臣。"二年，诏遣谒者冯禅说降汉阳散羌。颎以春农，百姓布野，羌虽暂除，而县官无廪，必当复为盗贼，不如乘虚放兵，势必殄灭。夏，颎自进营，破之凡亭山。瓦亭山之讹，在今甘肃固原县南。羌东奔射虎谷。在今甘肃天水县西。颎规一举灭之，不欲复令散走，遣千人于西县结木为栅遮之。西县，在今天水县西南。而纵兵击破之。东羌悉平。

羌乱凡分三次：段颎言永初中诸羌反叛，十有四年，用二百四十亿。永和之末，复经七年，用八十余亿。是第一次自永初元年至永宁元年，第二次自永和四年至汉安元年也。《后书·羌传》述羌乱用费，即本于此。而第一次误作十二年，第二次亦误云十余年。其第三次，自延熹二年至建宁二年，凡十一年。合计三十有二年。《潜夫论》言羌始叛时，"计谋未善，党与未成，人众未合，兵器未备"；《边议》。及百姓"暴被殃祸，亡失财货，则人怀奋怒，各欲报仇"；《实边》。其势实极易平。然竟蔓延如此之广，经历如此之久者？《潜夫论》又云："乃者边害，振如雷霆，赫如丑月，而谈者皆讳之，陶陶闾澹，卧委天听。羌独往来，深入多杀。已乃陆陆，相将诣阙，谐辞礼谢。退坐朝堂，转相顾望，日晏时移，议无所定，已且须后。少得小安，则恬然弃忘。旬月之间，虏复为害，乃复恇恟如前。"《救边》。王氏至谓："今公卿苟以己不被伤，故竞割国家之地以与敌，杀主上之民以馁寇。今诸言边可不救者，诚宜以其身若子弟补边大守、令、长、丞、尉，然后是非之情乃定。"《边议》。语虽愤激，当时泄沓情形，则可见矣。王氏又言："今吏从军败没死公事者以十万数，上不闻吊唁嗟叹之荣名，下又无禄赏之厚实。节士无所劝慕，庸夫无所贪利。士民贫困，器械不简习，将恩不素结，卒然有急，则吏以暴发虐其士，士以所拙遇敌巧。此为吏驱怨以御仇，士卒缚手以待寇也。"《劝将》。皇甫规论羌事疏曰："每惟贤等，马贤。拥众四年，未有成功，县师之费，且百亿计。出于平民，回入奸吏。故江湖之民，群为盗贼。青、徐荒饥，襁负流散。夫羌戎溃叛，不由承平。皆由边将失于绥御。乘常守安，则加侵暴。苟竞小利，则致大害。胜则虚张首级，败则隐匿不言。军士劳怨，困于猾吏。进不得快战以要功，退不得温饱以全命。饿死沟渠，暴骨中原。是以安不能久，败则经年。"《后书》亦言"诸将多断盗牢禀，私自润入。皆以珍宝，赂上左右。上下放纵，不恤军事。士卒不得其死者，白骨相望于野"。且如段颎，《后书》以为良将。然计其功勋云：凡百八十战，斩三万八千六百余级，而军士死者仅四百余人，则无此理。本规三岁之费，用五十四亿，其后实用四十四亿，岁凡十有四亿，亦反较永初、永和所费为钜也。王信之死，汉军收金、银、采帛一亿以上。贼众如此，官军以对照而可知。将帅如此，贼安得不大纵，民安得不重困哉？吾尝谓后汉羌乱，与清川、楚教匪之役最相似，信不诬也。

第四节　党锢之祸

上刑赏贸乱，则下务立名以为高。上肆其虐，下务其名以相角，意气所激，不顾一切以徇之，而天下事不可为矣。历代之党祸是也。然后汉党祸，本起子小人之依附权势，互相讥评。《后书·党锢传》云："初，桓帝为蠡吾侯，受学于甘陵周福。甘陵，汉厝县。后汉安帝更名。移清河国治焉。在今山东清平县南。或云：在今河北清河县东南。及即帝位，擢福为尚书。时同郡河南尹房植，有名当朝。乡人为之谣曰：天下规矩房伯武，因师获印周仲进。二家宾客，互相讥揣。遂各树朋徒，渐成尤隙。由是甘陵有南北部。"此特食客之好事昔为之耳，无与大局也。后"汝南大守宗资，任功曹范滂。南阳大守成瑨，亦委功曹岑晊。二郡又为谣曰：汝南大守范孟博，南阳宗资主画诺。南阳大守岑公孝，弘农成瑨但坐啸。因此流言，转入大学。诸生三万余人，郭林宗、泰。贾伟节彪。为其冠。与李庸、陈蕃、王畅更相褒重。学中语曰：天下模楷李元礼，不畏强御陈仲举，天下俊秀王叔茂。又渤海公族进阶、扶风魏齐卿，并危言深论，不隐豪强。自公卿以下，莫不屣履到门"。于是意气之争，与权利之争相杂，居首善之区，而承之以好交结之贵游，务声华之游士，而所牵引者大矣。时河内张成，善说风角，推占当赦，遂教子杀人。李膺为河南尹，督促收捕。既而逢宥获免。膺愈怀愤疾，竟案杀之。初，成以方伎交通宦官，帝亦颇谇其占。成弟子牢修，因上书诬告膺等养大学游士，交结诸郡生徒，更相驱驰，共为部党，诽讪朝廷，疑乱风俗。于是天子震怒。班下郡国，逮捕党人。布告天下，使同忿疾。遂收执膺等。其辞所连及，陈寔之徒，二百余人。或有遁逃不获，皆县金购募。使者四出，相望于道。时为延熹九年。明年，尚书霍谞、城门校尉窦武并表为请。帝意稍解。乃皆赦归田里，禁锢终身。而党人之名，犹书王府。夫上之人挟其威力，以与争名者角，而欲止之，未有能胜者也。于是海内希风之流，遂共相标榜。指天下名士，为之称号：上曰三君，君者，言一世之所宗也。次曰八俊，俊者，言人之英也。次曰八顾，顾者，言能以德行引人者也。次曰八及，及者，言其能道人追宗者也。次曰八厨。厨者，言能以财救人者也。初，山阳大守翟超，请张俭为东部督邮，时中常侍侯览，家在防东，后汉县，属山阳。在今山东金乡县西南。残暴百姓，所为不轨。俭举劾览及其母罪恶，请诛之，览遏绝章表，并不得通，参看第二节。《范康传》云：俭杀常侍侯览母，误。由是结仇。乡人朱并，素性佞邪，为俭所弃，并怀怨恚，遂上书告俭与同乡二十四人，别相署号，共为部党，图危社稷。灵帝诏刊章捕俭等。大长秋曹节，因此讽有司奏捕前党。故司空虞放，大仆杜密，长乐少府李膺，司隶校尉朱寓，颍川大守巴肃，沛相荀昱，河内大守魏朗，山阳大守翟超，任城相刘儒，大尉范滂等百余人，皆死狱中。余或先殁不及，或亡命获免。自此诸为怨隙者，因相陷害，睚眦之忿，滥入党中；又州郡承旨，或有未尝交关，亦离祸毒；其死徙废禁者，六七百人。时为建宁二年。熹平五年，永昌大守曹鸾上书大讼党人，言甚方切。帝省奏大怒，即诏司隶、益州，槛车收鸾，送槐里狱，掠杀之。于是又诏州郡，更考党人。门生故吏，父子兄弟，其在位者，免官禁锢，爰及五属。《注》：谓斩衰、齐衰、大功、小功、缌麻也。光和二年，上禄长和海上禄在今甘肃成县西南。上言："礼，从祖兄弟，别居异财，恩义已轻，服属疏末。而今党人，锢及五族。既乖典训之文，有缪经常之法。"帝览而悟之。党锢自从祖以下，皆得解释。中平元年，黄巾贼起。中常侍吕强言于帝曰："党锢久积，人情多怨。若久不赦宥，轻与张角合谋，为变滋大，悔之无救。"帝惧其言，乃大赦党人。诛徙之家，皆归故郡。案鈎党之徒，品类非一。有通经之士，如刘淑。有游侠之徒。如何颙。有挺身徇节者，如李膺、巴肃、范滂。亦有遁逃奔走，累及他人者。如张俭。又如成瑨委任岑晊、张牧，杀张汜及其宗族宾客二百余人，瑨征下狱死，晊、牧顾遁逃亡匿，则殊有愧于烈士之风矣。有本无意于交结，邂逅遇之，不得免焉者。如夏馥，不交时宦，特以声名为中官所惮，遂与范滂、张俭等同被诬陷。亦有本系魁首，以处世巧滑，转得脱然无累者。如郭泰。传言其虽善人伦，而不为危言核论，故宦官擅政而不能伤也。及党事起，知名之士，多被其害，惟林宗及汝南袁闳得免焉。并有本无关系，欲依附以为荣者。如皇甫规。传言党事大起，天下名贤，多见染逮。规虽为名将，素誉不高。自以西州豪桀，耻不得豫。乃上言：臣前荐故大司农张奂，是附党也。又臣昔论输左校时，大学生张凤等上书讼臣，是臣为党人所附也。臣宜坐之。形形色色，非可一概而论。其人激于意气，所为不免过当，任之亦未足以为治。且互相标榜，本系恶习。当时之士，所以趋之若鹜者，一则务于立名，一亦以汉世选举，竞尚声华，合党连群，实为终南捷径耳。然桓、灵信任宦官，诛夷士类，延及无辜，前后历二十余年，则自为虐政，不以党人之无足取而末减也。

第五节　灵帝荒淫

后汉国事，大坏于桓、灵。《后汉书·桓帝纪论》曰："前史称桓帝好音乐，善琴笙。饰芳林而考濯龙之宫，设华盖以祠浮图、老子，斯将所谓听于神乎？"盖亦淫侈之君。五邪嗣虐，流毒四方，正为是也。然桓帝之荒淫，实远不如灵帝之甚。

灵帝好微行，游幸外苑。造毕圭灵琨苑。见《扬震传》。后宫采女，数千余人。衣食之费,日数百金。每郡国贡献,先输中署,名为导行费。《宦者吕强传》。熹平四年,改平准为中准,使宦者为令,列于内署。自是诸署悉以阉人为令。《本纪》:熹平四年。光和元年,开西邸卖官。自关内侯、虎贲、羽林入钱各有差。《本纪》。《注》引《山阳公载纪》曰:时卖官:二千石二千万。四百石四百万。其以德次应选者半之或三分之一。于西园立库贮之。私令左右卖公卿。公千万,卿五百万。中平四年,卖关内侯,假金印紫绶,传世,人钱五百万。皆见《本纪》。《崔骃传》:灵帝时,开鸿都门,榜卖官爵。公卿、州郡,下至黄绶各有差。其富者则先入钱,贫者到官而后倍输。或因常侍阿保,别自通达。是时段颎、樊陵、张温等,虽有功勤名誉,然皆先输货财,而后登公位。崔烈时因傅母入钱五百万,得为司徒。及拜日,天子临轩,百僚毕会。帝顾谓亲幸者曰:"悔不小靳,可至千万。"程夫人于旁应曰:"崔公冀州名士,岂肯买官?赖我得是,反不知姝邪?"光和四年,初置骡骥厩丞,领受郡国调马。豪右辜榷,马一匹至二百万。《本纪》。其时外戚贵幸之家,及中官公族,造起馆舍,凡有万数。丧葬逾制,奢丽过礼。《吕强传》。皆上之化也。

帝好学,自造《皇羲篇》五十章。因引诸生能为文赋者。本颇以经学相招,后诸为尺牍及工书鸟篆者,皆加引召。遂至数千人。侍中祭酒乐松、贾护,多引无行趣势之徒,并待制鸿都门下。喜陈方俗闾里小事。帝甚悦之,待以不次之位。光和元年,遂置鸿都门学。其诸生皆敕州郡三公举用辟召。或出为刺史大守,入为尚书侍中,乃有封侯赐爵者,士君子皆耻与为列。《蔡邕传》。杨赐对策,至比诸驩兜、共工,更相荐说焉。《杨震传》。又市贾小民,为宣陵孝子者数十人。悉除为郎中、大子舍人。以蔡邕言,乃改为丞尉。亦见《邕传》。

帝好胡服、胡帐、胡床、胡坐、胡饭、胡箜篌、胡笛、胡舞。[①] 京都

---

① 四夷:灵帝好胡事物。

贵戚，皆竞为之。于西园驾四白驴，躬自操辔，驱驰周旋，以为大乐。公卿贵戚，转相仿效。至乘辎軿，以为骑从。互相侵夺，贾与马齐。数游戏于西园中。令后宫采女为客舍主人，身为商贾服，行至舍，采女下酒食，因共饮食，以为戏乐。《续汉书·五行志》。亦见《后汉书·灵帝纪》光和四年。

中平二年，南宫灾。张让、赵忠等说帝，令敛天下田亩税十钱，以修宫室。发大原、河东、狄道诸郡材木及文石。每州郡部送至京师，黄门、常侍辄令谴呵不中者，因强折贱买，十分顾一。因复货之于宦官。复不为即受，材木遂至腐积，宫室连年不成。刺史、大守复增私调，百姓呼嗟。凡诏所征求，皆令西园驺密约敕，号曰中使。恐动州郡，多受赇赂。刺史、二千石及茂才、孝廉迁除，皆责助军、修宫钱。大郡至二三千万，余各有差。当之官者，皆先至西园谐价，然后得去。有钱不毕者，或至自杀。其守清者，乞不之官，皆迫遣之。时巨鹿大守河内司马直新除，以有清名，减责三百万。辞疾，不听。行至孟津，上书极陈当世之失，古今祸败之戒，即吞药自杀。书奏，帝为暂绝修宫钱。又造万金堂于西园，引司农金钱、缯帛，仞积其中。又还河间买田宅，起第观。明年，遂使钩盾令宋典缮修南宫玉堂。又使掖庭令毕岚铸铜人四，列于苍龙、玄武阙。又铸四钟，皆受二千斛，县于玉堂及云台殿前。又铸天禄虾蟆，吐水于平门外桥东，转水入宫。又作翻车、渴乌，① 施于桥西，用洒南北郊路。《注》：翻车，设机车以引水。渴乌，为曲筒，以气引水上也。帝本侯家，宿贫，每叹桓帝不能作家居，故聚为私藏，复藏寄小黄门、常侍钱各数千万。常云："张常侍是我父，赵常侍是我母。"张让、赵忠。宦官得志，无所惮畏，并起第宅，拟则宫室焉。《宦者张让赵忠传》。案灵帝即位，年仅十二，安能忆为侯时之贫？此宦官欲自聚敛，而委过于君也。根柢之深固如此，非用兵力，固不能划除矣。

---

① 工业：灵帝作翻车、渴乌。

第六节　后汉中叶后外患

自北匈奴亡后，南匈奴及乌桓，居皆近塞，而鲜卑徙居北匈奴故地，势渐张。明、章、和三世，乌桓保塞无事，鲜卑则或降或畔，然患亦未甚。安帝永初以后，乌桓、鲜卑，始多反畔。辽西鲜卑其至鞬尤强。自永宁至阳嘉，迄为边患。其至鞬死，寇盗乃稍希。南匈奴单于檀，弟乌稽尸逐鞬单于拔，安帝延光三年立四年薨。弟去特若尸逐就单于休利，顺帝永建三年立。永和五年，左部句龙王、吾斯、车纽等叛，立车纽为单于东引乌桓，西收羌戎，及诸胡数万人，寇掠并、凉、幽、冀四州。中国至徙西河治离石，汉县，今山西离石县。上郡治夏阳，汉县，今陕西韩城县南。朔方治五原以避之。中郎将陈龟，以单于不能制下，逼迫之。单于及其弟左贤王皆自杀。兜楼储先在京师，立之，是为呼兰尸逐就单于。车纽降。中郎将马寔募刺杀吾斯，击其余党，平之。兜楼储立五年薨，伊陵尸逐就单于居车儿，桓帝建和元年立。延熹元年，南单于诸部并畔。遂与乌桓、鲜卑寇缘边九郡。以张奂为北中郎将讨之。诸部悉降。单于居车儿薨，子屠特若尸逐就单于某，《注》云：凡言某者，史失其名。又云：某即是其名。盖并存两说。熹平元年立。时鲜卑有檀石槐者，勇健有智略，部落畏服。乃施法禁，平曲直，无敢犯者。遂推以为大人。立庭于弹汗山歠仇水上，去高柳北三百余里。高柳，汉县，见第六章第四节。兵马甚盛。东西部大人皆归焉。因南抄缘边，北拒丁零，东却夫余，西击乌孙，尽据匈奴故地。东西万四千余里。网罗山川、水泽、盐池。乃自分其地为三部：从右北平东至辽东，接夫余、濊貊二十余邑为东部。从右北平以西至上谷十余邑为中部。从上谷以西至敦煌、乌孙二十余邑为西部。各置大人主领之。灵帝立，幽、并、凉三州缘边诸郡，无岁不被寇钞，杀掠不可胜数。熹平三年冬，夏育迁护乌桓校尉。六年，秋，请征幽州诸郡兵出塞击之。一冬二春，必能破灭。朝廷未许。先是护羌校尉田晏坐事论刑被原，欲立功自效。乃请中常侍王甫，求得为将。甫因此议遣兵与育并力讨贼。帝乃拜晏为破鲜卑中郎将，大臣多有不同。乃召百官议朝堂。议郎蔡邕言其不可。帝不从。遂遣育出高柳，晏出云中，匈奴中郎将臧旻率南单于出雁门。各将万骑，出塞二千余里。檀石槐命三部大人各率众逆战，育等大败，丧其节传辎重，各将数千骑奔还，死者十七八。三将槛车征下狱，赎为庶人。案蔡邕之议，谓"自匈奴遁逃，鲜卑强盛，据其故地，称兵十万。才力劲健，意智益生。加以关塞不严，禁网多漏。精金良铁，皆为贼有。汉人逋逃，为之谋主。兵利马疾，过于匈奴"。盖是时之鲜卑，业已统一漠北，代匈奴而兴矣。然其部落程度究浅，结合不固。光和中，檀石槐死，子和连代立。才力不及父，性贪淫，断法不平，众畔者半。出攻北地，廉人善弩射者射中之，即死。廉，汉县，今甘肃固原县东北。其子骞曼年小，兄子魁头立。后骞曼长大，与之争国，众遂离散焉。乌桓大人：灵帝初，上谷有难楼，九千余落，辽西有丘力居，五千余落；皆自称王。又辽东苏仆延，众千余落，自称峭王。右北平乌延，众八百余落，自称汗鲁王。并勇健而多计策。中平四年，前中山大守张纯畔，入丘力居众中，自号弥天安定王。遂为诸郡乌桓元帅。寇掠青、徐、幽、冀四州。五年，以刘虞为幽州牧。虞购募斩纯首，北州乃定。匈奴单于某，以击檀石槐之年薨。子呼征，光和元年立。二年，中郎将张脩与单于不相能，脩擅斩之，更立右贤王羌渠。脩以擅杀，槛车征诣廷尉抵罪。张纯畔，诏发南匈奴兵配刘虞讨之。单于遣左贤王将骑诣幽州。国人恐单于发兵无已，五年，右部醢落与休着各胡白马铜等十余万人反，攻杀单于。子持至尸逐侯单于于扶罗，中平五年立。国人杀其父者遂畔，共立须卜骨都侯为单于。于扶罗诣阙自讼。会灵帝崩，天下大乱。单于将数千骑与白波贼合，见第七节。寇河内诸郡。时民皆保聚，钞掠无利，而兵遂挫伤。复欲归国，国人不受，乃止河东。须卜骨都侯为单于一年而死。南庭遂虚其位，以老王行国事焉。

西域：《后汉书》云："自阳嘉以后，朝威稍损，诸国骄放，转相陵伐。元嘉二年，长史王敬为于寘所没；永兴元年，车师后王复反攻屯营；虽有降首，曾莫惩革，自此浸以疏慢矣。"盖其失驭，亦在桓、灵之世也。顺帝永建四年，于寘王放前杀拘弥王兴，自立其子为拘弥王，而遣使者贡献于汉。敦煌大守徐由上求讨之。帝赦于寘罪，令归拘弥国。放前不肯。阳嘉元年，徐由遣疏勒王臣槃发二万人击于寘破之。更立兴宗人成国为拘弥王而还。桓帝元嘉元年，长史赵评在于寘病痈死。评子迎丧，道经拘弥。成国与于寘王建素有隙，乃语评子云："于寘王令胡医持毒药着创中，故致死耳。"评子信之。还入塞，以告敦煌大守马达。明年，以王敬代为长史。达令敬隐核其事。敬先过拘弥，成国复说云："于寘人欲以我为王。今可因此罪诛建，于寘必服矣。"敬贪立功名，且受成国之说，前到于寘，设供具请建，杀之。于寘侯将输燹等会兵攻杀敬。输燹欲自立，国人杀之，而立建子安国。马达闻之，欲将诸郡兵出塞击于寘。桓帝不听，征达还，而以宋亮为敦煌大守。亮到，开募于寘，令自斩输燹。时输燹死已经月，乃断死人头送敦煌，而不言其状。亮后知其诈，而竟不能出兵。于宾恃此遂骄。灵帝熹平四年，安国攻拘弥，大破之，杀其王，死者甚众。戊己校尉、西域长史各发兵辅立拘弥侍子定兴为王，人众裁千口耳。

车师之势，与北匈奴甚逼。顺帝阳嘉三年，车师后部司马率加特奴等千五百人掩击北匈奴于阊吾陆谷。坏其庐落，斩数百级。获单于母、季母及妇女数百人，牛、羊十余万头，车千余两，兵器、什物甚众。四年，春，北匈奴呼衍王率兵侵后部。帝以车师六国，接近北虏，为西域蔽扞，乃令敦煌大守发诸国兵及玉门关候、伊吾司马合六千三百骑救之。掩击北虏于勒山，汉军不利。秋，呼衍王复将二千人攻后部，破之。桓帝元嘉元年，呼衍王将三千余骑寇伊吾。伊吾司马毛恺遣吏兵五百人于蒲类海东与战，悉为所没。呼衍王遂攻伊吾屯城。夏，遣敦煌大守司马达将敦煌、酒泉、张掖属国吏士四千余人救之。至蒲类海，呼衍王引去。永兴元年，后部王阿罗多与戊部候严皓不相得，反畔。攻围汉屯田且固城，杀伤吏士。后部候炭遮领余人叛阿罗多，诣汉吏降。阿罗多迫急，将其母、妻子，从百余骑亡走北匈奴中。敦煌大守宋亮上立后部故王军就质子卑君为后部王。后阿罗多复从匈奴中还，与卑君争国，颇收其国人。戊校尉阎详虑其招引北虏，将乱西域，乃开信告示，许复为王。阿罗多乃诣详降。于是收夺所赐卑君印绶，更立阿罗多为王。仍将卑君还敦煌，以后部三百帐别役属之，食其税。

安帝元初中，疏勒王安国以舅臣磐有罪，徙于月氏。月氏王亲爱之。后安国死，无子，母持国政，与国人共立臣磐弟子遗腹为疏勒王。臣磐闻之，请月氏王曰："安国无子，种人微弱。若立母氏，我乃遗腹叔父也。我当为王。"月氏乃遣兵送还。疏勒国人素敬爱臣磐，又畏惮月氏，即共夺遗腹印绶，迎臣磐，立为王。后莎车连畔于寘，属疏勒，疏勒以强，与龟兹、于寘为敌国。顺帝永建二年，臣磐遗使奉献。帝拜臣磐为汉大都尉。五年，臣磐遣侍子与大宛、莎车使俱诣阙贡献。阳嘉二年，臣磐复献师子、封牛。至灵帝建宁元年，疏勒王汉大都尉疏勒王仍膺汉大都尉之号，而佚其名。本疏勒王下或有与字，非是。于猎中为其季父和得所射杀。和得自立为王。三年，凉州刺史孟佗遣从事任涉将敦煌兵五百人，与戊己司马曹宽，西域长史张晏将焉耆、龟兹、车师前后部合三万余人讨疏勒。攻桢中城，四十余日，不能下，引去。其后疏勒王连相杀害，朝廷亦不能禁。

以上皆诸国疏慢之由也。后汉再定西域，未设都护，故其威严不逮前汉，盖屯田校尉秩卑而无威，敦煌大守势远而不及，不如中西域而立幕府者之便于制驭也。班超久居西域，信使几通大秦，班勇继立大功，葱岭以西遂绝，职是故也。然汉通西域，本为扞御匈奴。车师之守既坚，呼衍王终难得志，已足扞河西而休边氓矣。自此以西，于中国本无大利害，劳师务远，实为非计。则后汉之于西域，或转较前汉为得策也。①

第七节 后汉中叶后内乱

后汉自邓后以女主御宇，朝政不纲，吏治废弛，伏莽之祸，即已潜滋。岁月浸淫，终不能绝。至灵帝之世，遂一发而不可收拾矣。所谓履霜坚冰，其所由来者渐也。安帝永初三年，七月，海贼张伯路等寇掠缘海九郡。遣侍御史庞雄督州郡兵讨破之。伯路等乞降。寻复屯聚。明年，伯路复与渤海、平原剧贼刘文河、周文光等攻厌次，后汉县，在今山东阳信县东南。转入高唐，汉县，今山东禹城县西南。党众浸盛。遣御史中丞王宗发幽、冀诸郡兵，征法雄为幽州刺史，并力讨之。至五年乃平。时百姓流亡，盗贼并起。郡县更相饰匿，莫肯纠发。尚书陈忠上疏曰："臣窃见元年以来，盗贼连发。攻亭劫掠，多所伤杀。夫穿窬不禁，则致强盗；强盗不断，则为攻盗；攻盗成群，必生大奸。故亡逃之科，宪令所急，至于通行饮食，罪致大辟。而顷者以来，莫以为忧。州郡督录怠慢，长吏防御不肃。皆欲采获虚名，讳以盗贼为负。虽有发觉，不务清澄。至有逞威滥怒，无辜僵仆。或有踯躅比伍，转相赋敛。或随吏追赴，周章道路。是以盗发之家，不敢申告；邻舍比里，共相压迮。或出私财，以偿所亡。其大章著不可掩者，乃肯发露。陵迟之渐，遂且成俗。寇攘诛咎，皆由于此。前年勃海张伯路，可为至戒。"读此，可知盗贼之所由来矣。

顺帝阳嘉元年，二月，海贼曾旌等寇会稽，杀句章、见第三章第七节。鄞、汉县，今浙江奉化县东。鄮汉县，今浙江鄞县东。三县长。攻会稽东

---

① 四夷：后汉于西域视前汉为得策。

部都尉。三月，扬州六郡妖贼章河等寇四十九县，杀伤长吏。三年，三月，益州盗贼劫质令长，杀列侯。永和二年，七月，九真、交阯二郡兵反。八月，江夏盗贼杀邾长。*邾，汉县，见第一章第二节。*三年，四月，九江贼蔡伯流寇郡界及广陵，杀江都长。*江都，汉县，今江苏江都县西南。*闰月，蔡伯流等率众诣徐州刺史应奉降。五月，吴郡丞羊珍反，攻郡府。大守王衡破斩之。永和中，荆州盗贼起，弥年不定。以李固为刺史，固到，遣吏劳问境内，赦寇盗前衅，与之更始。于是贼帅夏密等，敛其魁党，六百余人，自缚归首。固皆原之，遣还，使自相招集。半岁间，余类悉降。州内清平。汉安元年，广陵盗贼张婴等寇郡县，积十余年，是岁，诣大守张纲降。建康元年，三月，南郡、江夏盗贼寇掠城邑，州郡讨平之。八月，扬、徐盗贼范容、周生等寇掠城邑，遣御史中丞冯绲*本纪误作赦，此依《滕抚传》。*督州郡兵讨之。九月，扬州刺史尹耀、九江大守邓显讨范容等于历阳，*秦县，今安徽和县。*军败，为贼所杀。十一月，九江盗贼徐风、马勉等复寇郡县。*风称无上将军，依《滕抚传》。《本纪》：徐风、马勉等称无上将军，疑有夺字。*十二月，九江贼黄虎等攻合肥。冲帝永嘉元年，正月，张婴等复反，攻杀堂邑、*汉县，今江苏六合县北。*江都长。徐风攻杀曲阳、*后汉侯国，今江苏东海县西南。*东城长。*见第一章第三节。*三月，马勉称皇帝。九江都尉滕抚讨马勉、范容、周生，大破斩之。四月，丹阳贼陆官等围城，烧亭寺。*丹阳，汉郡，治宛陵，今安徽宣城县。*大守江汉击破之。五月，下邳人谢安应募击徐风等，斩之。七月，庐江盗贼攻浔阳、盱眙。滕抚遣司马王章击破之。十一月，中郎将滕抚*抚时拜中郎将，督扬、徐二州事。*击张婴，破之。历阳贼华孟自称黑帝，攻杀九江大守杨岑，滕抚率诸将击破斩之。于是东南悉平，振旅而还。时天下饥馑，帑藏空虚。每出征伐，常减公卿奉禄，假王侯租赋。前后所遣将帅，宦官辄陷以折耗军资，往往抵罪。抚性方直，不交权势，宦官怀忿，及论功赏，当封，大尉胡广时录尚书事，承旨奏黜抚，天下怨之。据《冯绲滕抚传》。宦官之祸汉，可谓深矣。

桓帝建和二年，十月，长平陈景自号黄帝子，长平，汉县，在今河南西华县东北。黄帝子，依商务印书馆百衲本，今本或作皇。署置官属；又南顿管伯，亦称真人；南顿，汉县，在今河南项城县北。并图举兵，悉伏诛。和平元年，十二月，扶风妖贼裴优自称皇帝，伏诛。永兴二年，闰九月，蜀郡李伯诈称宗室当立，为大初皇帝，伏诛。十一月，泰山、琅邪贼公孙举等反叛，杀长吏。永寿二年，七月，中郎将段颎讨破斩之。据《颎传》，贼首尚有东郭窦。延熹三年，九月，泰山、琅邪贼劳丙等复叛，寇掠百姓。遣御史中丞赵某持节督州郡讨之。四年，十月，南阳黄武与襄城惠得、襄城，秦县，见第一章第一节。昆阳乐季言相署托皆伏诛。五年，四月，长沙贼起，寇桂阳、苍梧。五月，长沙、零陵贼起，攻桂阳、苍梧、南海、交阯。遣御史中丞盛脩督州郡讨之，不能克。豫章艾县人六百余，艾县，在今江西修水县西。应募而不得赏直，遂反。八月，焚烧长沙郡县，寇益阳，汉县，今湖南益阳县。杀令。又遣谒者马睦，督荆州刺史刘度击之。军败。乃擢右校令度尚为荆州刺史。尚躬率部曲，与同劳逸。广募杂种诸蛮夷，明设购赏。进击，大破之。桂阳宿贼渠帅卜阳、潘鸿等徙入山谷。尚穷追入南海，破平之。出兵三年，群寇悉定。六年，七月，桂阳盗贼李研等寇郡界。大尉杨秉表陈球为零陵大守。球到，设方略，期月间，贼虏消散。而荆州兵朱盖等征戍久，财赏不赡，忿恚，八年，五月，复作乱。与桂阳贼胡兰攻没郡县，转寇零陵。陈球固守。复以度尚为中郎将，与长沙大守抗徐等击破斩之。九月，渤海妖贼盖登等称大上皇帝，皆伏诛。九年，正月，沛国戴异得黄金印，无文字。遂与广陵人龙尚等共祭，并作符誓，称大上皇。伏诛。永康元年，五月，庐江贼起，寇郡界。灵帝建宁三年，冬，济南贼起，攻东平陵。汉县，在今山东历城县东。熹平元年，十一月，会稽妖贼许昭起兵句章，自称大将军，立其父生为越王，寇郡县。遣扬州刺史臧旻，丹阳大守陈夤讨破之。三年，十一月，破平之，获昭父子。斩生。兼据《本纪》及《臧洪传》。至中平元年，而黄巾起矣。

初，巨鹿张角，自称大贤良师。奉事黄、老道。畜养弟子，跪拜首过，符水咒说以疗病，病者颇愈，百姓信乡之。角因遣弟子八人，使于四方，转相诳惑。十余年间，众徒数十万。青、徐、幽、冀、荆、扬、兖、豫八州之人，莫不毕应。遂置三十六方。方犹将军号也。大方万余人，小方六七千。各立渠帅。讹言苍天已死，黄天当立。岁在甲子，天下大吉。以白土书京城寺门及州郡官府，皆作甲子字。中平元年，大方马元义等先收荆、扬数万人，期会发于邺。元义数往来京师，以中常侍封谞、徐奉等为内应。约以三月五日，内外俱起。未及作乱，角弟子济南唐周上书告之。① 于是车裂元义于洛阳。角等知事已露，晨夜驰敕诸方，一时俱起。皆着黄巾为标帜。时人谓之黄巾，亦名为蛾贼。《注》：喻贼众多。角称天公将军，角弟宝称地公将军，宝弟梁称人公将军。所在燔烧官府，劫略聚邑。州郡失据，吏多逃亡。旬日之间，天下响应，京师震动。《后汉书·皇甫嵩传》。拜卢植为北中郎将，持节，以护乌桓中郎将宗员副，将北军五校士，发天下诸郡兵征之。连战破贼。角等走保广宗。后汉县，今河北威县东。植筑围凿堑，造作云梯，垂当拔之。帝遣小黄门左丰诣军观贼形势。或劝植以赂送丰，植不肯。丰还，言于帝曰："广宗贼易破耳，卢中郎固垒息军，以待天诛。"帝怒，遂槛车征植。拜董卓为东中郎将，代植。败于下曲阳。汉县，今河北晋县西。时皇甫嵩为左中郎将，持节，与右中郎将朱俊共发五校、三河骑士，及募精勇，合四万余人，共讨颍川黄巾。后又遣骑都尉曹操将兵往，大破之。乘胜进讨汝南、陈国黄巾，三郡悉平。进击东郡，诏嵩讨角。嵩与角弟梁战于广宗，斩梁。角先以病死，乃剖棺戮尸，传首京师。嵩复与巨鹿太守郭典攻角弟宝于下曲阳，斩

---

① 史事：黄巾之乱，中常侍与通声气。卢植不克，董卓败绩，角先病死，乃平。俱起者众，久之不平。公孙瓒欲拥黑山之众，青州兵出黄巾，遭赦不悔，简别流人。

之。时选拜王允为豫州刺史，讨击黄巾别帅，大破之。与嵩、俊等受降数十万。南阳黄巾张曼成起兵，称神上使，众数万，杀郡守褚贡。后大守秦颉击杀曼成。贼更以赵弘为帅，众浸盛，遂十余万。据宛城。俊与荆州刺史徐璆及秦颉合兵围弘。自六月至八月，不拔。有司奏欲征俊，司空张温上疏，帝乃止。俊因急击弘，斩之。贼帅韩忠复据宛。俊破之，忠降。秦颉积忿忠，杀之。余众惧不自安，复以孙夏为帅，还屯宛中。俊急攻之，夏走。贼遂解散。案张角似本无大略，徒以托妄诱惑；又起兵未久即死；其徒党亦无能用其众者；故旋即摧破。然《三国志·张燕传注》引《九州春秋》曰："张角之反也，黑山、白波、黄龙、左校、牛角、五鹿、羝根、苦蝤、刘石、平汉、大洪、司隶、缘城、罗市、雷公、浮云、飞燕、白爵、杨凤、于毒等各起兵，大者二三万，小者不减数千。灵帝不能讨。乃遣使拜杨凤为黑山校尉，领诸山贼。得举孝廉计吏。后遂弥漫，不可复数。"《注》又引《典略》曰："黑山、黄巾诸帅，本非冠盖，自相号字，谓骑白马者为张白骑，谓轻捷者为张飞燕，谓声大者为张雷公，其饶须者则自称于羝根，其眼大者自称李大目。"又引张璠《汉记》云："又有左校、郭大贤、左髭丈八三部也。"《后书·朱俊传》末叙述诸寇，略同此注，而又小有异同。则黄巾虽平，与黄巾并起者，初未能平矣。且所破黄巾，亦仅大股。其余党蔓衍，及以黄巾自号者，实不可胜数。《后汉书·灵帝纪》：中平五年，二月，黄巾余贼郭大等起于西河白波谷，在今山西汾城县东南。是白波贼实黄巾也。八月，汝南葛陂在今河南新蔡县北。黄巾攻没郡县。六月，益州黄巾马相攻杀刺史郗俭。十月，青、徐黄巾复起，寇郡县。《献帝纪》：初平二年，十一月，青州黄巾寇泰山，大守应劭击破之。转寇渤海，公孙瓒与战于东光，侯国，今河北东光县东。复大破之。三年，四月，青州黄巾击杀兖州刺史刘岱于东平。今山东东平县。东郡大守曹操大破黄巾于寿张，降之。建安十二年，十月，黄巾贼杀济南王赟。《三国·魏志·夏侯渊传》，有济南、乐安黄巾徐和、司马俱等，攻城杀长吏。《何夔传》：夔迁长广大守，长广，在今山东莱阳县境。郡滨山海，黄巾未平，豪桀多背叛，袁谭就加以官位。《蜀志·先主传》：曹公与袁绍相拒于官渡，汝南黄巾刘辟等叛曹公应绍。《魏志·于禁传》云：从征黄巾刘辟、黄邵等。《吴志·大史慈传》：孔融为北海相，以黄巾寇暴，出屯都昌，汉县，在今山东昌邑县西。为管亥所围。《张昭传注》引《吴书》，言权每出征，留昭镇守，领幕府事。后黄巾贼起，昭讨平之。《朱治传》言治佐定东南，禽截黄巾余类陈败、万秉等。则黄巾余党，实历时甚久，蔓延且及吴、蜀，而中原无论矣。《后汉书·杨震传》：张角等执左道，称大贤，以诳耀百姓。天下襁负归之。赐时在司徒，召掾刘陶告曰："张角等遭赦不悔，而稍益滋蔓。今若下州郡捕讨，恐更骚扰，速成其患。且欲切敕刺史二千石：简别流人，各护归本郡，以孤弱其党，然后诛其渠帅，可不劳而定，何如？"陶对曰："此孙子所谓不战而屈人之兵，庙胜之渐也。"赐遂上书言之。会去位，事留中。《刘陶传》：陶与奉车都尉乐松、议郎袁贡连名上疏曰："今张角支党，不可胜计。前司徒杨赐奏下诏书，切敕州郡，护送流民。会赐去位，不复捕录。虽会赦令，而谋不解散，四方私言：云角等窃入京师，觇视朝政；鸟声兽心，私共鸣呼。州郡忌讳，不欲闻之，但更相告语，莫肯公文。宜下明诏：重募角等，赏以国土。有敢回避，与之同罪。"帝殊不悟，方诏陶次《春秋条例》。明年，张角反乱。然则致乱之原，实由人民之流离失所，护送流民，购募魁首，已不足云曲突徙薪之计，犹不失为先声夺人之图，而在下者讳不肯言，在上者漫不加察，遂至一朝横决，莫之能御，泄沓壅蔽之祸，可胜叹哉？王允之受降也，于贼中得张让宾客书疏，与黄巾交通，允具发其奸，以状闻。灵帝责怒让，竟不能罪之。而让怀挟忿怒，以事中允。明年，遂传下狱。会赦还复刺史，旬日间，复以它罪被捕。大将军何进、大尉袁隗、司徒杨赐共上疏请之，乃得以减死论。是冬大赦，而允独不在宥。三公咸复为言。至明年，乃得解释。是时宦者横暴，睚眦触死。允惧不免，乃变易名姓，转侧河南、陈留间。纲纪若此，复何言哉？

　　后汉之世，凉州丧乱久，其民风气本强悍，又习于兵，而国家控制之力，有所不及，故灵帝末年，海内云扰，他方皆旋告戡定，惟凉州则历久不能平。中平元年，冬，北地先零羌及枹罕、河关群盗反叛。后汉北地郡，治富平。在今宁夏灵武县西南。枹罕县今甘肃导河县。河关县在今导河县西。共立义从胡北官伯玉、李文侯为将军。杀护羌校尉伶征。伯玉等乃劫致金城人边章、韩遂，使专任军政。章本名允，遂本名约，见《后书·董卓传注》引《献帝春秋》。共杀金城大守陈懿、后汉金城郡，治允吾，在今甘肃皋兰县西北。攻烧州郡。明年，春，将数万骑入寇三辅，侵逼园陵。托诛宦官为名。时征发广，司徒崔烈以为宜弃凉州。诏会公卿百官。议郎傅燮执不可，乃已。以车骑将军皇甫嵩讨之，中郎将董卓为副。初，嵩讨张角，路由邺，见中常侍赵忠舍宅逾制，乃奏没入之。又中常侍张让，私求钱五千万，嵩不与。二人由此为憾，奏嵩连战无功，所费者多。其秋征还。而边章、韩遂等大盛。时贼所署将帅，多段颎时吏，晓习战陈，识知山川，见《刘陶传》。以司空张温为车骑将军，假节。执金吾袁滂为副，拜董卓为破虏将军，与荡寇将军周慎，并统于温，并诸郡兵步骑合十余万，屯美阳以卫园陵。美阳，汉县，今陕西武功县西南。章、遂亦进兵美阳。十一月，卓与右扶风鲍鸿等并兵破之。章、遂走榆中。汉县，今甘肃榆中县西北。温遣周慎将三万人追讨，不克。三年，冬，征温还京师。韩遂乃杀边章及伯玉、文侯。《三国志·魏武帝纪》建安二十年《注》引《典略》谓章病卒。拥兵十余万，进围陇西。今甘肃临洮县东北。大守李相如反，与遂连和。汉阳王国，自号合众将军，与遂合。凉州刺史耿鄙率六郡兵讨国、遂，汉阳大守傅燮，以边兵多勇，而新合之众，上下未知，劝止之。不从。行至狄道，果有反者，害鄙。贼遂进围汉阳。燮战殁。鄙司马扶风马腾《三国·蜀志·马超传注》引《典略》曰：腾字寿成，马援后也。桓帝时，其父字子硕，尝为天水兰干尉。后失官，因留陇西，与羌错居。家贫无妻，遂娶羌女，生腾。腾少贫无产业，常从鄣山中斫材木负贩诣城市以自供给。腾为人长八尺余，身体洪大，面鼻雄异，而性贤厚，人多敬之。灵帝末，凉州刺史耿鄙信任奸吏，民王国等及氐、羌反叛，州郡募发民中有勇力者欲讨之。腾在募中，州郡异之，署为军行事，典领部众，讨贼有功，拜军司马。拥兵反叛，共推王国为主。寇掠三辅。五年，围陈仓。汉县，今陕西宝鸡县东。复拜皇甫嵩为左将军，董卓为前将军，各率二万人拒之。嵩以陈仓守固，不进。国围陈仓，自冬迄春，八十余日，不能拔。疲敝，解去。嵩进击，大破之。国走死。此据《皇甫嵩传》。《董卓传》云：韩遂等共废国。韩遂等劫故信都令汉阳阎忠，使督统诸部。忠感恚病死。遂等稍争权利，更相杀害，其诸部曲，并各分乖，一时不能为大害，然凉州一隅，遂同化外，而西征诸将，且倒戈而为中枢之患矣。

第九章
后汉乱亡

第一节　何进之败

灵帝崇信宦官。士大夫如蔡邕，邕以灾异被诏问，对言乳母赵娆、永乐门史霍玉及程大人等，为曹节所窃见，事遂漏露。初，邕与司徒刘郃素不相平，叔父卫尉质又与将作大匠杨球有隙，球即中常侍程璜女夫也，璜遂使人飞章言邕、质数以私事请托于郃，郃不听，邕含隐切，志欲相中。于是下邕、质洛阳狱，劾弃市。中常侍吕强愍邕无罪，请之。有诏减死一等，与家属徙朔方，不得以赦令除。杨球使客追路刺邕，客感其义，皆莫为用。球又赂其部主，使加毒害，所赂者反以其情戒邕，故每得免焉。邕前在东观，与卢植、韩说等撰补《后汉记》。会遭事流离，不及得成，因上书自陈，奏其所著《十意》。帝嘉其才高。会明年大赦，乃宥邕归本郡。将还就路，五原大守王智饯之。酒酣，智起舞，属邕，邕不为报。智者，中常侍王甫弟也，素贵骄，惭于宾客，诟邕曰："徒敢轻我？"邕拂衣而去。智衔之。密告邕怨于囚放，谤讪朝廷。内宠恶之。邕虑卒不免，乃亡命江海，积十二年，灵帝崩，董卓为司空，闻邕名高，乃辟之。宦官中之贤者如吕强等，强上疏论采女众多，纵情土木，外戚、中官奢僭之害，又言多蓄私藏及选举专任尚书之非，语极切直。黄巾起后，帝问强所宜施行。强欲先诛左右贪浊者，大赦党人，料简刺史、二千石能否。帝纳之。乃先赦党人。中常侍赵忠、夏恽等共构强。帝使中黄门持兵召强，强自杀。皆为所陷。张角叛后，刘陶、张钧仍以言宦官见杀。陶为谏议大夫，上疏陈八事，大较言天下大乱，皆由宦官。宦官事急，共谮陶曰："州郡不上，陶何由知？疑陶与贼通情。"于是收陶下黄门北寺狱，掠按日急，陶闭气而死。钧为郎中，上书言"张角所以能兴兵作乱，万民所以乐附之者，皆由十常侍多放父兄子弟，婚亲宾客，典据州郡，辜榷财利，侵掠百姓。宜斩十常侍，县头南郊，以谢百姓。又遣使者布告天下，可不须师旅而大寇自消"，帝怒曰："此真狂子也，十常侍固当有一人善者否？"钧复重上，犹如前章。辄寝不报。诏使廷尉、侍御史考为张角道者。御史承张让等旨，遂诬奏钧学黄巾道，收掠死狱中。时又有陈耽者，为司徒。光和五年，诏公卿以谣言举刺史、二千石为民蠹害者。大尉许馘、司空张济，承望内官，受取货赂，其宦者子弟、宾客，虽贪污秽浊，皆不敢问，而虚纠边远小郡清修有惠化者二十六人。吏民诣阙陈诉。耽与议郎曹操言之。帝以让馘、济。诸坐谣言征者，悉拜议郎。宦官怨之。遂诬陷耽，死狱中。亦见《刘陶传》。张钧事见《宦者张让传》。将帅中如傅燮、燮为护军司马，与皇甫嵩俱讨张角。燮素疾中官，既行，因上疏言天下之祸，不由于外，皆兴于内。宦者赵忠见而忿恶。及破张角，燮功多，当封，忠诉谮之. 帝犹识燮言，得不加罪，竟亦不封。顷之，忠为车骑将军。诏忠论讨黄巾之功。执金吾甄举等谓忠曰："今将军亲当重任，宜进贤理屈，以副众心。"忠纳其言，遣弟致殷勤，燮正色拒之。忠愈怀恨，遂出为汉阳大守。卢植、皇甫嵩等，亦皆以不事宦官遭挫折。甚至如王允，业已得宦官交通黄巾之迹，而反以获罪。其时握兵者，盖勋、刘虞、袁绍等谋诛宦官而未成。勋拜讨房校尉，与刘虞、袁绍同典禁兵。勋谓虞、绍曰：吾仍见上，上甚聪明，但拥蔽于左右耳。若共并力诛嬖幸，然后征拔英俊，以兴汉室，功遂身退，不亦快乎？虞、绍亦素有谋，因相连结。未及发，而司隶校尉张温举勋为京兆尹。帝方欲延接勋，而塞硕等心惮之，并劝从温奏，遂拜京兆尹。张玄又以劝张温。玄，霸孙。中平二年，温出征凉州贼。玄要说温曰："闻中贵人公卿以下，当出祖道于平乐观，若于中坐酒酣，鸣金鼓，整行陈，召军正，执有罪者诛之，引兵还屯都亭，以次翦除中官，解天下之倒县，报海内之怨毒，然后显用隐逸忠正之士，则边章之徒，宛转股掌之上矣。"温闻，大震，不能对。阎忠则竟说皇甫嵩征兵以诛宦官，然后南面称制。事在嵩平黄巾后，见《嵩传》。温、嵩皆无大略，不敢行，然海内之绝望于朝廷，则可见矣。顾虑名义者，莫敢为非常之举，而暴戾恣睢者，乃乘之而起。

灵帝母孝仁董皇后，窦氏诛之明年，迎至京师。窦大后崩，始与朝政。使帝卖官求货，自纳金钱，盈满堂室。中平五年，以后兄子卫尉修侯重为骠骑将军，领兵千余人。《徐璆传》：迁荆州刺史。时董大后姊子张忠为南阳大守，因势放滥，臧罪数亿。璆临当之郡，大后遣中常侍以忠属璆。璆对曰："臣身为国，不敢闻命。"大后怒，遽征忠为司隶校尉，以相威临。璆到州，举奏忠臧余一亿，使冠军县上簿诣大司农，以彰暴其事。又奏五郡大守及属县有臧污者，悉征案罪。威风大行。中平元年，与朱俊击黄巾于宛，破之。张忠怨璆，与诸阉宫构造无端，璆璎遂以罪征。灵帝宋皇后无宠，后宫幸姬，众共谮毁。初，中常侍王甫枉诛渤海王悝及妃宋氏。妃即后之姑也，甫恐后怨之，乃与大中大夫程阿共构言皇后挟左道祝诅，帝信之。光和元年，遂策收玺绶。后自致暴室，以忧死。父兄及弟并被诛。灵思何皇后，家本屠者，以选入掖庭，生皇子辩，养于史道人家，[①] 号曰史侯。《注》引《献帝春秋》曰：灵帝数失子，不敢正名，养道人史子眇家，号曰史侯。拜后为贵人。光和三年，立为皇后。四年，王美人生皇子协。后酖杀美人。帝大怒，欲废后。诸宦官固请得止。董大后自养协，号曰董侯。中平元年，张角起，以后兄进为大将军，率左右羽林五营士屯都亭，修理器械，以镇京师。张角别党马元义谋起洛阳，进发其奸，以功封慎侯。四年，荥阳数千人群起攻烧郡县，杀中牟县令。今河南中牟县东。诏使进弟河南尹苗出击之，平定而还。拜为车骑将军，封济阳侯。五年，天下滋乱，望气者以为京师当有大兵，两宫流血。大将军司马许凉、假司马伍宕说进曰："大公《六韬》有天子将兵事，可以威厌四方。"进以为然，入言之于帝。于是乃诏进大发四方兵，讲武于平乐观。天子亲出临军。诏使进悉领兵屯于观下。是时置西园八校尉：以小黄门蹇硕为上军校尉，虎贲中郎将袁绍为中军校尉，屯骑都尉鲍

---

① 宗教：史道人。

鸿为下军校尉，议郎曹操为典军校尉，赵融为助军校尉，淳于琼为佐军校尉，又有左右校尉。帝以蹇硕壮健而有武略，特亲任之，以为元帅，督司隶校尉以下，虽大将军亦领属焉。硕虽擅兵于中，而犹畏忌于进，乃与诸常侍共说帝，遣进西击边章、韩遂。帝从之。进阴知其谋，乃上遣袁绍东击徐、兖二州，须绍还即戎事，以稽行期。初，群臣请立大子，帝以辩轻佻无威仪，不可为人主，然皇后有宠，且进又居重权，故久不决。六年，帝疾笃，属协于蹇硕。帝崩，硕时在内，欲先诛进而立协。及进从外入，硕司马潘隐与进有旧，迎而目之。进惊，驰从儳道归营，引兵入屯百郡邸。因称疾不入。硕谋不行。皇子辩乃即位。何大后临朝。进与大傅袁隗辅政，录尚书事。进素知中官天下所疾，兼忿蹇硕图己，阴规诛之。袁绍亦素有谋，因进亲客张津劝之。进然其言。又以袁氏累世宠贵，海内所归，而绍素善养士，能得豪杰用，其从弟虎贲中郎将术，亦尚气侠，故并厚待之。因复博征智谋之士庞纪、何颙、荀攸等，与同腹心。蹇硕疑不自安，与中常侍赵忠书曰："大将军兄弟，秉国专朝，今与天下党人谋诛先帝左右，扫灭我曹。但以硕典禁兵，故且沈吟。今宜共闭上合，急捕诛之。"中常侍郭胜，进同郡人也，大后及进之贵幸，胜有力焉，故胜亲信何氏。遂共赵忠等议，不从硕计，而以其书示进。进乃使黄门令收硕诛之，因领其屯兵。董重与进权势相害。董后每欲参干政事，大后辄相禁塞。董后忿恚，詈言曰："汝今辀张，怙汝兄邪？当敕骠骑断何进头来。"大后闻，以告进。进与三公及弟车骑将军苗奏蕃后故事不得留京师，请迁宫本国。奏可。进遂举兵围骠骑府收重，重自杀。董后忧怖，疾病，暴崩。袁绍复说进，且言不宜轻出入宫省。进甚然之。乃称疾不入陪丧，又不送山陵。遂与绍定筹策，而以其计白大后。大后不听。进难违大后意，且欲诛其放纵者。绍以为今不悉废，后必为患。而大后母舞阳君及苗，数受诸宦官赂遗，知进欲诛之，数白大后，为其障蔽。又言大将军专杀左右，擅权以弱社稷。大后疑，以为然。中官在省闼者或数十年，封侯贵宠，胶固内外，进新当重任，素敬惮之，虽外收大名，而内不能断，故事久不决。绍等又为划策，多召四方猛将及诸豪杰，使并引兵乡京城，以胁大后。进然之。主簿陈琳入谏曰："大兵集会，强者为雄，功必不成，只为乱阶。"不听。遂西召前将军董卓屯关中上林苑。又使府掾泰山王匡东发其郡强弩。并召东郡大守桥瑁屯成皋。使武猛都尉丁原烧孟津，火照城中。皆以诛宦官为言。大后犹不从。苗谓进曰："始共从南阳来，俱以贫贱，依省内以致富贵。国家之事，亦何容易？覆水不收，宜深思之，且与省内和也。"进意更狐疑。绍惧进变计，乃胁之曰："交构已成，形势已露，事留变生，将军复欲何待，而不早决之乎？"进于是以绍为司隶校尉，假节，专命击断。从事中郎王允为河南尹。绍使洛阳方略武吏司察宦者，而促董卓等使驰驿上欲进兵平乐观。大后乃恐，悉罢中常侍、小黄门，使还里舍，惟留进素所私人，以守省中。诸常侍、小黄门皆诣进谢罪，惟所措置。袁绍劝进便于此决之，至于再三，进不许。绍又为书告州郡，诈宣进意，使案捕中官亲属。进谋积日，颇泄。中官惧而思变。张让子妇，大后之妹也。让乡子妇叩头曰："老臣得罪，当与新妇俱归私门。惟受恩累世，今当远离官殿，情怀恋恋，愿复一入直，得暂奉望大后陛下颜色，然后退就沟壑，死不恨矣。"子妇言于舞阳君，入白大后，乃诏诸常侍皆复入直。八月，进入长乐白大后：请尽诛诸常侍以下，选三署郎入守宦官庐。张让等使人潜听，具闻其语。乃率常侍段珪、毕岚等数十人持兵窃自侧闼入，伏省中。及进出，因诈以大后诏召进入。尚方监渠穆拔剑斩进于嘉德殿前。让、珪等为诏，以故大尉樊陵为司隶校尉，少府许相为河南尹。尚书得诏版，疑之，曰："请大将军出共议。"中黄门以进头掷与尚书，曰："何进谋反，已伏诛矣。"进部曲将吴匡、张璋，素所亲幸，闻进被害，欲将兵入宫。官阖闭，袁术与匡共研攻之。中黄门持兵守阖。会日暮，术因烧南官九龙门及东西宫，欲以胁出让等。让等入白大后，言大将军兵反，烧官，攻尚书阖。因将大后、天子及陈留王，少帝即位，封协为渤海王，徙封陈留王。又劫省内官属从复道走北宫。尚书卢植执戈于阁道窗下仰数段珪。珪等惧，乃释大后。大后投阁得免。袁绍与叔父隗矫诏召樊陵、许相，斩之。苗、绍乃引兵屯朱雀阙下。捕得赵忠等，斩之。吴匡素怨苗不与进同心，而又疑其与宦官同谋，乃令军中曰："杀大将军者即车骑也，士吏能为报仇乎？"进素有仁恩，士卒皆流涕曰："愿致死。"匡遂引兵与董卓弟奉车都尉旻攻杀苗，弃其尸于苑中；绍遂闭北宫门，勒兵捕宦者，无少长，皆杀之。绍因进兵排宫，或上端门屋，以攻省内。张让、段珪等困迫，遂将帝与陈留王数十人步出谷门，奔小平津。在今河南孟津县。公卿并出平乐观，无得从者。惟尚书卢植夜驰河上。王允遣河南中部掾闵贡随植后。贡至，手剑斩数人。余皆投河而死。明日，公卿百官乃奉迎天子还宫。

董卓，中平五年以前将军击韩遂等。六年，征为少府，不肯就。上书言"所将湟中异从及秦、胡兵皆诣臣曰：牢直不毕，廪赐断绝，妻子饥冻。牵挽臣车，使不得行"。朝廷不能制，颇以为虑。及灵帝寝疾，玺书拜卓为并州牧，令以兵属皇甫嵩。卓复上书，言"掌戎十年，士卒大小，相狃弥久，恋臣畜养之恩，为臣奋一旦之命，乞将之北州，效力边垂"。于是驻兵河东，以观时变。及何进召卓，侍御史郑泰谓进曰"董卓强忍寡义，志欲无厌，若借之朝政，授以大事，将恣凶欲，必危朝廷"，不听。卓得召，即时就道，未至而进败。闻少帝在北芒，山名，洛阳东北。因往奉迎。帝见卓将兵卒至，恐怖涕泣。卓与言，不能辞对。与陈留王语，遂及祸乱之事。卓以王为贤，且为董大后所养，卓自以与大后同族，有废立意。初，卓之入也，步骑不过三千。寻而何进及弟苗先所领部曲，皆归于卓。卓又使吕布杀执金吾丁原而并其众。布九原人，以骁武给并州刺史丁原，为骑都尉，屯河内，以布为主簿。卓兵士大盛，乃讽朝廷，策免司空刘弘而代之。遂胁大后策废少帝为弘农王，而立陈留王，是为献帝。迁大后于永安宫，因进鸩弑。卓迁大尉，领前将军事，更封郿侯。寻进相国。入朝不趋，剑履上殿。是时洛中贵戚，室第相望，金帛财产，家家殷积。卓纵放兵士，突其庐舍，淫略妇女，剽虏资物，谓之搜牢。人情崩恐，不保朝夕。及何后葬，开文陵，卓悉取藏中珍物。又奸乱公主，妻略宫人。虐刑滥罚，睚眦必死。群僚内外，莫能自固。卓尝遣军至阳城，时人会于社下，悉令就斩之，驾其车重，载其妇女，以头系车辕，歌呼而还。又废五铢钱，更铸小钱。悉取洛阳及长安铜人、钟虞、飞廉、铜马之属，以充铸焉。故货贱物贵，谷石数万。卓虽忍性矫情，擢用群士，幽滞多所显拔，所亲爱并不处显职，但将校而已，亦无益矣。

第二节 董卓之乱

《三国·吴志·孙坚传》言：张温讨边章、韩遂，表请坚与参军事，屯长安。温以诏书召卓，卓良久乃诣温，温责让卓，卓对应不顺，坚时在坐，前耳语温："宜以召不时至，陈军法斩之。"温不能用。《后汉书·皇甫嵩传》，谓卓拜为并州牧，诏使以兵委嵩，卓不从，嵩从子郦劝嵩讨之，嵩亦不听。意若深惜之者。然时温、嵩兵力，皆未必能制卓。孙坚再请，温曰："君且还，卓将疑人"，其惮之如是，安能陈兵诛之？且时凉州将帅之跋扈久矣，亦非杀一董卓所可定也。及卓既入洛阳，拥强兵，有异志，则为安定京师计，诚不得不与之一决。何进先遣骑都尉鲍信募兵，适至，劝袁绍及其初至疲劳袭之，绍不敢发，则诚可惜也。内莫能与之抗，而兵遂起于外。

董卓之欲废立也，袁绍争之，与卓言语不协，遂奔冀州。侍中伍琼等阴为绍说卓曰："袁氏树恩四世，绍高祖父安生京、敞。京生彭、汤。汤生平、成、逢、隗。安、敞、汤、逢、隗皆为三公。绍，成子，术，逢子。《后汉书·绍传注》引袁山松书曰：绍，逢之孽子，出后成。《三国志·绍传注》引华嶠书曰：绍，术异母兄。门生故吏，遍于天下。今急购之，势必为变。收豪杰以聚徒众，英雄因之而起，山东非公之有也。不如赦之，拜一郡守。绍喜于免罪，必无患矣。"卓以为然，乃遣授绍渤海大守。后汉渤海治南皮，今河北南皮县。初平元年，绍以渤海起兵。后将军袁术，卓将废立，以术为后将军，术畏祸，奔南阳。冀州牧韩馥，豫州刺史孔伷，兖州刺史刘岱，陈留大守张邈，广陵大守张超，河内大守王匡，山阳大守袁遗，东郡大守桥瑁，济北相鲍信同时俱起，众各数万。约盟，遥推绍为盟主。先是卓表曹操为骁骑校尉，欲与计事，操乃变易姓名，间行东归，散家财合义兵，起兵于己吾。中平六年十二月。己吾，后汉县，今河南宁陵县西南。及是，众推操行奋武将军。卓乃酖杀弘农王，迁天子西都。尽徙洛阳人数百万口于长安，步骑驱蹙，更相蹈藉，饥饿寇掠，积尸盈路。卓自屯留毕圭苑中，悉烧宫庙、官府、居家，二百里内，无复孑遗。又使吕布发诸帝陵及公卿已下冢墓，收其珍宝。是时袁绍屯河内，张邈、刘岱、桥瑁、袁遗屯酸枣，汉县，今河南延津县北。袁术屯南阳，孔伷屯颍川，韩馥在邺。卓兵强，绍等莫敢先进。曹操曰："举义兵以诛暴乱，大众已合，诸君何疑？乡使董卓闻山东兵起，倚王室之重，据二周之险，东乡以临天下，虽以无道行之，犹足为患。今焚烧宫室，劫迁天子，海内震动，不知所归，此天亡之时也，一战而天下定矣，不可失也。"遂引兵西，将据成皋。张邈遣将卫兹分兵随操。到荥阳汴水，遇卓将徐荣，与战，不利，夜遁去。荣见操所将兵少，力战尽日，谓酸枣未易攻也，亦引兵还。操到酸枣，诸军兵十余万，日置酒高会，不图进取。操责让之。因为谋曰："诸君听吾计：使渤海引河内之众，临孟津；酸枣诸将守成皋，据敖仓，塞轘辕、大谷，见下。全制其险；使袁将军率南阳之军军丹、析，入武关，以震三辅；皆高垒深壁，勿与战。益为疑兵，示天下形势。以顺诛逆，可立定也。今兵以义动，持疑而不进，失天下之望，窃为诸君耻之。"邈等不能用。初，长沙贼区星自称将军，众万余人，攻围城邑。以孙坚为长沙大守，克破星等。周朝、郭石亦帅徒众起于零、桂，与星相应，遂越竟寻讨，三郡肃然。《三国，吴志》本传。《后汉书，灵帝纪》：中平四年，十月，零陵人观鹄自称平天将军，寇桂阳，长沙大守孙坚击斩之。州郡讨卓，坚亦举兵。荆州刺史王叡素遇坚无礼，坚过杀之。比至南阳，众数万人。大守张咨闻军至，晏然自若。坚以牛酒礼咨，咨明日亦答诣坚，坚斩之。郡中震栗，无求不获。前到鲁阳，见第六章第二节。与袁术相见。术表坚行破虏将军，领豫州刺史。遂治兵于鲁阳。卓先遣将徐荣、李蒙四出掳掠。荣遇坚于梁，汉县，今河南临汝县东。与战，破坚，生禽颍川大守李旻，烹之。卓所得义兵士卒，皆以布缠裹，倒立于地，热膏灌杀之。《后汉书·卓传》。《三国志，卓传注》引《献帝纪》曰：卓获山东兵，以猪膏涂布十余匹，用缠其身，然后烧之，先从足起。获袁绍豫州从事李延，焚杀之。卓所爱胡侍宠放纵，为司隶校尉刘谦所杀。卓大怒曰：我爱狗尚不欲令人呵之，而况人乎？乃召司隶都官挝杀之。《续汉书－五行志》：灵帝中平中，京都为《董逃》之歌，《注》引《风俗通》曰：卓以《董逃》之歌，主为已发. 大禁绝之，死者千数。王匡屯兵河阳津，将以图卓。卓遣疑兵挑战，而潜使锐卒从小平津过津北，破之，死者略尽。《魏志注》引谢承书曰：匡败，走还泰山。收集劲勇，得数千人。欲与张邈合。匡先杀执金吾胡母班，班亲属与大祖并势共杀匡。明年，孙坚收合散卒，进屯梁县之阳人。聚名。卓遣将胡轸、吕布攻之。布与轸不相能，军自惊恐，士卒散乱。坚追击之，轸、布败走。卓遣将李催诣坚求和，坚拒绝不受。进军大谷，《后汉书注》：大谷口，在故嵩阳西北八十五里，北出对洛阳故城。案嵩阳，隋县，唐改为登封，即今河南登封县。距洛九十里。卓自出与坚战于诸陵墓间，卓败走，却屯渑池，聚兵于陕。坚进洛阳宣阳城门，更击吕布，布复破走。坚乃扫除宗庙，平塞诸陵。分兵出函谷关，至新安、渑池间，以截卓后。卓乃使东中郎将董越屯渑池，中郎将段煨屯华阴，中郎将牛辅屯安邑，其余中郎将、校尉，布在诸县，以御山东。卓讽朝廷，拜为大师，位在诸侯王上。乃引还长安。以弟旻为左将军，封鄠侯，兄子璜为侍中中军校尉，皆典兵事。于是宗族内外，并居列位。其子孙虽髫龀，男皆封侯，女为邑君。数与百官置酒宴会，淫乐纵恣。乃结垒于长安城东以自居。又筑坞于郿，汉县，今陕西郿县东北。高厚七丈，号曰万岁坞。积谷为三十年储。自云事成雄踞天下，不成守此足以毕老。常至郿行坞，公卿已下祖道于横门外，卓施帐幔饮设，诱降北地反者数百人，于坐中杀之。先断其舌，次斩手足，次凿其眼目，以镬煮之。未及得死，偃转杯案间。会者战栗，亡失匕箸，而卓饮食自若。诸将有言语蹉跌，便戮于前。又稍诛关中旧族，陷以叛逆。时大史望气，言当有大臣戮死者。卓乃使人诬告大尉张温与袁术交通，遂笞温于市杀之，以塞天变。温时与司徒王允、司空荀爽阴谋诛卓，未及发而见害。爽病薨。

初，卓留洛阳，朝政大小，悉委之于允。允矫情屈意，每相承附，卓亦推心，不生乖疑。允密与司隶校尉黄琬、尚书郑泰等谋诛卓。乃上护羌校尉杨瓒行左将军事，执金吾士孙瑞为南阳大守，并将兵出武关道，以讨袁术为名，实欲分路征卓，而后拔天子还洛阳。卓疑而留之。允乃引内瑞为仆射，瓒为尚书。初平三年，允与瑞、瓒复结前谋。初，吕布斩丁原首诣卓，卓以为骑都尉，甚爱信之，誓为父子。稍迁至中郎将。卓自以遇人无礼，恐人谋己，行止常以布自卫。然卓性刚而褊，忿不思难。尝小失意，拔手戟掷布，布拳捷避之，由是阴怨卓。卓常使布守中阁，布与卓侍婢私通，恐事发觉，心不自安。允先以布乡里壮健，允，大原祁人；布，五原九原人。厚接纳之。乃潜结布，使为内应。四月，帝疾新愈，大会未央殿。允与瑞密表其事。使瑞自书诏以授布。令骑都尉李肃与布同心勇士十余人，伪着卫士服，于北掖门内以待卓。卓入门，肃以戟刺之，衷甲不入，伤膺堕车。顾大呼曰："吕布何在？"布曰："有诏讨贼臣。"卓大骂曰："庸狗敢如是邪！"布应声持矛刺卓，趣兵斩之。士卒皆称万岁。百姓歌舞于道。长安中士女，卖其珠玉衣装，市酒肉相庆者，填满街肆。使皇甫嵩攻卓弟旻于郿坞。杀其母、妻、男女，尽灭其族。坞中珍藏，有金二三万斤，银八九万斤，锦绮缯縠，纨素奇玩，积如丘山。

第三节 李傕郭汜之乱

董卓之入关也，留河南尹朱俊守洛阳。俊与山东诸将通谋为内应。既而惧为卓所袭，乃弃官奔荆州。卓以弘农杨懿为河南尹，守洛阳。俊闻，复进兵还洛。懿走。俊以河南残破，无所资，乃东屯中牟。移书州郡，请师讨卓。徐州刺史陶谦遣精兵三千余。州郡稍有所给。谦乃上俊行车骑将军。初，卓以牛辅子婿，素所亲信，使以兵屯陕。辅分遣其校尉李傕、郭汜、张济将步骑数万击破俊于中牟。因掠陈留、颍川诸县，杀略男女，所过无复遗类。吕布乃使李肃以诏命至陕讨辅等，辅等逆与肃战，肃败走弘农。布诛杀之。其后牛辅营中无故大惊，辅惧，乃赍金宝逾城走。左右利其货，斩辅，送首长安，傕、汜等以王允、吕布杀董卓，故忿怒并州人，并州人在其军者，男女数百人，皆诛杀之。牛辅既败，众无所依，欲各散去。傕等恐，乃先遣使诣长安，求乞赦免。允初议赦卓部曲，吕布亦数劝之。既而疑曰："此辈无罪，从其主耳。今若名为恶逆，而特赦之，适足使其自疑，非所以安之之道也。"吕布又欲以卓财物班赐公卿将校，允又不从。而素轻布，以剑客遇之。布亦负其功劳，多自夸伐。既失意望，渐不相平。允性刚棱疾恶。初惧董卓豺狼，故折节图之。卓既歼灭，自谓无复患难。及在际会，每乏温润之色。仗正持重，不循权宜之计。是以群下不甚附之。董卓将校及在位者多凉州人，允议罢其军。或说允曰："凉州人素惮袁氏，而畏关东，一旦解兵，必人人自危，可以皇甫义真为帅。为将军，就领其众，因使留陕，以安抚之，而徐与关东通谋，以观其变。"允曰："不然。关东举义兵者，皆吾徒耳。今若距险屯陕，虽安凉州，而疑关东之心，甚不可也。"时百姓讹言当悉诛凉州人，遂转相恐动。其在关中者，皆拥兵自守。及催等求赦，允以为一岁不可再赦，不许之。催等忧惧，不知所为。武威人贾诩，时在催军，说之曰："闻长安中议欲尽诛凉州人。诸君若弃军单行，则一亭长能束君矣。不如相率而西，以攻长安，为董公报仇。事济，奉国家以正天下，若其不济，走未后也。"催等然之。各相谓曰："京师不赦我，我当以死决之。若攻长安剋，则得天下矣，不剋，则钞三辅妇女财物，西归乡里，尚可延命。"众以为然。于是共结盟。率军数千，晨夜西行。允闻之，乃遣卓故将胡轸、徐荣击之于新丰。荣战死。轸以众降。催随收兵，比至长安，已十余万。与卓故部曲樊稠、李蒙等合。《注》引袁宏记曰：漤为催所杀。围长安城。城峻不可攻。守之八日。吕布军有叟兵内反，引催众得入。城溃。放兵掳掠，死者万余人。吕布战败出奔。初，允以同郡宋翼为左冯翊，王宏为右扶风。是时三辅民庶炽盛，兵谷富实。李催等欲即杀允，惧二郡为患，乃先征翼、宏。宏遣使谓翼曰："郭汜、李催，以我二人在外，故未危王公。今日就征，明日俱族。计将安出？"翼曰："虽祸福难量，然王命所不得避也。"宏曰："义兵鼎沸，在于董卓，况其党与乎？若举兵共讨君侧恶人，山东必应之，此转祸为福之计也。"翼不从。宏不能独立，遂俱就征。下廷尉。催乃收允，及翼、宏并杀之。催迁车骑将军，开府，领司隶校尉，假节。汜后将军。稠右将军。张济为镇东将军。催、汜、稠共秉朝政，济出屯弘农。初，卓之入关，要韩遂、马腾共谋山东。遂、腾见天下方乱，亦欲倚卓起兵。兴平元年，马腾从陇右来朝，进屯霸桥。时腾私有求于催，不获，而怒，遂与侍中马宇，右中郎将刘范，焉子。前凉州刺史种邵，中郎将杜禀合兵攻催。连日不决。韩遂闻之，乃率众来，欲和腾、催。已而复与腾合。催使兄子利共郭汜、樊稠与腾、遂战于长平观下，《注》引《前书·音义》曰：长平，坂名也。在池阳南，有长平观，去长安五十里。遂、腾败，斩首万余级。种

328

邵、刘范等皆死。《注》引《献帝纪》曰：杜禀督右扶风，吏民为腾守槐里，催令樊稠及利数万人攻围槐里。夜梯城，城陷，斩禀，枭首。槐里，见第五章第五节。遂、腾走还凉州。稠等追之。韩遂使人语稠曰："天下反复未可知，相与州里，今虽小违，要当大同，欲共一言。"乃骈马，交臂相加，笑语良久。军还，利告催曰："樊、韩骈马笑语，不知其辞，而意爱甚密。"于是催、稠始相猜疑，犹加稠及郭汜开府，与三公合为六府，皆参选举。时长安中盗贼不禁，白日掳掠，催、汜、稠乃参分城内，各备其界，犹不能制。而其子弟纵横，侵暴百姓。是时谷一斛五十万，豆、麦二十万，人相食啖，白骨委积，臭秽满路。明年，春，催因会刺杀樊稠于坐。由是诸将各相疑忌。催、汜遂复治兵相攻。安西将军杨定者，故卓部曲将也。惧催忍害，乃与汜合，谋迎天子幸其营。催知其计。即使兄子暹将数千人围宫，以车三乘迎天子、皇后。帝遂幸催营。乱兵入殿，掠宫人什物。催又徙御府金帛，乘舆器服，而放火烧宫殿、官府、居人悉尽。帝使大尉杨彪与司空张喜等十余人和催、汜，汜不从。遂质留公卿，引兵攻催，矢及帝前。催复移帝幸其北坞。自为大司马。与郭汜相攻连月，死者以万数。张济自陕来，和解二人，仍欲迁帝权幸弘农。帝亦思旧京，因遣使敦请催求东归，十反乃许。车驾即日发迈。李催出屯曹阳。以张济为骠骑将军，复还屯陕。迁郭汜车骑将军，杨定后将军，杨奉兴义将军。奉，催将，故白波帅，时将兵救催者。白波者，灵帝末，黄巾余党郭太等起西河白波谷，转寇大原，遂破河东，百姓流转三辅，号为白波贼，众十余万，见《后汉书·董卓传》。白波谷，在今山西汾城县东南。又以故牛辅部曲董承为安集将军。《注》引《蜀志》曰：承，献帝舅也。裴松之《注》曰：承，灵帝母大后之姪。汜等并侍送乘舆。汜复欲胁帝幸郿。定、奉、承不听。汜恐变生，乃弃军还就李催，车驾进至华阴。宁辑将军段煨乃具服御及公卿以下资储，请帝幸其营。初，杨定与煨有隙，遂诬煨欲反，乃攻其营，十余日不下，而煨犹奉给御膳，禀赡百官，终无二意。《注》引《典略》曰：煨在华阴，特修农事。盖

329

唐韩建之俦，诸将中之佼佼者也。李傕、郭汜既悔令天子东，乃来救段煨，因欲劫帝而西。杨定为汜所遮，亡奔荆州，而张济与杨奉、董承不相平，乃反，合傕、汜。共追乘舆，大战于弘农东涧，承、奉军败。百官士卒，死者不可胜数。皆弃其妇女辎重。御物符策典籍，略无所遗。天子遂露次曹阳。承、奉乃谲傕等与连和，而密遣间使至河东，招故白波帅李乐、韩暹、胡才，及南匈奴右贤王去卑。并帅其众数千骑来。与承、奉共击傕等，大破之，斩首数千级。乘舆乃得进。董承、李乐拥卫左右。胡才、杨奉、韩暹、去卑为后距。傕等复来战，奉等大败，死者甚于东涧。自东涧兵相连缀，四十里中，方得至陕。乃结营自守。时残破之余，虎贲、羽林，不满百人，皆有离心。承、奉等夜乃潜议过河。使李乐先度，具舟船，举火为应。帝步出营，临河欲济，岸高十余丈，乃以绢缒而下。余人或匍匐岸侧，或从上自投下，死亡伤残，不复相知。争赴船者，不可禁制，董承以戈击披之，断手指于舟中者可掬。同济惟皇后、宋贵人、杨彪、董承及后父执金吾伏完等数十人。其宫女皆为傕兵所掠夺。冻溺死者甚众。既到大阳，汉县，今山西平陆县东北。止于民家。然后幸李乐营。百官饥饿。河内大守张杨使数千人负米贡饟。帝乃御牛车。因都安邑。河东大守王邑奉献绵帛，悉赋公卿以下，封邑为列侯。拜胡才征东将军，张杨为安国将军，皆假节，开府。其垒壁群竖，竞求拜职，刻印不给，至乃以锥画之。或赍酒肉就天子燕饮。又遣大仆韩融至弘农与傕、汜等连和。傕乃放遣公卿百官，颇归宫人妇女，及乘舆器服。初，帝入关，三辅户口尚数十万。自傕、汜相攻，天子东归后，长安城空四十余日。强者四散，羸者相食。二三年间，关中无复人迹。建安元年，春，诸将争权，韩暹遂攻董承。承奔张杨。杨乃使承先缮修洛宫。七月，帝还至洛阳。张杨还野王。汉县，今河南沁阳县。杨奉亦出屯梁。乃以张杨为大司马，杨奉为车骑将军，韩暹为大将军，领司隶校尉，皆假节钺。暹与董承并留宿卫。暹矜功恣睢，干乱政事，董承患之，遂潜召曹操于兖。

第四节 东诸侯相攻

董卓西迁，东诸侯既莫能追讨，遂竞图据地以自肥，合从连衡，互相兼并，而扰乱之局成焉。初，光和中，凉州贼起，发幽州突骑三千人，假涿令令支公孙瓒都督行事使将之。军到蓟中，渔阳张纯，诱辽西乌丸丘力居等叛，劫略蓟中，自号将军，略吏民，攻右北平、辽西属国诸城，所至残破。瓒将所领追讨有功，迁骑都尉中郎将，封都亭侯。进屯属国，与胡相攻击，五六年。丘力居等钞略青、徐、幽、蓟，四州被其害，瓒不能御。朝议以宗正刘虞，昔为幽州刺史，恩信流著，乃以虞为幽州牧。中平五年。虞到，遣使至胡中，告以利害，责使送纯首。丘力居等闻虞至，喜，各遣译自归。瓒害虞有功，乃阴使人徼杀胡使。胡知其情，间行诣虞。虞上罢诸屯兵，但留瓒将步骑万人屯右北平。纯乃弃妻子逃入鲜卑，为其客王政所杀，送首诣虞。虞以功即拜大尉，封襄贲侯。会董卓至洛阳，迁虞大司马，瓒奋武将军，封蓟侯。初平二年，袁绍与韩馥推虞为帝。[①] 此盖亦谋挟天子以令诸侯，献帝为董卓所立，而东诸侯以讨卓为名，固可以不之仞也。然虞虽专一州，声威实非绍之敌，苟如其意，则冒天下之不韪，徒为绍驱除耳，故虞卒不肯受。《三国·魏志·武帝纪》云：绍与馥谋立虞，大祖拒之，盖亦以立虞则权全出于绍也。要之是谋当出于绍，即韩馥殆亦为绍所挟耳。董卓之将废少帝也，以袁术为后将军。术畏卓之祸，出奔南阳。会孙坚杀张咨，术得据其郡。南阳户口数百万，而术奢淫肆欲，征敛无度，百姓苦之。时诏书以刘表为荆州刺史。江南宗贼大盛，宗同赏。而术阻兵鲁阳，表不得至。乃单马入宜城，见第六章第四节。请南郡人蒯越，襄阳人蔡

---

① 史事：袁绍欲立刘虞。虞欲迎献帝不成。韩馥、袁术、公孙瓒等之向背。献帝尝召吕布。

瑁，与共谋划。使越遣人诱宗贼帅斩之，而袭取其众。惟江夏贼张虎、陈坐拥兵据襄阳城。表使越与庞季往譬之，乃降。江南悉平。诸守令闻表威名，多解印绶去。表遂理兵襄阳，以观时变。后汉荆州刺史，本治汉寿，故城在今湖南常德县东。今移治襄阳，则去中原近，而于南阳尤逼矣。孙坚客军孤寄，术虽表为豫州刺史，力实未能定豫，其必与术合以谋表者势也。刘虞之拒袁绍、韩馥也，选掾右北平田畴、从事鲜于银间行奉使长安。献帝既思东归，见畴等，大悦。时虞子和为侍中，遣潜从武关出，告虞将兵来迎。道由南阳，术质和，使报虞遣兵俱西。虞使数千骑就和。瓒固止之，虞不从。瓒亦遣从弟越将千骑诣术以自结。阴劝术执和，夺其兵。初，义兵之起也，州郡蜂起，莫不以袁氏为名。韩馥见人情归绍，恐将图己，常遣从事守绍门，不听发兵。桥瑁乃诈作三公移书，传驿州郡，说董卓罪恶，天子危逼，企望义兵，以释国难，馥方听绍举兵，犹深疑于绍，每贬节军粮，欲使离散。初平二年，馥将麴义反畔。馥与战，失利。绍既恨馥，乃与义相结。绍客逢纪说绍：密要公孙瓒，将兵南下，馥必骇惧，并遣辩士，为陈祸福，必可因据其位。绍然之，以书与瓒。瓒遂引兵而至，外托讨卓，阴谋袭馥。绍乃使外甥陈留高干及颍川荀谌等说馥，举冀州以让绍，绍遂领冀州牧。馥去依张邈。后绍遣使诣邈，有所计议，馥谓见图构，自杀。时初平二年七月。案韩馥初与袁绍共推刘虞，已又以桥瑁移书，听绍举兵，则似已阴结长安，绍是时当亦阳示愿勤王，故能得其许而举兵。然绍与董卓，势不两立，故终不肯奉献帝，乃诱麴义结公孙瓒以倾馥。瓒故与刘虞相害，而虞遥戴长安，绍、瓒本可合以攻虞，然瓒浅躁无谋，亡馥而未得所欲，遽与绍相攻，于是祸复起于幽、冀之间。袁术本与瓒合，孙坚与术相依，刘表之势，则与孙坚、袁术相害，而绍与表相结，术与瓒相结之形成矣。坚屯阳城，绍使周昂夺其处，术遣公孙越与坚攻昂，不胜，越为流矢所中死。瓒遂出军屯磐河，《后书·袁绍传注》云：故河道在今德州昌平县界，入沧州乐陵县，今名枯磐河。乐陵，今山东乐陵县。将以报绍。绍惧，以所佩渤海大守印绶授瓒从弟范，遣之郡，欲以结援。范遂以渤海兵助瓒，破青、徐黄巾，兵益盛，进军界桥。《后书·袁绍传注》引《九州春秋》曰：还屯广宗界桥，今贝州宗城县东有古界城，此城近枯漳水，则界桥盖当在此之侧也。案唐宗城县，在今河北威县东。以严纲为冀州，田楷为青州，单经为兖州，置诸郡县。绍军广川，后汉王国，今河北枣强县。令麴义先登，与瓒战，生禽纲。瓒军败，走渤海，与范俱还蓟。绍遣将攻围固安，今河北固安县。不下，退军南还。瓒将步骑三万人追击于巨马水，大破其众。乘胜而南，攻下郡县，遂至平原，见第六章第三节。遣田楷据有齐地。时为初平三年正月。先是袁术使孙坚击刘表，表遣黄祖逆于樊、邓之间，坚击破之，遂围襄阳。单马行岘山，在襄阳南。为祖军士所射杀。是岁，魏武帝亦据兖州，而陶谦牧徐州，适掎其后。于是兖曹与冀袁合，徐州陶谦与公孙瓒、袁术合，合从连衡之局益广。

曹操说东诸侯进取，不能用，乃诣扬州募兵。刺史陈温、丹阳大守周昕与兵四千余人。还到龙亢，汉县，今安徽怀远县西北。士卒多叛。至铚、汉县，今安徽宿县西南。建平，汉侯国，今河南永城县西。复收兵，得四千余人，进屯河内。刘岱与桥瑁相恶，岱杀瑁，以王肱领东郡大守。初平二年，秋，黑山贼于毒、白绕、眭固等十余万众略魏郡、见第六章第二节。东郡，王肱不能御。操引兵入东郡，击白绕于濮阳，见第一章第一节。破之。袁绍因表操为东郡大守，治东武阳。今山东朝城县西。三年，春，操军顿丘。汉县，今河北清丰县西南。毒等攻东武阳。操引兵西入山，攻毒等本屯。毒闻之，弃武阳还。操要击眭固，又击匈奴于夫罗于内黄，汉县，今河南内黄县西北。皆大破之。夏，青州黄巾众百万入兖州，刘岱欲击之，济北相鲍信谏，不从，果为所杀。信乃与州吏迎操领兖州牧。击黄巾于寿张东，寿张，后汉县，今山东东平县西南。信力战斗死，仅而破之。追至济北，乞降。冬，受降卒三十余万，男女百万余口。收其精锐者，号为青州兵。于是操亦得一州，且有强兵矣。初，徐州黄巾起，以陶谦为徐州刺史，击黄巾，破走之。李傕、郭汜作乱关中，四方断绝，谦每遣使间行奉贡。诏迁为徐州牧。是时徐方百姓殷盛，谷实甚丰，流民多归之，而谦信用非所，刑政不理，由斯渐乱。然袭丰厚之资，地与兖州相逼，自不免相猜忌。蜀汉先主刘备，涿郡涿县人，汉景帝子中山靖王胜之后。灵帝末，黄巾起，州郡各举义兵，备率其属从校尉邹靖讨贼，有功，除安喜尉。安喜，后汉县，今河北定县东。后为公孙瓒别部司马，使助田楷以拒袁绍，试守平原令，领平原相。于是瓒使刘备屯高唐，汉县，今山东禹城县西南。单经屯平原，陶谦屯发干汉县，今山东堂邑县西南。以逼绍。操与绍会击，皆破之。四年，春，刘表断袁术粮道。术引军入陈留，屯封丘，汉县，今河南封邱县。黑山余贼及于夫罗佐之，为操所破，走九江，汉郡，后汉治阴陵，今安徽定远县西北。杀陈温，据其地。夏，下邳阙宣聚众数千，自称天子。谦与共举兵，取泰山汉郡，治博，今山东泰安县东南。华、汉县，后汉并入费县，今山东费县东北。费，今山东费县西北。略任城。今山东济宁县。秋，操攻谦，下十余城。至彭城，大战，谦兵败走，死者万数，泗水为之不流。谦退守郯。汉县，今山东郯城县西南。操以粮少，引军还。兴平元年，夏，使荀彧、程昱守鄄城，汉县，今河北濮阳县东。复东伐，略定琅邪、汉郡，治开阳，今山东临沂县北。东海诸县。东海，汉郡，治郯。谦恐，欲走归丹阳。汉郡，治宛陵，今安徽宣城县。而张邈叛迎吕布之事起。

《三国志·魏武帝纪》云："大祖父嵩，去官后还谯。董卓之乱，避难琅邪，为陶谦所害，[①] 故大祖志在复仇，东伐。"案曹嵩之死，旧有两说:《后汉书·陶谦传》云:"嵩避难琅邪，时谦别将守阴平，士卒利嵩财宝，遂袭杀之。"此与《国志·魏武纪》所云，系属一说。一云为谦所害，一云为谦别将士卒所杀者? 约束不严，咎在主帅，魏武东征，盖以此为口实，《国志》依其辞而录之，故不复别白也。《后书·应劭传》曰:"拜泰

———
① 史事：曹嵩之死。

山大守。兴平元年，曹嵩及子德从琅邪入泰山，劭遣兵迎之。未到，而陶谦怨操数击之，使轻骑追嵩及德，并杀之于郡界。"此说出于《世语》，见《三国志·魏武纪注》。《注》又引韦曜《吴书》，谓大祖迎嵩，辎重百余两，谦遣都尉张闿将骑二百卫送，闿于泰山华、费间杀嵩取财物，因奔淮南。说虽小异，俱谓杀嵩者为谦所遣兵。案发干之屯，泰山华、费之略，皆谦先侵操而操乃报之，则谓谦怨操数击之，乃使骑追杀嵩者，显与事实不合。《国志·陶谦传注》引《吴书》，谓操以嵩被杀，欲伐谦而畏其强，乃表令州郡一时罢兵。谦被诏，上书距命，操乃进攻彭城。裴氏谓此时天子在长安，曹公尚未秉政，罢兵之诏，不得由曹氏出，其说是也。此等荦荦大端，尚不能知，可见江表传闻，语多失实。盖以曹氏声言嵩为陶谦所害，又以当日徐、兖构兵，实在泰山华、费之境，遂亿度而为之辞。其实曹嵩之死，当如《后书·谦传》之说也。董卓之乱，未及于谯，而嵩须避难者？以操起兵讨卓也。其所避当为今山东诸城县东南之琅邪山，而非在今临沂县境之琅邪郡。汉阴平县，在今江苏沭阳县东北，其地距琅邪山颇近，故谦别将守此者士卒得杀嵩。部曲纵恣，主帅固难辞咎，然亦止于约束不严而已，究与躬自发令者有别。然则陶谦攻兖，固为无名之师，曹操攻徐，实亦利其土地，特以汉人重报仇，借死父以为口实耳。徐方殷富，利尽东海，使操能兼据之，则北距青、冀，南控扬、豫，形势益利便矣。而不图吕布之乘机而起，徐方未定，兖土先危也。吕布之败于长安也，出武关诣袁术。术恶其反复，拒而不受。北诣袁绍。绍与布击张燕于常山，见第六节。破燕军。布求益兵，将士钞掠，绍患忌之。布觉其意，从绍求去。绍恐还为己害，遣壮士夜掩杀布，不获。事露，布走河内，与张杨合。初，操与张邈，首举义兵。汴水之战，邈遣卫兹将兵随操。袁绍既为盟主，有骄矜色，邈正议责绍，绍使操杀邈，操不听，邈知之，益德操。操之征陶谦，敕家曰："我若不还，往依孟卓。"邈字。后还见邈，垂泣相对，其亲如此。布之从张杨也，过邈临别，把手共誓。绍闻之，大恨，邈畏操终为绍击己也，心不自安。操复征谦，邈弟超与操将陈宫等共谋叛操。宫说邈迎吕布牧兖州，邈从之。操初使宫将兵留屯东郡，遂以其众东迎布。据濮阳，郡县皆应。惟鄄城、范、汉县，今山东范县东南。东阿汉县，今山东阳谷县东北阿城镇。不动。布军降者，言陈宫欲自将取东阿，使泛嶷取范。荀彧谓程昱曰："今兖州反，惟有此三城，宫等以重兵临之，非有以深结其心，三城必动。君民之望也，归而说之，殆可。"昱，东阿人。昱乃归。过范，说其令靳允。时允母、弟、妻、子，为布所执。时泛嶷已在县，允乃见嶷，伏兵刺杀之，归勒兵守。昱又遣别骑绝仓亭津，在今朝城县东北。陈宫至，不得渡。昱至东阿，东阿令枣祇已率厉吏民，拒城坚守。又兖州从事薛悌，与昱协谋。卒完三城。操引军还。布到，攻鄄城，不能下，西屯濮阳。操曰："布一旦得一州，不能据东平，汉郡，治无盐，今山东东平县。断亢父、秦县，今山东济宁县南。泰山之道，乘险要我，而乃屯濮阳，吾知其无能为也。"遂进军攻之。布出兵战。先以骑犯青州兵，青州兵奔，操陈乱，驰突火出，坠马，烧左手掌，司马楼异扶操上马，遂引去。未至营止。诸将未与操相见，皆怖。操乃自力劳军，令军中促为攻具，进复攻之。与布相守百余日，蝗虫起，百姓大饿，布粮食亦尽，各引去。九月，操还鄄城。布到乘氏，汉县，今山东巨野县西南。为其县人李进所破。东屯山阳。见第四章第二节。先是刘备与田楷俱救陶谦，备遂去楷归谦，谦表备为豫州刺史，屯小沛。即沛县，对沛郡称小沛。沛郡治今宿迁。谦死，别驾麋竺帅州人迎备，备遂领徐州。二年，操攻拔定陶，分兵平诸县。布东奔备。张貌从，使弟超将家属保雍丘。汉县，今河南杞县。八月，操围雍丘。十二月，雍丘溃，超自杀，夷邈三族。邈诣袁术请救，为其众所杀。兖州平。案兖州之亡，曹操事势实甚危急。[1]《程昱传》言操之攻濮阳而引去也，袁绍使人说操连和，欲操遣家居邺，操新失兖州，军食尽，将许之，以昱谏而止。盖绍是时，欲一举

---

① 史事：曹操失兖州时之危。以兖州比关中、河内之诬。

而臣操矣。《苟彧传》言操闻陶谦死，欲遂取徐州，还乃定布，以彧谏而止。操是时之力，安能留兵距布，更取徐州？盖欲弃兖而奔徐也。布之所以能扼操者？操是时恃青州兵以为强，青州兵虽百战悍贼，然其剽锐，究尚非布精甲之比。布之见禽于操也，请曰："明公所患，不过于布，今已服矣。明公将步，令布将骑，天下不足定也。"其骑兵之精锐可知。《武帝纪》讥布不能据亢父、泰山之险，乃事后附会之辞，非情实。布兵多骑，骑兵利平地，焉用扼险？濮阳之战，操势几危，此则骑兵驰突之效也。操之所以终获济者，以是时两军皆饥，而操能勒兵以收熟麦，约食蓄谷，一举而乘布之敝耳。见《苟彧传》。然使袁绍果有雄心，乘曹、吕相持之时，行卞庄刺虎之计，则操必危。又使徐州非新遭破坏，而刘备据之，更图取兖，则操亦必危。所幸者，袁绍多阴谋而无壮志，虽使臧洪据青州，取东郡，而仍不欲遽与操启衅，洪欲请兵以救张超，卒不之许。而刘备之救陶谦也，不过自有兵千余人，及幽州、乌丸杂胡骑，又略得饥民数千人；既到，谦亦不过益以丹阳兵四千；及据徐州，陈登欲为合步骑十万，则未及措手，而袁术已来攻，遂使操得以其间平定兖土，而两虎相争之祸，转中于徐、扬之间耳。事之成败，固亦有天幸存于其间也。《任峻传注》引《魏武故事》载令曰：枣祗天性忠能。始共举义兵，周旋征讨。后袁绍在冀州，亦贪祗欲得之，祗深附托于孤。使领东阿令，吕布之乱，兖州皆叛，惟范、东阿完在，由祗以兵据城之力也。后大军粮乏，得东阿以继，祗之助也。亦可见是时用兵形势。

第五节 曹操平定北方上

自董卓废立，李傕、郭汜继之作乱，汉朝政令，不出国门，东方诸侯，竞欲力征经营矣。既未能改玉改步，其势不得无所尊奉。于斯时也，非别戴一君，以距董卓之所立，则将奉以号令焉。由前之说，袁绍以之，而其事未成。由后之说，怀是计者亦不乏，而卒成之者魏武，此则半由人力，半亦由于事机也。

献帝以兴平二年十二月至安邑。其明年为建安元年，七月，还洛阳。是时居京师者为韩暹、董承，而二人不和。《后汉书·献帝纪》：建安二年，二月，暹攻承。杨奉屯梁，汉县，今河南临汝县东。张杨居河内，皆不能匡正王室，董承乃召曹操。《三国志·吕布传注》引《英雄记》，言天子在河东，有手笔版书召布来迎，布军无积蓄，不能自致。案其时雄踞河北者，惟袁绍为强，然夙与长安不合；刘虞、袁术，或远不相及，或为中朝所畏惮；荆、扬则势稍远矣。欲求辅佐，自在兖、徐。吕布虽反覆，然本有诛董卓之功，与催、汜为敌，流离颠沛之中，更思倚布，亦事势应尔也。布又不能自致，则勤王之勋，势不得不留待魏武矣。

献帝至安邑之月，曹操定兖州。先二月，天子拜操兖州牧。东略陈地。明年，正月，袁术所置陈相袁嗣降，西行之道始开。初，操之领兖州，遣使诣张杨，欲假涂西至长安，杨不听。时袁绍以董昭领魏郡大守，绍受谗，将致罪于昭，昭欲诣献帝，至河内，为所留。昭说杨，杨乃通操上事，并表荐之。昭为操作书与长安诸将，各随轻重致殷勤。杨亦遣使诣操。操遗杨犬马金帛，遂与西方往来。天子在安邑，昭从河内往，拜议郎。及是，操将迎天子，诸将或疑，荀彧、程昱劝之，乃遣曹洪将兵西迎。董承与袁术将苌奴拒险，洪不得进。汝南、见第五章第五节。颍川见第一章第一节。黄巾何仪、刘辟、黄邵、何曼等，众各数万。初应袁术，又附孙坚。二月，操进军讨破之，斩辟、邵等，仪及其众皆降。天子拜操建德将军。操兵在许，遣使诣河东。时董昭已从河内往安邑，拜议郎。昭以杨奉兵马最强，而少党援，作操书与奉。言"群凶猾夏，四海未宁，神器至重，本在维辅，诚非一人所能独建。心腹四肢，实相恃赖。将军当为内主，吾为外援。今吾有粮，将军有兵，有无相通，足以相济。死生契阔，相与共之"。奉得书喜悦。语诸将军，共表操为镇东将军，袭父爵费亭侯。六月。七月，操至洛阳。假节钺，录尚书事。董昭说操，言诸将人殊意异，未必服从。惟有移驾幸许。操曰："杨奉近在梁，闻其兵精，得无为累？"昭曰："奉少党援，将独委质。宜时遣使，厚遗答谢，以安其意。说京都无粮，欲车驾暂幸鲁阳，鲁阳近许，转运稍易，可无县乏之忧。奉为人勇而寡虑，必不见疑。比使往来，足以定计，何能为累？"操曰："善。"九月，车驾自轘辕而东。奉自梁欲要之，不及。十月，操征奉，奉南奔袁术，遂攻其梁屯，拔之。先是操奏韩暹、张杨之罪，暹惧诛，单骑奔杨奉，奉与俱要遮车驾，不及，又同奔袁术，遂纵暴扬、徐间。明年，刘备诱奉斩之。暹惧. 走还并州，道为人所杀。胡才、李乐留河东。才为怨家所害。乐自病死。张济饥饿，出至南阳，攻穰，汉县，今河南邓县东南。战死。郭汜为其将伍习所杀。三年，使谒者仆射裴茂诏关中诸将段煨等讨李傕，夷三族。于是自初平以来干乱政事者略尽矣。惟董承为车骑将军，开府。案诸将中承最后亡者，以其初结张杨，后结曹操，得外援也。然承亦牛辅部曲，岂能终与魏武一心，故其后复有与刘备同谋之事焉。

曹操之入洛，几于不劳而定，然袁绍虎视河北；刘表坐镇荆、襄；刘备、吕布、袁术纵横徐、扬之境；张济之死也，从子绣领其众，屯宛，复与刘表声势相倚；四方之难，正未息也。车驾之出轘辕而东也，以操为大将军，封武平侯。十月，以袁绍为大尉。绍耻班在操下，不肯受。操乃固辞，以大将军让绍。天子拜操司空，行车骑将军。是岁，操用枣祗、韩浩等议，始兴屯田。自遭荒乱，率乏粮谷。诸军并起，无终岁之计。饥则寇略，饱则弃余。瓦解流离，无敌自破者，不可胜数。是岁募民屯田许下，得谷百万斛。于是州郡例置田官，所在积谷，征伐四方，无转运之劳，戡定之基立矣。

刘备之领徐州也，袁术攻之。备拒之盱眙、见第一章第一节。淮阴。汉县，今江苏淮阴县东南。操表备为镇东将军，封宜城亭侯。术欲引吕布击备，与布书，送米二十万斛，言非惟此止，当骆驿复致。布大悦，勒兵袭下邳，虏备妻子。备转军海西，汉县，今江苏东海县南。求和于布。布恚术运粮不复至，还备妻子，具车马迎备，以为豫州刺史。布自号徐州牧。备遣关羽守下邳，自还小沛。术惧布为己害，为子求婚，布复许之。术遣将纪灵等步骑三万攻备。备求救于布。诸将谓布曰："将军常欲杀刘备，今可假手于术。"布曰："不然，若破备，则北连泰山，吾为在术围中，不得不救也。"便率步骑千余驰往。灵等闻布至，皆敛兵而止。布屯沛城外，遣人招备，并请灵等，与共飨饮，各罢。备复合兵，得万余人。布恶之，自出兵攻备。备败，走归曹操。操厚遇之，以为豫州牧。将至沛，收散卒，给其军粮，益与兵，使东击布。时建安元年也。二年，正月，操南征，军清水。今白河。张绣降。操纳济妻，绣恨之。操闻，密有杀绣之计。计漏，绣掩袭操，操败还。绣奔穰，与刘表合。袁术少见谶书，言代汉者当涂高，自云名字应之，又以袁氏出陈为舜后，以黄代赤，德运之次，遂有僭逆之谋。沛相下邳陈珪，故大尉球弟子也。术与珪俱公族子孙，少共交游。书与珪，且胁致其中子应，图必致之。珪答书，以死拒。兴平二年，冬，天子败于曹阳，术会群下，欲僭号。主簿阎象谏，术不悦。时孙策已据江东，闻术欲僭号，与书谏，术不纳，策遂绝之。建安二年，春，术遂僭号，自称仲家。使韩胤以僭号议告布，并求迎妇。陈珪恐徐、扬合从，往说布，布亦怨术初不己受也，女已在涂，追还绝昏，械送韩胤，枭首许市。珪欲使子登诣操，布不肯遣。会使者至，拜布左将车，布大喜，即听登往。登见操，因陈布勇而无计，轻于去就，宜早图之。操即增珪秩中二千石，拜登广陵大守。临别，执登手曰："东方之事，便以相付。"令登阴合部众，以为内应。术与韩暹、杨奉等连势，遣大将张勋攻布。布用珪策，遣人说暹、奉与己并力，军资所有，悉许暹、奉。暹、奉从之。勋大破败。九月，术侵陈，操东征之。术闻操自来，弃军走，渡淮。时南阳、章陵即春陵，后汉改县。诸县复叛为绣，操遣曹洪击之，不利。还屯叶，见第一章第三节。数为绣、表所侵。十一月，操南征，至宛。拔湖阳、汉县，今河南泌源县南。舞阴。汉县，今河南泌阳县西北。三年，正月，还许。三月，围绣于穰。五月，刘表遣兵救绣，以绝军后。操引还，到安众，汉县，今河南镇平县东南。绣、表合兵东追，操设奇兵大破之。吕布复为袁术，遣高顺攻刘备于沛，破之。操遣夏侯惇救备，为顺所败，九月，操东征布。十月，屠彭城。进至下邳。布自将骑逆击，大破之。追至城下。遗布书，为陈祸福。布欲降。陈宫等自以负罪，深沮其计。布遣人求救于术，术不能救，出战，又败，乃还固守。攻之不下。时操连战，士卒罢，欲还。荀攸、郭嘉说曰："吕布勇而无谋，今三战皆北，其锐气衰矣。三军以将为主，主衰则军无奋意。夫陈宫有智而迟。今及布气之未复，宫谋之未定，进急攻之，布可拔也。"遂决泗、沂水以灌城。月余，布将侯成、宋宪、魏续等执陈宫、高顺，举城降。布与其麾下登白门楼，兵围急，乃下降。于是缢杀布与宫、顺等，皆枭首送许，然后葬之。《三国志·吕布传注》引《英雄记》曰：建安元年六月夜半时，布将河内郝萌反，入布所治下邳府，大呼攻阁。布牵妇科头袒衣，从溷上排壁出，诣都督高顺营。萌将曹性反。萌与对战。萌刺伤性，性斫萌一臂。顺斫萌首。床舆性送诣布。布问性：萌受袁术谋，谋者悉谁？性言陈宫同谋。时宫在坐上，面赤，旁人悉觉之，布以宫大将，不问也。又言曹操之攻下邳，布欲令陈宫、高顺守城，自将骑断大祖粮道。布妻谓曰："宫、顺素不和，将军一出，宫、顺必不同心共城守也。如有蹉跌，将军当如何自立乎？愿将军计之，无为宫等所误也。"又引《魏氏春秋》曰：陈宫谓布曰："曹公远来，势不能久。若将军以步骑出屯，为势于外，宫将余众闭守于内，若向将军，宫引兵而攻其背，若来攻城，将军为救于外，不过旬日，军食必尽，击之可破。"布然之。布妻曰："昔曹氏待公台宫字。如赤子，犹舍而来，今将军厚公台不过于曹公，而欲委金城，捐妻子，孤军远出，若一旦有变，妾岂得为将军妻哉？"布乃止。又引《英雄记》曰："顺为人清白，有威严。不饮酒，不受馈遗。所将七百余兵，号为千人，铠甲斗具，皆精练齐整，每所攻击，无不破者，名为陷陈营。顺每谏布，言凡破家亡国，非无忠臣明智者也，但患不见用耳。将军举动，不肯详思，辄喜言误，误不可数也。布知其忠，然不能用。布从郝萌反后，更疏顺，以魏续有内外之亲，悉夺顺所将兵以与续。及当攻战，故令顺将续所领兵。顺亦终无恨意。"合观诸说，陈宫盖倾危之士。[①] 操攻下邳，本欲退兵，以荀攸、郭嘉之言乃复进，知其兵力非甚有余。如得忠诚之将如高顺者以守于内，而布躬自率兵犄角于外，操之能克与否，殊未可知，而卒以陈宫难信，而又卒不能去其权，遂以不果，则宫以其反复之性，几败曹公，而卒又以之败布也。宫与曹公构衅之由不可知，然曹公之待人，大致尚偏于厚。则宫与曹公之构隙，疑其咎不在曹公矣，一举而危曹公，败吕布，杀张邈，毒流兖、徐，覃及扬域者五年，甚矣，倾危之士之不可与处也。

初，泰山臧霸，从陶谦击破黄巾，拜骑都尉，遂收兵于徐州，与孙观、吴敦、尹礼、昌豨各聚众，霸为帅，屯于开阳。汉县，今山东临沂县北。吕布之破刘备也，霸等悉从布。既禽布，霸自匿。操募索得霸，悦之。使霸招敦、礼、观、观兄康。以霸为琅邪相，敦利城、汉县，今山东临沂县东。礼东莞、汉县，今山东沂水县。观北海、后汉北海郡治剧，今山东寿光县。康城阳大守。见第一章第一节。割青、徐二州委霸。后操与袁绍相拒，霸数以精兵入青州，故操得专事绍，不以东方为念焉。张杨素与吕布善。操之围布，杨欲救之，不能，乃出兵东市，胡三省曰：在野王县。遥为之势。四年，二月，其将杨丑杀杨以应操。杨将眭固杀丑，以其众属袁绍，屯射犬。四月，操进军临河，使史涣、曹仁破斩固，操济河，围射犬，降之。于是自河以南略平，袁、曹构兵之机迫矣。

第六节 曹操平定北方下

《三国志·荀彧传》，载彧谏魏武勿取徐州，以兖州比汉高之关中，光武之河内，读史者亟称之，此不察情实之谈也。汉高与项羽，始终相持于荥阳、成皋之间，关中距前敌甚远，自可倚为根本。光武之据河内，势已异是，然其时兵力，犹足自立。若魏武失兖州之时，则强敌在前，饥军不立，而狡焉思启者，且环伺于其旁，救死不赡，安敢望削平海宇哉？知往史所载谋臣硕画，多事后附会之辞，非其实矣。魏武一生，所遭危机有二：一为张邈、陈宫以兖州叛迎吕布之时，一则都许之后，袁绍挟四州之势以相临。虽其机权勇决，自有制胜之方，然其成败亦间不容发，非有必克之道也。

《三国志·袁绍传》云："初，天子之立非绍意，及在河东，绍遣郭图使焉，图还，说绍迎天子都邺，绍不从。"《注》引《献帝传》云：沮授说绍，而郭图、淳于琼沮之，《后书·绍传》用其说，然亦云"帝立既非绍意，竟不能从"，则当曹操迎献帝以前，袁绍迄未有承顺之意。盖其时汉室威灵已替，天子仅亦守府，挟以为资，实亦无足重轻也。迎献帝都邺之说，《国志》谓出郭图，《献帝传》谓出沮授，疑当以《国志》为得实，缘后来传河北事者，率多美授而归罪于图也。《志》又云：大祖迎天子都许，收河南地，关中皆附，绍悔，欲令大祖徙天子都鄄城以自密近，大祖拒之。《后书》云：建安元年，曹操迎天子都许，乃下诏书于绍，责以地广兵多，而专自树党，不闻勤王之师，而但擅相讨伐。绍上书自辩，乃以绍为大尉，封邺侯。时操自为大将军，绍耻为之下，表辞不受；操大惧，乃让位于绍。二年，使孔融持节拜绍大将军，锡弓矢、节钺、虎贲百人，兼督冀、青、幽、并四州，然后受之。则当都许之初，袁、曹似几至决裂，旋复敛兵而止者，盖由朝以四州之地界绍。其时许都草创，操固无力攻绍；河北未定，绍亦不能专志河南；故遂各守疆场，为后图也。

袁绍以初平三年败公孙瓒于界桥。瓒又遣兵至龙凑挑战，绍复击破之。瓒遂还幽州，不敢复出。四年，初，天子遣大仆赵岐和解关东，使各罢兵，瓒因此以书譬绍，绍于是引军南还。时魏郡兵反，与黑山贼于毒等共覆邺城，杀郡守。绍讨破之，斩毒。遂寻山北行，进击诸贼，屠其屯垒。与黑山贼张燕及四营屠各、雁门乌桓战于常山，连十余日，燕兵死伤多，绍军亦疲，遂各退。《后汉书·朱俊传》云：自黄巾贼后，复有黑山、黄龙、白波、左校、郭大贤、于氐根、青牛角、张白骑、刘石、左髭丈八、平汉、大计、司隶、掾哉、雷公、浮云、飞燕、白雀、扬凤、于毒、五鹿、李大目、白绕、畦固、苦蛽之徒，并起山谷间，不可胜数。其大声者称雷公，骑白马者为张白骑，轻便者号飞燕，多髭者号于氐根，大眼者为大目。如此称号，各有所因。大者二三万，小者六七千。贼帅常山人张燕，轻勇贼帅常山人张燕，轻勇趫捷，故军中号曰飞燕。善得士卒心。捷，故军中号曰飞燕。善得士卒心。乃与中山、常山、赵郡、上党、河内诸山谷寇贼，更相交通，众至百万，号曰黑山贼。河北诸郡县，并被其害。朝廷不能讨。燕乃遣使至京师，奏书乞降。遂拜平燕中郎将，使领河北诸山谷事。岁得举孝廉计吏。燕后渐寇河内，逼近京师。于是出俊为河内大守，将家兵击却之。其后诸贼多为袁绍所定，事在绍传。《绍传》云：绍出军入朝歌鹿肠山苍严谷口讨于毒，围攻五日，破之，斩毒及其众万余级。绍遂寻山北行，进击诸贼左髭丈八等，皆斩之。又击刘石、青牛角、黄龙、左校、郭大贤、李大目、于氐根等，复斩数万级，皆屠其屯垒，遂与黑山贼张燕及四营屠各、雁门乌桓战于常山。燕精兵数万，骑数千匹。连战十余日，燕兵死伤虽多，绍军亦疲，遂各退。《三国志·燕传》云：真定人。本姓褚。黄巾起，燕合聚少年为群盗，在山泽间。转攻还真定，众万余人。博陵张牛角亦起，自号将兵从事，与燕合。燕推牛角为帅，俱攻瘿陶。牛角为飞矢所中，被刨，且死，令众奉燕，故改姓张。张牛角当即青牛角也。朝歌，汉县，在今河南淇县东北。瘿陶，亦汉县，在今河北宁晋县西南。《后书，朱俊传》之文，略本《九州春秋》、《典略》、张璠《汉纪》，见《国志·张燕传注》。青牛角，《九州春秋》但作牛角。苦哂作苦蝤。大计作大洪。椽哉作缘城。又有罗市，《后书》无其名。雷公，《典略》作张雷公。《九州春秋》又云：灵帝拜扬凤为黑山校尉，领诸山贼，得举孝廉计吏，与《国志》云张燕者异。麹义自恃有功，骄纵不轨，绍召杀之而并其众。先是刘虞稍节公孙瓒禀假，瓒怒，屡违节度，筑京于蓟城以备虞。是年，冬，虞举兵袭瓒，大败，奔居庸。汉县，今察哈尔延庆县东。瓒攻拔居庸，生获虞。会董卓死，天子遣使者段训增虞邑，督六州，瓒迁前将军，封易侯。瓒诬虞欲称尊号，胁训斩虞。上训为幽州刺史。瓒徙镇易。汉县，今河北雄县西北。虞从事鲜于辅等率州兵欲报瓒，以燕国阎柔素有恩信，共推柔为乌丸司马。柔招诱乌丸、鲜卑，得胡、汉数万人，与瓒所置渔阳大守邹丹战于潞北，大破之，斩丹。袁绍又遗麹义及虞子和和逃术还北，为绍所留。将兵与辅合击瓒，瓒军数败，乃走还易京固守。为围堑十重。于堑里筑京，皆高五六丈，为楼其上。中堑为京，特高十丈，自居焉。积谷三百万斛。瓒曰："昔谓天下事可指麾而定，今日视之，非我所决，不如休兵，力田蓄谷。兵法百楼不攻，今吾楼橹千重，食尽此谷，足知天下之事矣。"欲以此弊绍。绍遣将攻之，连年不能拔。建安四年，绍悉军围之。瓒遣子求救于黑山贼。复欲自将突骑直出，傍西南山，拥黑山之众，陆梁冀州，横断绍后。长史关靖说瓒，谓将士皆已土崩瓦解，舍之而去，易京之危可立待。瓒遂止。救至，欲内外击绍，遣人与子书刻期，绍候者得其书，绍设伏击，大破之，复还守。绍为地道，突坏其楼，稍至中京。瓒自知必败，尽杀其妻子，乃自杀。于是河北略定。绍遂出长子谭为青州，中子熙为幽州，甥高干为并州。简精卒十万，骑万匹，欲以攻计矣。

袁术自败于陈，稍困，将归帝号于绍。袁谭自青州遣迎之。术欲从下邳北过，操遣刘备、朱灵要之，术复走还寿春。至江亭，愤慨结病，呕血死。时建安四年六月也。八月，曹操进军黎阳。汉县，今河南浚县东北。使臧霸等入青州，破齐、汉郡，治临菑。北海、东安。汉县，今山东沂水县南。留于禁屯河上。九月，操还许。分兵守官渡。城名，在今河南中牟县东北。袁绍遣人招张绣。绣从贾诩计，十一月，率众降操。十二月，操军官渡。刘备未出时，董承辞受帝衣带中密诏诛操，备与同谋。至下邳，遂杀徐州刺史车胄，留关羽守下邳，而身还小沛。东海昌霸反，郡县多叛操为备。备众数万人，遣孙乾与袁绍连和。操遣刘岱、王忠击之，不克。五年，春，正月，董承等谋泄，皆伏诛。操自将东击备，破之。备走奔绍。获其妻子。攻下邳，关羽降。昌狶叛为备，又攻破之。二月，绍遣郭图、淳于琼、颜良等攻东郡大守刘延于白马。津名，见第一章第三节。绍引兵至黎阳，将渡河。四月，操北救延。荀攸说操曰："今兵少不敌，分其势乃可。公到延津，在今河南延津县北。若将渡兵向其后者，绍必西应之，然后轻兵袭白马，掩其不备，颜良可禽也。"操从之。绍闻兵渡，即分兵西应之。操乃引军兼行趣白马。未至十余里，良大惊，来逆战。使张辽、关羽前登，击破斩良。遂解白马围。徙其民循河而西。绍渡河追操。军至延津南，操击斩其骑将文丑。良、丑皆绍名将也，再战悉禽，绍军大震。操还军官渡。绍进保阳武。关羽亡归刘备。八月，绍连营稍前，依沙塠为屯，东西数十里。操亦分营与相当。合战，不利。绍复进临官渡，起土山地道。操亦于内作之以相应。绍射营中，矢如雨下，行者皆蒙楯，众大惧。时操粮少，与荀彧书，议欲还许。彧以为"绍悉众聚官渡，欲与公决胜败，公以至弱当至强，若不能制，必为所乘，是天下之大机也"。操乃止。汝南降贼刘辟等叛应绍，略许下。绍使刘备助辟，操使曹仁击破之，备走，遂破辟屯。袁绍运谷车数千乘至，操用荀攸计，遣徐晃、史涣邀击，大破之，尽烧其车。十月，绍遣车运谷，使淳于琼等将兵万余人送之。绍谋臣许攸贪财，绍不能足，奔操，说操击琼等。左右疑之。荀攸、贾诩劝操。操乃留曹洪守，自将步骑五千人往。大破琼等，皆斩之。绍闻操击琼，使张邰、高览攻曹洪。邰等闻琼败，遂降。绍众大溃。绍及子谭弃军走渡河。追之，不及。冀州诸军多举城邑降者。六年，四月，扬兵河上。击绍仓亭军，见第四节。破之。绍归，复收散卒，攻定诸叛郡县，然其势已不能复振矣。

袁、曹成败，[①]往史议论甚多，然多事后附会之辞，不足信也。《魏武帝本纪》云：刘备举兵，公将东征，诸将皆曰："与公争天下者袁绍也，今绍方来而弃之东，绍乘人后，若何？"公曰："夫刘备，人杰也。今不击，必为后患。袁绍虽有大志，而见事迟，必不动也。"郭嘉亦劝公。《嘉传》无此事。遂东击备，破之。公还官渡，绍卒不出。《绍传》云：大祖东征备，田丰说绍袭大祖后，绍辞以子疾，不许。丰举杖击地曰："夫遭难遇之机，而以婴儿之病失其会，惜哉！"此即附会之辞。夫兵有轻进逐利，有持重后进。许下距河北远，多遣兵则行迟，势不相及，少遣兵则徒遭挫折，无益于事，此绍之所以不肯轻进，操亦度其如此，故敢自将而东，非真能决其见事之迟也。袁绍既招张绣于前，复有刘辟应之于后，又尝遣使招诱豫州诸郡，诸郡多受其命，惟阳安不动。阳安，汉县，在今河南确山县东北，盖是时暂立为郡。阳安都尉李通，操之信臣也，绍以为征南将军，事虽不成，然时通急录户调，朗陵长赵俨，忧民心之变，言之荀彧，或以白操，操遂下令：绵绢悉以还民。见《李通赵俨传》。则绍谋犄操之后，不为不力。其不肯遣大兵往援者，此本牵制之师，犹操之用臧霸，亦仅欲纾东顾之忧，不能仗之以攻冀州也。且刘辟举兵而使刘备为之应，其所遣亦不为不重矣。曹操之攻淳于琼也，绍闻之曰："就彼破琼，吾攻拔其营，彼固无所归矣。"其计亦未为误。然张邰谓曹公营固，攻之必不拔，其后果然，则操之出兵，本据必甚坚固。以相持久疲敝之余，而犹如此，况欲以轻兵袭许乎？绍之计，盖欲一举而大溃操兵，使其不能

_____

① 史事：袁曹成败。荀彧之划。

复振。其将南下也，田丰说绍曰："曹公善用兵，变化无方，众虽少，未可轻也。不如以久持之。将军据山河之固，拥四州之众，外结英雄，内修农战；然后简其精锐，分为奇兵，乘虚迭出，以扰河南；救右则击其左，救左则击其右；使敌疲于奔命，民不得安业，我未劳而彼已困，不及二年，可坐克也。今释庙胜之策，而决成败于一战，若不如志，悔无及也。"及兵既交，沮授又曰："北兵数众，而果劲不及南，南谷虚少，而货财不及北。南利在于急战，北利在于缓搏。宜徐持久，旷以日月。"丰之策绍未能从，授之计则不可谓未见用。绍与操相持逾二时。所以不获速决者，固由操之善守，亦由绍不急攻。不然，胜负之机，本不待决诸半年外也。《绍传》云"大祖与绍相持日久，百姓疲乏，多叛应绍"，此即绍持久之效。操与荀彧书欲还许，盖其势实已不支。《彧传》云"欲还许以引绍"，夫以相持日久，粮尽势竭之余，安能复引人深入？一举足，则敌以全力蹑其后，势如山崩瓦解矣。彧所谓"若不能制，必为所乘"也。《彧传》载彧报操之辞曰："画地而守之，扼其喉而不得进，已半年矣，情见势竭，必将有变，此用奇之时，不可失也。"此亦以势处于无可如何，而教之以涉险耳。许攸来自敌军，进袭淳于琼之策，而操遽自将以行，虽曰智勇过人，其道亦甚危矣，非处甚窘之势，安肯冒昧出此哉？故曰：袁、曹成败之机，实间不容发也。

《魏志·荀彧传》载彧策曹操有四胜，曰："绍貌外宽而内忌，任人而疑其心，公明达不拘，惟才所宜，此度胜也。绍迟重少决，失在后机，公能断大事，应变无方，此谋胜也。绍御军宽缓，法令不立，士卒虽众，其实难用，公法令既明，赏罚必行，士卒虽寡，皆争致死，此武胜也。绍冯世资，从容饰智，以收名誉，故士之寡能好问者多归之，公以至仁待人，推诚心不为虚美，行己谨俭，而与有功者无所吝惜，故天下忠正效实之士，咸愿为用，此德胜也。"《郭嘉传注》引《傅子》，载嘉谓操有十胜，绍有十败，与此大同小异，其为后人附会，亦显然可见。然此说亦颇足考袁、曹为人之异同也。[①]

刘备之败于曹仁也，还绍军，欲离绍，乃说绍南连刘表。绍遣备将本兵复至汝南，与贼龚都等合，众数千人。操遣蔡阳击之，不利。操南征备。备闻操自行，走奔刘表。都等皆散。时操以粮少，不足与河北相支，欲因绍新破，以其间讨击刘表。荀彧曰："今绍败，其众离心，宜乘其困遂定之，而背兖、豫，远师江、汉，若绍收其余烬，承虚以出入后，则公事去矣。"《注》引《彧别传》载操表曰："昔袁绍侵入郊甸，战于官渡。时兵少粮尽，图欲还许，书与彧议，彧不听臣，建宜住之便，恢进讨之规，更起臣心，易其愚虑，遂摧大逆，覆取其众，此彧睹胜败之机，略不世出也。及绍破败，臣粮亦尽，以为河北未易图也，欲南讨刘表，彧复止臣，陈其得失。臣用反斾，遂吞凶族，克平四州。向使臣退于官渡，绍必鼓行而前，有倾覆之功，无克捷之势。后若南征，委弃兖、豫，利既难要，将失本据。彧之二策，以亡为存，以祸致福，谋殊功异，臣所不及也。"则此二策确出于彧，且与当时形势，大有关系。操从之。七年，复进军官渡。绍自军破后，发病呕血，五月死。绍爱少子尚，欲以为后，而未显。审配、逢纪，与辛评、郭图争权。配、纪与尚比，评、图与谭比。众以谭长，欲立之。配等恐谭立而评等为己害，缘绍素意，乃奉尚代绍位。谭至，不得立，自号车骑将军。由是谭、尚有隙。九月，操攻谭、尚。谭军黎阳。尚少与谭兵，而使逢纪从谭。谭求益兵。配等议不与。谭怒，杀纪。操渡河攻谭，谭告急于尚。尚欲分兵益谭，恐谭遂夺其众，乃使审配守邺，自将兵助谭。大战城下，谭、尚败，走入城守。八年，春，三月，攻其郭，乃出战。击，大破之。谭、尚夜遁。四月，进军邺。五月，还许，留贾信屯黎阳。八月，操征刘表，军西平。汉县，今河南西平县西。《郭嘉传》：从讨谭、尚于黎阳，连战数克。诸将欲乘胜遂攻之。嘉曰："急之则相持，缓之而后争心生，不如南向荆

州，若征刘表者，以待其变，变成而后击之，可一举定也。"大祖曰"善"，乃南征。操之去邺而南也，谭、尚遂举兵相攻。谭败，奔平原。尚攻之急。谭遣辛毗乞降请救。《辛毗传注》引《英雄记》曰：郭图说谭曰："今将军国小兵少，粮匮势弱，显甫之来，久则不敌。愚以为可呼曹公，来击显甫，曹公至，必先攻邺。显甫还救，将军引兵而西，自邺以北，皆可虏得。若显甫军破，其兵奔亡，又可敛取，以拒曹公。曹公远侨而来，粮饷不继，必自逃去。比此之际，赵国以北，皆我之有，亦足与曹公为敌矣。不然不谐。"谭始不纳，后遂从之。诸将皆疑。荀攸言："兄弟遘恶，势不两全。若有所并则力专，力专则难图也。及其乱而取之，天下定矣，此时不可失也。"操乃引军还。十月，到黎阳。为子整与谭结昏。尚闻操北，乃释平原还邺。其将吕旷、吕翔叛尚，屯阳平。率其众降。九年，正月，操济河。二月，尚复攻谭，留苏由、审配守邺。由欲为内应，谋泄，与配战城中，败，出奔操。操攻邺，为土山地道。武安长尹楷屯毛城，在今河南涉县西。通上党粮道。四月，操留曹洪攻邺，自将击楷，破之。尚将沮鹄守邯郸，又击拔之。五月，毁土山地道。作围堑，决漳水灌城。城中饿死者过半。七月，尚还救邺。操逆击，破走之。遂围其营。尚夜遁，保祁山。《袁绍传》云：尚还走滥口。其将马延、张颉等临陈降，众大溃。尚走中山。八月，审配兄子荣夜开所守城东门内兵。生禽配，斩之。天子以操领冀州牧。操让还兖州。操之围邺也，谭略取甘陵、后汉县，今山东清平县南。安平、今河北冀县。渤海、后汉治南皮，今河北南皮县。河间。今河北献县。尚败，还中山。谭攻之。尚奔故安，汉县，今河北易县东南。从熙。谭遂并其众。操遗谭书，责以负约，与之绝昏。女还然后进军。谭惧，拔平原，走保南皮。见第一章第二节。十年，正月，攻拔之，斩谭及郭图等，冀州平。是月，袁熙大将焦触、张南等叛，攻熙、尚。熙、尚奔三郡乌丸，触等举其县降。初，袁绍与公孙瓒争冀州，张燕遣将助瓒，与绍战，为绍所败，人众稍散。鲜于辅将其众奉王命，以为建忠将军，督幽州六郡。操与绍相拒于官渡，阎柔遣使诣操受事，迁护乌丸校尉，而辅身诣操，拜左度辽将军，遣还镇抚本州。将定冀州，燕遣使求佐王师，拜平北将军，率众诣邺。故安赵犊、霍奴等杀幽州刺史、涿郡大守。三郡乌丸攻辅于犷平。汉县，今河北密云县东北。八月，操征之，斩犊等。乃渡潞河救犷平。乌丸奔走出塞。操之拔邺，高干降，以为并州刺史。闻操讨乌丸，以州叛。十一年，正月，操征干。干走入匈奴求救。单于不受。干走荆州。上洛都尉王琰捕斩之。上洛，汉县，今陕西商县。《杜畿传》：高干反，时河东大守王邑被征，河东人卫固、范先，外以请邑为名，内实与干通谋。大祖谓荀彧曰："关西诸将，恃险与马，征必为乱。张晟寇殽、渑间，南通刘表，固等因之，吾恐其为害深。河东被山带河，四邻多变，当今天下之要地也。君为我举萧何、寇恂以镇之。"或曰："杜畿其人也。"遂拜畿为河东大守。固等使兵数千人绝陕津。畿诡道从郖津度。范先欲杀畿以威众。固曰"杀之无损，徒有恶名，且制之在我"，遂奉之。畿以固为都督，行丞事，领功曹。将校吏兵三千余人，皆范先督之。固欲大发兵，畿患之。说固曰："今大发兵，众必扰，不如徐以赏募兵。"固以为然，从之。又喻固等曰："人情顾家，诸将掾史，可分遣休息，急缓召之不准。"固等恶逆众心，又从之。于是善人在外，阴为己援，恶人分散，各还其家。畿知诸县多附己，因出单将数十骑赴张辟拒守。固等与干、晟共攻之，不下。会大兵至，干、晟败，固等伏诛。是时天下郡县皆残破，河东最先定，少耗减。畿治之，崇宽惠，与民无为。韩遂、马超之叛也，弘农、冯翊多举县邑以应之。河东虽与贼接，民无异心。大祖西征，至蒲阪，与贼夹渭为军，军食一仰河东。及贼破，余畜二十余万斛。《梁习传》曰：并土新附，习以别部司马领并州刺史。时承高干荒乱之余，胡狄在界，张雄跋扈。吏民亡叛，入其部落。兵家拥众，作为寇害，更相扇动，往往棋跱。习到官，诱谕招纳，皆礼召其豪右，稍稍荐举，使诣幕府。豪右已尽，乃次发诸丁强，以为义从。又因大军出征，分请以为勇力。吏兵已去之后，稍移其家，前后送邺，凡数万口。其不从命者，兴兵致讨，斩首千数，降附者万计。单于恭顺，名王稽颡。部曲服事供职，同于编户。边境肃清。百姓布野，勤劳农桑。令行禁止。案丧乱之际，戡定虽赖兵力，其后抚绥生聚，则无不藉良吏者，观此二事可知也。十二年，操北征三郡乌丸。五月，至无终。汉县，今河北玉田县。初，田畴为刘虞奉使还，未至，虞已为公孙瓒所害。畴乃入徐无山中，山在今玉田县北。营深险平敞地而居。百姓归之者，数年间至五千余家。畴为立约束。北边翕然，服其威信。操北征乌丸，先使辟畴，随军次无终。时方夏水雨，而滨海湾下，泞滞不通，虏亦遮守险要，军不得进。操患之，以问畴。畴言"旧北平郡治在平冈，道出卢龙，在今河北迁安县北。达于柳城。当在今凌南、兴城之间。自建武以来，陷坏断绝，垂二百载，而尚有微径可从。今虏以大军当由无终，不得进而退，懈弛无备。若默回军，从卢龙口，越白檀之险，白檀，汉县，在今热河承德县西。出空虚之地，路近而便，掩其不备，蹋顿之首，可不战而禽也"。操曰："善。"令畴将其众为乡导，引军出卢龙塞。塞外道绝不通。乃堑山湮谷，五百余里，东指柳城。未至二百里，虏乃知之。尚、熙与蹋顿、辽西单于楼班、右北平单于能臣抵之等将数万骑逆军。八月，纵兵击之，虏众大崩。斩蹋顿及名王以下。胡、汉降者二十余万口。辽东单于速仆丸，及辽西、北平诸豪，弃其种人，与尚、熙奔辽东。初，辽东大守公孙康恃远不服，及操破乌丸，或说操遂征之，尚兄弟可禽也。操曰："吾方使康斩送尚、熙首，不烦兵矣。"九月，操引兵自柳城还，康即斩尚、熙及速仆丸等，传其首。诸将或问："公还而康斩送尚、熙，何也？"操曰："彼素畏尚等，吾急之则并力，缓之则自相图，其势然也。"案患莫大于养痈。三郡乌丸，种类繁炽，又数受袁氏恩，内利钞掠，使尚、熙获用其众，其为患，必不止如后汉初之卢芳而已。曹操大举征之，虽曰乘危以徼幸，《武帝纪注》引《曹瞒传》操自道语。然乌丸自此遂不能为大患，其用兵亦云神矣。[1]

----

① 史事：曹操征乌丸用兵之神。

是时海内之患，以幽、并、青、冀、兖、徐为急，及是略已平定，关中操任钟繇抚之，凉州鸾远，诸将皆无大略，非可急图，亦不虞其为大患也，故乌丸平，操遂南征荆州。

第七节　孙氏据江东

孙坚之死也，兄子贲，将大众就袁术，术复表贲为豫州刺史。坚长子策，渡江居江都。徐州牧陶谦深忌策。策舅吴景，时为丹阳大守，策乃载母徙曲阿，秦县，今江苏丹阳县。与吕范、孙河俱就景。因缘召募，得数百人。兴平元年，从术。术甚奇之。以坚部曲还策。术初许策为九江大守，已而更用丹阳陈纪。后术欲攻徐州，从庐江大守陆康求米，庐江，汉郡，在今安徽庐江县西。康不与。术大怒，遣策攻康，谓曰："今若得康，庐江真卿有也。"策攻康，拔之。术复用其故吏刘勋为大守，策益失望。先是刘繇为扬州刺史，州旧治寿春，寿春术已据之，繇乃渡江治曲阿。时吴景尚在丹阳，策从兄贲，又为丹阳都尉，繇至，皆迫逐之。景、贲退舍历阳。繇遣樊能、于麋、陈横屯江津，张英屯当利口在今安徽和县东南。以距术。术自用故吏琅邪惠衢为扬州刺史。更以景为督军中郎将，与贲共将兵击英等，连年不克。汉命加繇为牧，策乃说术，乞助景等平定江东。术表策为折冲校尉，行殄寇将军。兵财千余，骑数十匹，宾客愿从者数百人。比至历阳，众五六千。渡江转斗，所向皆破。刘繇奔丹徒。将奔会稽，许劭曰："会稽富实，策之所贪；且穷在海隅，不可往也。不如豫章，北连豫壤，西接荆州。若收合吏民，遗使贡献，与曹兖州相闻，虽有袁公路隔在其间，其人豺狼，不能久也。足下受王命，孟德、景升，必相救济。"繇从之。据《三国志·刘繇传注》引袁宏《汉纪》。泝江南保豫章。寻病卒。吴人严白虎等众各万余人，处处屯聚。吴景等欲先击破虎等，乃至会稽。策曰："虎等群盗，非有大志，此成禽耳。"遂引兵渡浙江。会稽大守王朗举兵与战，败绩。浮海至东冶。见第三章第七节。策又追击，朗乃诣策。策攻破虎等。尽更置长吏。自领会稽大守。复以吴景为丹阳大守。以孙贲为豫章大守。时豫章大守为华歆，知策善用兵，乃幅巾相迎。分豫章为庐陵郡，治高昌，在今江西吉安县境。以贲弟辅为大守。丹阳朱治为吴郡大守。时袁术僭号，策以书责而绝之。曹操表策为讨逆将军，封为吴侯。后术死，长史杨弘、大将张勋等将其众欲就策，刘勋要击，悉虏之。策闻之，伪与勋好盟。时豫章上缭在今建昌县南。宗民万余家在江东，策劝勋攻取之。勋既行，策轻军晨夜袭拔庐江。勋众尽降。勋独与麾下数百人归曹操。是时袁绍方强，而策并江东，操力未能逞，且欲抚之，乃以弟女配策小弟匡，又为子章取贲女，皆礼辟策弟权、翊，又命扬州刺史严象举权茂才。建安五年，策为故吴郡大守许贡客所杀。《三国志·孙策传》云："曹公与袁绍相拒于官渡，策阴欲袭许迎汉帝，[①]密治兵，部署诸将，未发，为贡客所杀。"《魏武帝纪》亦云："孙策闻公与绍相持，乃谋袭许，未发，为刺客所杀。"《策传注》引《江表传》则云："广陵大守陈登，治射阳。汉县，在今江苏淮安县东南。登即瑀之从兄子也。策前西征，登阴复遣间使以印绶与严白虎余党，图为后害，以报瑀见破之辱。策归，复讨登。军到丹徒，须待运粮。策性好猎。将步骑数出。策驱驰逐鹿，所乘马精骏，从骑绝不能及。初，吴郡大守许贡上表于汉帝曰：孙策骁雄，与项籍相似。宜加贵宠，召还京邑。若放于外，必作世患。策候吏得贡表，以示策。策请贡相见，以责让贡。贡辞无表。策即令武士绞杀之。贡奴客潜民间，欲为贡报仇。猎日，卒有三人，即贡客也。策问尔等何人？答云是韩当兵，在此射鹿耳。策曰：当兵吾皆识之，未尝见汝等。因射一人，应弦而倒。余二人怖急，便举弓射

---

① 史事：孙策谋袭许之诬。

策，中颊。后骑寻至，皆刺杀之。"案策兵虽强，岂足与中国争衡？汉室是时，威灵已替挟一献帝，岂足以号召天下？曹公之克成大业，亦以其法严令行，用兵如神耳，非真藉汉天子之虚名也。以策之望轻资浅，挟一汉帝，局促吴、越，此义帝之居郴耳，何足有为？裴松之谓淮、泗之间，所在可都，试问策之众，视陶谦、袁术、刘备、吕布何如？诸雄相次覆亡，何有于策？况策徒轻剽，实无大略，又安知挟天子以令诸侯也。然则《江表传》之言，为得其实矣。《吴志·吕范传》曰：下邳陈瑀，自号吴郡大守，住海西，与强族严白虎交通。策自将讨虎，别遣范与徐逸攻瑀于海西，枭其大将陈牧。《策传注》引《江表传》，则谓建安二年夏，诏以策为骑都尉，袭爵乌程侯，领会稽大守。又诏与平东将军领徐州牧温侯布，及行吴郡大守安东将军陈瑀同讨袁术，则瑀称吴郡大守，实出朝命，非由自号。《传》又云：瑀阴图袭策，遣使持印，与诸险县大帅，使为内应，伺策军发，欲攻取诸都。策觉之，遣吕范、徐逸攻破瑀。案策之渡江，本为袁术。此时汉朝虽有讨术之命，实权宜用之，非信其心也。苟有机会，乘间图之，夫固未为非计？《张邈传注》引《九州春秋》，言陈登甚得江、淮间欢心，有吞灭江南之志。孙策遣军攻登，再败。登迁为东城大守，孙权遂跨有江外。大祖每临大江而叹，恨不早用陈元龙计，元龙，登字。而令封豕养其爪牙。元龙父子，初间吕布、袁术之交，卒定扬、徐之境，瑀或亦志平江表者。即谓其未可知，而登之志皎然而才可用则信矣。拒敌再克，其效已见。吕布亡而忽视东南，使长才不竟其用，岂不惜哉？此魏武虑事之一疏也。

孙策之将死也，呼权佩以印绶。曹操表权为讨虏将军，领会稽大守，屯吴，使丞之郡行文书事。是时惟有会稽、吴郡、丹阳、豫章、庐陵，然深险之地，犹未尽从。权乃分部诸将，镇抚山越，讨不从命。建安八年，权西伐黄祖，破其舟军，惟城未克，而山寇复动。还过豫章，使吕范平鄱阳、汉县，今江西郡阳县东。会稽，程普讨乐安，今江西德兴县东，吴立为县。大史慈领海昏，汉县，今江西永修县。韩当、周泰、吕蒙等为剧县令、长。九年，权弟丹阳大守翊为左右所害，以从兄瑜代翊。十年，权使贺齐讨上饶，分为建平县。上饶，汉县，今江西上饶县西北。建平，今福建建阳县。十二年，西征黄祖，虏其人民而还。十三年春，权复征黄祖，屠其城。祖挺身亡走，骑士冯则追枭其首。虏其男女数万口。是岁，使贺齐讨黟、汉黝县，今安徽黟县。歙，汉县，今安徽歙县。分歙为始新、在今浙江淳安县西。新定、今浙江遂安县。犁阳、今安徽休宁县东南。休阳县，后避孙休讳，改为海阳，在休宁县东。以六县为新都郡。此时权所务者，西征江夏，内平山越以抚定诸县。《贺齐等传评》曰"山越好为叛乱，难安易动，是以孙权不皇外御，卑辞魏氏"，则当赤壁战后，权犹不能不以山越为患也，况于即位之初？况于孙策之世邪？亦足见谓策欲袭许之诬矣。然赤壁一战，权竟能与刘备协力以破曹公，则全由江、淮轻剽之性为之，此可以觇南北古今风气之不同矣。

第八节　赤壁之战

曹操以建安元年入洛阳，迁献帝都许，自此至十二年，凡一纪，东平吕布，摧袁术，走刘备，北破袁绍，西抚关中，当时所谓中原之地略定，然天下卒成三分之局者，则以赤壁一战，犯兵家之忌，为权、备所乘；其后又以北方尚未大定；且以当时形势，举中国之众，与吴、蜀争衡，势亦有所未便；遂至廓清扫荡，虚愿徒存。使赤壁一战而操更获胜，则顺流而下，江东指日可定，刘备自无立足之地，益州更不能负固矣。故赤壁一战，实当时事势转变之大关键也。

《蜀志·诸葛亮传》载亮初见先主时之言曰："今操已拥百万之众，挟天子以令诸侯，此诚不可与争锋。孙权据有江东，已历三世，国险而民附，贤能为之用。此可与为援而不可图也。荆州北据汉、沔，利尽南海，东连吴会，西通巴、蜀，此用武之国，而其主不能守，此殆天所以资将军，将军岂有意乎？益州险塞，沃野千里，天府之土，高祖因之，以成帝业。刘璋暗弱，张鲁在北，民殷国富，而不知存恤，智能之士，思得明君。将军既帝室之胄，信义着于四海，总揽英雄，思贤如渴。若跨有荆、益，保其岩阻，西和诸戎，南抚夷越，外结好孙权，内修政理；天下有变，则命一上将，将荆州之军，以向宛、洛，将军身率益州之众，以出秦川，百姓孰敢不箪食壶浆，以迎将军者乎？诚如是，则霸业可成，汉室可兴矣。"此文以与后来情事，大相符合，人或疑之。然跨据荆、益，连结吴会，可与北方抗衡，当时事势固尔，不容谓亮见不及此。《三国志》所载当时谋臣策划，可疑者甚多，此顾无足深疑也。此亦可见三国之分立，实时势使然，而非出于偶然矣。

李傕、郭汜之入长安也，欲连刘表为援，以表为荆州牧。天子都许，表虽遣使贡献，然北与袁绍相结。张济入荆州界，攻穰城，为流矢所中，死，表使人纳其众。长沙桓阶，说大守张羡，举长沙及旁三郡以拒表，遣使诣曹操。表围之连年，不下。羡病死，长沙复立其子怿。表遂攻并怿。南收零、桂，北据汉川，地方数千里，带甲十余万。曹操与袁绍相持于官渡，绍遣人求助，表许之而不至，亦不佐操，欲保江、汉间，观天下变。从事中郎韩嵩、别驾刘先说表举州附操。大将蒯越亦劝表。表狐疑，乃遣嵩诣操，以观虚实。嵩还，深陈操威德，说表遣子入质。表疑嵩反为操，大怒。欲杀嵩。考杀嵩随行者，知嵩无他意，乃止。先主之奔表，表自郊迎，以上宾礼待之。益其兵，使屯新野。汉县，今河南新野县南。建安十三年七月，操南征表。八月，表卒。二子：琦，琮。表初以琦貌类于己，甚爱之。后为琮娶其后妻蔡氏之侄，蔡氏遂爱琮而恶琦。毁誉之言，日闻于表。表宠耽后妻，每信任焉。又妻弟蔡瑁，及外甥张允，并得幸于表，又睦于琮。琦不自宁，与诸葛亮谋自安之术。亮曰："君不见申生在内而危，重耳居外而安乎？"琦意感悟，阴规出计。会江夏大守黄祖为孙权所杀，琦遂求代其任，及表病甚，琦归省疾，允等遏于户外，使不得见，琦流涕而去。遂以琮为嗣。琮以侯印授琦。琦怒，投之地，将因奔丧作难。会曹操军至新野。琦走江南。操军到襄阳，琮举州请降。刘备屯樊，不知操卒至，至宛，乃闻之，遂将其众去。过襄阳，诸葛亮说备攻琮，荆州可有。案当时即得襄阳，其何能守？此说疑不实。备曰："吾不忍也。"乃驻马呼琮，琮惧不能起。琮左右及荆州人多归备。比到当阳，汉县，今湖北当阳县东。众十余万，辎重数千两，日行十余里。别遣关羽乘船数百艘，使会江陵。操以江陵有军实，恐备据之，乃释辎重，轻军到襄阳。闻备已过，操将精骑五千急迫之，一日一夜行三百余里，及予当阳之长阪。备弃妻子，与诸葛亮、张飞、赵云等数十骑走。斜趣汉津，适与羽船会，得济沔。遇琦众万余人，与俱到夏口。操以表大将文聘为江夏大守，备表琦为荆州刺史。明年卒。

《三国·吴志·孙权传》云：荆州牧刘表死，鲁肃乞奉命吊表二子，且以观变。肃未到而曹公已临其境，表子琮举众以降。刘备欲南济江，肃与相见。因传权旨，为陈成败。备进住夏口，使诸葛亮诣权。《肃传》曰：刘表死，肃进说曰："夫荆楚与国邻接，水流顺北，外带江、汉，内阻山陵，有金城之固。沃野万里，士民殷富。若据而有之，此帝王之资也。今表新亡，二子素不辑睦，军中诸将，各有彼此。加刘备天下枭雄，与操有隙，寄寓于表，表恶其能而不能用也。若备与彼协心，上下齐同，则宜抚同，与结盟好。如有离违，宜别图之，以济大事。肃请得奉命吊表二子，并慰劳其军中用事者，及说备：使抚表众，同心一意，共治曹操。备必喜而从命。如其克谐，天下可定也。今不速往，恐为操所先。"权即遣肃行，到夏口，闻曹公已向荆州，晨夜兼道。比至南郡，治江陵。而表子琮已降，备皇遽奔走，欲南渡江，肃径迎之。到当阳长阪，与备会。宣腾权旨，及陈江东强固，劝备与权并力。备甚欢悦。时诸葛亮与备相随。肃谓亮曰："我子瑜友也。"亮兄瑾，字子瑜，事权。即共定交。备遂到夏口，遣亮使权，肃亦反命。会权得曹公欲东之问，与诸将议，皆劝权迎之，而肃独不言。权起更衣，肃追于宇下。权知其意，执肃手曰："卿欲何言？"肃对曰："向察众人之议，专欲误将军，不足与图大事。今肃可迎操耳，如将军不可也。何以言之？今肃迎操，操当以肃还付乡党，品其名位，犹不失下曹从事，乘犊车，从吏卒，交游士林，累官故不失州郡也。将军迎操，欲安所归？愿早定大计，莫用众人之议也。"权叹息曰："诸人持议，甚失孤望。今卿廓开大计，正与孤同。此天以卿赐我也。"时周瑜受使至鄱阳，肃劝追召瑜还。遂任瑜以行事，以肃为赞军校尉，助画方略。《瑜传》曰：曹公入荆州，刘琮举众降，曹公得其水军船步兵数十万。将士闻之，皆恐惧。延见群下，问以计策。议者咸曰："曹公豺虎也，然托名汉相，挟天子以征四方，动以朝廷为辞，今日拒之，事更不顺。且将军大势，可以拒操者长江也。今操得荆州，奄有其地，刘表治水军，蒙冲斗舰，乃以千数，操悉浮以沿江，兼有步兵，水陆俱下，此为长江之险，已与我共之矣。而势力众寡，又不可论。愚谓大计不如迎之。"瑜曰："操虽托名汉相，其实汉贼也。将军以神武雄才，兼杖父兄之烈，割据江东，地方数千里，兵精足用，英雄乐业，尚当横行天下，为汉家除残去秽，况操自送死，而可迎之邪？请为将军筹之。今使北土已安，操无内忧，能旷日持久，来争疆场；又能与我校胜负于船楫，可乎？今北土未安，加马超、韩遂，尚在关西，为操后患。且舍鞍马，杖舟楫，与吴、越争衡，本非中国所长。又今盛寒，马无藁草。驱中国士众，远涉江湖之间，不习水土，必生疾病。此数者，用兵之患也，而操皆冒行之。将军禽操，宜在今日。瑜请得精兵三万人，进住夏口，保为将军破之。"权曰："老贼欲废汉自立久矣，徒忌二袁、吕布、刘表与孤耳。今数雄已灭，惟孤尚存。孤与老贼，势不两立。君言当击，甚与孤合，此天以君授孤也。"观此，知拒操之议，实出于瑜、肃二人。《瑜传注》引《江

表传》：曹公新破袁绍，兵威日盛。建安七年，下书责权质任子。权召群
臣会议。张昭、秦松等犹豫不能决。权意不欲遣质。乃独将瑜诣母前定
议。瑜曰："将军承父兄余资，兼六郡之众，兵精粮多，将士用命。铸山
为铜，煮海为盐，境内富饶，人不思乱。泛舟举帆，朝发夕到。士风劲
勇，所向无敌。有何逼迫，而欲送质？质一入，不得不与曹氏相首尾，与
相首尾，则命召不得不往，便见制于人也。极不过一侯印，仆从十余
人，车数乘，马数匹，岂与南面称孤同哉？不如勿遣，徐观其变。若曹
氏能率义以正天下，将军事之未晚。若图为暴乱，兵犹火也，不戢将自
焚。将军韬勇抗威，以待天命，何送质之有？"权母曰：公瑾瑜字。议是
也。遂不送质。瑜之议，与鲁肃肃可迎操，将军不可之对，用意正同。足
见拒操为权与瑜、肃等素定之计。①故赤壁战前，曹操以大兵临之，江
东群臣，多挟迎降之议，而权等数人，决策不疑如此。不特此也，权之
立，鲁肃还葬祖母，东城刘子扬与肃友善，遗书劝肃北行，肃东城人。瑜
谓肃曰："吾闻先哲秘论，承运代刘氏者，必兴于东南，足下不须以子扬
之言介意。"因荐肃。权与语，甚说之，众宾罢退，独引肃还，合榻对
饮。肃曰："昔高帝区区，欲事义帝而不获者，以项羽为害也。今之曹
操，犹昔项羽，将军何由得为桓、文乎？肃窃料之，汉室不可复兴，曹操
不可卒除，为将军计，惟有鼎足江东，以观天下之衅，因北方多务，剿除
黄祖，进伐刘表，竟长江所极，据而有之，然后建号帝王，以图天下，此
高帝之业也。"其后权与陆逊论瑜、肃曰"公瑾昔邀子敬来东，致达于
孤，孤与燕语，便及大略，帝王之业"，盖即指此。权称尊号，临坛顾谓
公卿曰："昔鲁子敬尝道此，可谓明于事势矣。"然则权之欲废汉自立久
矣，顾以此诬魏武，岂不悖哉？《张昭传注》引《江表传》曰：权既即尊
位，请会百官，归功周瑜。昭举笏欲褒赞功德。未及言。权曰："如张公

---

① 史事：抗操为权、瑜、肃素之计。

之计，今已乞食矣。"昭大惭，伏地流汗。昭忠謇亮直，有大臣节，权敬
重之，然所以不相昭者，盖以昔驳周瑜、鲁肃等议为非也。裴松之谓："鼎
峙之计，本非昭志。曹公杖顺而起，功以义立。冀以清一诸华，拓平
荆、郢。大定之机，在于此会。若使昭议获从，则六合为一，岂有兵连祸
结，遂为战国之弊哉？虽无功于孙氏，有大当于天下矣。昔窦融归汉，与
国升降。张鲁降魏，赏延于世。况权举全吴，望风顺服。宠灵之厚，其可
测量哉？然则昭为人谋，岂不忠且正乎？"今案赤壁之战，曹操虽犯兵家
之忌，然在权、备，亦为幸胜，使其不捷，其为后祸，宁可测量。《先主
传》评曰"折而不挠，终不为下者，揆彼之量，必不容己，非惟竞祸，且
以避害。"盖始佐公孙瓒而救陶谦，继藉操之力以戡吕布，而反合于董
承，操与备之衅则深矣。若权，操安知何如人？乃曰："其所以不能废汉
者，徒忌二袁、吕布、刘表与孤"，又曰"孤与老贼，势不两立"，此岂当
时情实？然则权之决策拒操，可谓狼子野心，而周瑜、鲁肃，亦皆可谓为
好乱之士也。徒以二三剽轻之徒，同怀行险徼幸之计，遂肇六十年分裂之
祸，岂不哀哉。可见地方风气之关系于治乱者大也。

《魏志·贾诩传》曰：大祖破荆州，欲顺江东下。诩谏曰："明公昔
破袁氏，今收汉南，威名远著，军势既大，若乘旧楚之饶，以飨吏士，抚
安百姓，使安土乐业，则可不劳众而江东稽服矣。"大祖不从，军遂无
利。案诸葛亮告孙权曰："曹操之众，远来疲弊。闻追豫州，轻骑一日一
夜行三百余里，此所谓强弩之末，势不能穿鲁缟者也。故兵法忌之，曰必
蹶上将军。且北方之人，不习水战。又荆州之民附操者，逼兵势耳，非心
服也。今将军诚能命猛将，统兵数万，与豫州协规同力，破操军必矣。"此
与周瑜所道，皆确为操军可乘之隙，贾诩所以不主速进者盖以此。然亮言
豫州军虽败于长阪，今战士还者及关羽水军，精甲万人，刘琦合江夏战
士，亦不下万人，而《孙权传》言周瑜、程普为左右督，各领万人，与备
俱进，则权、备之兵，各不过二万人耳，其寡可谓已甚，此操所以不之忌

欤？时操军已有疾病。遇于赤壁，今湖北嘉鱼县东北。初一交战，操军败退，引次江北。瑜等在南岸。瑜部将黄盖曰："今寇众我寡，难与持久。然观操军，方连船舰，首尾相接，可烧而走也。"乃取蒙冲斗舰数十艘，实以薪草，膏油灌其中，裹以帷幕。上建牙旗。先书报操，欺以欲降。又预备走舸，各系大船后。因引次俱前。操军吏士，皆引颈观望，指言盖降。盖放诸船，同时发火。时风盛猛，悉延烧岸上营落。顷之，烟炎涨天，人马烧溺死者甚众。军遂败退，还保南郡。备与瑜等，复共追操。操留曹仁等守江陵城，径自北归。瑜与程普又进取之。权拜瑜偏将军，领南郡太守，屯据江陵。而先主南征武陵、长沙、桂阳、零陵，四郡皆降。庐江雷绪，率部曲数万口稽颡。刘琦病死，群下推先主为荆州牧，治公安。鼎足之形渐成矣。《魏志·程昱传》曰：刘备奔吴，案备仅遣诸葛亮诣权，身实未尝奔吴，此《国志》措辞不审。论者以为孙权必杀备。昱料之曰："孙权新在位，未为海内所惮。曹公无敌于天下，初举荆州，威震江表，权虽有谋，不能独当也。刘备有英名；关羽、张飞，皆万人之敌也；权必资之以御我。难解势分，备资以成，又不可得而杀也。"其料事可谓审矣。然其症结，仍由于操军之不能久留。故周瑜逆料操不能持久，诸葛亮亦谓操军破必北还也。然则海宇不能统一，仍由乱势炽而非一时可了耳。

第九节　刘备入蜀

赤壁战后，曹操图南，改道扬州，荆州仅遣将守御。上流形胜之地，既为孙、刘所同利；益州天府，尤其所共觊觎，于是刘备入益州，与孙权争荆州之事起。而曹操亦于此时，南定汉中，备又北争之，于是关羽取襄阳，孙权乘其后以取荆州之事又起矣。

曹操之于东南，初所任者为刘馥。馥，相人，避乱扬州。建安初，说袁术将戚寄、秦翊俱诣操。操悦之，辟为司徒掾。后孙策所置庐江大守李述攻杀扬州刺史严象。庐江梅乾、雷绪、陈兰等聚众数万，在江、淮间，郡县残破。操方有袁绍之难，遂表馥为扬州刺史。馥既受命，单马造合肥空城，今安徽合肥县北。建立州治。南怀绪等，皆安集之。流民越江山而归者以万数。于是广屯田，为战守备。其后孙权率十万众攻围合肥城百余日，卒不能破，以馥豫为之储也。馥以建安十三年卒。《魏志·武帝纪》：是年十二月，孙权为备攻合肥。公自江陵征备，至巴丘，遣张熹救合肥，权闻熹至，乃走。叙在赤壁战前。《吴志·孙权传》则叙于赤壁战后，云权自率众围合肥，使张昭攻九江之当涂。昭兵不利。权攻城逾月不能下。曹公自荆州还，遣张喜将骑赴合肥。未至，权退。《魏志注》引孙盛《异同平》云：《吴志》为是。要之是时权不过牵制之兵而已，其所重实在上流，故救至而即退也。操自赤壁还，十四年三月，军至谯。作轻舟，治水军。七月，自涡入淮。出肥水，军合肥。置扬州郡县长吏，开芍陂屯田。在今寿县南。十二月，军还谯。十六年，权徙治秣陵。汉县，在今首都东南。明年，城石头。在今首都西。改秣陵为建业。闻曹公将来侵，作濡须坞。夹濡须水口立坞。濡须水，出巢湖，至无为县入江。是岁，操征孙权。十八年，正月，进军濡须口。权与相拒月余。操望权军，叹其整肃，乃退。初，操恐江滨郡县，为权所略，征令内移。民转相惊。自庐江、九江、蕲春、汉县，今湖北蕲春县西北。广陵户十余万，皆东渡江。江西遂虚。合肥以南，惟有皖城，皖，汉县，今安徽潜山县。操遣朱光为庐江大守，屯皖，大开稻田。吕蒙曰："皖田肥美，若一收熟，彼众必增。如是数岁，操态见矣。宜早除之。"乃具陈其状。十九年五月，权征皖城。闰月，克之。获朱光。拜吕蒙庐江大守。七月，操征孙权。十月，自合肥还。使张辽、乐进、李典等将千余人屯合肥。二十年，权攻合肥，为辽等所败。二十一年十月，操征孙权。二十二年正月，军居巢。二月，进军屯江西郝谿。在居巢东，濡须之西。权在濡须口筑城拒守，遂逼攻之，权退

363

走。三月，操引军还。留夏侯惇、曹仁、张辽等屯居巢。权令都尉徐详诣操请降。操报使修好，誓重结婚。《张辽传》：孙权复称藩，辽还屯雍丘。缘江之争，至此而息。

灵帝时，大常刘焉建议，言刺史大守，货赂为官，割剥百姓，以致离叛，可选清名重臣，以为牧伯，镇安方夏。会益州刺史郤俭，赋敛烦扰，谣言远闻；而并州杀刺史张益，梁州杀刺史耿鄙；焉谋得施，出为监军使者，领益州牧。时为中平五年，是时凉州逆贼马相、赵祇等，于绵竹县今四川德阳县。自号黄巾，杀绵竹令，前破洛县。今四川广汉县。攻益州，杀俭。又到蜀郡犍为。旬月之间，破坏三郡。马相自称天子，众至十余万人。遣兵破巴郡，杀郡守赵部。州从事贾龙，素领兵数百人，在犍为东界。摄敛吏民，得千余人，攻相等。数日破走。州界清静。龙乃选吏卒迎焉。焉徙治绵竹。汉益州刺史本治洛县。抚纳离叛，务行宽惠，阴图异计。张鲁者，沛国丰人。祖父陵，客蜀，学道鹄鸣山中，造作道书，以惑百姓。从受道者出五斗米，故世号米贼。陵死，子衡行其道。衡死，鲁复行之。此据《三国志·鲁传》，其记事不必实。焉以鲁为督义司马，与别部司马张脩击汉中大守苏固。鲁遂袭脩，杀之，夺其众。焉上书，言米贼断道，不得复通。又托他事，杀州中豪强十余人，以立威刑。犍为大守任岐及贾龙由此反，攻焉。焉击杀岐、龙。焉意渐盛，造作乘舆车具千余乘。时焉子范为左中郎将，诞治书御史，璋奉车都尉，皆从献帝在长安，惟小子别部司马瑁素随焉。献帝使璋晓谕焉，焉留璋不遣。马腾与范谋诛李傕，焉遣叟兵五千助之。战败，范见杀，收诞行刑。议郎河南庞羲，与焉通家，乃募将焉诸孙入蜀。时焉被天火烧城，车具荡尽，延及民家，焉徙治成都。既痛其子，又感祅灾，兴平元年，痈疽发背而卒。州大吏赵韪等贪璋温仁，共上璋为益州刺史。诏书因以为监军使者，领益州牧。以韪为征东中郎将。先是荆州牧刘表，表焉僭拟乘舆器服。韪以此遂屯兵朐䏰汉县，今四川云阳县西。备表。据《后汉书·焉传》。《三国志·焉传注》引《英雄记》曰：焉死，子璋代为刺史，会长安拜颍川扈瑁为刺史，入汉中。荆州别驾刘阖，璋将沈弥、娄发、甘宁反。击璋，不胜，走入荆州。璋使赵韪进攻荆州，屯朐忍。初，南阳、三辅民数万户，流入益州，焉悉收以为众，名曰东州兵。璋性柔宽，无威略，东州人侵暴为民患，不能禁制，旧士颇有离怨。赵韪之在巴中，甚得众心，璋委之以权。韪因人情不辑，乃阴结州中大姓，建安五年，还共击璋。蜀郡、广汉、犍为皆反应。东州人畏见诛灭，乃同心并力，为璋死战。遂破反者。进攻韪于江州，汉县，今四川江北县。斩之。张鲁以璋暗懦，不复承顺。璋怒，杀鲁母及弟，而遣其将庞羲等攻鲁，数为所破。鲁部曲多在巴土，故以羲为巴郡大守。鲁因袭取之，遂雄于巴、汉。汉力不能征，遂宠鲁为镇民中郎将，领汉宁大守，通贡献而已。十三年，曹操自将征荆州，璋遣使致敬。操加璋振威将军，兄瑁平寇将军。瑁狂疾物故。璋复遣别驾张松诣操。操时已定荆州，走先主，不复存录松，松以此怨。会操军不利于赤壁，兼以疫死。松遂疵毁操，劝璋自绝。因说璋曰："刘豫州使君之肺腑，可与交通。"璋皆然之。遣法正连好先主。寻又令正及孟达送兵数千，助先主守御。后松复说璋曰："今川中诸将庞羲、李异等，《二牧传注》引《英雄记》，李异乃赵韪将，杀韪者。皆恃功骄豪，欲有外意。不得豫州，则敌攻其外，民攻其内，必败之道也。"璋又从之。遣法正迎先主。璋主簿黄权，陈其利害，从事王累，自倒县于州门以谏，璋一无所纳。敕在所供奉先主，先主入境如归。先主至江州，北由垫江水诣涪。汉县，今四川绵阳县。是岁，建安十六年也。璋往就与会。先主所将将士，更相之适，欢饮百余日。璋资给先主，使讨张鲁，然后分别。以上据《二牧传》。《先主传》云：璋闻曹公将遣钟繇等讨张鲁，内怀恐惧。张松说璋曰："刘豫州使君之宗室，而曹公之深仇也，善用兵。若使之讨鲁，鲁必破。鲁破则益州强，曹公虽来，无能为也。"璋然之，遣法正将四千人迎先主。其说与《二牧传》又异。案曹公征荆州时，璋已遣使致敬，此时岂有割据之心？其所以迎备入蜀，似当以《二牧传》所言为是。盖自焉牧益州以来，与土著迄未能和协，^①璋是时所患者，实在蜀中诸将，而无端而召先主，将为群下所疑，故以讨张鲁为名；抑张鲁既下，即以汉中处备，既不虑益州之域，莫能两大，又可相为辅车，以慑蜀中诸将，在璋未尝不自谓得计，而惜乎上下乖离，欲用人而反为人所用也。赵韪巴西人，弃官随焉入蜀。张鲁虽丰人，然三世客蜀，已同土著矣。庞羲初为璋亲信，《志》云：后与璋情好携隙，盖亦与土著合。故张松忧其民攻于内。先主入蜀，谏者黄权阆中人，王累广汉人，皆土著。赞之者惟张松蜀郡人，见《先主传》。法正郿人，璋初所遣致敬于曹公者阴溥，则河内人也。先主之围成都也，《志》云：城中尚有精兵三万人，谷帛支二年，吏民咸欲死战，璋言父子在州二十余年，无恩德以加百姓，攻战三年，肌膏草野者，以璋故也，何心能安？遂开城出降。夫诚恤百姓，何不早为备下，乃为三年之战乎？盖亦度上下乖离，无与同心守御者耳。用客兵已不易，况益之以本兵之乖离乎？据其地而不能和其民者，可以鉴矣。

赤壁战后，先主表刘琦为荆州刺史。琦病死，群下推先主为荆州牧，治公安。权稍畏之，进妹固好。先主至京见权。京城，今江苏镇江县。周瑜上疏曰："刘备以枭雄之姿，而有关羽、张飞熊虎之将，必非久屈为人用者。愚谓大计，宜徙备置吴，盛为筑宫室，多其美女、玩好，以娱其耳目；分此二人，各置一方，使如瑜者，得挟以攻战；大事可定也。今猥割土地，以资业之；聚此三人，俱在疆场；恐蛟龙得云雨，终非池中物也。"权以曹公在北方，当广揽英雄；又恐备难卒制，故不纳。瑜乃诣京见权，乞"与奋威孙静子瑜，为奋威将军。静，坚弟。俱进取蜀。得蜀而并张鲁，因留奋威固守其地，好与马超结援，瑜还，与将军据襄阳以蹙操，北方可图也"。权许之。瑜还江陵为行装，道病卒。以鲁肃代瑜领兵。《肃传》云：备诣京见权，求都督荆州，惟肃劝权借之，共拒曹

_____

① 史事：刘璋召先主之由，与土著不和。

公。《吕范传》云：刘备诣京见权，范密请留备。《肃传注》引《汉晋春秋》曰：吕范劝留备。肃曰："不可。将军虽神武命世，然曹公威力实重，初临荆州，恩信未洽，宜以借备，使抚安之，多操之敌，而自为树党，计之上也。"权即从之。盖是时权之力，实未足以控制上流，故其计如此。《吕蒙传》谓权与陆逊论周瑜、鲁肃及蒙，谓"肃劝吾借玄德地，是其一短"，乃事后之辞，当时情势，固未必尔也。曹公待关羽不为不厚，而羽卒奔先主于袁军，羁备于吴，分置羽、飞，挟以攻战，安能得其死力？且难保无他变。瑜之此计，虽雄而未免冒险，宜乎孙权不之许。然权之力虽未足以下备，备是时，亦必不敢显与权敌，置备而先取益州，益州既下，则长江全入于吴，备虽雄，亦无能为矣，此瑜之计所以为雄，惜乎瑜死而莫之能行也。《先主传》云：权遣使云欲共取蜀。或以为宜报听许，吴终不能越荆有蜀，蜀地可为已有。荆州主簿殷观进曰："若为吴先驱，进未能克蜀，退为吴所乘，即事去矣。今但可然赞其伐蜀，而自说新据诸郡，未可与动，吴必不敢越我而独取蜀。如此，进退之计，可以收吴、蜀之利。"先主从之，权果辍计。盖周瑜既死，无能奋身独取蜀者，故又欲藉先主为前驱，成则可以有蜀，不成亦可以借此以弊先主也。其计未尝不狡。然先主更事多矣，岂能入其彀中哉？固不若周瑜之所为，一决之于实力也。《鲁肃传》云：周瑜、甘宁并劝权取蜀，权以咨备。备内欲自规，乃伪报曰：备与璋托为宗室，冀冯英灵，以匡汉朝。今璋得罪左右，备独竦惧，非所敢闻，愿加宽贷。若不获请．备当放发，归于山林。此即所谓然赞权伐蜀而自说未可动者，特其措辞少异耳。

蜀地险塞，易守难攻。周瑜之心虽雄，然即天假以年，能否长驱直入，亦未可知也。先主所以取之易者，则以璋先开门揖之，所谓国必自伐而后人伐之也。法正之迎先主也，因陈益州可取之策。先主留诸葛亮、关羽等据荆州，将步卒数万人入益州。至涪，璋自出迎。相见甚欢。张松令法正白先主，及谋臣庞统进说，便可于会所袭璋。先主曰："此大事也，不可仓卒。"《庞统传》：先主曰：初入他国，恩信未著，此不可也。璋推先主行大司马，领司隶校尉。先主亦推璋持镇西大将军，领益州牧。璋增先主兵，使击张鲁。又令督白水军。白水，汉县，今四川昭化县西北。先主并军三万余人，车甲器械资货甚盛。是岁，璋还成都。先主北到葭萌，汉县，蜀汉改为汉寿，在今昭化东南。未即讨鲁，厚树恩德，以收众心。明年，曹公征孙权，权呼先主自救。此盖先主托辞。先主乃从璋求万兵及资宝，欲以东行。璋但许兵四千，其余皆给半。张松书与先主及法正曰："今大事垂可立，如何释此去乎？"松兄广汉大守肃惧祸及己，白璋发其谋。于是璋收斩松，嫌隙始构矣。璋敕关戍诸将：文书勿复关通先主。统复说曰："阴选精兵，昼夜兼道，径袭成都。璋既不武，又素无预备，大军卒至，一举便定，此上计也。杨怀、高沛，璋之名将。各杖强兵，据守关头。闻数有笺谏璋，使发遣将军还荆州。将军未至，遣与相闻，说荆州有急，欲还救之。并使装束，外作归形。此二子既服将军威名，又喜将军之去，计必乘轻骑来见，将军因此执之，进取其兵，乃向成都，此中计也。退还白帝，城名，在今四川奉节县东。连引荆州，徐还图之，此下计也。若沈吟不去，将致大困，不可久矣。"先主然其中计。即斩怀、沛，使黄忠、卓膺勒兵向璋。先主迳至关中，质诸将并士卒妻子，引兵与忠、膺等进。到涪，据其城。璋遣刘璝、冷苞、张任、邓贤等拒先主于涪，皆破败，退保绵竹。璋复遣李严督绵竹诸军。严率众降先主。先主军益强。分遣诸将平下属县。诸葛亮、张飞、赵云等将兵诉流定白帝、江州、江阳。汉县，今四川泸县。先主进军围洛。璋子循守城，被攻且一年。十九年，夏，洛城破。进围成都。数十日，璋出降。迁于公安。孙权取荆州，以璋为益州牧，驻秭归。璋卒，雍闿据益州反，附于吴，权复以璋子阐为益州刺史，处交、益界首。诸葛亮平南土，阐还吴，为御史中丞。先主复领益州牧。

孙权以备已得益州，令诸葛瑾从备求荆州诸郡。备不许，曰："吾方图凉州。凉州定，乃尽以荆州与吴耳。"权曰："此假而不反，而欲以虚辞引岁。"遂置南三郡长吏。关羽尽逐之。权大怒。乃遣吕蒙督鲜于丹、徐忠、孙规等兵二万取长沙、零陵、桂阳三郡。使鲁肃以万人屯巴丘，山名，在今湖南岳阳县西南。以御关羽。权住陆口，今湖北嘉鱼县西南陆溪口。为诸军节度。蒙到，二郡皆服。惟零陵大守郝普未下。先主引兵五万下公安。使关羽将兵三万至益阳。汉县，今湖南益阳县西。权乃召蒙等，使还助肃。蒙使人诱普，普降。尽得三郡将守。因引军还，与孙皎、潘璋并鲁肃兵并进，拒羽于益阳。未战，会曹公入汉中，备使使求和。权令诸葛瑾报，更寻盟好。遂分荆州长沙、江夏、桂阳以东属权，南郡、零陵、武陵以西属备。先主引军还江州。

第十节　曹操平关陇汉中

曹操有事山东，以关右为忧，乃表钟繇以侍中守司隶校尉，持节督关中诸军，委之以后事。《荀彧传》：大祖恐绍侵扰关中，乱羌、胡，南诱蜀汉。曰：关中将帅以十数，莫能相一，惟韩遂、马超最强。彼见山东方争，必各拥众自保。今若抚以恩德，遣使连和相持，虽不能久安，比公安定山东，足以不动。钟繇可属以西事，则公无忧矣。繇至长安，移书腾、遂等，为陈祸福。腾、遂各遣子入侍。袁尚拒操于黎阳，遣所置河东大守郭援、并州刺史高干及匈奴单于取平阳。汉县，今山西临汾县南。发使西，与关西诸将合从。繇遣张既说腾等。腾遣子超将兵万余人与繇会。击干、援，大破之。斩援首。干及单于皆降。后干复举并州反。河内张晟众万余人，无所属，寇崤、渑间。三崤山，在今河南洛宁县西北。西接陕县，东接渑池。渑阪，在渑池县西北。河东卫固、弘农张琰各起兵以应之。操以既为议郎，参繇军事。使西征诸将。腾等皆引兵会。击晟等，破之。斩琰、固首。干奔荆州。操将征荆州，复遣既喻腾等，令释部曲求还。腾已许之，而更犹豫。既恐为变，乃移诸县，促储俻，二千石郊迎。腾不得已，发东。操表

腾为卫尉。子超为将军，统其众。以上据《魏志·张既传》。《蜀志·马超传》
云：腾与韩遂不和，求还京畿，征为卫尉。以超为偏将军，领腾部曲。《注》引
《典略》云：腾与韩遂结为异姓兄弟，始甚相亲，后以部曲相侵，更为仇敌。腾
攻遂，遂走，合众还攻腾，杀腾妻子，连兵不解。建安之初，国家纲纪殆弛，乃
使司隶校尉钟繇、凉州牧韦瑞和解之。征腾还槐里，转拜为前将军，假节，封槐
里侯。北备胡寇，东备白骑，待士进贤，矜救民命，三辅甚安爱之。十五年，征
为卫尉。腾自见年老，遂入宿卫，超拜偏将军，领腾营。又拜超弟休为奉车都
尉，休弟铁骑都尉。徙其家属皆诣邺。惟超独留。案是时马腾年老，已有悔祸之
心，而超弃其老父，置阖族之生命于不顾，可谓好乱性成矣。此皆其习于羌俗为
之也。槐里，见第五章第五节。十六年三月，遣钟繇讨张鲁。夏侯渊等出河
东与繇会，《卫觊传注》引《魏书》云：是时关西诸将，外虽怀附，内未
可信。钟繇求以三千兵入关，外托讨张鲁，内以胁取质任。大祖使苟彧问
觊。觊以为西方诸将，皆竖夫崛起，无雄天下意，苟安乐目前而已。今国
家厚加爵号，得其所志，非有大故，不忧为变也，宜为后图。若以兵入
关中，当讨张鲁，鲁在深山，道径不通，彼必疑之。一相惊动，地险众
强，殆难为虑。或以觊议呈大祖。大祖初善之，而以繇自典其任，遂从
繇议。兵始进而关右大叛，大祖亲征，仅乃平之，死者万计。大祖悔不
从觊议，由是益重觊。《高柔传》云：大祖欲遣钟繇等讨张鲁，柔谏，以
为今猥遣大兵，西有韩遂、马超，谓为己举，将相扇动作逆。宜先招集
三辅。三辅苟平，汉中可传檄而定也。盖时以孤军入关，冀以虚声胁服
诸将，实为涉险之策也。繇入关，马超与韩遂、杨秋、李堪、成宜等果
叛。《超传注》引《典略》云：超与侯选、程银、李堪、张横、梁兴、成宜、马
玩、杨秋、韩遂等凡十部俱反。其众十万。遣曹仁讨之。超等屯潼关。在今潼
关东南。操敕诸将：关西兵精悍，坚壁勿与战。七月，操西征。与超等夹
关而军。操急持之，而潜遣徐晃、朱灵等夜渡蒲阪津，在今西永济县西。据
河西为营。操自潼关北渡。循河为甬道而南。贼退拒渭口。操乃多设疑

兵，潜以舟载兵入渭为浮桥。夜，分兵结营于渭南。贼夜攻营，伏兵击破之。超等屯渭南，遣信求割河以西请和。操不许。九月，进军渡渭。超等数挑战，又不许。固请割地，求送任子。操用贾诩计，伪许之。韩遂请与操相见。操与遂父同岁孝廉，又与遂同时侪辈，于是交马语，移时，不及军事，但说京都旧故，拊手欢笑。既罢，超等问遂：操何言？遂曰："无所言也。"超等疑之。他日，操又与遂书，多所点窜，如遂改定者。超等愈疑。操乃与克日会战。先以轻兵挑之。战良久，乃纵虎骑夹击，大破之。斩成宜、李堪等。遂、超等走凉州。杨秋奔安定。关中平。诸将或问操曰："初贼守潼关，渭北道缺，不从河东击冯翊，而反守潼关，引日而后北渡，何也？"操曰："贼守潼关，若吾入河东，贼必引守诸津，则西河未可渡。吾故盛兵向潼关，贼悉众南守，西河之备虚，故二将得擅取西河，然后引军北渡，贼不能与我争西河者，以有二将之军也。连车树栅，为甬道而南，既为不可胜，且以示弱。渡渭为坚垒，虏至不出，所以骄之也。故贼不为营垒，而求割地。吾顺言许之，所以从其意，使自安而不为备。因畜士卒之力，一旦击之，所谓疾雷不及掩耳。兵之变化，固非一道也。"始贼每一部到，操辄有喜色。贼破之后，诸将问其故。操答曰："关中长远，若贼各依险阻，征之，不一二年，不可定也。今皆来集，其众虽多，莫相归服。军无适主，一举可灭。为功差易，吾是以喜。"案此役也，自关以西，虽未能一举大定，然其后凉州之平，未尝大烦兵力，诱而歼之之功，究不可诬也。操之用兵，诚可谓神矣。十月，军自长安北征杨秋。围安定。秋降。复其爵位，使留抚其民人。十二月，自安定还，留夏侯渊屯长安。十七年正月，操还邺。马超余众梁兴等屯蓝田，使夏侯渊击平之。马腾坐夷三族。

马超之战败渭南也，走保诸戎。操追至安定，而苏伯反河间，将引军东还。凉州别驾杨阜言于操曰："超有信、布之勇，甚得羌、胡心，西州畏之。若大军还，不严为之备，陇上诸郡，非国家之有也。"操善之，而军还仓卒，为备不周。超率诸戎渠帅，以击陇上郡县。陇上郡县皆应之。惟冀城奉州郡以固守。超尽兼陇右之众，而张鲁又遣大将杨昂助之。凡万余人，攻城。阜率国士大夫及宗族子弟胜兵者千余人。使从弟岳于城上作偃月营，与超接战。自正月至八月，救兵不至。刺史韦康端子及大守有降超之计。阜谏，不听，卒开门迎超。超入，拘岳。使杨昂杀刺史、大守。夏侯渊救康，未到，康败。超来逆战，军不利。汧氐反，渊引军还。杨阜外兄姜叙屯历城。在今西和县北，天水县南。阜与定计，并结安定梁宽、南安赵衢等。十八年九月，阜与叙起兵于卤城。在今甘肃天水、伏羌两县间。超自将攻之不能下。衢、宽等闭冀城，讨超妻子。超奔张鲁。纪在十九年正月。还围祁山。叙等急，求救。夏侯渊救之，超走。后降刘备。韩遂徙金城入氐王千万部落。在显亲。后汉侯国，在今甘肃天水县西北。渊欲袭取之，遂走。追至略阳。渊以长离诸羌长离水，在今甘肃秦安县。多在遂军，攻之。遂救长离。渊大破其军。遂走西平。后汉郡，今青海西宁县。进围兴国，城名，在秦安县东北。千万逃奔马超，余众降。初，枹罕宋建，枹罕，汉县，今甘肃临夏县。因凉州乱，自号河首平汉王。改元置百官。三十余年。遣渊自兴国讨之。十月，屠枹罕，斩建。凉州平，操遂西征张鲁。

二十年三月，曹操至陈仓，将自武都入氐。氐人塞道，先遣张郃、朱灵等攻破之。四月，操自陈仓出散关，至河池。见第六章第四节。氐王窦茂众万余人，恃险不服。五月，操攻屠之。西平、金城诸将麹演、蒋石等共斩韩遂首。《武帝纪注》引《典略》曰：遂字文约。始与同郡边章，俱著名西州。宋扬、北宫玉等反，举章、遂为主。章寻病卒。遂为扬等所劫，不得已，遂阻兵为乱，积三十二年。至是乃死，年七十余矣。又《张既传注》引《典略》曰：韩遂在湟中，其婿阎行，欲杀遂以降，夜攻遂，不下。遂叹息曰："丈夫困厄，祸起昏姻乎？"谓成公英曰："今亲戚离叛，人众转少，当从羌中西南诣蜀耳。"英曰："兴军数十年，今虽罢败，何有弃其门而依于人乎？"遂曰："吾年老矣，子欲何施？"英曰："曹公不能远来，独夏侯尔。夏侯之众，不足以追我，又不能久留。且息肩于羌中，以须其去。招呼故人，绥会羌、胡，犹可以有为也。"遂从其计。时随从者男女尚数千人。遂宿有恩于羌，羌卫护之。及夏侯渊还，使阎行留后，乃合羌、胡数万将攻行。行欲走，会遂死。又引《魏略》曰：成公英，金城人也。中平末，随韩约为腹心。建安中，约从华阴破走还湟中，部党散去，惟英独从。阎行，金城人也。少有健名。始为小将，随韩约。建安十四年，为约使诣大祖。大祖厚遇之，表拜犍为大守。行因请令其父入宿卫。西还见约，宣大祖教云："谢文约。卿始起兵时，自有所逼，我所具明也。当早来共匡辅国朝。"行因谓约曰："行亦为将军。兴军以来，三十余年，民兵疲瘁，所处又狭，宜早自附。是以前在邺，自启当今老父诣京师。诚谓将军亦宜遣一子，以示丹赤。"约曰："且可复观望。"后遂遣其子与行父母俱东。会约西讨张猛，留行守旧营。而马超等结反谋，举约为都督。行谏约，不欲令与超合。约谓行曰："今诸将不谋而同，似有天数。"乃东诣华阴。及大祖与约交马语，行在其后。大祖望谓行曰："当念作孝子。"及超等破走，行随约还金城。大祖闻行前意，故但诛约子孙在京师者。乃手书与行曰："观文约所为，使人笑来。吾前后与之书，无所不说，如此何可复忍？卿父谏议，自平安也。虽然，牢狱之中，非养亲之处；且又官家亦不能久为人养老也。"约闻行父独在，欲使并遇害，以一其心，乃强以少女妻行。行不获已。大祖果疑行。会约使行则领西平郡，遂勒其部曲，与约相攻击。行不胜。乃将家人东诣大祖。大祖表拜列侯。案观阎行所宣魏武帝敕，知遂之叛实出迫胁，非其本怀。然七十之年，甘弃其子，与马超共叛，及其败遁欲入蜀，成公英犹加谏阻，一旦拥兵，难于弃去如此，此乱萌之所以不可启欤？遂亦幸而为诸将所杀耳，不然，招合羌、胡，势固仍可自擅于远也。七月，操至阳平。关名，在今陕西沔县西北。鲁欲举汉中降。其弟卫不肯，与杨昂等率数万人拒守。攻之不能拔。操乃伪退，袭破之。鲁闻阳平已陷，将稽颡。功曹阎圃曰："今以迫往，功必轻。"不如依杜、濩、赴朴、胡相拒，然后委质，功必多。乃奔南山入巴中。左右欲悉烧宝货仓库。鲁曰"本欲归命国家，而意未达。今之走，避锐锋，非有恶意。宝货仓库，国家之有"。遂封藏而去。操入南郑，甚嘉之。又以鲁本有善意，遣人慰喻，鲁尽将家出。操逆拜鲁镇南将军。待以客礼，封阆中侯，邑万户，封鲁五子及阎圃等皆为列侯。

第十一节　刘备取汉中

《三国·魏志·刘晔传》曰：大祖征张鲁，既至汉中，山峻难登，军食颇乏。大祖曰：此妖妄之国耳，何能为有无？吾军少食，不如速还。便自引归，令晔督后诸军，使以次出。晔策鲁可克，加粮道不继，虽出军犹不能皆全。驰白大祖：不如致攻。遂进兵。汉中平。晔进曰："今举汉中，蜀人望风，破胆失守。推此而前，蜀可传檄而定。刘备人桀也，有度而迟；得蜀日浅蜀人未附也。若小缓之，诸葛亮明于治而为相，关羽、张飞勇冠三军而为将，蜀民既定，据险守要，则不可犯矣。今不取，必为后忧。"大祖不从。《注》引《傅子》曰：居七日，蜀降者说蜀中一日数十惊，备虽斩之，而不能安也。大祖乃问晔曰："今尚可击否？"晔曰："今已小定，未可击也。"《晋书·宣帝纪》亦曰：从讨张鲁，言于魏武曰："刘备以诈力虏刘璋，蜀人未附，而远征江陵，此机不可失也。今若曜威汉中，益州震动，进兵临之，势必瓦解。"魏武曰："人苦无足。既得陇右，复欲得蜀？"言竟不从。此皆附会之辞。攻取汉中，谋之积年，见山险而轻退；刘晔之谋，既已见拒，闻降人之言而又欲动；魏武之用兵，有如是其轻率者乎？《和洽传》言：大祖克张鲁，洽陈便宜，以时拔军徙民，可省置守之费。大祖未纳。其后竟徙民弃汉中。《张既传》亦云：张鲁既降，既说大祖拔汉中民数万户以实长安及三辅。虽取汉中，而力不足以守之，或为当时情实耳。

然刘备当是时，力亦未足以争汉中。《蜀志·黄权传》曰：曹公破张鲁，鲁走入巴中，权进曰："若失汉中，则三巴不振，谓巴郡及刘璋所置巴东、巴西二郡。巴郡治江州。巴西，在今四川阆中县西。巴东，在今四川奉节县东北。此为割蜀之股臂也。"于是先主以权为护军，率诸将迎鲁。鲁已还南郑，北降曹公。是先主当时，欲迎张鲁且未得，更无论出兵以争汉中矣。是岁十二月，曹操自南郑还。留夏侯渊屯汉中。张郃别督诸军，降巴西、巴东二郡，进军宕渠。后汉郡，今四川渠县东北。先主令张飞进破郃等。郃还南郑，先主亦还成都。

二十二年，法正说先主曰："曹操一举而降张鲁，定汉中，不因此势以图巴、蜀，而留夏侯渊、张郃屯守，身遽北还，此非其智不逮而力不足也，必将内有忧逼故耳。今策渊、郃才略，不胜国之将帅，举众往讨，必可克之。克之日，广农积谷，观衅伺隙。上可以倾覆寇敌，尊奖王室，中可以蚕食雍凉，广拓境土；下可以固守要害，为持久之计，此盖天以与我，时不可失也。"先主善其策，进兵汉中。遣张飞、马超、吴兰等屯下辩。操遣曹洪拒之。二十三年，洪破吴兰，飞、超走。阴平氐强端斩吴兰，传其首。先主次阳平关，与渊、郃等相拒。七月，曹操西征。九月，至长安。二十四年春，备自阳平南渡沔水，缘山稍前。于定军山势作营。定军山，在今陕西沔县东南。渊将兵来争，备命黄忠攻破之，斩渊及操所署益州刺史赵颙等。三月，操自长安出斜谷，遂至阳平。备敛众拒险，积月不拔，亡者日多。五月，操引军还长安，使曹真至武都迎曹洪等，还屯陈仓。备遂有汉中。初，孟达副法正迎备，蜀平，以为宜都大守。三国时郡，治夷道，在今湖北宜都县西北。是年，命达北攻房陵。汉末郡，今湖北房县。房陵大守蒯祺为达兵所害。达将进攻上庸，汉县，是时置郡，今湖北竹山县。备阴恐达难独任，遣养子刘封自汉中乘沔水下统达军，与达会上庸。上庸大守申耽降。秋，群下上备为汉中王。还治成都。拔魏延为都督，镇汉中。

　　关中之平，以徐奕为雍州刺史，后以张既代之。曹操自到汉中，引出诸军，令既之武都，徙氐五万余落，出居扶风、天水界。是时武威颜俊张掖和鸾、酒泉黄华、西平麹演等并举兵反。自号将军，更相攻击。俊遣使送母及子诣操为质求助。操问既。既曰："俊等外假国威，内生傲悖，计定势足，后即反耳。今方事定蜀，且宜两存而斗之，犹卞庄子之刺虎，坐收其毙也。"操曰："善。"岁余，鸾杀俊，武威王秘又杀鸾。文帝即王位，初置凉州，以安定大守邹岐为刺史。张掖张进，执大守杜通，举兵拒岐。黄华、麹演各逐故大守，举兵以应之。时以金城大守苏则为护羌校尉。武威三种胡并寇钞，道路断绝。武威大守毋丘兴告急于则。时雍、凉诸豪，皆驱略羌、胡，以从进等。郡人咸以为进不可当。将军郝昭、魏平，先是各屯守金城，亦受诏不得西度。则曰："今贼虽盛，然皆新合，或者胁从，未必同心，因衅击之，善恶必离。若待大军，旷日持久，善人无归，必合于恶。"昭等从之，乃发兵救武威。降其三种胡。与兴击进于张掖。演闻之，将步骑三千迎则，辞来助军，而实欲为变。则诱与相见，因斩之，出以徇军，其党皆散走。则遂与诸军围张掖，破之，斩进及其支党。众皆降。华惧，出所执乞降。以上据《三国·魏志·张既》《苏则传》。又河西之平，毋丘兴亦甚有功，见《毋丘俭传注》引《魏名臣奏》。初，敦煌大守马艾卒官，府又无丞，功曹张恭，素有学行，郡人推行长史事，恩信甚著。乃遣子就诣大祖请大守。至酒泉，为黄华所拘执。恭攻酒泉，别遣迎大守尹奉。《阎温传》。于是河西五郡皆平。时张既亦遣兵为苏则声势，故则得以有功。凉州卢水胡反，河西大扰。乃召邹岐，以既代之。遣护军夏侯儒、将军费曜等继其后。既破胡于显美。汉县，今甘肃永昌县东。酒泉苏衡反，与羌豪邻戴及丁令胡攻边县，既与儒击破之。衡及邻戴等皆降。遂上疏请与儒治左城，筑障塞，置烽候邸阁以备胡。西羌恐，率众二万余落降。其后西平麹光等杀其郡守，既檄告谕诸羌："为光等所诖误者原之。能斩贼帅送首者，当加封赏。"于是光部党斩送光首，其余咸安堵如故焉。

第十二节 孙权取荆州

命将将荆州之兵，以向宛、洛，而身率益州之众，以出秦川，此诸葛亮初见刘备时为备所画之策也。当备取汉中时，固未足以语此，然逐利之兵，亦宜同时并出，首尾相应，故刘备之兵未还，关羽之师已起矣。

备之西取益州也，拜关羽董督荆州事，而曹操以曹仁行征南将军，假节，屯樊，城名，在襄阳北，与襄阳隔汉相对。镇荆州。建安二十三年，冬十月，宛守将侯音等反，执南阳大守，与羽连和。据《武帝纪注》引《曹瞒传》。二十四年正月，仁屠宛，斩音。羽攻仁于樊。操遣于禁助仁。秋，大霖雨，汉水泛溢，禁所督七军皆没，禁降羽。羽又斩将军庞德。《羽传》云：梁、郏、汉县，今河南郏县。陆浑汉县，今河南嵩县东北。群盗，或遥受羽印号，为之支党。羽威震华夏。曹公议徙许都以避其锐。司马宣王、蒋济以为关羽得志，孙权必不愿也，可遣人劝权蹑其后，许割江南以封权，则樊围自解。曹公从之。《蒋济传》亦载此语，谓大祖以汉帝在许近贼，欲徙都。《晋书·宣帝纪》亦曰：汉帝都许昌，魏武以为近贼，欲迁河北，以谏而止。案羽军威即盛，安能远慑许、洛？操即畏怯，亦何至狼狈若此。《满宠传》言羽遣别将已在郏下，自许以南，百姓扰攘，在郏下者，盖即受羽印号之群盗。操以御羽征调颇广，据《温恢》及《张辽传》，是时曾召兖州裴潜豫州吕贡及辽之兵，以救曹仁。军行所至，闾阎骚然，或以此耳。《诸葛亮传注》引张俨《默记》云：备出兵阳平，禽夏侯渊，羽围襄阳，将降曹仁，生获于禁。当时北边，大小忧惧孟德身出南阳，乐进、徐晃等为救，围不即解，故蒋子通济字。言彼时有徙许渡河之计，会国家袭取南郡，羽乃解军。则迁都之说，或江外传闻不审之辞耳。

周瑜劝孙权取刘备，权不敢发，鲁肃则主与备和，已见第九节。《肃传》云：与羽邻界，数生狐疑。疆场纷错，肃常以欢好抚之。建安二十二年，肃卒，吕蒙西屯陆口。《蒙传》云：鲁肃等以为曹公尚存，祸难始构，宜相辅协，与之同仇。蒙密陈计策曰："今征虏守南郡，孙皎，静子。潘璋住白帝，蒋钦将游兵万人循江上下，应敌所在，蒙为国家前据襄阳，如此，何忧于操？何赖于羽？且羽君臣矜其诈力，所在反复，不可以腹心待也。今羽所以未便东向者，以至尊圣明，蒙等尚存也。不于强壮时图之，一旦僵仆，欲复陈力，其可得邪？"权深纳其策。又与论取徐州。蒙对曰："今操远在河北，新破诸袁，抚集幽、冀，未暇东顾。徐土守兵，闻不足言。往自可克。然地势陆通，骁骑所骋。至尊今日得徐州，操后旬必来争，虽以七八万人守之，犹当怀忧。不如取羽，全据长江，形势益张。"权尤以此言为当。《全琮传》言关羽围樊、襄阳，琮上疏，陈羽可讨之计。《是仪传》言吕蒙图袭关羽，权以问仪，仪善其计，劝权听之。则吴人议论，自有和羽取羽两派。鲁肃在时，和羽之论得胜，吕蒙代肃，取羽之论复张耳。此乃其素定之计，谓由曹操之劝，亦未必然矣。《魏武纪》云：权使上书，以讨关羽自效。

时满宠汝南大守。助曹仁固守，曹操自阳平引出汉中诸军，复遣徐晃助仁屯宛。羽围仁于樊，又围将军吕常于襄阳。晃所将多新卒，以羽难与争锋，遂前至阳陵陂屯复遣将军徐商、吕建等诣晃。令曰："须兵马集至，乃俱前。"贼屯偃城。晃到，诡道作都堑，示欲截其后，贼烧屯走。晃得偃城，两面连营稍前。去贼围三丈所，未攻，大祖前后遣殷署、朱盖等凡十二营诣晃。贼围头有屯，又别屯四冢。阳陵陂、偃城、四冢皆近樊。晃扬声当攻围头屯，而密攻四冢。羽见四冢欲坏，自将步骑五千出战。晃击之，退走。遂追陷，与俱入围，破之，或自投沔水死。大祖令曰："贼围堑鹿角十重，将军致战全胜，遂陷贼围，多斩首虏。吾用兵三十余年，及所闻古之善用兵者，未有长驱径入敌围者也。"盖攻者不足，守者有余，羽顿兵坚城，锐气久挫，而晃又以操救，厚集其力，故能一举而破之也。《桓阶传》曰：曹仁为关羽所围，大祖遣徐晃救之，不解。大祖欲自南征。以问群下。群下皆谓王不亟行，今败矣。阶独曰："大王以仁等为足以料事势不也？"曰："能。""大王恐二人遗力邪？"曰："不。""然则何为自往？"曰："吾恐虏众多而晃等势不便耳。"阶曰："今仁等处重围之中，而守死无贰者？诚以大王远为之势也。夫居万死之地，必有死争之心。内怀死争，外有强救，大王案六军以示余力，何忧于败，而欲自往？"大祖善其言，驻军于摩陂。在河南郏县东南。

关羽之讨樊，留兵将备公安、南郡。吕蒙上疏曰："羽讨樊而多留备兵，必恐蒙图其后故也。蒙常有病，乞分士众还建业，以治疾为名。羽闻之，必撤备兵，尽赴襄阳。大军浮江，昼夜驰上，袭其空虚，则南郡可下而羽可禽也。"遂称病笃。权乃露檄召蒙还，阴与图计。羽果信之，稍撤兵以赴樊。蒙至都，权问谁可代卿者？蒙对曰："陆逊意思深长，才堪负重，而未有远名，非羽所忌，无复是过。若用之，当令外自韬隐，内察形便，然后可克。"权乃召逊，拜偏将军右都督代蒙。逊至陆口，书与羽。羽览逊书，有谦下自托之意，意大安，无复所嫌。逊具启形状，陈其可禽之要。权乃潜军而上，使逊与吕蒙为前部。蒙至寻阳，汉县，今湖北黄梅县北。尽伏其精兵舴艋中，使白衣摇橹，作商贾人服，昼夜兼行。至羽所置江边屯候，尽收缚之，是故羽不闻知。遂到南郡。南郡大守麋芳在江陵，将军傅士仁屯公安，素皆嫌羽轻己。羽之出军，芳、仁共给军资，不悉相救，羽言还当治之，芳、仁咸怀惧不安。于是权阴诱芳、仁，芳、仁遣使迎权。时权遣使于曹操辞以遣兵西上，欲掩取羽江陵、公安累重。羽失二城，必自奔走。樊军之围，不救自解。乞密不漏，令羽有备。操诘群臣。群臣咸言宜当密之。董昭曰："军事尚权，期于合宜。宜应权以密而内露之。羽闻权上，若还自护，围则速解，便获其利。可使两贼，相对衔持，坐待其弊。秘而不露，使权得志，非计之上。又围中将吏，不知有救，计粮怖惧。傥有他意，为难不小。露之为便。且羽为人强梁，自恃二城守固，必不速退。"操曰："善。"即敕徐晃，以权书射着围里及羽屯中。围里闻之，志气百倍。羽果犹豫。及二郡既失，及引军退还。蒙入南郡，尽得羽及将士家属，皆抚慰。约令军中，不得干历人家，有所求取。旦暮使亲近存恤耆老，问所不足。疾病者给医药，饥寒者赐衣粮。羽还在道路，数使人与蒙相闻，蒙辄厚遇其使。周游城中，家家致问，或手书示信。羽人还，私相参讯，咸知家门无恙，见待过于平时，故羽吏士无斗心。会权寻至，羽还当阳，自知孤穷，西保麦城。在今当阳县东南。权使诱之。羽伪降，立幡旗为象人于城上，因遁走。兵皆解散，尚十余骑。权先使朱然、潘璋断其径路。十二月，璋司马马忠获羽及其子平、都督赵累等于章乡。在今当阳县东北。此据《吴志·孙权传》。《吕蒙传》作漳乡。《蜀志·羽传》则云：权遣将逆击羽，斩羽及子平于临沮。汉临沮县，故城在今当阳县西北。盖一以县名、一以乡名言之。以蒙为南郡大守。陆逊先领宜都大守，别取宜都。备宜都大守樊友委郡走。诸城长吏及蛮夷君长皆降。时十一月。荆州遂定。

羽之围襄、樊也，连呼刘封、孟达，令发兵自助。封、达辞以山郡初附，未可动摇，不承羽命。会羽覆败，刘备恨之。又封与达忿争不和。达既惧罪，又忿恚封，遂率所领降魏。魏文帝合房陵、上庸、西城三郡，西城，汉县，是时置郡，今陕西安康县。以达领新城大守。遣夏侯尚、徐晃与达共袭封。初，申耽之降也，先主使领上庸大守如故。以耽弟仪为西城大守。及是，申仪叛封。封破，走还成都。申耽降魏。魏徙之南阳。诸葛亮虑封刚猛，易世之后，终难制御，劝备因此除之。于是赐封死。

关羽之败，盖由其刚而自矜。刘备当日，力岂足取许、洛，所以令羽进兵，亦以方图汉中，用为牵制之计耳。曹公既悉引出汉中之兵，初计可谓已遂。襄、樊不下，外援踵至，虽微孙权之谋，亦宜退兵以全其锋。计不出此，反信陆逊之言，撤后备以赴襄、樊，至曹操宣露权书，犹犹豫不能退，岂非强梁贪功之念，有以误之欤？《三国志》言羽善待卒伍，而骄于士大夫。夫羽之不遽退者，亦以南郡、公安非可卒下，而不图芳、仁之叛于后也。董昭欲使两贼衔持，坐待其弊。羽之走也，曹仁会诸将议。咸曰："今因羽危惧，必可追禽也。"赵俨曰"权邀羽连兵之难，欲掩制其后，顾羽还救，恐我乘其两疲，故顺辞求效，乘衅因变，以观利钝耳。今羽已孤进，更宜存之。以为权害。若深入追北，权则改虞于彼，将生患于我矣。王必以此为深虑。"仁乃解严。然则羽之一败涂地，非徒曹操所不及料，即孙权，亦未必能豫计其败若此之速也。史称羽与张飞皆万人敌，羽自随刘备，常别将一军，其才自有可取，而终以骄矜败，可不鉴哉？然孙权于是役，则可谓徼幸矣。权既与操和，操遂表权为荆州牧。